御浄霊の本源を求めて

廣野壽喜

今日の話題社

雲上観音御尊像の写真（本文362ページ参照）

右：①雲上観音御尊像の写真　前年に私がS氏にお預けしたもの

左：②雲上観音御尊像より御神光らしきものが写った写真

・撮影日時　昭和54（1979）年11月

加藤光男先生宅にS氏が御尊像を持参して信者さんにお参りをしてもらい、その後撮影したところ撮れたもの。あたかも、雲上観音様が眉間から御神光を放射しながら天降るかのようだった。

そしてその後、S氏は再度写真に収めておきたいと思って撮ったところ、次頁のような写真が撮れたのだった。

③雲上観音御尊像

・撮影日時　昭和55（1980）年9月2日

・撮影場所　静岡県清水市　日光堂写真館

龍を思わせる大きな目玉、托鉢のような姿の弥勒菩薩と思しき仏様、驚いて指差す僧侶たち……数千年間暗幕に閉ざされていた仏界の幕がサッと引き上げられ開け放たれたのであろうか……。

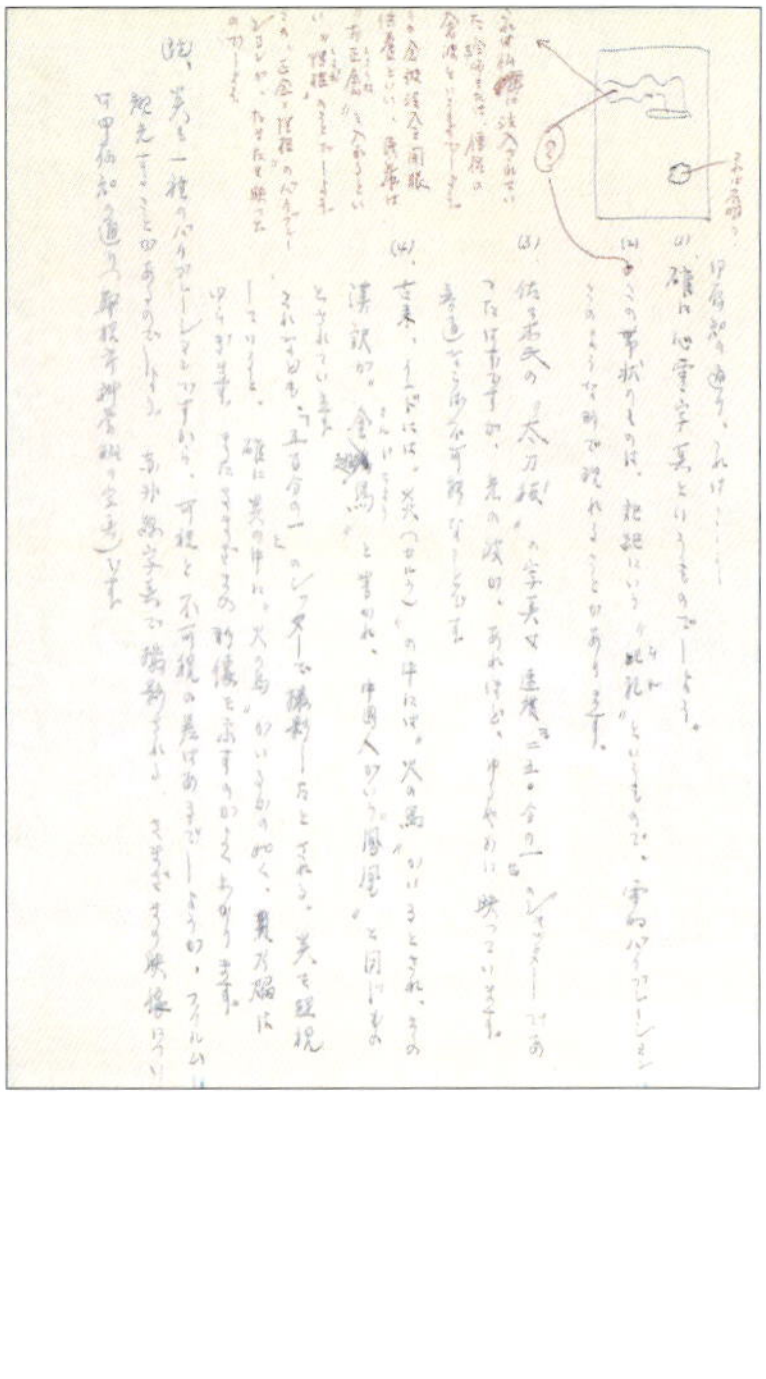

④警視庁科学写真班による写真鑑定書

当代随一の科学の殿堂である警視庁科学写真班までもが「これは心霊写真である」と太鼓判を捺してくれたことは画期的であった。

明主様御著書・「光」「栄光」「救世」（著者所蔵）

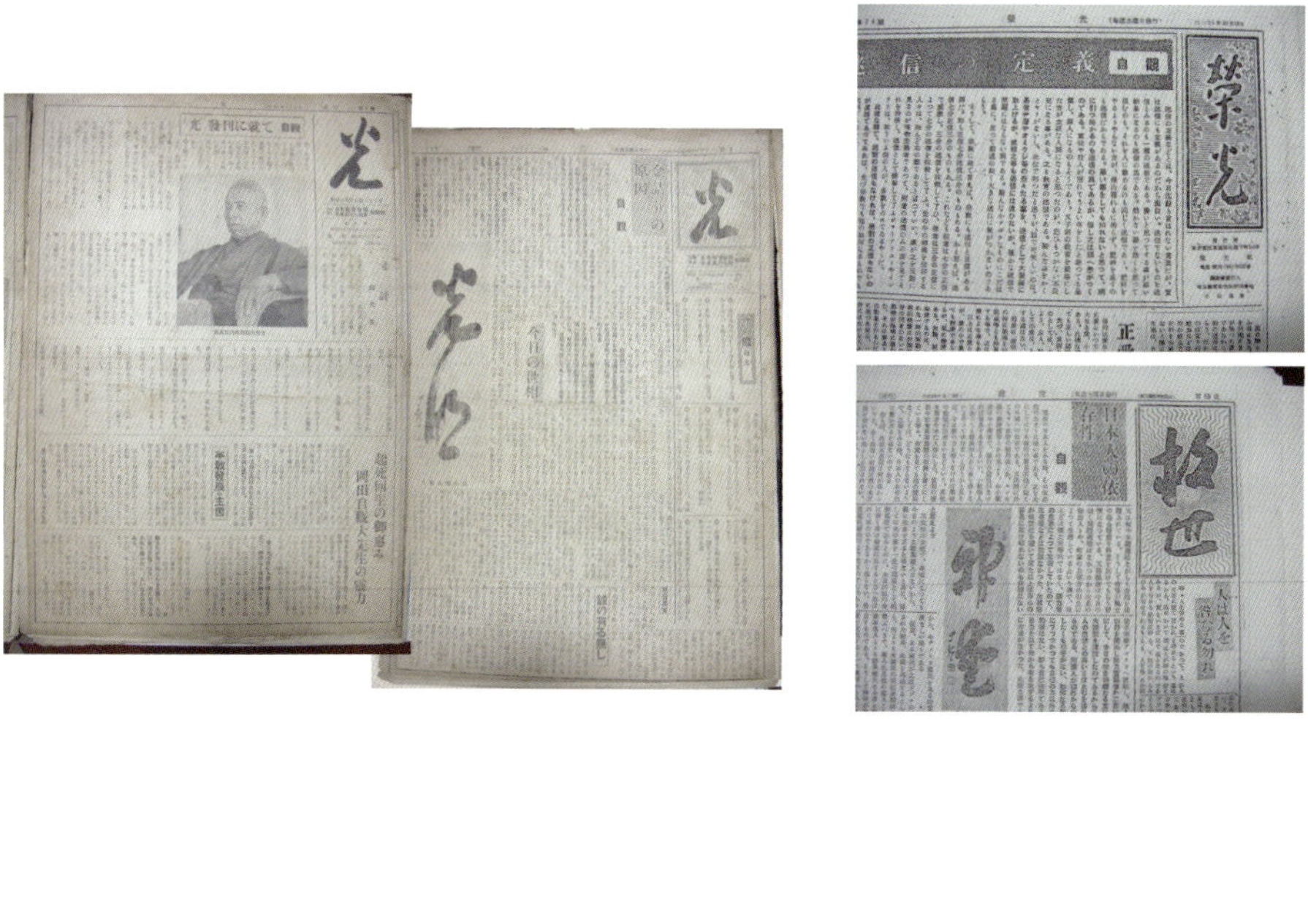

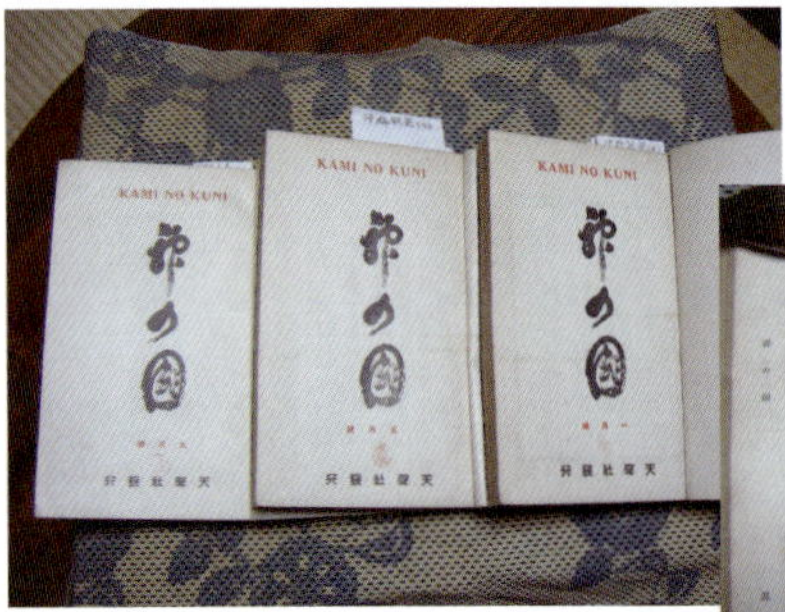

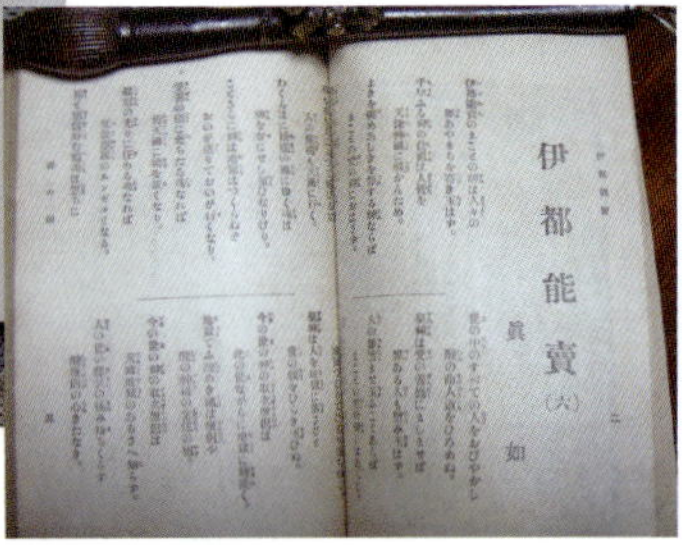

「神の国」「大本神諭」（著者所蔵）

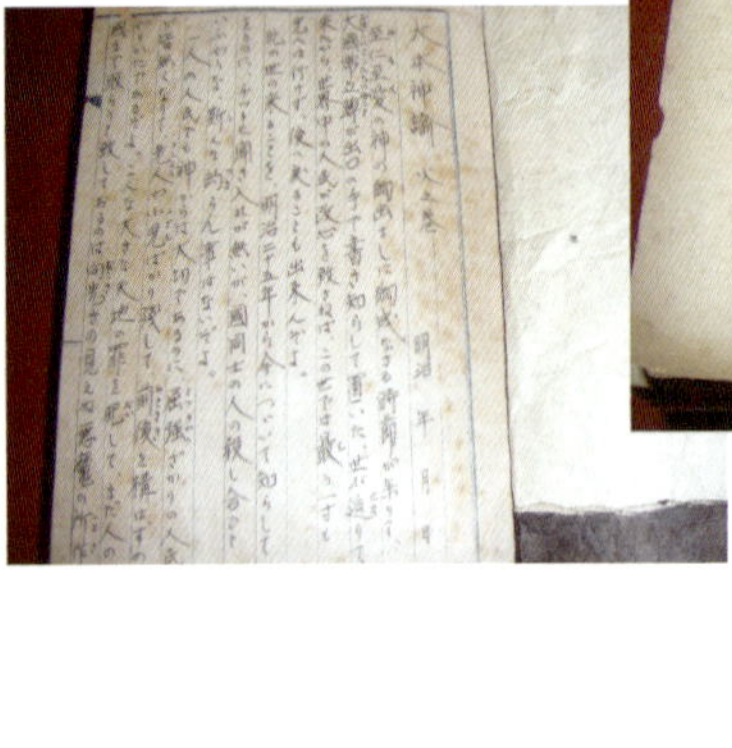

御浄霊の本源を求めて　目次

項目編

項目編1　主神の御意図　514

主神の御名称／主神に関する御歌／主神の御意図／最高神は遥か雲の彼方／主神は善も悪もない／最高神は出現していなかった／今日までの宗教の出現理由／主神が悪を造った理由／主の神の大経綸／理想世界の下拵えができた／十字に結ぶ／神界の主宰神はこれから定まる／絶対力と大自然力／主神の神科学の具体化である浄霊／救いの執行者を遣わされた／弥勒の世／五十六億七千万年の意味／九千年間に渉っての大清算／五六七の謎／神様は人類を公平にお救いになる／御浄霊の本源／主の神の力の発揮／伊邪諾尊が主神の代表神／主神の御目的完成の秋／惟神之道

項目編2　大宇宙の構成と小宇宙の人体　536

宇宙——大宇宙の構成／数の神秘／大宇宙は無限／凡ゆる物質の原素／気体が力の根源／宇宙線／霊線はまだ判らない／空間に〝霊気〟が存在していた／大宇宙にあるものは国に表れている／反対な二つの力／宇宙の真相／三〇〇〇年目で昼間の世界／太陽の火の霊と地球の火の体／万物は三位一体の力によって生成　**造物主**——地球は造物主が造った／人間は理想的綜合生物／造物主の神技／人間は神が造った最高芸

項目編5　国常立尊とメシヤ、伊都能売神と如意宝珠の関係　600

項目編6　天照天皇～弥勒下生、玉屋観音　628

序章

一　御浄霊の本源を問われて

平成10年2月8日、栃木県のある家で御浄霊のお取次ぎをしている最中のことだった。突然**「廣野、お前が今行っている御浄霊の御力はどこから来ているのだ」**と訊ねる声が聞こえてきた。それは内なる自分の声ではなく、遥か天の彼方から直接問い質されたような、非常に厳かで崇高な声であった（聞こえたというよりも、声が眉間から入ってきたような感覚で、身体中に一瞬緊張が走ったのを覚えている）。

・観世音菩薩の持ち給う『如意宝珠・摩邇の玉』なのか

・あるいは『太陽の黒点』なのか

お取次ぎをしていた相手は小学生の男の子だったが、明らかにその子の声ではなかった。突然の問いに明確な回答を持たず、戸惑うばかりだった。

「耳が痛い」という小学二年生の男の子に御浄霊のお取次ぎを始めて十五分ほど経った頃だった。その子の母親は熱心なプロテスタント信者であり、結婚する前は大病院で看護婦として働いていた経験もあった。そのためか、先端医療やあるいは既成宗教の力では病気は治し得ないことを知っており、時折御浄霊を受けに来ていたのだった。

後日、この日（平成10年2月8日）は御浄霊の本源を問われた重要な日であったことを、その子の母親に告げたところ

「実はあの時に不思議なことがあったのです。頭が一時的に変になったのではないかと言われそうなので黙っていたのですが」

と慎重な面持ちで次のように語った。

子供が御浄霊を受け始めて少し経った頃、彼女が御神前の南面の廊下に座って家の前の畑やそこに続く雑木林を何とはなしに眺めていたら、そちらの方からダイヤモンドダストのようにキラキラと光り輝く霧のようなものが近づいてきた。何だろうと思ううちにそれが眼の前いっぱいに広がり、他は何も見えなくなってしまった。

（あぁ困った、これでは車を運転して帰れない）と考えながらその霧をぼんやりと眺めていると、それは次第に薄れて消えていき、視界が元に戻った——というのである。

彼女が不思議な霧状のものを見たのと、私が「御浄霊の御力はどこから来ているのか」と問われたのはほぼ同時刻のようである。両者に何らかの関係があるのだろうか、それは今のところ不明だが、いつの日かわかることだろうと思う。

その子の頭部の前と後ろ、「痛い」という左耳に20分ほど御浄霊をお取次ぎすると、鼻汁が立て続け

に出て一気に六回も鼻をかんだ。お取次ぎする前は首を左に少し傾け、頬を歪めて痛がっていたが、それもすっかり治っていたのだった。私はその子の頭部や耳はもちろん、身体のどこにも一切手を触れずに60センチほど離れたところから手を中空にかざしていただけである。この御力を「発する本源はどこなのか」と問われたのだった。明主様が御守り所有者を仲介にして治してくださっているとだけ思っていたので、それ以上深く考えることはなかったのだ。40年もの間御浄霊をお取次ぎしてきて、驚くような奇蹟を何度も見せられ、御神書や御光話集（※）の大半も拝読していたので、凡その事は解ったつもりでいたのだった。

御浄霊の御力が偉大なために畏怖してしまうのか、難しいことを質問する人がなかったこともあり、自分でも考えを深めようとはしていなかったのだった。これは私ばかりではない。お取次ぎをしている多くの人に該当することなのである。御教えを勉強中だった若い頃、教団の幹部や諸先輩にこの質問をしてみても「神様のことはあまり難しく考えない方がいい。『神界のことはわからない、ということがわかったのであるぞよ』と御神書にも（お筆先の引用が）あるではないか」と一笑に付されるだけだった。そこで「必要なことは全て御教えの中に書かれてあるはずだ」と、とにかく自分なりに探究する以外にないと思い、御神書を読むことを第一としてきたのである。

明主様も御浄霊を取次ぐ者に対して、御論文『**大いに神書を読むべし**』の中で次のように教示されておられる。

「熱と誠で人を動かすとしてもそれには充分な理解が必要である、とすれば此方も自己の知識を磨く事で、何よりも出来るだけ御神書を読む事である。又質問を受ける場合が大いにあるから、それに対し一々明確な答弁が与えられなければ相手は納得しないに決まっている。従ってどんな難しいことでも、相手が承知するだけの解答を与えなくてはならない（後略）」

即ち、まず読むことが第一でありその上で充分な理解が必要である、と説かれておられるのである。

また、御教え集（昭29年4月12日）には、

「今まで何億という人類が拝んできたキリスト、釈迦を私が助けたというのですから、そんな人間が現れることはない、頭がどうかしている、と言うかもしれません。あなた方はふだんから知っているでしょうが、それを「これだ」という所までいけば、魂がすっかり固まったのですから、そうするとそれによってその人の力が強くなるのです。それこそ私の代理として立派に力をふるい、仕事ができるわけです。だからいま言ったことをよく心に入れて大いにやってください」

とあるように、大抵のことは「これだ」と確信を持てるまでに理解できるようになりたいと常々思って

きたのである。

「明主様の仰られたことの理解に応じた分の御力しか頂けない」と思っている自分であるから、漫然と御神書を拝読していたわけではない。しかしながら充分に理解するところまで知識が磨かれていなかったことを今さらに思い知ったのである。

今回の御浄霊の本源についてはその後も誰かから質問を受けてはいない。しかし私自身が疑問に思ったほどだから、今後何かの機会に誰かから訊ねられることもあり得る。その時のためにも、この事について理解をより深めておかねばならない、と感じたのだった。このことばかりではない。疑問が湧いてくるとそのことが頭から離れず、何の役に立つのだろうかと思いつつ書き留めておいたことが十年、二十年後に必要になったことがそれまでにも再三あったのだ。

明主様でさえも「私は何事でも非常に深く考える癖がある」（「私の考え方」より）と仰られている。人一倍愚鈍な私などはいくら深く考えても考え過ぎることはない、そう思いながら御神書や御光話集の中から項目に関係がありそうな箇所を繰り返し拝読しつつ考えていたら、次のようなことが思い出された。

明主様は御在世中に「何年も何十年も私に接近している者でも今もって本当にわからないらしい、否私の妻でさえ余り分かっていないようである」とし、「後世私のことが研究されるようになるだろう」（「私は神か人か」『私物語』昭27）と仰られ、数多くの御論文を執筆なさり御講話をなされた。しかし最も知りたい事柄が載っていると思われる御論文や御光話集の大半は、時世にあわない等の理由で、公表されていなかったのである。

そして何よりも、あの時私を問い質した声には、**それまでの浅い知識や考察に基づいて導き出した単純な解答では許さない**と言っているような、非常に厳粛な響きを持っていたと感じられたことが、この「御浄霊の本源」を求める事に全精力をかけて取り組むことを決意した最大の理由である。

天機到来と言うべきか、1992年より「岡田茂吉師」明主様を研究してもらおうという趣旨から、明主様の全ての御著書や御光話集が『岡田茂吉全集』として編纂され、救世教の新生派（**現世界救世教いづのめ教団**）から出版、各大学や国公立の図書館、および希望者に配布されることになった。こういった流れについては明主様が仰られた次のような御言葉からもうかがうことができよう。

「自然栽培が国家的の問題になるということになって初めて『ではやっぱりそうだ、じっとしてはいられない。大いに救世教を、岡田茂吉という人間を研究しなければならない』ということになるわけですが」

（それ以前の一時期、御教えの中でも最も重要なポイントの一つと思われる、薬剤一辺倒の医学を革正する御論文や御光話集の大半が出版物の中から削られていたことや、一部が焼失したことがあったのである）。

全集の刊行によって「御浄霊の本源」についても存分に拝読し、思索することができたのであった。

それでは、それぞれの疑問点を大きく五つに分類して挙げてみよう。

二　御浄霊の本源——五つの疑問

1　御浄霊の本源はどこなのか

① **「神示の医学——浄霊の原理第三」**（「光」号外　昭24年5月30日）

「私（明主様　筆者註）の腹の中には平常直径二寸くらいの光の玉がある、これは見た人もある。この光の玉の塊から光波は無限に放射されるのである。然らばこの光の玉の本源はどこにあるのかというと、これが霊界における観世音菩薩の如意の玉から私に向かって無限光を供給されるのである。（中略）観世音菩薩の如意宝珠・摩邇の玉から発揮される光素が私の体を通して観音力の発現となり、それが私から信徒の体を通して浄化力となるのである」

② **「結核」**（「栄光」180号　昭27年10月29日）**の御論文**

「神エホバが火素の本源ともいうべき霊光の玉を私（明主様）に与えられたのであって、これは腹部の中央に直径六糎（センチメートル）くらいで肉眼で見る人もある。此玉から無限に光波が放射され（中略）すると私から出る光波は霊線を通じて施術者に伝わり、其の人の掌から放射される。これが御浄霊である」

③**「浄霊は科学療法なり（一）」**（「栄光」243号　昭29年1月13日）

「太陽から不断に放射されている火素が私（明主様）を通じて御守りに伝流され、その人の掌から放射される。丁度太陽が放送局とすれば私は中継所であり術者は受信機と見ればいい」

①にある「霊界における観世音菩薩の如意宝珠・摩邇の玉」と②の「神エホバから与えられた火素の本源ともいうべき霊光の玉」とは同じものであるのか、あるいは別のものなのか。

①には「如意の玉から私に向かって無限光を供給されるのである」とあることから、**「如意の玉」**は霊界の観世音菩薩が持ち給うておられることになる。

一方**「霊光の玉」**は②「……私に与えられたのであって、これは腹部の中央に直径六糎くらいで……」とあるように明主様がお持ちであったと読み取れる。しかし、二――②（後掲）では「私の腹の中には光の玉がある。（中略）昔から云われている如意宝珠・摩邇の玉がこれである」とあることから判断するなら、**「霊光の玉」**と**「如意宝珠・摩邇の玉」**は同じものであるとも理解できよう。

さらに、①には「霊界における観世音菩薩の如意の玉から私に向かって無限光を供給されるのである」とあるのに③では「太陽から不断に放射されている火素」とある。いったいどちらなのか、もしも両方であるとするならば双方をどのように結びつければよいのか。

霊界　如意輪観音　観世音菩薩　如意宝珠

伊邪那岐尊　神エホバ　火素の本源

太陽の黒点　普段に放射されている火素

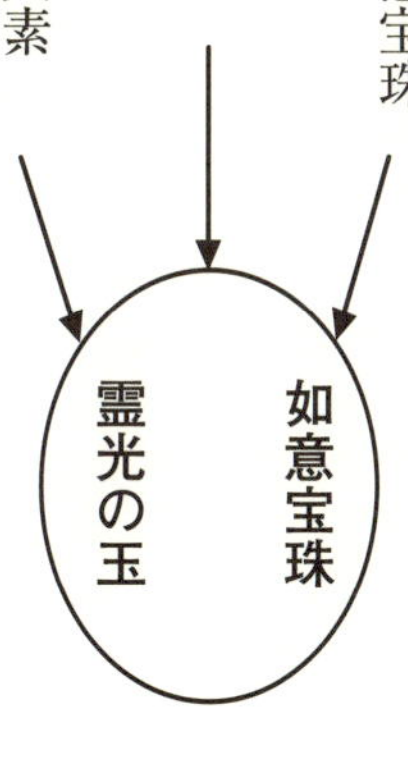

と同時に、〝如意の玉〟の在処はどこになるのかという疑問も浮かび上がってくる。①〜③の3つであるとするならば、どのように結びつくのか。次の①〜③の3箇所が挙げられるのだが、これをどのように結びつけて理解すればよいのだろうか。

①霊界に在る観世音菩薩
――**『如意宝珠・摩邇の玉』**（「神示の医学」光号外　昭24年5月30日）
②三界の珍の御座の伊都能売神
――**『如意宝珠』**（「明光本社51　月並和歌」昭6年4月1日）
③主神の代表　伊邪那岐尊（霊光の玉）
――**『霊光の玉』**（「栄光180号」昭27年10月29日）

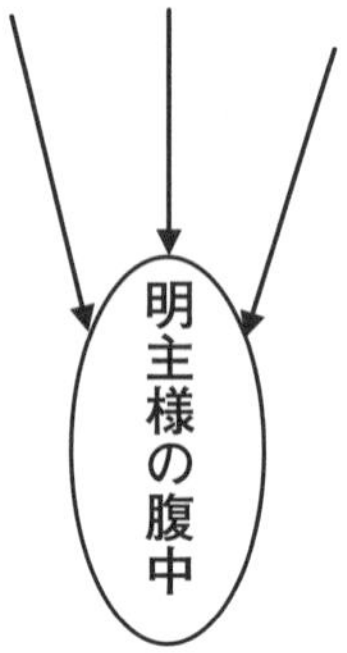

2　「三位一体」と如意宝珠・摩邇の玉について

①**「観音力とは何ぞや」**（「光」20号　昭24年3月20日）**の御論文**

「元来、火と水だけでは霊の御働きだけで体はないがこれに土が加わって、初めて火・水・土の三位一体の力を発揮されるので、これが如意宝珠であり、摩邇の玉なのである」

②**「私というもの（一）」**（「地上天国」470号　昭28年4月25日）

「私（明主様）の腹の中には光の玉がある。この玉こそ到底説明はできない幽玄微妙なものでいわば主神が自由自在に行使する神器であって、昔から云われている如意宝珠・摩邇の玉がこれである。勿論この玉の威力こそ人類肇って以来初めて私という人間に与えその使用を許されたもので、この玉の光が霊線を通じて伝達し無限に光を供給するのである」

①と②を比較してみると、①の内容から「三位一体が即ち如意宝珠・摩邇の玉なのである」と解されるが、②には「主神が自由自在に行使する神器、昔から云われている如意宝珠・摩邇の玉」とあるので、明主様が三位一体となられる以前、既に神代の昔から如意宝珠・摩邇の玉は存在していたのだと読み取れる。なぜ「三位一体」と「如意宝珠・摩邇の玉」が同じものなのであると思われるように記述されてあるのか（こう考えるのは私だけだろうか?）。

この疑問に対する答えを探して御神書を拝読していると、さらに新たな疑問が起こってきたのだった。

3 「十の御魂の観音」とは

自由無碍の　御力揮う観音は　十の御魂にあればなりけり

末世といわれるこの世を救うには自由無碍の御力を揮う観音様でなければならない、ということは頷けるが、それでは「十の御魂の観音」とはどのような観音様を示しているのか、これが第三の疑問である。

◎三と五、火と水、経と緯、陽と陰、厳と瑞等が結ばれた働きの観音様なのであろうか
◎九分九厘と一厘が合わさった御働きの観音様なのであろうか

色々考えてみても分からない。分からないままに御神書を拝読し続けていたら、またも新たな疑問が出てきてしまった。

4　主神や、最高最貴とされる神々の御神格や御働きについて

次に挙げた神々の御神格等について詳しく理解されていない。従って御神名をお唱えしての礼拝は行っていない。このままで良いのだろうか、というのが新たな疑問だった。

①○○○○の神

・〝静岡県清水市庵原署留置所内にて○から○った〟、○○○○○の神とは

②メシヤ様

・メシヤ御降誕宣言（昭29年6月5日）
・メシヤ御降誕仮祝典（同年6月15日）→それから約二ヶ月間、明主様を〝メシヤ様〟と御尊称申し

上げたが、その後取り下げられた

③天照皇大御神

・昭和29年6月5日、メシヤ御降誕祭においてお唱え申し上げた御尊名

※メシヤ御降誕仮祝典祭であるから〝メシヤ様〟と御尊称申し上げるべきであると思われるのだが、なぜ「天照皇大御神」の御神名をお唱えして参拝をさせたのだろうか。

④大メシヤ

大救主《だいメシヤ》の　御名は最後の世を救う　尊き御名なり心せよ皆　（昭26年）

※最後の世をお救いになる大救主《メシヤ》とはいかなる神様なのか。

⑤大弥勒の神　（御講話　昭25年8月1日）

「一厘の種はメシヤとは違う神様のやられる事。計画は非常に深く絶対判らぬ。経綸は最高の神たる国常立之尊様でも判らぬと仰せられる。

経綸の主体は『大弥勒の神』で、この神が経綸の中心である。（中略）最高の神の経綸は善悪両方を造って操っておられるのである」

「三位一体の力を独り具有され、大千世界の最終的救済を為さるのが観世音菩薩、即ち『大弥勒神』の御活躍で被在《あら》せらるるのである」（「東方の光」3号　昭10年2月23日）

※経綸の中心である『大弥勒の神』とはいかなる神様であるのか。

⑥伊邪那岐命

立春の今日の目出度き伊邪那岐の神ゆ百の実給はりしなり（昭和26年2月5日）

※〝百の実〟とは百個の実という意味か、それとも〝桃の実〟を指すのか。その意味するところによって、解釈も異なってくる。

天の父エホバは伊邪那岐命なり吾に御力給う畏《かしこ》き（昭和26年6月25日）

※天の父エホバの与えた御力とは如何なるものなのか。

5　その他「本源」に関係すると思われる神々／事柄

この外にも、次に挙げる、「御浄霊の本源」に関係があると思われるような神々や事柄に対しても、さらに理解を深める必要があった。

①太陽の黒点と如意宝珠との関係

宇宙の中心でありポチである。「太陽から不断に放射されている火素が明主様を通じて御守りに伝流され……」

※観世音菩薩の持ち給う如意宝珠・摩邇の玉から発揮される光素と同じものなのか、それとも異なるものなのか。

②三位一体

◎火水土　三位一体の御力を　具えて出でます日月土大御神《みろくおおみかみ》

※日月土大御神と弥勒との関係は？

③弥勒下生と再臨のキリストの関係
弥勒下生と仏典に登場する弥勒菩薩との関係

④弥勒三会《さんね》とは（その意味）

仏教史上最重要事とされ、御浄霊の出現に対して大いに関係があると思われる。

⑤伊邪那美尊と桃太郎、千手観音

・伊邪那美尊は聖（西）王母
・左の御歌からは、千手観音と桃太郎は同一神仏であるのか
◎思ひきや昔語りの桃太郎は千手観音の化現にませり
◎鬼ヶ島やがて陥ちなむ桃太郎は最勝妙如来の化身に在せば
◎千早振神の御国を建直す力の主は桃太郎かも

⑥兄之花姫神と木之花咲爺姫との関係

⑦伊都能売金龍神及び九頭龍権現の関係

⑧「大きな神様が御降臨になる」（昭和10年10月10日）――いかなる神様なのか

⑨「最初の偉い神様が御降臨」（昭和5年（旧暦）5月5日）――いかなる神様なのか

⑩観世音菩薩の御本体

⑪天照皇大御神

⑫伊都能売という神様

⑬大聖観世音、聖観音と観世音

⑭観世音と観自在

⑮天照皇大御神と大聖観世音の関係

等々、わかっていなかったことがあまりに多くあることに驚き、呆然とするばかりであった。何もわかってはいなかったのだ、よくそれまで御浄霊のお取次ぎを許されていたものだと恥じ入るばかりである。

三　再度の研鑽、猛烈な再浄化

平成14年7月10日頃から8月中旬にかけ、右頭頂部の内側で激痛が続いた。もしや腫瘍が出来たのではないかと思われるほどの強烈な痛みであった。その部位が溶解したと思われる毒気や毒液が下りてきて右眼の奥や右顎骨まで痛み出した。挙句にはそれが右の第一臼歯から排泄されようとしたため、歯茎の腫れと歯の痛みで食事がほとんど摂れない日が続き、およそ一ヶ月の御浄化で56キロあった体重が4kgも減っていた。その間、臭気と毒液が歯から出るのでひっきりなしに口中の漱ぎを繰り返し、口中の清潔につとめるようにしていた。

このような「頭痛」の結果、「弥勒世界創造神出現図」（巻頭折込）を最終的に仕上げることができたのだった。この図に基づき、御浄霊の本源に関わりがあると思われる箇所を全集から抜粋したものを、一つの形としてまとめたのが後半部の『項目編』である。

御浄霊は明主様が創始なされ、人類に齎《もたら》されたのであるから、その本源を明確に知って理解するためには、やはり明主様の言説を再拝読・再研鑽するのが最適であると考えた次第である。

※文中では「御教え集」「御垂示録」「御光話録」をまとめて「御光話集」という尊称を用いている。

第一章 概論

一　はじめに

本書を執筆するにあたって、当初は世界救世教いづのめ教団より発刊された『岡田茂吉〈明主様〉全集』(以下全集と略す)から〝御浄霊の本源〟に関わりのあると思われる箇所を抜粋し、これをまとめたものを「項目編」(本書後半部)としていた。だが、解説編と併せて上梓したい意向を知人に相談したところ「全集に関しての著作権はいづのめ教団にあり、そのままでは著作権に抵触する懸念がある」という意見であった。

幸い当方の手元には、全集発刊以前に拝読していた明主様の御著書や御光話集、御詠集や教団機関誌等が数多くあるため、それらを改めて拝読、抜粋したのだったが、ほとんどが明主様御在世当時の刊行で、少なくとも50年以上が経っている。また戦前〜戦後の物資欠乏の時代のため粗末なわら半紙に印刷されていることもあって、紙が劣化してぼろぼろになっているものもあった。

必要に迫られていることもあって紐解いたのだが、慎重の上に慎重を重ねての取り扱いであったことは言うまでもない。

●仮名遣い、誤記・誤植について

引用文の文字表記については、基本的に昭和10年代以後の旧仮名遣いは現代仮名遣いに、旧漢字も現用漢字に改めた上で表記している。文字の誤用や誤植と思われるものは、明主様の御神意を損ねてはならないとの考えに基づき、原本のままとした。

二　「御浄霊の本源」を理解するために

御浄霊の本源を解説するに当たり、これを深く理解してもらうために――少々長くなるが前以て申し述べておきたいことが種々ある。

「御浄霊の本源を求めて」明主様の御論文や御光話集を拝読、研鑽する内に疑問点が次々と沸いてきた。それらを整理し解こうとして生まれたのが「弥勒世界創造神御出現図」である。

御浄霊の　本源求め御神書拝読《ひもとけば》　弥勒《みろく》の御世《みよ》を樹立《たつ》らせむ神　（平14年6月2日）

御浄霊の本源を問われてからここまで来るのに4年と4ヶ月が経過していた。その前の37年を合わせると計41年も経っていたことになる。毎日のように御浄霊をお取次ぎしている身でありながら、その本源、偉大なる力の源がどこであるのかという点については何もわからないままでいたのである。否、本源そのものの在り処は何処にあるのだろうなどと考えてもみなかったことであった。
「弥勒世界創造神御出現図」の骨子がだいたい整ったのが昨年（平14）の6月2日であった。この図と毎日対座して熟考を重ねた4ヶ月と8日間は、度々のようにこの身が張り詰めた神気の領域に浸っているような感じになり、本来なら触れてはならぬ神秘なものに触れることを許され、恐る恐る触れつつ、そして少しずつ分かりかけてきたようにも思う。しかしその時点でも「弥勒の世創造神」御所在の位置がわからず、御神名も不明のままであった。

弥勒の世　造る御神はその神は　何処《いづこ》にありや確《かく》とは見えず　（平14年10月10日）

その後も神々の配置や結ぶ線を変更するなど数回書き直した。現在の図のようになったのは平成15年2月23日、救世教いづのめ教団本部教学部における講演の2日前のことであった。

数年前の自分を振り返ってみると何も分かっていなかったと今更ながらに思い知る。その自分がさも分かったような顔をして、他人様の前で明主様が説かれた文明論や医学、農業、神学論について話をしてきたのだった。「つまみ喰い」と言うが正にその通りだった。汗顔の至りである。

今は少し分かったと思っていても、数年後にはやはり現時点のことを「あの頃でも深いところは分かっていなかったのだ」と思うようになるのではないか、そう考えるとこの図を公表して解説することも時期尚早なのではないかと躊躇してしまう。しかし人間に完璧ということはあり得ないとするなら、現時点までの研鑽の成果をまとめてみることもまた無駄ではないとも考える。

この文を読まれた諸氏から問われることによって、更なる研鑽の機会と深い理解が得られる事を願ってやまない。

◎「御教え」中の宗教学に対する評価

『岡田茂吉全集』（以下〝全集〟と略す）の著述編や講話編に収録された御論文や御光話には、既存の宗教学、特に神道や仏教の学問には当てはまらない事柄が数多く含まれている。例えば

①天照皇大御神と大聖観世音は同一である

②観音様の御本体は伊都能売神であり、大聖観世音であり、国常立尊である。

③稚姫岐美尊が釈迦に生まれた
④素盞嗚尊が阿弥陀如来に生まれた
⑤桃太郎と千手観音は同一
⑥弥勒下生・弥勒三会についての解釈

等々、細部についても挙げていたら十や二十どころではないだろう。

ある日のこと、元救世教の幹部であったある人物に右記の事柄について話をしたところ、

「一般社会でそのようなことを話したら一笑に付されるのがオチだ。第一何を根拠にして、お釈迦様や阿弥陀様の前世や御本体がわかるというのか。明主様が仰られたからと言って、それが社会に通用するわけがない。特に神界と仏界の関係は明主様が仰っているようにはなっていないのではないか。もしもなっているならば宗教界では大変革が起こり、救世教の内部抗争もなくなり、世の中全体も様々な面で良くなっているはずだ。明主様が仰っているようになってもいないのに、明主様の思想や学説を表に出したところで、世の中の有識者が認めるどころか嘲笑の種にされるだけだろう。『常識を重んぜよ』と明主様御自身が仰っておられるではないか。既存の宗教学と対立するのではなく、共通項を見出して広く理解され、受け入れられていくような理論を打ち立てていくことこそ必要なことだ」

と窘められてしまった。

なるほど大変〝常識的〟であり、宗教人らしい考え方である、と見るべきか。それでは一般の宗

教学者はその辺りについてどのように見ているのか。『岡田茂吉研究26』（世界救世教いづのめ教団発行1998年8月23日）の24頁に、以下のようなくだりがある。

1、釈迦の弥勒（報身の弥勒）――稚姫岐美尊――出口なを
2、阿弥陀の弥勒（法身の弥勒）――出口王仁三郎
3、観音の弥勒（応身の弥勒）――岡田茂吉

岡田茂吉師（明主様）はこのように解釈しているということに対して、

1、まず第一に「法身」や「応身」の用い方。「法身」とは、密教における宇宙真理＝法《ダルマ》の本体としての法身《ダルマカーヤ》・大日如来を指す。また「応身」とは、その「法身」が歴史的に化現した姿としての釈迦牟尼仏を指す。そして、「報身」は法蔵菩薩としての発願修行を経て、大慈悲の発現者となった阿弥陀如来を指す。これが仏教史における常識的な法身・報身・応身の三身論の用法である。
岡田茂吉は、そうした仏教史や仏教学の常識を知ってか知らずか、そうした常識的な用語法とは異なる、全く独自の解釈を披瀝している。これもまたイヅノメ的な「自由自在・千変万化」といえばそうであるが、それ以前の宗教的な慣用語法を無視した、いささか手前勝手な自己流の用語法ともみえる。
2、通常の仏教的常識からすれば、菩薩よりも格が上である阿弥陀如来や釈迦牟尼仏よりも、む

しろ観音菩薩のほうが霊格が高いとする思想が岡田茂吉にはある。そしてその「応身弥勒」である「観音」として「伊都能売」がはたらくという。この岡田茂吉の〝型〟の思想をどう理解するかが問題である。このような考えを仏教的常識や歴史神学の基準や尺度で測ることができるだろうか。もしそのような基準や尺度にあてはめようとすると、それは規格外の不良品か、度はずれの例外とされるのが関の山であろう。

3、著述篇第十巻31～33頁に収められた「文明の創造」は本巻（講話篇第五巻）の講話が語られた時期と同じ昭和二六年にまとめられたものである。その中に「伊都能売神」「観世音菩薩」「弥勒三会」と題する論文が続いて収録されている。

そこには、日本宗教史の常識を覆すような見解が次々と披瀝されている。曰く、

①日本古来の神々はインドへ渡航し化身仏となった（中略）

②素盞嗚尊を中心とする朝鮮の神々の渡航（中略）

③善財童子という名であった若き釈尊はこの補陀洛で観自在菩薩の説教を聴聞し感激し、（中略）

④仏法の本当の祖は、日本の伊都能売神であった（中略）

⑤の伊都能売神の去った後の日本では、伊都能売神の弟神であった天照天皇が後を継ぐが（中略）

⑥インドの観自在菩薩（実は伊都能売神）はインドの経綸を終え、日本へ帰国しようと南中国に着たがまだ日本は危険であったので（中略）

⑦弥勒三会は、三身の弥勒、即ち報身の弥勒である釈迦、法身弥勒の阿弥陀、応身弥勒の観

音が一度に会うことである（中略）

⑧伊都能売は数でいえば、五と三である（中略）

以上のような独特の見解が次々と開陳されていくのである。（中略）だが、この真偽のほどはどのようにして証明されるのか。（中略）それを〝宗教体験〟や〝啓示〟や〝直観〟によってというのならば、当の〝体験〟や〝啓示〟や〝直観〟が厳しく審神《さにわ》されねばならないのではないか。

以上、長々と引用したが、明主様の論法に対する評価を要約すれば、

1、宗教的な慣用語法を無視した手前勝手な自己流の用語法

2、規格外の不良品か度はずれの例外

3、日本の宗教史の常識を覆すもの

4、破天荒な思想や見解の根拠と考えられる岡田茂吉〈明主様〉自身の宗教体験や啓示、直観こそが、厳しく審神されるべき

ということである。

また伊都能売神に関する事柄についても、『古事記』（河出書房　昭39年3月20日）上巻「五、禊ぎはらい」の項に、「伊邪那岐神が黄泉の国から逃げ帰り、汚れた体の禊《みそ》ぎ祓《はら》いの儀式を行った時に、多くの神々が生まれた。伊豆《ママ》能売神も穢《けが》れをすすいで清らかになったことを示す役目の神として生まれた」とある

だけである。

御浄霊の本源を考える上で最も重要である伊都能売神に関して、古事記にはたったこれだけの記述しか載っていないのである。

以上見てきたように、現在の宗教理論には当てはまらないことや常識外れとも言われそうなことが多くある。それでは当の明主様ご自身はその点についてどのように考えておられたのか。その辺りについて触れられた箇所を幾つか列記してみる。

◎ご自身の説について――御教えより

①非常に解り難い　（『光の活動――大光明世界の建設』「光明世界」3号　P10　昭10年5月21日）

「とても幽玄微妙なんで、口では、説明し難いのであり、又仮令《たとえ》説明をしても、人間は今迄の学問や、唯物知識で固まっている為に、非常に解り難いのであります。

恰度《ちようど》アインシュタインの相対性原理が、判る者は、日本に一人か二人位しか無い、と言われるのと同じ様なもので、実に解り難いのであります」

②大山師と見るのも亦当然であろう　（『救世主』「世界救世教早わかり」昭25年11月20日）

「私が信徒を介して行う間接的力によって、絶望と決した難病が治り、決定的死の運命が復活され、健康人間として活動されるようになった実例は、実に今日迄何万何十万を数えるか判らない程である。（中略）然し此事実を人の言葉や本教刊行物によって知ったとしても、直《ただち》に受け入れられない事は致し方あるまい。或者は迷信とし、或者は大山師と見るのも亦《また》当然であろう」

③松沢病院行きとなるかも知れません　（『地上天国を造る』「栄光」108号　昭26年6月13日）

「斯《こ》んなドエライ抱負を申しましたが、若《も》し之が単なる大言壮語に終るとすれば、私という者は大法螺《おおぼら》吹きの大山師で怪しからん奴と指弾され、葬り去られるでありましょう。或は松沢病院行きとなるかも知れません。だとしたらそんな馬鹿気《げ》た自殺的行為は、私は真平御免であります。（中略）キリストは『天国は近づけり』と曰《い》い、釈尊は『ミロクの世が来る』と予言されました。然《しか》し此二大聖者は、御自身が天国を造るとは曰われなかった。処《ところ》が大胆不敵にも、それを私は作ると宣言するのであります。（中略）各聖者の予言を如実に裏付けするのが、私の使命なのであります」（松沢病院……精神病院の代名詞）

④既成宗教の生命は終った　（『私という者』「地上天国」47号　P10　昭28年4月25日）

「宗教というものは或期間中の役目であって、仮の救いであり、永遠性はないのである。彼《か》の釈尊の曰われた仏滅といい、仮の娑婆も、キリストの世の終わりが来るという言葉もこの事であった。というのは今日までの宗教では本当に病気は治らないのは事実が示している。現在宗教の殆《ほとん》どが医学に頭を下げ、病院を造っているに見ても明かである。これでみても宗教の力が科学以下である事を証明している訳で、気の毒乍《なが》ら最早《もはや》既成宗教の生命は終わったのである（以下略）」

⑤本当に分る人は先ず世界に一人もない　（『硝子製造人』昭28年8月25日）

「ブチマケテ曰《い》えば、先ず私なるものの正体は、一寸やそっとでは分る筈《はず》がない。本当に分る人は先ず世界に一人もないといっていい。恐らく人類史上私のような人間は未《いま》だ嘗《かつ》て生まれた事がないからである」

⑥大法螺吹き　（『この神力／科学への原子爆弾』「世界救世教奇蹟集」P160　昭28年9月10日）

「私は常にキリストは、私の弟子に当るという事を唱えているので、信者以外の人としたら恐ろしい大法螺《おおぼら》吹きと思うかもしれないが、何しろ神にある私として寸毫《すんごう》の嘘偽りは言えない筈である」

⑦理解どころか反感を起す　〈『私の文章とその他』「栄光」238号　昭28年12月9日〉

「これは誰も気がつかない事と思うが、恐らく私の文章くらい難しいものはあるまい。まず文字が出来て以来例がないであろう。というのは私の説たるや、古往今来未《いま》だ嘗《かつ》て何人も唱えたことのない神秘極まるものであって、今まで長い間人類が仰ぎ敬い、尊崇の中心となっていた釈迦、キリストの二大聖者をはじめ、凡《あら》ゆる偉人、賢哲の遺《のこ》されている業績を解剖し批判し、その聖典までも思い切って大胆率直に論評したものであるから、読む者をしてあまりの超意外な説に、理解どころか寧ろ反感を起す位であろう」

⑧頭がどうかしていると言うかもしれない

〈『御光話』〈於奈良公会堂――昭29年4月12日〉「御教え集」33号　P34　昭29年5年15日〉

「いまお話したのはあんまり大きな話ですから、よほど信仰がしっかりしていないと信じられないです。信仰のない人が聞いたら馬鹿馬鹿しくて鼻の先で笑うかもしれませんが、〈中略〉いままで何億という人類が拝んできたキリスト、釈迦を私が助けたというのですから、『そんな人間が現れることはない、頭がどうかしている』と言うかもしれません」

⑨山師か、頭がどうかしている

（『御光話』〔於金山体育館――昭29年4月11日〕「御教え集」33号　P23　昭29年5月15日）

「悪の力を抜く宗教、悪を制御する宗教、悪を弱らせる宗教（中略）つまり光のある宗教、光のある教祖なり宗教家というものは、いままで地球上に出なかったのです。（中略）これもはなはだ大きな話ですが、ちょっと信じられない話です。（中略）『ああいう大きなことを言うのは、あいつは山師か、頭がどうかしている』と言うでしょうが（以下略）」

これらのように、現在の人間には到底判る筈はないことや、反感を持たれたり、大山師や大法螺吹きと思われるかもしれない、あるいは頭がどうかしているのではないか等々、なかなか理解され難いこと、批判を受けるであろうことはご承知なのである。それ故、

「熱海の地上天国ができあがることと、自然栽培が国家的の問題になるということになって初めて『ではやっぱりそうだ、じっとしてはいられない。大いに救世教《メシヤ》を、岡田茂吉という人間を研究しなければならない』ということになるわけですが（中略）なにしろ救世教《メシヤ》というものは、どっちか

と言うとあんまりすばらしすぎるのです。そこで分かりにくいのです。後世になって自分の研究がなされるであろう」

（「御教え集」30号　P75　昭29年2月15日）

等々、「後世になって自分の研究がなされるであろう」といった趣旨のことを最晩年になってから仰っておられるのである。

神道や仏教、キリスト教を専門的に学び研究したことのない私には、それらと岡田茂吉師〔明主様〕の神学とを照合比較して検討することなど出来ないことは自分でも重々承知している。と言って一般の宗教学者が「岡田茂吉は宗教理論を知ってか知らずか、既存の宗教を無視した度はずれなことを云う」などと批判しているのを「ご説ごもっとも」とありがたく拝聴していることも出来ないのである。その理由をこの場を借りて述べさせてもらいたい。

◎御浄霊――死の淵から救われ、光明を与えられた

私もまた御浄霊によって救われた人間の一人である。それまで既成医学や他の宗教、あらゆる民間療法でも治すことの出来なかった重症の病を、27歳の時御浄霊によって治癒されたのだった。また物質文明に翻弄されて暮らす生き方には到底堪えることが出来ず自暴自棄になり、辛うじて若さだけが残っていた自分に、生きる希望と光明の道を与え、人間として再生してくださったのも御浄霊であり、岡田茂

吉師の御教えであった。己の重病を治してくれた御浄霊の力を与えられ、それを取り次ぐことによって多くの人の病を治癒してきた。明主様の御教えを取り次ぐことで生きる希望を持たせた人間も多い。

現在もなお、御浄霊の真価を深く高く探求しようと御神書拝読や研鑽に励みながら御浄霊を取次ぎ、日々奇蹟を体験させられている。特に当初の5年間は寝食を忘れそうになるほど食事中、就寝中や入浴中にすら、次々湧いてくる疑問を追求し熟考を重ねる毎日だった。湧いてきた疑問は頭にこびりついて離れていかないのだ。そんな日々を続け昨年の夏頃からそれら「御浄霊の本源」が少しずつ解りはじめ、平成15年2月になってようやくここまで来たのだった(しかし未だに何か釈然としないものもある。〝わからないことが何なのかわからない〟とでも表現したらいいのだろうか)。現在まで解ったことだけでも知らせたいものだと思い、友人や知人、特に宗教学に関わる方面の知人の幾人かに、この「御浄霊の本源」について話してみたのだが、返ってくる答えは「既存の宗教学や理論について知らないからそんな突飛なことが言えるのではないか」あるいは「何とも言えない。自分の常識では全くもって理解できないし、考えられない」といったものが殆どだった。

◎「無肥料栽培」を例として

奇蹟がある、いわゆる「効いている」御浄霊のその本源を話しても理解してもらうことができない、その理論をどのようにして説いていけば理解してもらうことが出来るのか、をしばらく考えていた。その結果、50年にわたって実践研究してきた無肥料栽培を例として用いることが最もわかりやすく論を進めていけるように思えたのだった。

神学上の事を農業と結び付けて論じることなど出来るのか、第一神様に対して非礼に当たらないかと思われるかもしれないが、決してそのようなことはない。

古事記にある天津罪として定められている十の罪の大半は農業に関連するものであり、古代の生活上の規範でもあったのだ。神代では農業そのものが神事行事でもあった。そのように重要である農業を、いつの頃からか有能ではない人間を指して「百姓でもやっていろ」というように、農業そのものを軽視するようになってしまった。

それでは50年前、いかに無肥料栽培が理解されていなかったということを、私自身の経験を通じて見ることにしよう。

農家の長男であった私が生家で無肥料栽培を始めたのは１９５２（昭和27）年、18歳の時だった。廣野大本家の当主であった由喜夫人から渡された救世教の刊行物（〝栄光〟紙）にあった「火・水・土の原理」や「五年で五割増産」の文字に心を動かされ、早速実行に移したのだった。しかし、収穫量は案に反して惨憺たるもので、それと機を一にして家運が傾き、私は家を出ることになった。

１９６２（昭和37）年、神奈川県、箱根強羅にあった救世教の教会で専従奉仕活動をすることとなった。かたわら無肥料栽培実施者の諸先輩方から、成功談や失敗談、実績等を見聞し、自らも実践研究していた。無肥料栽培の成果を確信することが出来たので、その趣旨や具体的な実施方法、将来の農業のあり方にまで踏み込んだ内容の手紙を、郷里の農協に勤務していた友人に送った。

数日の後父から連絡があった。手紙を受け取った友人の感想だった。

「壽喜（筆者）は気が狂ってしまったのか。化学肥料や農薬を使わないで農作物が収穫できるなどと言っているが、これは農業を知らない者の言うことだ。子供の頃から百姓仕事を手伝っていた壽喜がこんなことを言い出すとは、頭がおかしくなってしまったとしか思えない。農薬は毒だなどと言っているが、政府が認めているのだから害になるようなことはないのだ。作物につく虫や病菌は殺すが人間や家畜にはそんなに害にはならないはずだ（当時は人畜無害だといわれていた）。今は化学肥料や農薬をたくさん使って一粒でも多くの米を収穫しなければならない時なのだ。無肥料栽培なんてそんな馬鹿げたことを言っているとは気が確かとは思えない」

父は電話口で、友人からそのように散々言われたことを長々と繰返したのだった。

しかし私の場合、父の代から一般の農家に先んじて化学肥料や、有機質肥料として人プンや鶏フン等を多量に使用していたのだった。リンゴやブドウ、モモ等の果樹には今日では使用禁止となっているパラチオンやエンドリン、アルドリンといった猛毒の農薬を、また近隣の農家では殆ど使われていなかった除草剤の２・４‐Ｄ等を使用していた。

毎日の農作業の中で私の身体はそれらの毒を多量に浴びてしまい、農薬中毒になっていた。仕事が出来ない原因不明の病気になり、病院をハシゴする毎日だった。そのような私が救世教の教会で御浄霊を受け、次第に快復にすることで神力を見せられたこと、化学肥料や農薬に依存しその有害性に気がつかない当時の農業を危惧する心だけが先行して、焦りから相手や時代の状況を的確に把握しないまま、衝動的に書いた手紙であった事を深く悔やんだのだった。

戦後の私の場合でさえ親しい（と思っていた）友人から狂人扱いされた程だから、初期に無肥料栽培を実施した諸先輩の中には、夜中に家に石を投げ込まれたり、村八分にされたりと様々な苦労があったと聞かされている。

◎慣行農業のこれまでと現状

この原稿を最初に執筆した平成15年は、冷夏の影響で作況指数も悪かったがそれでも主食の米は余り、4割の水田では作付をしない減反政策を採ってもまだ米が余るというような飽食状態になっていた（その一方で米以外の大半の食糧は輸入に頼っているのだが）。これも最先端の農業技術の賜物であると賞賛し、化学肥料を上手に用いて適宜農薬を使用することこそが、進歩した農業を実践する者であり、それが農業人の常識とされてきたのだった。

しかしその一方、大量に輸入される農産物への、栽培時や収穫後に添加される残留農薬の問題も着目されるようになった、最近では、中国から輸入された野菜がそのあまりの残留農薬の多さに「毒菜」と言わんばかりのものになっていることが、大きく取り上げられたことは、この問題が一部の人間だけでなく、世間一般に広く知れ渡ることになった。

日本で栽培されている野菜や果物に関しても、使用が禁止されているはずの農薬が農協と農家ぐるみで使用されていた事が判明し、大々的に報道されたことは周知の通りである。このようなことは今に始まったことではなく、以前から行われていたことであって、単に明るみに出なかっただけのことなのだ。農薬の恐ろしさは今では農家自身が身をもって知っていることであり、自分たちが食す分についてはそれらの使用を極力控えて作っているのである。

しかし、これまで長年にわたって化学肥料や農薬を投入——散布されてきた農地は既に穢れ果ててしまっているのだ。30数年前に使用した農薬が地中深くにしみ込み、地下30～40メートルから汲み上げる地下水を汚染し、飲用に適さなくなっている地域がいくつもある。

このように汚染された農地からは、21世紀に生きる人間の食べ物を生産することは期待できないだろう。

◎辿り着いた無肥料栽培「十草農業」

ここで私が提唱する無肥料栽培「十草農業」について触れることをお許しいただきたい。ここでは字数の関係上、概略と結論だけにとどめたいと思う。

雑草を〝益草〟として活用することにより、農地を疲弊させることなく、水害や干害からも作物を守って、美味しい作物が生産されることが可能になったのである。作物が健康であるから病害虫防除のために農薬を使用する必要もなく、むしろ害虫であると知らされてきた虫たちは全て〝益虫〟なのであるということもわかってきた。

雑草がどのような役目をしているのであろうか、と疑問を持って自然農法を行い、雑草を観察し始めてから、それらが益草なのであるとの確信を持つに到るまで、33年がかかっていた。虫についても、それらが自然発生する（湧く）という説を読み「もしかしたらそうかもしれない」と思って虫を観察し始め、それらが益虫なのであるという確証を現場で見せられるまで28年がかかっていた。

40年前、無肥料栽培の実施を訴えて「気は確かか」と変人呼ばわりされた私は、今日では各方面から招かれ、十草農業や人間の生き方について講演をしている。『人が時代を造り、時代が人を造る』という諺を体現しているのである。

◎医療について

それでは医療の方はどうであろうか。医療技術でも世界の最先端を行くアメリカでは、病気にかかった場合、進歩しているはずの西洋医学ではなく代替医療に頼る人が半数以上を占め、その内の3割以上は食事による治療を求めているという。それらの人々は経済的な問題を抱えて医療を受けられない貧困層の人々であると思うだろうか。ところが、それらの人々は意外にも医療関係者や、知識人と言われる人々なのだという。私はこれを、医療関係の知人から聞いたのでかなりの信憑性があると思う。この話を、医師をしている別の知人にしたところ、

「日本でも、医師がガンに罹った場合、西洋医学に頼らずに民間療法や代替療法に縋るという話をよく耳にする」ということを話してくれた。さらには、医師をしながら御浄霊を受けている人も少なくないということだった。

一般の農業の現状と無肥料栽培の十草農業、医療の現状の一部分だけを記した。ついこの間まで進歩的あるいは常識とされたことが、時代遅れ、無知だと言われるようなことがあるのだ。農耕の歴史が始まって約一万年間、邪魔もの、厄介ものとして嫌われてきた雑草が益草となり、害虫は益虫であるというように、農業における常識の変革もまた始まっているのである。医療においても、世界中の人類が全幅の信頼を寄せてきた現代西洋医学の、その当事者である医療関係者が、医学に疑念を持ち始め、それに替わるものに頼る傾向が現れてきている。人間の生命に最も関わりのある農業と医療に大変革が起こりつつあるのだ。既存の農業や医療では何等解決を見出せない問題が次から次へ顕在化し、はっきりと行き詰まりを見せているのである。

宗教といえどもつぶさに検討してみれば、その例外になるとは言えないだろう。宗教とは一部学者の研究対象でも、ましてや詐欺師の金集めの方便として存在しているのではない。その時代、その地域の人間を救い導くため、それに適した神の大愛の発動によって現れるものなのである。人間を物心両面に

わたって幸せにできるのか否かによって、その宗教の真価を問わなければならないのではないか。今日存在する宗教の中で、今後の世界をリードする宗教理論を持ち、悩める人類を救済するだけの確実な力を持つものが果たして幾つあるだろうか。

数千年かけて成立し完成した宗教理論であるからとか、一般的にも常識となっていることであるとか、単にそれに適合しないというだけで、「規格外の不良品」「欠陥商品」「手前勝手な自己流の解釈」などと言ってはおれない時期は、案外近くまで来ているのではないだろうか。

三　御神書拝読の重要性

御浄霊の創始者である明主様(岡田茂吉師)ご在世中に発行されていた救世《メシヤ》教の機関雑誌「地上天国」、機関紙「光（後に改名され「栄光」)」の〝おかげばなし〟欄には、初めて読んだ人間には到底信じ難い奇蹟の数々が掲載されている。人類誕生以来幾多の宗教が現れたことだろうか。中でも、現代においてなお三大宗教に数えられるキリスト教、仏教、イスラム教の長い歴史を通覧しても、これほど数多い奇蹟があっただろうか――そう思えるほど、まさに〝奇蹟〟としか言いようのない当時の信者の体験談には、ただただ驚嘆するよりほかない。

しかしながら1955（昭和30）年の明主様御昇天と同時に神力が減少してしまい、奇跡と呼ぶにふさわしい現象もめっきり少なくなってしまった（時折忘れた頃に〝奇蹟〟らしいことが起きることもあった）。これは明主様御在世時からの古い信者の多くが知ることである。

1952（昭和27）年10月4日、箱根強羅・神山荘において読売新聞社科学部次長（当時）の為郷恒淳氏と会談をなされた際、為郷氏が「明主様が霊界にお戻りになられた後の光の強弱について」質問されたのに対し、明主様は次のように答えておられる。

「霊界から出しますから同じことです。却ってよく出ます。肉体《からだ》があると邪魔になりますから」

（「栄光」179号　昭27年10月22日）

ということは、明主様亡き後は御在世当時以上に光が強烈になり、奇蹟以上の奇蹟が続出するという状態になっていてしかるべきである。しかし実際はその逆になってしまった。なぜそうなってしまうのか、これも私自身の大きな疑問であった。明主様が虚言を吐いたりホラを吹いたりするはずがない、しかし現実には仰られたようになっていない……ということは、どこかにそうならない原因があるのだ――そう考え、この答えを見出すべく御神書拝読と御浄霊の研鑽に努めてきたのである。これについては序章でも述べたことであるが、なぜ御神書拝読の重要性を繰り返し述べているのか、私自身がそれについて強く思い知られたある体験を、ここで紹介することでお分かりいただけると思う。

◎「お取次ぎ」と「御神書拝読」――ある老婦人のケース

１９６３（昭和38）年2月頃のことであろうか。当時私は救世教の支部へ参上し、専従者となるために奉仕生活を始めて数ヶ月が経っていた。支部での生活はかつての徒弟制度そのものであったが、私より先に住み込みで奉仕をしながら御浄霊をいただいている初老の婦人があった。昔は学校で教員をしていたとのことで、教養もある女性だったが、顔面神経痛を患っていたため口の端が曲がり話す言葉も聞き取りにくいことがあった。とはいえそれ以外には身体で悪い箇所もなかったので、責任者である上司が出張で不在の時など、代理で御浄霊のお取次ぎをすることもしばしばあったが、御浄霊をいただいた人が御教えや御浄霊に関して質問をすると、御神書に書かれてある――即ち明主様の仰られたことよりも、自分自身の考えを優先して話しているところを何度か目にしていた。

その日も、御浄霊に関する質問に対して、彼女は御神書の内容と食い違っていることをとうとうと説教していた。見るに見かねた私はお取り次ぎの後でその老婦人を呼び止めて、

「あなたの話を聞いていると、御教えや御神書に書かれている内容とは異なることの方が多いように思える。失礼なようだがもしかすると、あなたの顔面神経痛の原因もそこにあるのではないか。御教えや御神書をなるべく多く拝読し十分に理解した上で、それについて正しく話ができるようになれば、きっ

と顔面神経痛も治り口もまっすぐになることだろう。それまでは人前でしゃべらないでひたすら御神書の拝読に努めた方がいいのではないか」

と伝えたのだった。彼女は妙な表情を浮かべたが何も言わなかった。ほどなくして婦人は顔面神経痛も癒えぬまま、自宅に戻っていった。

それからしばらくたったある日のこと、その婦人が寝込んでしまったという知らせを聞いた。買い物から帰宅する途中に転倒してそのまま起き上がれなくなり、右半身不随となってしまったという。彼女の直属の上司が自宅にかけつけ「どうしてそのような姿になったのか。何か大変な思い違いをしたのだろう」と問い質した。最初は何も言わなかったそうだが、上司の詰問にとうとう、

「あんな若僧に『御神書を読め』と言われたことが癪にさわって仕方がない。私も一応他人に教える立場に立ったこともある身で、先生と呼ばれたこともある人間だ。それを今更勉強しなさいなどと言われたから悔しくてたまらない。そんなことをブツブツ言いながら歩いていたら転んでしまった」

と告白したという。

半身不随になってしまったということで、大勢の信者が御浄霊のお取次ぎにかけつけた。中でも、彼女の自宅近くには御浄霊における大先輩が住んでおられた。救世教の前身である観音教団当時から御浄霊を専業にして多くの病人を治して救世教に入信させて教会長となり、さらに出世して教団本部の役員になっていた人物であった。彼が「よし、私が治してやる」と言って、本部から帰宅すると毎夕彼女の自宅に御浄霊のお取次ぎに通われた。しかし、三ヶ月通っても一向に快復の気配がない。とうとう三年

間通い続けても、御浄霊が効いた兆しは見えなかった。それまで数千人もの人間に御浄霊をお取次ぎしてきた大先輩が、三年間通い続けても何の変化もなかったのである。「このような人は初めてだ」と首を捻っておられたが結局、残念だがと手を引いたのだった。

私は当初、上司がお取次ぎに行く際に車を運転していくだけだったが、三年目頃からは私個人で行かせられ御浄霊お取次ぎをさせていただいていた。そんなある日のこと、お取次ぎをしながら、

――私の言ったことに反発して怒っているからこんな姿になったんだ。あのとき素直に私の忠告を聞いて御神書を拝読していれば……

などと思った時、ふっと、もう一人の自分がこう言ったのだった。

「これはお前自身の姿なんだ。御教えや御神書を十分に拝読せず、深く理解しないままに御浄霊のお取次ぎをしているとこのようになってしまうということなんだよ」

そう聞こえた瞬間、全身からさあっと血の気が引いて、魂までがびくっと震えた心地がした。幸いそばには誰もおらず、件の婦人も気持ちよさそうに眠っていたので、気づかれることはなかったが。

――そうか、そういうことだったのか。このような運命の人を身近に置き、『私（明主様）が言った事、書いた事を十分に理解するようになりなさい』ということを私に知らせるために見せて下さったのかそう理解すると、（自分が言ったことを素直に聞かないからこうなるんだ）などと考えたことはとんでもない思い上がり、取り違いであったと気が付いた。己の慢心を叱責し、布教所へ戻ると御神前で平身低頭お詫びを申し上げたのだった。

御神書拝読がいかに重要事であるか、これについて思い知らされた体験は他に幾つもあるのだが、ここではこの一例にとどめておくこととする。

◎本源がわかれば神力は強くなる

信者の中には「御神書や御教えを深く理解しなくとも時折奇蹟は起こるし、そこまで真剣に読まなくとも大丈夫だ、部分的に必要な箇所だけを読めばいいのだ」と主張する者もいる。しかし時折でも奇蹟があるということは、弥勒の世、地上天国建設の最重要事である御浄霊を忘れさせないため、この世から失くさないため、御浄霊の〝力〟というものが確実にあるということを知らしめておかねばならない――という神心が働いているからである、と推測できる。従って御浄霊をお取次ぎする度に（一般的に言う）奇蹟があることはむしろ当然のことであって、奇蹟があってしかるべきとすら言えるのである。

次の項では、他の（手かざし的）療法と比較し、顕著な効果が現れた実例を挙げて、それらと御浄霊との「差異」というものについて述べてみたい。

四　御浄霊と似た所作の治療法について

御浄霊の話をしても、相手は自分の持っている知識を基にして理解しようとするため、充分に（こちらの話を）理解してもらうことはやはり難しい。「宇宙の気」とか「神様」といった言葉についても、最近では「宇宙の気を直接取り入れることが出来る」とか「神様から直接気をもらってそれを出すことが出来る」と言っている人物もそう珍しいものではないようで（とはいえ結果的にイロモノ扱いされているのだが）、それ等と同様に色眼鏡で見られてしまうことも多々ある。

御浄霊とは何か、及びその方法については別項で詳細に説明をしているので、ここでは他の治療法で御浄霊と似たような所作や考え方をするものについて挙げてみる。

救世教の御浄霊だけが手かざし療法の専売特許でなくなってしまったようで、特に駅前や街頭で手かざしをしている「神慈秀明会」や「崇教眞光」――それらもまた御浄霊なのだが――の信者をよく目にすることから、一般でもかなり知られているようではある。これを含め、主に比較対象として上がるのは以下の五点だろう。

(1)「手かざし」「お浄め」「眞光の業」

これらを行う宗教団体はみな教祖が救世教から離脱、あるいは分派したものであるから、大概の点において同じである。ちなみに御浄霊も初期の頃は「お浄め」という呼称だった。

(2)整体の活元　癒気

整体の創始者は大本教出身であり、これも御浄霊とよく似た所作をとることがある。

(3)レイキ

神仏の御力とはいわないが、「宇宙の〝気〟」を取り入れてその〝気〟を出す。「あれは固め療法だ」と御教えにはある。

(4)気功

日本の気功師の幾人かは「宇宙の〝気〟」を取り入れてこれを出すという。

(5)セラピューティック・タッチ

アメリカ、ニューヨーク大学のドレイガー教授は、自分の掌を患者の患部に五センチほどまでに近づけ、患者から放出されているオーラを感じ取って診断し、レイキや日本の気功師と同じく「宇宙から取り入れた〝気〟」を出して治療を行うことで有名である。

その他にも御浄霊とよく似た所作の治療法が存在する。右に挙げた治療法に属さない方法について書かれた書籍が何冊か手元にある。

治療することを「手当て」というように、古来から人間の掌自体には「癒す力」があると考えられてきたようだ。前述の治療法はそれを発展させただけのものと言っては極論になってしまうだろうが、それら数多くの手かざし的療法と「御浄霊」とはいかに違うのか。

形の上では気功、霊気、整体等と一見似ていると見られることも多く、御浄霊をお取次ぎしてもそれらと同じではないかと思われてしまいがちである。その都度以下のような話をして理解してもらってきた。最近、同じような質問をされることがまた多くなってきたのでここに文章にしてまとめてみた。

結論から言ってしまえば、所作は似れども根本は全く異なっているのである。この点を深く理解してもらいたいがために解説したつもりである。

ここでは上記一～五の内、私が効果の上で御浄霊と直接比較する経験を得た整体、レイキ、気功の3つについて触れることにする。

整 体

昭和50年代後半、小田原税務署管内で毎年高額納税者として長者番付に名前が載っていたO氏。知人の紹介で会う機会があったが、六十代と思われる気品のある人物で、夫人もさる旧藩の末裔とのことで、品格を備え家柄をしのばせる面持ちの女性だった。

会って早々、O氏より「私達夫婦はある持病があるのだがそれを治して欲しい」との依頼があった。どのような持病なのかはあえて聞かず、すぐに御浄霊をお取次ぎした。終わると「翌日も来て貰えないか」と頼まれたため、乞われるまま翌日、翌々日、さらにその翌日と御浄霊に通っていた。

一週間ほど経ってからO氏が言うには、

「N君（整体協会創始者）も治せなかったこの病気を治してくれた、ということは貴殿は大したものですね」

と非常に喜ばれ、その後も「庭の桜を夜も見られるように南面全体をガラス張りにしたから」と夜桜見物の招待を受けたり、春になると筍を届けてもらう等、数々のもてなしを受けた（ちなみにO氏は同協会の名誉総裁であった）。

整体の効果は顕著であったのか、日本国中いたるところに整体学院や治療院が開設されているのを目にし「整体とは御浄霊よりも効果があるものなのか」と疑問を覚えていた矢先のことだったので「整体とは所詮この程度のものだよ」ということを、御浄霊の本源である神様が私に見せて下さったように思えたのだった。

レイキ（霊気）、アユルベーダー

熱海、伊豆山に断食道場がある。一般には温泉道場の名で通っているらしく、最近ではTVのバラエティ番組の企画で（多くはダイエット企画絡みのようだが）紹介されることもあるようで、そういった方面で目にした方もおられるのではないだろうか。

その道場に平成元〜6年の間、月に一、二回招かれて十草農業についての話をしていた（時折御浄霊をお取次ぎしたこともある）。その道場で知り合った青年が平成8年の春、突然尋ねてきた。

彼はハワイで有機農業の研修を受けていたときに「レイキ」のことを知り、時々それを受けていた。その所作が私のやっていたのと同じなので「それもレイキなのかもしれない、ならばもっと深く知りたい」と思ったことと、「レイキ」療法はハワイはおろか世界中に広まっているが元祖は日本であるから、日本にはその達人がいるであろうということを聞いていたことが、突然の訪問の目的だったという。

私は「レイキ」については本で読んだ程度の知識しかなかったのでそのように伝えたところ、せっかく来たのだから「レイキ」でなくともよい、御浄霊をいただきたいと言うので、彼を仰向けに寝かせ、眉間に向って御浄霊をしたところ、びくりと身体を震わせ、閉じていた眼をぎょろりと大きく見開き、不思議そうに私の掌をしばらくの間見つめていたが、やがて眼を閉じ、じっと動かなった。

7、8分経ってから左胸の心臓周辺に向けて手をかざしたところ、またも大きく全身を震わせ、先程と同じように眼を見開いて私の掌を凝視していたが、しばらくするとまた寝入ったかのように眼を閉じてじぃっとしていた。今度は腹部のあたりに手をかざした途端、彼はまたも同じような反応を繰返した。

30分ほどで御浄霊のお取次ぎを終了した。やおら起き上がった彼が言うには「不思議なことがあるものです。先生が私の眉間に手をかざすと、その指が私の頭の中ににゅうっと入ってきたように感じたのです。びっくりして目を開けると先生の手は顔の20センチほど上にあるので安心したのですが、目を閉じていると頭の中に入った指が、脳全体や細胞一つ一つを優しく撫でて、汚れを取り除いてくれている感じがしたのです。その気持ちよさといったら何と表現していいかわからないくらいです。心臓も胃や腸も同じように指が入り込んできて撫でられているようでした。それで汚れが取り除かれてきれいになったようで、爽快な気分です。ハワイで『レイキ』を数回受けましたがこのような気分になったことは一度もありませんでした。これが『レイキ』ではなく『御浄霊』というものなのでしょうか」

彼は感心しつつ帰って行った。その後、自分の母親やその友達数人を誘って御浄霊を受けに来た。数年後に彼はインド発祥の団体「クリシュナ」の日本支部長となって活躍しているのだが、自分の団体でやっている療法やアユルベーダーなどで治らない布教師仲間や信者を次々に紹介して来る。大概の苦痛が二、三回の御浄霊で治癒してしまうので、さらに連れて来るということなのだろうか。

その宗教団体は様々な戒律があり、特に食事については厳しく、菜食主義と少食を徹底しているとのことで、それゆえに身体が清浄な方向へ向おうとしているからなのか、御浄霊の効果も覿面なのだろう。

気　功

気功の本場中国から一流の気功士が来日し、各地で気功セミナーが催されたりテレビで大きく取り上げられたことから、「気功」ブームになったことがあった。今日では「気功」という言葉だけならほとんどの人間が耳にしたことがあるのではないだろうか。御浄霊と気功は所作が一見似ているので、初めて御浄霊を受ける人から「これは気功ですか」と問われることも往々にしてある。

私自身気功に関する知識は本で読んだこと、人から聞いた程度のことのみで、御浄霊との違いを明確に答えることができなかった。気功に関する詳細や実際の効果について正確に知っておきたいものだ、と常々考えていた。

これは単に表面的なことだけではない。私は四十年間御浄霊のお取次ぎを行ってきたが、その間奇蹟につぐ奇蹟を何度も見せられている。といって御浄霊を受けた全ての人が、難病が治癒した、商売繁盛、良縁に恵まれた等々どんな悩み苦しみも解消し、幸せになったというわけではない。ところが気功が本やテレビで宣伝しているように、気功で100％近くの悩みが解消してしまうものならば御浄霊など必要ないではないか、と真剣に思った。自分は全生命を賭けて御浄霊をお取次ぎしてきたが、万一御浄霊以上のものがあるのならば、明日、いや今すぐにでもそれに宗旨替えをする心積もりでいる。今日まで長年続けてきたのだから今さらやめるわけにもいかないとか、これをやめたら飯の食い上げだとか、損得勘定で御浄霊を行っているわけではないのだ。

「主の神の御力をこの世に顕現しているのだ」と言ってお取次ぎしている御浄霊が、もしも気功より劣っているとするならば、「何を大ぼらを吹いていやがる」と言われても何も言い返すことはできない。気功が全ての面で御浄霊よりも優っているのであれば、人生を最初からやり直さなければならないかもしれない……そんな不安を抱きながら、とある気功の講習会に参加したのだった。

一人目の気功士は、気功麻酔で有名なH氏だった。患者に麻酔を使用せず、気功をかけている間に切開手術を行わせるという、気功界の第一人者である。手術中に気功をかけている場面がテレビで放映され、一時期話題になったことがあった。

二人目は中国政府要人に気功を行っているというR氏であった。R氏の話によれば、中国政府の要人達は自らの執務室に気功士数名を常に置き、部屋中に気を充満させて実務を執り行っているという。彼の場合は十数名を目の前に立たせ、背後から気功をかけると半数近くがその気に押されて体が前に倒れたりよろけたりするのだった。私は左肩後ろの下の方が瞬間的にぽっと温かくなったような気がしたのを覚えている。

三人目は名前を忘れてしまったが、手から出る気功よりもむしろ、大きな声を出して気合をかけ、まわりを驚かせてよろこんでいるような人物だった。

四人目は技術よりも理論を得意とする気功士のようで、本ではわからない気功の奥の深さなどについても聞くことができ、御浄霊と比較して考える上では役立つようにも思われた。

五人目は気功士というより「気」を使った霊視能力者で、女性だった。観音様のペンダントを首にかけ、相談者や患者を霊視してから気功治療を行い、その半分は霊視が当たり、治癒していたようであった。

以上五名の気功士の講習を受けたわけだが、これらのことだけならば特に意味はない。しかし数十万円の講習料を払い、ある意味「決死の覚悟」でこの講習会に臨んで「中国太極気功師認定証」なる代物をもらっただけの、否それ以上の意味はあったのだ。

上記五名の中国人気功士の通訳を一ヶ月以上務めたのは、日系中国人のTさんという女性だった。彼女は体躯は大柄ですこぶる健康だったが、産後三ヶ月足らずで乳児を連れたまま、休憩時間に母乳を与えながらの激務をこなしていた。講習終了三日前の休憩時間、30分だけ時間が空いたのを見計らい、疲れた様子で椅子にかけた彼女の頭上30センチほど上から手をかざしてみた。途端にTさんはこっくりこっくりと居眠りを始めた。急いで部屋の隅にあった椅子と座布団を持ってきて彼女の前に置き、前かがみの姿勢で眠らせたまま御浄霊を続けたのだった。30分経ったので身体をゆすって起すとパッと目を覚まし、しばし不思議そうな表情を浮かべていたが、次のスケジュールが詰まっていたので話す時間がなかった。

翌日はTさんの方から20分だけ時間があるから、と頼まれ、前日と同じような姿勢にして御浄霊を取り次いだところ、やはり手をかざした途端に寝入ってしまった。

そして最終日の三日目。御浄霊が終わり眠っていたTさんを起すと、彼女は敬虔な態度になり、改まった語調で私にこう語った。

「これは何という療法なのでしょうか。私は生まれて初めてこのようなすがすがしい気分を味わいました。身体の中まで浄められたような感じです。精気が体中に行き渡って、三日間も熟睡したような気分です。私は中国気功の第一人者と言われるような人達から何度も気功を受けましたが、あなたのような気を発する人に会ったことは一度もありません。これが何という気なのかはわかりませんが、これほどの素晴しい気をぜひ広めるためにも中国へ行きましょう。私が通訳をしますから」

気功を取り上げたテレビや本では、いかにも御浄霊よりも優っているように思わせられたが、いざ「虎穴に入って」みれば、逆に御浄霊の真価とその偉大さを改めて思い知らされることになったのである。

五　主神の力の発揮——御浄霊が効果を発揮するメカニズム

御浄霊と気功やレイキ等とを比較した際、掌をかざすという所作の点では似ているが、効果の点ではそれこそ雲泥の差がある。さもなくば
「私（明主様）のは主神の力が伊都能売大神を経て、さらに私の身体を通してみんなに行くんです。私は電灯会社であり、観音様は水力電気、大神様は水を出す源です。御守りは一つの霊線の中継ぎ、まア電球ですね。この電球は本社は同じですが、人によって百燭光にもなり、十燭光にもなる。そ

の人の働きしだいです。ふつうの人の霊力とはぜんぜん違う。御守りのない人がやるのはちょうど電灯のないところで手探りしているようなものですよ」

（『御教え』「御光話録」昭23年4月8日　P29―30）

と公言しておられることが嘘になってしまう。

御浄霊が「主神の力」であり「観音力」であるとするならば、人間の力だけで行う気功やレイキ、整体とは比較にならない程の効果があるのは当然なのである。しかしながらここではあくまで御浄霊の「本源」について解説しているので、「原理」についての詳細は別項に譲ることとする。それでは次に、他の治療法とさらなる比較を試みるため、５つのポイントを挙げて御浄霊の真価を問うてみたい。

(1) 想念を集中して急所を狙う
(2) 力を抜いて霊だけを通す
(3) 同じ御守りをかけても人により力は千差万別
(4) 御守りがなければ修業をしても「懐中電灯」程度
(5) 曇りのある人から（治療を）受けるとその曇りを受け、曇りが増量する

（「明日の医術講義録」上巻（一）P20　もしくは「岡田先生療病術講義録　上巻（一）」）

これらは御浄霊の創始者明主様の言でもある。

御浄霊は首に御守りをかければ誰でもすぐに顕著な効果を顕すので初心者の場合はただただそれに対する驚きと喜びを覚えるばかりなのだが、慣れるに従って当初の頃のような治病効果が出なかったり、どうも効果が顕れない相手に会うことがある。そのような機会に右のような事柄に対して疑問を持つようになってくる。

これら5つのポイントについて、私自身も数年間考え続けていた。五年程前にほぼ答を見出したと思っていたが、実はそれが正解ではなかったらしい。想念もまた粒子であることは理解していたのだが、「霊だけを通す」という言葉に引っ掛かり、その「霊」が「神霊子」「光の極微粒子」を指しているということに結びつかなかった。

原稿の執筆を開始してから、平成15年11月になってようやく「あぁ、そうだったのか」と十分に納得するところまで考えがまとまったように思う。それについて左記の図（この骨子はその五年前（平成10年6月26日）即ち〝ほぼ答えが出た〟と思っていた時期に出来上がっており、それを元にまとめている）で詳説し、先にあげた5つのポイントに対する解答を出してみよう（P86　図1参照）。

図1　御浄霊の原理、御浄霊の神力顕現図

昭和初期から発現された神力が、昭和29（１９５４）年以降、左図の如くとなった。主神（万物創造主）は浄霊の御神力を地上に顕現させ最強力化するため、明主様（岡田茂吉師）へ次の神器や精気、神霊を賦与なされた。

如意宝珠

○如意宝珠	左の御神霊が入られる器
○桃太郎、最勝妙如来、千手観音	物質的宝を蒐集し右の神器を強固ならしめる
○弥勒菩薩、釈迦如来、阿弥陀如来、聖観音が合体して大弥勒之神と顕現	主宰神
○太陽黒点から放出される火素（現代科学では未確認）	破壊力
○最高級神霊、第一霊子とも称する（大宇宙に遍満している）	浄化力
○国常立尊が大メシアの神となられて御降臨	審判の権
○伊都能売神が再臨のキリストとなられて御降臨	救済力
○太陽（火）月球（水）地球（土）の精気が密合されて三位一体の御力	生命力
○ミクラタナの神（天照皇大御神の御神魂）の御降臨	覚醒力
○天照大御神の御神霊御降臨	統治権

人間の想念が放出される場合、現在の科学では不可視であるが、それは極微粒子であると考えられる。

御浄霊を取り次ぐ人間の身体が清浄で壮健であり、心も神聖であれば、念粒も細かく量も多い。従って光の微粒子（神霊子）の量も多いので強力な御浄霊の力が発揮されることになる

A　細かい念粒は曇りの中に突入し、光の極微粒子が爆発、曇りを焼尽する

B　中間の大きさでは半々

C　念粒の径が大きいため曇りの中に突入できず、極微粒子が爆発しない、したがって曇りを抑えつけ、元の状態に固めることになる

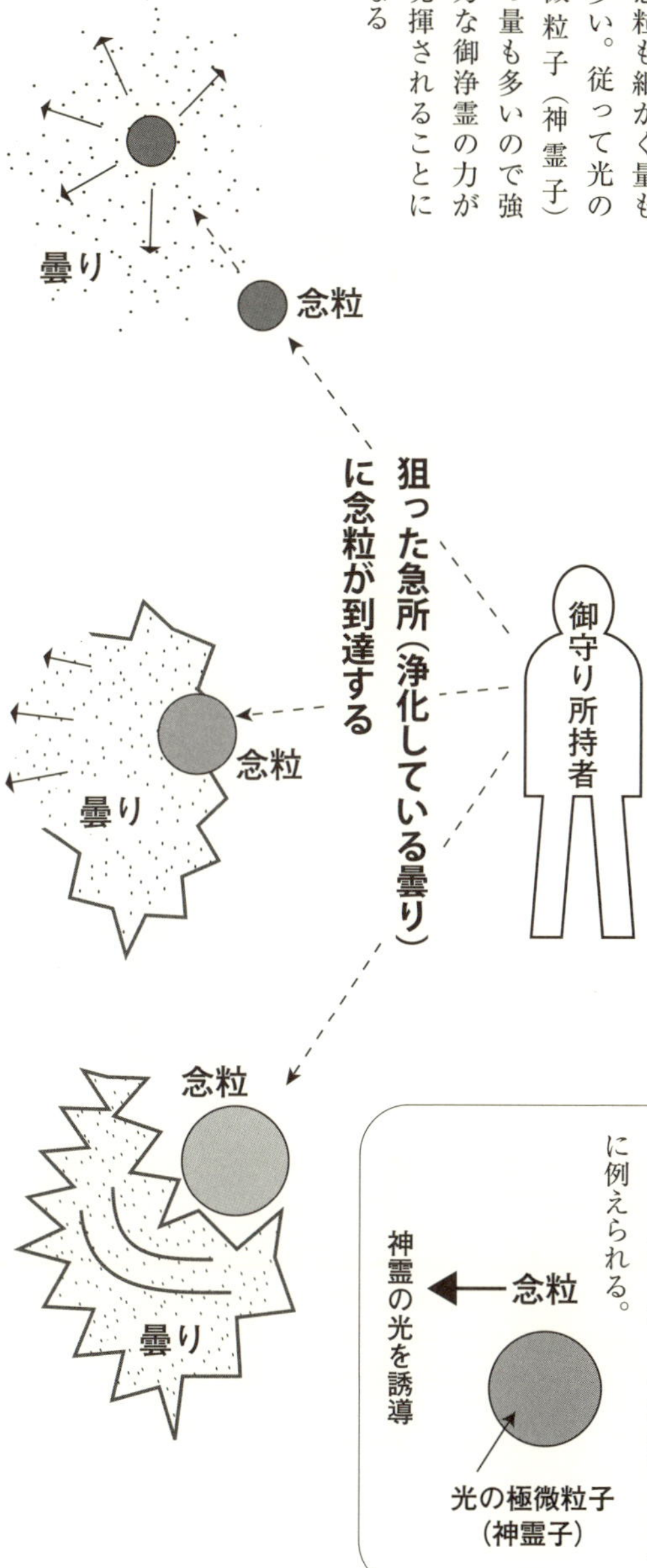

明主様御在世中の御現身に降下された神器「如意宝珠」に、右記の御神霊や精気が宿られて統合、融合され、御守り所持者を介して御神力が発揮されるのが**「御浄霊」**である

一般では念力等と称するが、ここでは「念粒」と呼ぶこととする。念粒の中に光の極微粒子が入る。これは「弾丸」と「炸薬」の関係に例えられる。

それでは図1を元に、5つのポイントに対する解答を導き出してみよう。

まず、ポイント内の語句と図中の語句で対応するものを結び付けてみると、

・想念　　——　念粒
・急所　　——　曇りがあり浄化している箇所
・霊　　　——　光の極微粒子、神霊子
・御守りのない人　——　念粒だけであり神霊子がない
・曇りのある人　——　曇りの念粒が相手に送られ、却って加増させてしまう人

（解答）
(1)・(2) 想念の念粒を指先に集中し、急所を狙って放射する。
Aは急所に突入した念粒から神霊子（光の微粒子）が飛び出して爆発、曇りを焼尽する。

Cは念粒が大きいので曇りに突入できず、効果が薄い。

BはAとCの中間、半分ほどの大きさの念粒なため、効果も半々程度になる。
(3) 同じ御守りをかけていても人によって力は千差万別であるということになる。
(4) 御守りのない人は念粒だけで神霊子を持ち得ない。修業によっては念粒がある程度細かくなるので

曇りに突入することは可能となるが、神霊子がないために曇りを焼尽することができず、抑え付けるだけとなってしまう。

(5) 曇りの多い人からは粒の大きい念粒が放射されて相手に加増され、曇りもかえって増してしまうということになる。

〝想念を集中させ霊だけを通す〟のであれば、あくまで霊だけを通すことに集中すればいいことであって、「念粒」といった概念は不要ではないか？こういった意見があるかもしれない。だがそれならば、偉大なる主神から等しく与えらるるはずの御浄霊の効果に、なぜ個人差が現れるのか。明主様ご自身が「曇りの多い人から（御浄霊を）受けることは、その曇りを受けることになる」と仰っておられるのか。

これは昭和30年の御昇天までの15年間、明主様の側近として仕えておられたH氏（故人）から聞いた話だが、「これ（御浄霊）は念力だよ」とのお言葉を明主様から伺ったことがあったという（これは文献にないお言葉のため、ポイントには含めなかったが）。

「霊」の力を、施術者の「体」を通すことによって御浄霊は初めて「御浄霊」となるのである。その「〝体〟を通す」という意味をより具体的に説き明かすために、今回は「念粒」という概念を作ってみた次第である。想念（念粒）と神霊子（光の微粒子）、そして曇りの焼尽との関係はおおよそ理解してもらえたかと思う。

「最後の超念力」なる療法が90年代頃に話題になったことがあったが、所作はやはり御浄霊と似かよっていた。明主様が御手をかざし「これは念力だよ」と仰られたことから、その超念力なる療法が御浄霊と同じものと解釈することもできるかもしれない。しかし所作が似ていようが、肝心の効果においてはそれこそ格段の差があった。また御浄霊の総本家である救世教内の教会でも、「想念浄霊」といって御守りを拝受する前から想念で浄霊をしているグループがある。これまた効果については全く別物であるようだ。

明主様の「念力だよ」のお言葉があるからといって、御浄霊と前述の各療法とが同じもの、あるいは同格のものとは考え難い。明主様の御浄霊は「神霊子」が含まれている念力であり、超念力や想念浄霊といったものは単なる「念粒」であると考えている。これは私が四十年にわたる体験から得た解答である。

御浄霊と他療法との比較例を取り上げたのは、御浄霊の真価を知ってもらいたいこと、そして御浄霊の創始者の御真意と「御浄霊の本源」を深く理解してもらいたいがためである。これらを理解した上で今後御浄霊をお取次ぎするなら、それまで以上に神力が顕現されていくものと確信している。

第二章　「御浄霊の本源」を理解するための重要項目

「御浄霊の本源」を学ぶ上で前もって理解しておきたい事項をまとめてみた。本源に関してのみならず、御神書を拝読する際や御教えを学ぶ上でも重要な事柄であり、本源の解説に進む前に、これらをしっかりと理解してもらいたい。

一　霊分身ということ

御浄霊の本源図を一覧する際、それぞれの神様を別個の御存在（人ならば別人）として解釈しようとすると、どうにも理解に行き詰ってしまう。

Aの神様がBの仏となったり、龍神になるといったような**化現**、A、B、Cというそれぞれ別々の神様があわさって全く異なる神様が誕生するというような**合体**――この表現が適切か否かはさておき、さらには○○神や○○仏の霊の〝霊〟、霊の〝体〟、あるいは体の〝霊〟、体の〝体〟といったような**霊分身**といったことが多く見受けられる。化現とは平たく言えば変身であり、合体にしてもそれなりにイメージはつかめるであろうが、霊分身とはいかなるものなのか。

「神様は霊分身が御自由である為、幾柱にも別れることが出来るのである」

（「観音講座　第三」昭10年8月5日）

とあるが、一般常識では到底理解し難いことであり、目に見えぬ神界でのことであって断定することはできないけれども、一つの考え方、解釈の方法という程度にでも理解しておかないことには、本源の解説がさっぱりわからないということになってしまう。

霊分身の仕方について種々あるが、図にすると凡そ次のようになる。

図2　霊分身について

③霊分身

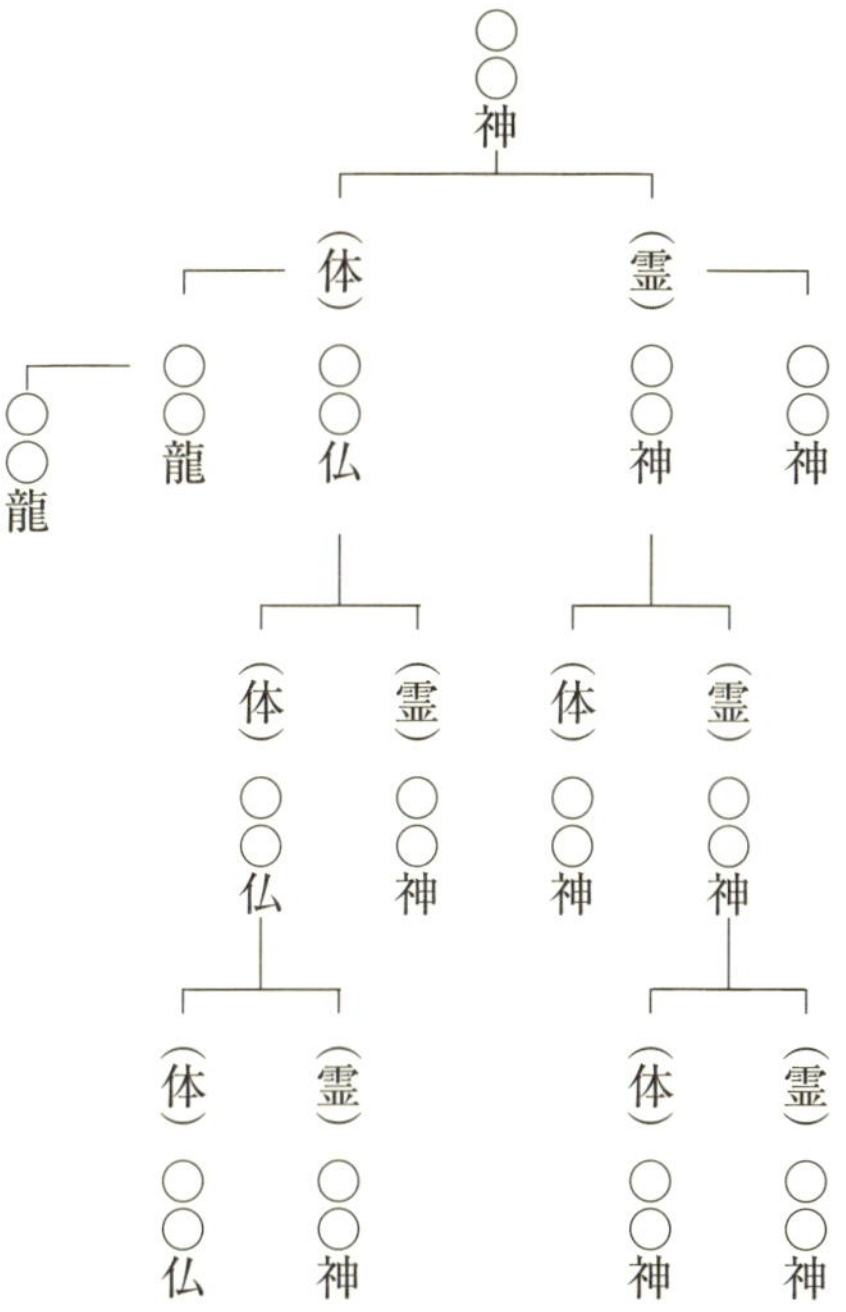

神仏の霊分身とは即ち、一柱の神様が霊と体に分かれるのみならず、それらが他の神仏（あるいは龍神等の御存在）に〝化現〟し、さらに霊と体とに分離↓化現することである。単純な霊体二元論とは異なるものであり、高い御位の神様だからこそ当てはまるものと解するべきである。

霊分身という言葉を調べてみると、化現、分霊、化身、分身、応化といった言葉が類語として登場してくる。そちらの語意も併せて調べてみたので、少々長くなるが辞典から転載する。

・分霊（『国語辞典』小学館）　神社の祭神を分けて、他の神社の祭神とすること。またその祭神。

・化現（同）　神仏などが姿を変えてこの世にあらわれること

・化身（同）　①神仏が人間の姿をしてこの世にあらわれ、いきものを救うこと。またそのもの。化人。
②歌舞伎で、ばけもののこと

・化身（『国語大辞典』学習研究社）
〔仏〕神仏が人間を救うために、その姿を変えて、この世にあらわれたもの。機に応じて形を変える。化身。その化仏以外の機に応じて形を変える竜鬼をもさす。「化仏」「化生」ともいう。

・分身（同）
①ある1つのものから分かれでたもの
②〔仏〕仏が人々を救うために、その場に応じて色々な姿に変わってあらわれる。またその姿。
③〔俗〕子供を産んで身二つになること。また産まれた子供。

・分身（『仏教学辞典』法蔵館）
身を分けて化現すること。またその化身。諸々の仏や菩薩は慈悲の手立てをめぐらして、あらゆる場所の衆生を教化するために身を十方に分けて仏の姿を現すという。分身はただ衆生を教化し摂取（救う）するためであるから、分身摂化ともいう。

・変化（同）
種々に形を変えて姿を現すこと。変現、化作、化現ともいう。例えば仏が凡夫のために仏形或いは鬼畜生などの身を現わすのを変化身、化身ともいい（後略）

・応化（応現）（同）

仏菩薩が衆生利益のために衆生の機類（教えを受ける者の資質の類別）に応じて姿を変え現れること

霊分身に関してその類語を見てみたが、それぞれ異なる用語を用いていることからそれらの意味にも幾分違いがあるか、と自分でも解釈を試みたのだが、ほぼ似たような意味として書いてあるようだ。辞典の用語解説はそれとしてそのまま理解するより他ないようである。

少々煩雑にはなったが『神は幾柱にも霊分身が可能である』ということを認識していただけただろうか。

いろいろに　俳優以上に　化ける神

（紫苑会第三回月並冠沓句　昭10年3月1日「紫苑」第三号　昭10年7月11日）

二　主神の大経綸

「全人類待望の幸福な世界をお造りになる為に、主の神即ち別の御名エホバ、ゴット、ジュース、天帝、仏陀、天御中主神等で、大経綸をなされるので、其担当者として私という人間が選ばれたのであります。そうして先ずメシヤ教という機関を造り、最後の救いを実行されるのであります。然し此事は昔から已に偉い聖者達が予言されてあります。彼のキリストの天国、釈尊のミロクの世、日蓮上人の義農の世、天理教教祖の甘露台の世、ユダヤ教のメシヤ降臨等々がそれで、これも世界に知れ渡っているのであります。してみれば此大事業も来るべき時が来たのであって、今初めて私が唱え出したものではありません。

　そこで前申したような、病気を根絶する為、本教は病気治しに最も力を注いでいるのであります。博士から見離された病人でも、本教信者になれば、誰でも治す力を与えられるのであります。此力こそ主神から私を中継ぎとして、信者に伝達されるものであって、之によって病無き世界は必ず実現するのであります。（中略）世界は個人の集合体である以上、先ず個人個人を幸福にする事が先でありますから、其通り本教信者になれば一日一日幸福となり、天国的家庭が作られるのであります。之こそ真の安心立命であります」

人類最大の悩みとされる病気を根絶する力を万人が与えられ、御浄霊を行うことによって病なき世界が実現するということは、人類史上初めてのことである。

地上天国建設という大経綸といえども、人間一人一人が真に健康であり、真の人間性が確立されていることがその根本であり、大前提である。それを可能に出来るのが御浄霊なのである。

（『舌に代えて』「栄光」148号　昭27年3月19日）

三　御浄霊の出現理由

そもそも「御浄霊」がなぜ出現したのか。その理由は項目編を通読してもらえばわかることで、今さら採り上げる必要もないかとは思う。しかしここで改めて項目編から抜粋し、検証してみたいと思う。

「全世界は今正に新時代に向って一大飛躍せんとしつつあり、今人類は野蛮の衣をカナグリ捨て、高度の文化人たる域に達せんとしつつある事である。茲にはじめて戦争も病気も貧乏も終焉を告げるのである。勿論本医術の出現はその為の先駆であり、核心的のものである」

（『霊層界』「天国の福音」Ｐ358—359　昭22年2月5日）

この部分は各人読む人なりに解釈できるものと思うが、私なりに解釈したことを少々述べてみたい。

①「野蛮の衣をカナグリ捨て」

人類は地上に発生した後、はっきりとはしないがある期間までは旧約聖書にあるようなエデンの園で平和に暮らしていたものと思われる。仏典の起世経にも、古代に人間の心に悪がなかった頃は極楽の生活が営まれていた様子が記述されている。その人間がいつの頃からか心に邪悪を抱くようになり、野蛮な行為を重ねてきた。そのために多くの人間が苦しんできたことは歴史が示すとおりである。

今日ではごく普通の人間が、ある日突然野蛮性をむき出しにして凶悪な犯罪を引き起こしたりしている。人間は誰でも心に多少の悪を持っている、神と悪魔が内在しているのが人間なのだ——などと解釈されているが、そのような悠長なことをいってはおれない状況なのである。進歩発達した文明の利器を野蛮性のある者が用いて、多くの人間を苦しめ不幸に陥れることとなり、取り返しのつかない事態を招いてしまうかもしれない。

「野蛮（性）の衣をカナグリ捨て」なければならない時期となっているのである。

②「新時代に向って一大飛躍／高度の文化人たる域に達せん」

新時代とは即ち地上天国、弥勒の御世の到来する時代である。今や世界は物質面ではそれに向って大飛躍を遂げている。

しかしながら、それら文明の利器を適切かつ安全に使用することができるような精神、知能、技術が伴った人間でなくては、知能的犯罪を犯したり、あるいは多くの人命が損なわれるような大惨事を引き起こしてしまうであろうことは言うまでもない。

高度の文化人とは心身ともに健康であり、霊性に目覚め高い精神性を持ち、進歩発達した文明の利器を自他の幸福のために活用することのできる人間といえよう。

③「戦争も病気も貧乏も終焉を告げる」

戦争の原因は人間の心に内在する野蛮性にあることは既述のとおりである。

病気については、近年は病気が益々複雑化、治癒困難化している（研究が進んだことにより却って分類が細分化され、従来同じ病気と考えられていたのが別のものだったということ等もあるが）。しかし〝病気が治らない〟最大の理由は『病気の根本的な原因がわからない』ためである。明主様〔岡田茂吉師〕の神智の教えに照らしてみれば、病気の原因は**霊の曇り**（『病気と浄霊の原理』「地上天国」27号　昭26年8月25日）である。

貧乏について――現代では社会保障制度が充実化され、明確な貧富の差というものはかつてほど見られなくなったようではあるが、日中繰り返し放映される保険会社のテレビＣＭが示すように、万が一の医療費負担への財政的な不安というものは現代人の頭から離れない問題のようでもある。

というように、現実的には戦争・病気・貧困という三大苦悩の恐怖に囲まれているに等しい。そこから脱け出すための御浄霊の実践なのである。

④「本医術の出現はその為の先駆であり、核心的のもの」

御浄霊を行うことにより、さらには弥勒神業に励むことになれば病貧争の三大苦悩から脱却し、安心立命の生活を営むことが可能となるのである。まさに御浄霊の出現は地上天国・弥勒の御世建設の核心をなすものであり、先駆けと言わしむる所以である。

浄霊の本源を知り、理解して浄霊を取り次ぐようになると、浄霊に関わりのある神々が連動して御働きになられ、浄霊の偉力が増大されることになるのである。

四　主神の神科学の具体化である御浄霊

「そうして大乗科学の三段階とは上段は神科学、中段は霊科学、下段が物科学となっており、此下《この》段に生れたのが医学であるから、其レベルが低く幼稚であるのも当然であって其様な程度の低い科学を以て、最高度の人間生命の解決などは思いもよらない話で、寧ろ僭越でさえあり、長竿を以て大空の星を落とそうとするようなものである。

茲《ここ》で以上の如き三段階を一層徹底してみると斯《こ》うである。即ち今日迄の世界は物科学と霊科学との二段階のみであったが為、人間生命や病気健康等の根本まで分からなかったのである。（中略）彼の釈尊にしてもキリストにしても、成程見真実の境地に達したとは云われているが、最高ではなく二段階の上位程度であり、智慧も力もそれ相応であって、絶対でなかった事は歴史の示す通りである。之《これ》も時期の関係上止むを得なかったのである。（中略）以上の如く物の科学、霊の科学、神の科学の三段階こそ大乗科学であるとすれば、之《これ》こそ今後の時代をリードすべき最高学問であるといってよかろう。（中略）

最高最貴の主神が経綸し給う処の神科学の具体化であり、それから生れた浄霊医術である以上、超偉力を発揮するのも不思議はないのである。（中略）此《この》神力こそ主神以外にあり得ない事は、常識で考えても分る筈である」

（『浄霊とは何か』「医学革命の書」）

この御教えを表に示すと、おおよそ次のようになるだろう（表1）。

表1　『科学』の三段階

神科学	霊科学	物科学
（上／中／下）	（上／中／下）	（上／中／下）
御浄霊医術	信仰療法	西洋医学
最高級神霊力	祈祷	薬剤、漢方薬、手術
第一神霊子	禁厭（まじない）、苦行	化学／物理療法
極微粒子	精神療法	鍼灸、指圧
	気功、レイキ	マッサージ、整体

釈迦やキリストでさえ右表中段の上位である、と仰っておられるのだから、一般の霊がかりがお好きな人々は、「宇宙の気を取り入れる」などといっても中段の下あたりではないだろうか。霊がかりに傾倒する人の行く末を見ているとそのように思えるのだ。

右図中段階の上位にあった釈迦やキリストであったが、当時は上段の最高級神霊力が発揮されなかったが故に〝神科学〟が知らされなかったのである。それ故、その教えを継承し来たった従来の宗教家には、上段にある神科学が理解されないのは止むを得ないことなのかもしれない。しかし、主神の最高神霊力の顕現である御浄霊は超偉力を発揮して人間をはじめとした生きとし生けるもの全てを本然の姿に立ち返らしむることができるのであるから、一日も早く御浄霊が広く実行されることを願ってやまないのである。

五　御浄霊とは主の神の力の発揮

「此《この》療法（御浄霊　筆者註）の創成は、主神が、人類の最も苦悩とする病気疾患を根絶せんとなし給う御目的に出でたるものにして、その御目的遂行の為表現仏たる観音の霊体を通じ、仁斎の肉体を活用させ、茲《ここ》に、神人合一的大能力を発揮するに到ったのである」

（『人類救済の大本願』「日本医術講義録第一篇　序論」昭10年）

とあるように、御浄霊の出現とは主神の最高神霊力が発揮されることによって、大にはこの地上を天国化し、小には個々人の健康化と真の人間性の確立という、壮麗にして雄大な構想であり、歓喜と法（神）悦の人間生活をなさしめるものである。

この素晴しい御浄霊――その偉大なる力の本源と、そこに辿り着くまでに登場される神仏の関係を解説したものが「御浄霊の本源を求めて」、即ち本著である。

第三章　天照皇大御神

一　天照皇大御神と天照大神

御浄霊の本源を求めて明主様（岡田茂吉師）の御論文や御光話集の拝読と研鑽を重ね、「弥勒世界創造神御出現図」（以下「本源図」）が一通り完成した。図を見てもらえばわかるように、御浄霊の本源は最終的に天照皇大御神に辿り着くこととなる。そしてそのやや右下方に天照大御神の御名がある。

この図においては天照皇大御神と天照大御神との御神位や御所在の位置は明確に区別されているのだが、一般的にはこの区別がどうも曖昧であり、混同されていたり同一視されていることも少なくない。神道の専門家である宮司や神道学者などの知人にこの点を尋ねてみても「同一神であり鎮座された場所や祭典時に於ける際に御神名を変えておられたのではないか」といった見解が返って来る。

しかしながら御浄霊の本源に関する考察を進めていくと、この二つの神々は完全に別個の御存在であるとしか考えられない。むしろそう定義づけることにより、「御浄霊の本源」を解き明かすことも可能となってくるのである。順を追って解説していこう。

その前に、まずはこの二柱の神々に関する各方面での解釈を検証してみたい。

1　伊勢神宮の見解

天照大御神を鎮祭する総本山、伊勢神宮ではどのように説明されているのか。伊勢神宮の公式サイトに掲載されたものを転載する。

伊勢神宮公式サイトＵＲＬ　http://www.isejingu.or.jp/

御祭神　天照大御神

皇大神宮（内宮）

御祭神　天照大御神　御鎮座　垂仁天皇二十六年

天照大御神は皇室の御先祖であり、歴代天皇が厚くご崇敬になられています。また私たちの総氏神でもあります。

約二千年前の崇神天皇の御代に皇居をお出になり、各地を巡られたのち、この五十鈴川のほとりにお鎮まりになりました（後略）

別名

天照大神《あまてらすおおかみ》／天照皇大神《あまてらすすめおおかみ》／天照大御神《あまてらすおおみかみ》／天照皇大御神《あまてらすすめおおみかみ》／天照坐皇大御神《あまてらしますすめおおみかみ》

／天照大日霎貴尊《あまてらすおおひるめのみこと》／大日霎貴尊《おおひるめのみこと》

「二神は同一神」という解釈に基いているということがこれだけでもわかる。

概要には以下のように記されている。

「皇大神宮《こうたいじんぐう》は通称「内宮」とも申し上げ、神路山、鳥路山を源とする五十鈴川の川上に鎮座しています。御祭神は、天照坐皇大御神《あまてらしますすめおおみかみ》。このご神名はお祭りに際して神前で畏《かしこ》まって称え申し上げる最高のご名称で常には皇大御神や天照大御神と申し上げています」

やはり同一神であり、祭事の際に用いられる御尊称の区別に過ぎないということになる。

ではこの神の御出生や御来歴はどのように説明されているか。概要の続きを見てみよう。

わが国最初の正史《せいし》『日本書紀《にほんしょき》』の伝えによりますと、皇大御神は光華明彩《ひかりうるわ》しく、六合《あめつち》の内《うち》に照り徹《とお》らせり、と称えられ、皇孫《すめみま》・天津彦彦火瓊瓊杵尊《あまつひこひこほのににぎのみこと》を高天原からこの国に降されますときにあたって、尊の御位と地上の永遠を祝福して豊葦原《とよあしはら》の千五百秋《ちいほあき》の瑞穂国《みずほのくに》は、是れ我が子孫《うみのこ》の王《きみ》たるべき地《くに》なり。宜しく爾《いまし》皇孫、就《ゆ》きて治《しら》せ。行矣《さきくませ》。宝祚《あまつひつぎ》のさかえまさんこと、まさに天壌《あめつち》と窮《きわま》りなかるべし。と、お言葉を与えられました（後略）

天照大御神の高天原での御神名は天津彦彦火瓊瓊杵尊《あまつひこひこほのににぎのみこと》であった。

2　古事記の中の天照大神　（『古事記』〈新潮日本古典集成〉より）

伊邪那岐神が黄泉の国から逃げ帰り、穢《けが》れた身体の禊祓《みそぎはらい》（身を浄めるための儀式）を行った際に、左の御目を洗った時に産まれたのが天照大神であるとされ、高天原を治らせ（領有支配権）と御頸珠を授けておられる。今回参照した版の古事記では天照皇大御神に関する記述は見当たらなかった。やはり区別されていないようである。

3　出口王仁三郎聖師の解釈

近代の大霊覚者、出口王仁三郎聖師による天照皇大御神と天照大神に関しての解釈はどのようなものか。『霊界物語』にその辺りの記述を見ることが出来る。

（『霊界物語』47巻3頁〈出口王仁三郎著　大12年1月8日〉より）

「最上天界即ち高天原には宇宙の造物主たる大国常立尊が天地万有一切の総統権を具足して神臨し給ふのであります。そして大国常立尊の一《また》の御名を天之御中主大神《あめのみなかぬしのおおかみ》と称《たた》へ奉《たてまつ》り無限絶対の神格を持ち、霊力体の大原霊と現はれ給うのであります。この大神の御神徳を完全に発揮された〈註…『出口王仁三郎著作集』第一巻P387に「発揮し玉う御状態を称して」とある〉のを、天照皇大御神と称へ奉るのであります。

そして霊の元祖たる高皇産霊大神《たかみむすびのおおかみ》は一名、神伊邪那岐大神、又の名、日の大神と称へ奉り（中略）霊系にして厳《いづ》の御魂国常立大神と現れ給ひ（中略）この厳の御魂は再び天照大神と顕現し給ひて天界の主宰神とならせ給ひました。因に天照皇大御神様と天照大神様とはその位置に於て神格に於て所主の御神業に於て、大変な差等のある事を考えねばなりませぬ（後略）」

さらにわかりやすいように箇条書きでまとめてみよう。

・大国常立大神　――天地万有一切の総統権を具足され、宇宙を創造する際の御神名である
・天之御中主大神――無限絶対の神格を持ち霊力体の大原霊と現れた御神名
・天照皇大御神　――「天之御中主大神」の御神徳を完全に発揮し給う御状態としての御神名
・天照大神　　　――天界の主宰神

これらを図にまとめると次のようになる。

宇宙の造物主
- **大国常立大神**―**高皇産霊大神**（霊系の元祖）―**神伊邪那岐大神**（日の大神）―**国常立大神**（厳の御魂）―**天照大神**（天界の主宰神）
- **天之御中主大神**　　**天照皇大御神**

このように出口聖師は天照皇大御神と天照大神とを明確に区別している。図にまとめてみるとその御在す位置、神格、所主及び顕現がおぼろげながらも見えてくる。

4　明主様（岡田茂吉師）の解釈

①「天照皇大御神の御直系たる、日本天皇を中心として」

（『東京が中心』「病貧争絶無の世界を造る観音運動とは何？」Ｐ44　昭10年9月15日）

②「天照皇大御神は日本の中心の神様で御皇室のご先祖」

（『西洋医学の起源』「観音講座　第七講座」昭10年9月15日）

③「日本の天皇は万世一系で天照皇大神の御霊統である事となる。左もなくば日本の天皇陛下の古代に遡って行くと神様ということになる」

（『天照皇大御神』「観音講座　第七講座」昭10年9月15日）

④「皇祖天照皇大神様が宇宙の根元であらせられ其御系統たる我天皇陛下こそ」

（『大光明世界の建設（四）』「光明世界」四号　昭10年7年25日）

⑤

父　伊邪諾大神

母　伊邪冉大神

日本　天照皇大神

朝鮮　素盞鳴尊

支那　若姫岐美尊

（夫）盤古神王（塩屋彦尊）

「伊邪諾、伊邪冉、御両神様が肉体を持って御現れになり、生殖作用をなされ、右の御三神をお産みになったのである。天照皇大神様は日本に生れられ」
（『主神の御目的と天地経綸の真相』「観音講座　第一講座」昭10年7月15日）

⑥「天照大神の光と力が観音様を通して救われるのでありますから（中略）実は、天照皇大神様のお仕事を天皇陛下がおやりになることになります。（中略）医学の革命とか、宗教の改革とか、そういうことはできない。陛下はどこまでも尊厳犯すべからざる地位であって、これは天照大神の御力によって観音様がいたされるよりしようがない」
（「御講話」昭10年7月11日）

①—⑥を見る限りでは天照皇大御神と天照大神は同一神であるか、明確な区別をしていないような記述がなされている。やはりよくわからないということになってしまうのか。

ここで留意したいのは引用した御論文や御教え発表の時期であるが、全て昭和10年のものである（恣意的に揃えたものではなく、御神名で拾い出した結果こうなった）。前述の伊勢神宮のホームページにもあったように、天照皇大御神と天照大神は皇室として同一神であると見なし、皇祖であるとして崇め奉ってきた。その「神」を区別するような言論を発表することは、天皇を現人神《あらひとがみ》として祀り上げていた軍国主義華やかりし当時では不敬罪に相当することであったのだ。

大本教が官憲の大弾圧によって壊滅させられ気息奄々《きそくえんえん》となっていた時期でもあったため、自説を発表することが出来ず、官憲や軍部を刺激しないような当たり障りのない、曖昧な言い回しをされておられたのではないかと考えられるのである。

5　明主様側近者の解釈

出口王仁三郎聖師を除く大方の人は2つの御神名を同一神と思っている。明主様の御論文集や御光話集を拝読しても、皇室に関する発言が制限されていた戦前はともかく、言論の自由が保障された戦後となってもなお、同一神であると読み取れるような曖昧な箇所がある。

これについて確認する機会を得られたのが平成14年8月24日のことであった。明主様最晩年の昭和27～30年の御昇天までお側で速記者を務められ、福岡県で晴明教（当時）の会長をなさっておられた谷川晴通先生に面会する機会を得、「天照皇大御神と天照大神との区別」について尋ねてみたのだった。先生は「それは同一神だと思っている」と即座に、しかも平然と答えられた。「それははっきりと区別されているが、時期の関係でそのような表記になっている」という趣旨の回答が返ってくるものと予想していた私は、意外な言葉に一瞬息を呑んだ。

明主様のお側で速記を務められ、明主様のお言葉を当時の数万の信者の中で最も頻繁にかつ確実に聞いていたであろう方が、天照皇大御神と天照大神とを同一神であると今なお認識しておられるのである。その方が五十年も前に記録されたものを見て、天照大神に「皇」や「御」の文字があったりなかったりすることはむしろ意外なことではないかもしれない——しばらく考えるとそうも思えたのだった。また聴衆が大勢の場所での速記であったり、当時の感度の低いマイクやスピーカー、それを録音するテープでは聞き取りにくい場合等もあり、皇と御の文字があるから天照皇大御神だ、片方がないから天照大神だなどと単純には決められないようである。

御神名を読み分けるには初期の頃からの御著書や御光話録を通読し、自分で判読していく以外に方法はない、と改めて認識させられた次第である。

晴明教訪問

晴明教本部を訪問する機会を得たのは、十草農業の講演のため福岡まで招かれることになったため、これはいい機会だということで知人を介して谷川先生を紹介してもらい、お会いすることができたためであった。訪問の用件は既記の通りだが、明主様の最晩年の日常での御様子や当時の教団の内情等々、他では知ることの出来ぬ貴重なお話を拝聴することが出来た。

また至聖殿の参拝や各施設、美術館の案内等のもてなしを受け、非常に有意義な晴明教の訪問であった。

二　天照皇大御神とメシヤ・弥勒

全信徒の皆様に、私から特に申し上げます。只今迄、私共信徒は『明主様』と呼び讃えて参ったのでありますが、今日この御祭りを期しまして『メシヤ様』と申し上げたいと存じます。その点、皆様の御了承を得たいと存ずるのであります。

扨て今日の式典は、救世教の歴史に重大なる一頁を劃するものと、私は確信しているものであります。

救世教《メシヤ》の出現は、実に、遍く全人類の待望している処であります。これを西洋的に申し上げますれば「メシヤの降誕」であり、東洋的に申し上げますれば「彌勒下生」という事になると思うのであります。

この「救世主」の出現——即ち、救世主という言葉は、世界に於ける最高最貴の御方を指して申し上げるものと思われるのでありますが、日本で申し上げれば「天照皇大御神様」にも相応するのであると思われるのであります。

今日『メシヤ様』御降誕を御祝いするという意味におきまして、この盛大なる式典が、メシヤ会館に於て挙行されましたる事は、全信徒の皆様と共に、祝福と歓喜に堪えざる次第であります。

又、今日は丁度天照皇大御神様の御誕生日に当る日であると申されて居る佳き日でありまして、私共にとりまして、誠に歓喜と祝福に感無量なるを禁ずる能わざるものがあります。

今日『メシヤ様』よりは、皆様に、別に御言葉が御座いませんでしたが、それは御降誕間もない事であるとの意味におきましての御事である由であります。

今日のこの式典が挙行されましたるメシヤ会館は、御覧の通り現在約九十％の工事進捗を示して居りますが、来年の三月三日、水晶殿と共に、盛大なる完成式が執り行われる予定になって居ります。

このメシヤ会館の開館と共に、益々救世《メシヤ》教が全世界に向って発展し、『メシヤ様』の地上天国建設の御聖業が、段々と、この世を幸福化するものと確信し、全信徒の皆様と共に、色々と御偉業の一端の御仕事に当らせて戴いて、御恩の万分の一でも御返し申し上げる覚悟を以て邁進致したいと存ずるのであります。

甚だ簡単でありますが、今日の祝典に当り、私の御挨拶として申し上げたる次第であります。

（『巻頭言』「地上天国」60号　昭29年7月15日）

昭和29年6月15日、熱海メシヤ会館（救世会館と称されている）にて挙行された「メシヤ御降誕仮祝典祭」での、世界救世教管長（当時）の挨拶の全文である。

明主様が会館内におられてお聞きになっておられた可能性は十分にある。また、一万人近い信者が参集していたところで話されたということは、管長を始め信者の誰一人として「天照皇大御神」と「メシヤ」

「弥勒」との相違という問題について理解していたり、あるいは考えていなかったようである。当時の教団の機関誌を通覧しても、この点に関する記述がほとんど見当たらないことからもそのように思われる。

明主様もこのことに関して一切お話をなさっていないようである。これについては

①明主様は当時大浄化（御病気）をなさっておられていたこと（言葉を発すると頭に響くのでお声を出せないほどの重態であった。窓外のセミの鳴き声ですら耳に障《さわ》ると仰《おっしゃ》るので、側近の者がセミを追い払ったこともあったという）

②その時点でお話をされたところで、正しく理解する者はいないだろうとお考えになられた

③それ以前のお言葉や御教えで大体のところはわかるようになっているので、今更に仰らなかった

等々、「後世、岡田茂吉という人間を研究するようになるだろう」という明主様御自身のお言葉を兼ね合わせてご推測申し上げる次第である。

三　天照皇大御神と天照大神

①『御講話　昭10年7月1日』（「御教え集」16号　P23）

「すべての中心として主神は天照皇大御神様を表現神とする。要するに統一する中心の神様として御顕現遊ばされたのであります。でありますから、天照大神は人体をもって一度現われ給うた方

「伊邪那岐、伊邪那美尊の子供になる（中略）天照大御神は伊邪那岐尊の娘さんになる」

なお、昭和25年8月1日の御光話では

「天照大神は女で、父君が伊都能売尊で、天照天皇の皇后で、天照皇后が天照大神である」

と仰られているが、どちらが本当なのかここでは問わない。

②『観世音菩薩の御本体』（「病貧争絶無の世界を造る観音運動とは何？」P30　昭10年9月15日）

「天照皇大御神は、主神の表現神で被在られ最尊最貴の御神格を具し給い、一あって二無き大神で被在《あらせ》られ（中略）万世一系たる天皇（天照大神を指す　筆者註）に、統治の大権を、永遠に委ねさせ給うたのである」

③『観世音菩薩』(「文明の創造」昭27年)

「伊都能売神去り給いし後の日本は、どうなったかというと、其弟神であったのが、彼の天照天皇であって、この天皇は惜しくも、何の理由もなく俄かに崩御され給うたので、止むなく其皇后を立てて、御位《みくらい》に即《つ》かせられたのが彼の女性である天照天皇であった。今も尚天照大御神が日の神であり乍ら女神として祀られているのは、そういう訳なのである」

以上の箇所からは、天照皇大御神と天照大神とを区別することができる。

①は、天照皇大御神は現界経綸のための主神の〝表現神〟であり、霊界の神界の最高位に霊的に存在なされておられる、ということを述べておられる。一方、ここでの天照大神は人体をもって一度現界に現れ給うた方であることからして、天照天皇の皇后、即ち女神である天照大神であるということがわかる。「伊邪那岐、伊邪那美尊の子供になる」「天照大御神は伊邪那岐尊の娘さんになる」とあるのは時局柄、記紀神話の内容にある程度配慮してのことと考えられる。

②は、天照皇大御神は主神の表現神であるのはもちろんのこと、「最尊最貴のご神格を具し給い、一あって二無き」とあることから見ても、その神位は最高の位置にあることを示されておられる。また、天照大神に統治の権を授けておられることからも、同一神ではない、御位の差異があることがわかる。しかし、この①および②は昭和十年代にお話、あるいはお書きになられた内容であり、当時の状況からも皇室を慮っておられるような文面となっている。①の「伊邪那岐、伊邪那美尊の子供になる」も恐らくは

時節柄、記紀神話の内容に配慮されてのお言葉であろう。
③に至っては、霊的に存在なされておられる天照大御神ではなく、御身体をお持ちであった天照大神が女神として存在なされておられることを明確に示されている。
天照皇大御神と天照大神は同一神ではなく区別できる御存在である、という御教えを紹介し、私見を述べた。

1　名称の区別

ここで御神名の区別について説明しておこう。

天照皇大御神　「皇」「御」の両方を冠してある場合のみ
主神の表現神（霊的存在）統一する中心の神様として御顕現
現界の〝霊界〟の〝神界〟の最高位

天照大神　「皇」「御」の何れか、もしくは両方ともつかない場合
天照皇大神　→「皇」を冠した尊称
天照大御神　→「御」を冠した尊称

人体をもって一度は現界に存在されたが、現在は現界の〝霊界〟の〝神界〟に御在す天照大御神は昼の時代の最後の天皇でもある。天皇の文字から、現在の皇室の御祖先（伊勢神宮ではそのように説明されている）に当たるのではないかと訊ねる人もある。詳細は御論文**『日本人の霊的考察〔上〕』**（「地上天国」22号　昭26年3月25日）を拝読されたい。明主様独自の歴史観であるが、なるほどと納得させられるのである。

2　天照皇大御神は最重要の御存在

①霊界の神界の最高位

天照皇大御神は霊界の神界の最高位に御在す霊的な存在である。身体をお持ちになって現世に出現されてはいないが、御浄霊の本源及び弥勒世界創造に関しては最重要な地位に御在すばかりか、生命の本元なのでもある。〝生〟の御文字がそれを示している。

魂、生命や生気といった凡ゆるものも、天照皇大御神から発せられておられるのである。

人間は神の分魂《わけみたま》であるといわれ、生命の〝生〟の御文字は神が天から下降される形である、と御教えになられておられる。その神とは主神に他ならないのだが、主神が直接現世に下降なされることはなく、また天之御中主神とは主神の日本的御名称であられることから考えると、主神の〝表現神〟であられる天照皇大御神であるということになる。

従って魂・生・氣の発生根源は天照皇大御神ということになる。

※人間の身体は伊邪那岐・伊邪那美神の生殖作用によって造られ、その行為が人間に受け継がれて、人間は延々と子孫を造り出して来た。人間の性行為とは伊邪那岐・伊邪那美神の人間誕生の行為なのである。

②主神の現界経綸の表現神

現界は主神が直接経綸を行われることはなく、天照皇大御神に御任せになっておられる。主神の表現神であり、代行神としての御役目は以下の通り。

◎日本での主神の尊称　◎神界の最高位／主神の現界経綸の表現神

主神――天之御中主神――天照皇大御神

- 統治の権―天照大御神
- 救世の力―伊都能売神
- 審判の権―国常立尊

天照皇大御神 → 大聖観世音

◎夜の時代、仏界の最高主座に御出坐しになられていた

（『病貧争絶無の世界を造る観音運動とは何？』P30　昭10年9月15日）

四　天照皇大御神と「一厘の神御魂」、及び○○○○○の神との御関係

本源図にもあるように、大正10年頃明主様のお腹の中に降下された光の玉に、昭和25年6月15日、「○から○った或高位の神様の魂が宿られた、即ち右の御魂が現世に生誕された事になるのである」
（『一つの神秘』「栄光」83号　昭25年12月20日）

となっている。さてどのような神様なのであろうか。

①「或高位の神様」とは

「私のお腹の中には光の玉があり、いままで中に心《しん》がなかった。その種が六月一五日留置場中で入った。その種が髄になるわけである。（中略）大本教のお筆先の一輪の身魂で、種が育つに従い、光の玉は大きくなる。（中略）種はある所から……天から降るわけである」
（御講話）昭25年8月1日）

②「現在其神様の御名前を詳しく曰う譯にはゆかない」

（『病気と浄霊の原理』「地上天国」27号　昭26年8月25日）

③「その時私の体内に入られたのが最高最貴の○○○○○の神様であって」

（『神様と私との関係』「地上天国」57号　昭29年2月25日）

とあるが、もう少し詳しく見てみることにしよう。なぜなら「○○○○○の神」は、御浄霊の本源や弥勒世界創造の中心的、芯となられる神様であるから、明確に御出坐し願いたいと考えているからである。まずはこの神様について述べておられる箇所を、再度挙げておく。

「先頃、私が入獄中、種々の神秘な事があったが、時期の関係上全部知らせる訳にはゆかないから、追々知らせるとして、今は只一つだけの事をかいてみよう。（中略）

愈々、六月十五日となった。すると朝まだき、今日の重大な意義がハッキリしてきた。というのは以前書いた著書に、私のお腹の中に光の玉があるという事で、之を読んだ人は知っているだろうが、この光の玉には今迄魂がなかった。処が愈々今日○から○った或高位の神様の魂が宿られた、即ち右の御魂が現世に生誕された事になるのである。之から此神御魂《かむみたま》が段々御育ちになり、成人されるに従って、玉の光は漸次輝きを増し、将来大偉徳を発揮さるるに到るのである。

そうして面白い事には、翌十六日には朝から食欲が全然ない。やっと昼頃になって牛乳だけが欲しくなったので、差入屋に頼んで取寄せ、コップに一杯飲んだが、其美味さは格別だった。其時成程と思った事は生れたばかりの赤ン坊だから、乳が呑みたいのは当り前で、確かに之が型なんだ。という訳で愈々大経綸の第一歩を踏み出す時となったのである。即ち花が散って実を結ぶという、其実の種の中心のポチが、腹の中へ宿ったので、実に人類始まって以来の大慶事である。処が此様な万人祝福すべき空前の重要神業が、一人の部下もいない陰惨なる牢獄内で行われたという事は、何たる皮肉ではなかろうかと、私は熟々《つくづく》惟われたのである。此一事によってみても、神様の経綸なるものは、如何に深遠微妙にして、人智をゆるさないものたる事を知るであろう」

（『一つの神秘』「栄光」83号　昭25年12月20日）

「まだ色々あるので何れはかくが、ここで言いたい事は現在の私である。それは静岡事件の際留置所の中で、頗る神秘な神業が行われた事はいつか話した事があるが、その時私の体内に入られたのが最高最貴の○○○○の神様であって、出所早々散花結実の書を千枚かいて主なる信者に頒《わか》ち与えたのも、その時の経綸によったのである。処がその時から後の私は、以前のように神様に伺う事は必要がない事になったのである。というのは神霊は私の体内に在《おわ》す以上、以前のように神と人との隔てが撤去され、神人合一の境地になったからである。つまり神即人である以上、私の行う事は神直接であるから、私の思うままを行《や》ればいい事になったのである。

このような訳を知ってから分った事は、神様に伺うというのは、最初に書いた通りこれまでの行《や》り方であって、間接的である。処が今度のようになった私としては、未だ嘗《かつ》て世界に例のない事は勿論で、釈迦、キリスト、マホメットの三大聖者は判らないが、恐らく私程神との直接的ではなかったと思うのである。何故なれば今日残されている幾多の功績を見ても分るのである」

（『神様と私の関係』「地上天国」57号　昭29年2月25日）

とある。他の箇所についてもつぶさに拝読したのだが、〝○○○○○の神〟の御神名はわからないままであった。しかし、それでも明確に御出坐し願いたい――と御浄霊の本源を求めて思索中、〝○○○○○の神〟の御神名がおぼろげながら見えてきた。

ある日のこと、『出口王仁三郎著作集』を拝読していた際、読み進めるうちに、

「万有万類は皆悉く五百津美須摩琉の珠の緒の発動に基いて発現しているのであり、生命を『玉の緒』というのは生命魂線の脈絡を意味する語より出でたるものである」

「宇宙乾坤の間に存在している一切の天体は『ミクラタナ』の玉の緒に一貫された一聯の御頸珠である」

（『出口王仁三郎著作集』第一巻　P281―282）

とあった。

生命の発現や発動の根基、根源は天照皇大御神であることは既に述べたとおりだが、生命の魂線の脈絡が連綿とし力動していることもまた天照皇大御神から発せられているのであることを知って、「この

玉とは天照皇大御神の神御魂である」という考えに至ったのであった。

さらにこの玉とは五百津美須摩琉の珠であり、御頸珠であり、御倉板挙神である。名称は違えども同一のものなのである。

またこの玉は仏典には「如意宝珠」「摩邇の玉」とあり、大正10年頃に明主様の腹中に鎮座されたことは本項「如意宝珠・摩邇の玉」で詳説している。この玉の中に昭和25年6月15日、一厘の御魂であり、種となる髄が御降下されたのである。

この神事現象を深く理解するため、玉の意味を図に表してみた（図3）。

図3　光の玉と「○○○○○の神」

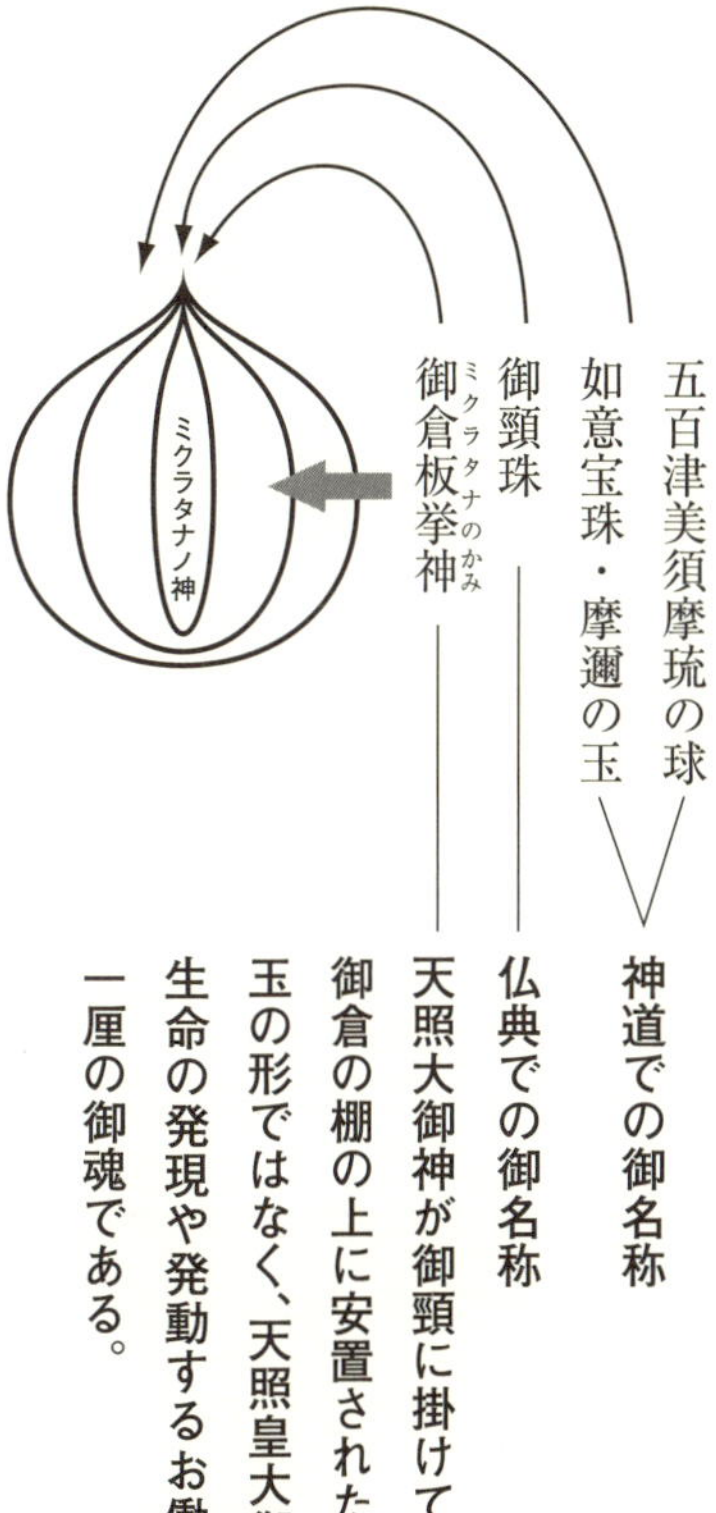
天照大御神が御頸に掛けておられる時の御名称
御倉の棚の上に安置された神。
玉の形ではなく、天照皇大御神の神御魂のことであり、
生命の発現や発動するお働きの状態。種の髄であり、

種になる髄が天から降った状況を示しておられる箇所を拝読してみると、
・天照大御神の霊は明主様の腹中に宿られ
・種になる髄、一厘の御魂は玉の真ん中にお入りになられておられることから見ても、御倉板挙神であることがわかる
・○○○○○の神の御神名は明かされないままであったが、現みろく神教管長の石坂隆明先生が御著書『花咲』（平成15年6月15日発行）においてこの神様が〝ミクラタナの神〟〝御倉板挙神〟であると発表されておられる。
このことから、次の図4の通りに図解してみたのである。

図4　天照皇大御神と「一厘の神御魂」、光の玉との関係

天照皇大御神――分魂――○から○った○○○○○の神
天から下ったミクラタナの神
御神名　（御倉板挙神）／（御頸珠）
通　称　一厘の御魂　／　ヽ（チョン）神御魂

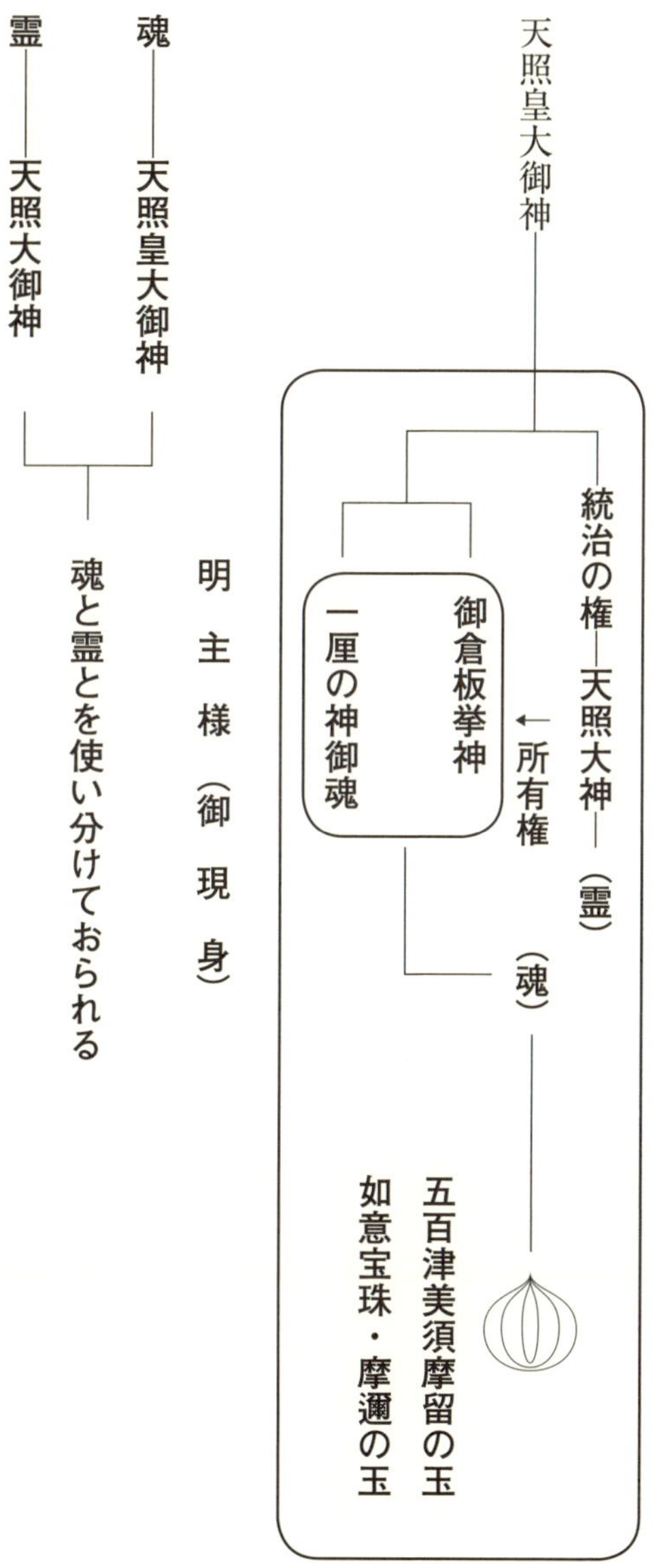

※天照皇大御神と天照大御神との詳細な区別については「第五章　天照大御神」で詳説することとする

◎明主様は最高位に上られた

「而も、面白い事には、十四日（昭和25年6月）の朝素晴しい神夢を見た。それは雪のある富士山の頂上に登った処、そこに大して大きくもない宮殿風の家があるので、其家へ入り、座って辺りの雪景色を見ようとすると、目が醒めて了った。と同時に私は今迄にない感激を覚えた。何しろ昔から、一富士、二鷹、三茄子と言って此三つのどの夢をみても、非常に縁起がいいとされているからで、而も一番好い富士山の夢で、其頂上にまで登ったのだから、恐らく之位いい夢はあるまい。私が六十七歳の今日迄、斯んな素晴しい夢は見たことがない。という訳で嬉しさが込み上げてくる。其為少し残っていた腹の痛みもどこへやら忘れて了ったほどだ。

愈々、六月十五日となった。すると朝まだき、今日の重大な意義がハッキリしてきた。というのは以前書いた著書に、私のお腹の中に光の玉があるという事で、之を読んだ人は知っているだろうが、この光の玉には今迄魂がなかった。処が愈々今日◯から◯った或高位の神様の魂が宿られた、即ち右の御魂が現世に生誕された事になるのである」

（『一つの神秘』「栄光」83号　昭25年12月20日）

高位の神様の御魂が宿られたことにより、明主様が最高位に上られたことを意味しているのである。

新たな課題

「夢で、私が富士山に乗っかって景色を見るという話もしましたが、そのとき私が生まれた、第二の誕生です。そこで、出てから「散花結実《さんかけつじつ》」ということを言いましたが、花が散って実を結ぶで、「散花結実」ということは種が宿ったということです。それから私の力とかいろんな、そういうことが違ってしまったわけです。それからが本当に開けたわけです。ですからあのときに救世教《メシヤ》というものはすっかり壊れてしまったわけです」

（『御教え』昭29年4月7日「御教え集」33号 昭29年5月15日）

と仰っておられるが、この「第二の誕生」「散花結実」「救世教というものはすっかり壊れてしまった」ということが具体的にはどのようなことであるのか、現在になってもわかっていない。機会があれば深く検証、考察してみねばならない課題であろう。

第四章　大聖観世音

一　明主様（岡田茂吉師）の観音説

『岡田茂吉研究26』（世界救世教いづのめ教団刊　１９９８年8月23日）に、明主様の観世音に関する概念について触れた件《くだり》がある（序章で既に引用したがここで再録する）。

「通常の仏教的常識からすれば、菩薩よりも格が上である阿弥陀如来や釈迦牟尼仏よりも、むしろ観音菩薩のほうが霊格が高いとする思想が岡田茂吉にはある。そしてその「応身弥勒」である「観音」として「伊都能売」がはたらくという。この岡田茂吉の〝型〟の思想をどう理解するかが問題である。このような考えを仏教的常識や歴史神学の基準や尺度で測ることができるだろうか。もしそのような基準や尺度にあてはめようとすると、それは規格外の不良品か、度はずれの例外とされるのが関の山であろう」

とまぁ、散々な酷評である。
ではこの観音説について、項目編から再度採り上げてみよう。

1　大聖観世音・聖観音の御尊名

大聖観世音や聖観音の御尊名のある御歌はいくつかあるが、ここでは二首をあげておく。

きりもなき　大慈大悲に在し給う　大聖観世音菩薩の御心

（「御祭」昭和10年　未発表）

三尊の　弥陀の御力一つ身に　具へ御救う聖観音かも

（『三尊の弥陀』「観音会御讃歌集」P31　昭和11年　未発表）

2　崇高なる御容姿

「観音は、宝玉を鏤《ちりば》めたる王冠と、胸飾り、腕輪等によってみても、その高位に被在《あらせ》らるる事を証している。又、三十三相具有せられたる、崇高い御容姿に見ても其御神格の如何に尊貴で被在られるかは、想像し得らるるのである。（中略）阿弥陀及び釈迦は、装飾無く、裸体に白布を纏われ御像《ごぞう》の取材は、木彫りに金箔又は、金銅や鍍金《めっき》作りにして大なるものは唐銅《からどう》作りであるに見ても其御神格は、想像さるるのである」

（『三尊の弥陀』「病貧争絶無の世界を造る観音運動とは何？」Ｐ33　昭10年9月15日）

3　天照皇大御神の御分魂

「今日迄、観世音菩薩のみは、全く御秘仏とされて、御本体は誰も識らなかったという事は、寔《まこと》に不思議な訳である。随而《したがって》、多くの仏者は、菩薩の名に迷って、阿弥陀如来や、釈迦如来よりも、下位と思い、中には又、阿弥陀が本体であって、観音は阿弥陀の化身などと、途方もない解釈をなし、又、釈迦の脇立であるとさえ説くに到っては、沙汰の限りである。然らば、観世音菩薩の御本体は、如何なる御方かと申すに、実は、畏れ多くも、天照皇大御神の慈悲に依る救世の代現神仏で被在らるるのである」

（『観世音菩薩の御本体』「病貧争絶無の世界を造る観音運動とは何？」Ｐ29—30　昭10年9月15日）

観音について言及されている箇所は他にも数多くあるが、ここでは以上にとどめておこう。まずここで明確にしておかねばならないことは、御尊名の違いについての理解である。

1大聖観世音
2聖観音
3観自在／観世音（この違いについては既に説明した通り）
　※六観音及び三十三相の観音等
「観音」と一口に言っても右の三通りに分類される。これを以下説明していく。

4　大聖観世音の御位

天照皇大御神
←御分魂
①大聖観世音　――仏界の最高首座
　夜の時代の期間中は天照皇大御神が裏に隠れ、大聖観世音が表に現れて、仏界の最高首座に御在され、燦然と輝き御経綸を行われてきたのである。従って大聖観世音とは、仏界の最高首座に御在される状態の際の御尊名である。

←〔主宰仏〕

②聖観音　――如来界

「大」の御文字を外され御位を一段下げておられる。観音のことは菩薩の位での御働きということしかわからなかったのである。聖観音、大聖観世音については（これまで）全くわかっていなかった。「観音は何もかもが自由自在」「観音とは〝音を観る〟」といった程度にしか解釈されていなかった。

〔救済の指示〕　←

③観自在／観世音（六観音・観音の三十三相）――菩薩界

これらの御働きは菩薩界である。それ故如来界の釈迦や阿弥陀よりも下位と見なされていたのであった。御本体については今日まで神秘の幕に閉ざされておられたので、菩薩界での御働きしか知られていなかったのである。

〔直接の救済〕

大聖観世音は夜の時代、仏界の最高首座に御在された主宰仏であられた。救済のために「大」の御文字を外され位を一段下げられたのが聖観音である。さらに分身霊が菩薩界に降りられ、数多くの観音の御名で直接の救済にあたられたのである。

最後に至って応身弥勒となられ、弥勒三会によって大弥勒之神となられて、昼の時代の経綸の中心に御在されることとなるのである（→詳細は「第十章　弥勒三会」を参照）。

5　三十三相に化現

「聖観音が御本体で、千手、十一面、如意輪、准胝《じゅんてい》、不空羂索《ふくうけんさく》、馬頭の六観音と化現し、それが分かれて三十三相に化現し給うという事や、観自在菩薩、無尽意菩薩、施無畏菩薩、無碍光如来、光明如来、普光《ふこう》山王如来、最勝妙如来、其他数々の御名があり、特に応身弥勒と化現し給う事などを以てみても、その御性格はほぼ察知し得られるのである」

（『大乗と小乗』「信仰雑話」P31—32　昭23年9月5日）

とあるように、あらゆる方面の重要な御働きをなされておられるのであるが、菩薩界に降られての御働きであるため釈迦や阿弥陀よりも下位に位置づけられてきたのである。その上、最も肝心な御本体についてはこれまで全く分からなかった（詳しく説かれていなかった）こともその理由の一つと考えられる。

御本体については明主様の説明も幾通りかあって非常に解りづらく判然としない。しかしながら「御浄霊の本源」を識《し》るためには、この「観世音の御本体」を明確に理解していることがどうしても必要なのである。

以下、検証してきたことを述べていこう。

二　観世音の御本体

明主様は御著書を執筆される際、あるいは御光話をなさる際に「難解な神智を誰にでも理解できるよう平易な言葉や文章で表現している」と仰っておられるが、実際には非常に難解でわかり難い箇所も少なからずあるのである。「観世音の御本体」についても理解が難しく頭を悩ませ続けていたのだった。二年以上考え続けてようやく納得できる答えが出たので以下に述べていこう。

「観世音の御本体」について明主様が言及されている箇所は左の四つである。

①「観世音菩薩の御本体は天照皇大御神」
（『観世音菩薩の御本体』「病貧争絶無の世界を造る観音運動とは何？」Ｐ30　昭10年9月15日）

②「観音様の御本体は伊都能売という神様」
（『私の告白――奇跡物語』Ｐ10　「自観叢書」第四篇　昭24年10月5日）

③「聖観音が御本体で」
（『大乗と小乗』「信仰雑話」Ｐ32　昭23年9月5日）

④「国常立尊は霊界で閻魔大王になり（中略）半分は観音になる」

（『御講話』昭和23年2月28日　「御光話録」発行年月日不明）

と、観音様の御本体について①天照皇大御神　②伊都能売神　③聖観音　④国常立尊　の四つをあげている。これでは①〜④のどれか一つが本当なのか、あるいは①〜④全てがつながっているということなのだろうか。どのように理解したらよいのか考え込んでしまった。さらには次のような御歌がある。

心癒し　肉体《からたま》癒し世を癒す　聖観音はいづのめの神

（『医しの神業』「日本医術講義録」昭10年5月5日）

「聖観音」と「伊都能売神」は同一神仏であると御詠みになっておられる。となると御本体の前に「聖観音」と「伊都能売神」が同一神仏であるということを理解しなければならないことになった。そこで以下のように図に描き出して考えてみた。

図5　（観世音菩薩の御本体）神界の最高位　直霊

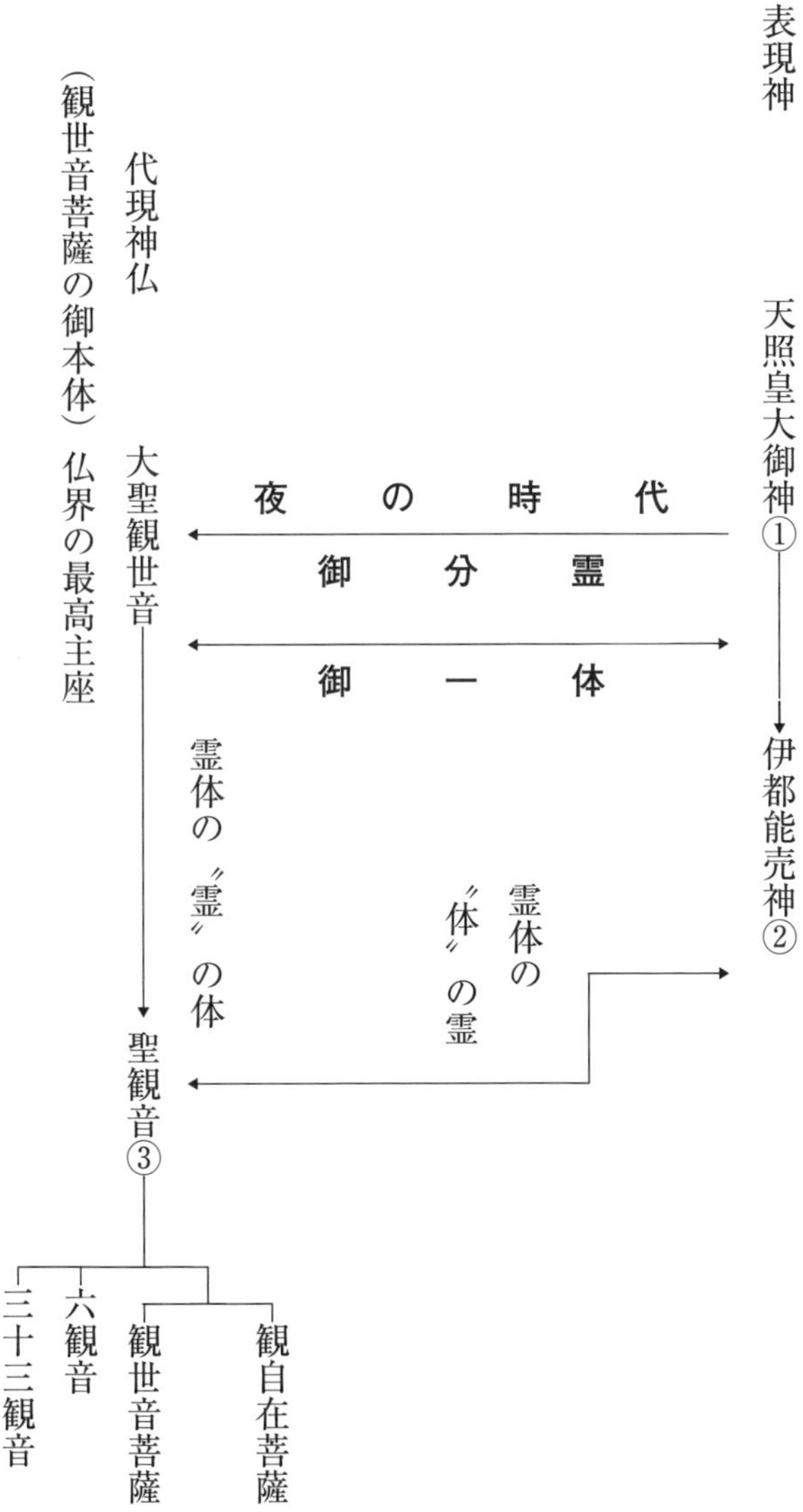

・天照皇大御神と大聖観世音は御一体である。
・聖観音とは大聖観世音の〝霊〟の体と、伊都能売神の〝体〟の霊であると解釈することで「聖

観音といづのめの神は同一神仏である」ということに結びつけたのである。それによって観音様の御本体についても、①天照皇大御神　②伊都能売神　③聖観音につながっていると理解するに至った。（国常立尊の観音については別項にて）

三　観音様の御名称

①大聖観世音　仏界の最高位に御出現した主宰救済仏　夜の時代の主神の代名詞
②聖観音　仏界救済の担当仏
③観自在菩薩　印度での救済中の御名称
④観世音菩薩　支那、朝鮮での救済中の御名称
⑤六観音　仏界救いの代表的観音の名称
⑥三十三観音　六観音の他、更に救いの網を広げる為三十三相に変化なされた際の名称

参考として六観音、三十三観音に関して一般に紹介されているものを『庶民のほとけ』（頼富本宏著

NHKブックス）から抜粋、要約し転載する。

・六観音信仰

奈良時代の頃は一尊だけでも格別の人気と信仰を得ていたが、平安時代になると六種の観音を集成した六観音が新しい信仰形態を持って登場してきた。

六観音とは六道（地獄・餓鬼・畜生・修羅・人・天）に輪廻して苦しむ生きとし生けるものを救済する目的で、六道それぞれに種類の異なる六体の観音菩薩を配したものである。起源は、隋代の天台大師智顗が書いた「摩訶止観」に説かれ、日本ではなじみある観音に置き換えられた。

六道	摩訶止観系六観音	真言宗六観音
地獄	大慈観音菩薩	聖観音菩薩
餓鬼	大悲観音菩薩	千手千眼観音菩薩
畜生	獅子無畏観音菩薩	馬頭観音菩薩
阿修羅	大光普照観音菩薩	十一面観音菩薩
人	天人丈夫観音菩薩	准胝観音菩薩
天	大梵深遠観音菩薩	如意輪観音菩薩

なお、准胝観音は仏母として扱われていることから、天台宗では変わりに不空羂索観音菩薩をあてている。

・観音の三十三化身

「観世音菩薩普門品」には、観音菩薩が相手の違いに応じて三十三種の姿に変えて顕現すると説かれている。

・三十三観音

観音の三十三化身の考えを受け、わが国において七観音以外の種々の観音を集合して三十三観音とすることが行われた。経典等の典拠はなく、一般庶民の観音信仰の中から発生したもので、江戸時代中期頃に成立している。

天明三年（一七八三）刊行の仏教の図像集「仏教図彙」には、次の順番で三十三体の観音菩薩像が掲げられている。

1楊柳観音　2龍頭観音　3持経観音
4円光観音　5遊戯観音　6白衣観音
7蓮臥観音　8瀧見観音　9施薬観音

10魚籃観音　11徳王観音　12水月観音
13一葉観音　14青頸観音　15威徳観音
16延命観音　17衆宝観音　18岩戸観音
19能静観音　20阿耨観音　21阿摩提観音
22葉衣観音　23瑠璃観音　24多羅（尊）観音
25蛤蜊観音　26六時観音　27普悲観音
28馬郎婦観音　29合掌観音　30一如観音
31不二観音　32持蓮観音　33灑水観音

白衣観音、葉衣観音、楊柳観音、水月観音などが人気がある。白衣・葉衣はインドでは准胝と同様に女尊として扱われているが日本では女尊というグループがないため女性的イメージが強い観音として扱われた。白衣・准胝は慈悲深い母のイメージがあるため求児・安産・育児の仏として見られている。

この他にも観音様は薬師如来、無尽意菩薩、施無畏菩薩、無碍光菩薩、遍出一切光明山王如来、最勝妙如来等に変化されておられる。

四　神界・仏界・現界の観音

観音様には六観音や三十三相の観音様がある、ということは一般にも広く知られていることであるが、神界や仏界、現界にも別々に存在なされておられるということは、あまり知られていないようである。かく言う私も明主様の御論文によって初めて知ったことであるが、その箇所を御著書からいくつか抜粋してみよう。

①兄の花姫は神界の観音

「富士山には兄の花咲爺姫がお祀りしてあるということは、兄の花咲爺姫は観音様ですから、富士山は観音様の蓮華台ということになります」

（『御教え』昭28年1月3日「御教え集」18号　P21―22　昭28年2月15日）

「兄の花は神界の観音様です」

（『御教え』昭23年10月28日「御光話録」』P159　発行年月日不明）

「観世音菩薩は兄の花姫になるのですが、兄の花姫は神界の御働きで」

（『御教え』昭29年2月6日「御教え集」31号　P22　昭29年3月15日）

②木の花咲爺姫は仏界の観音

「木の花咲爺姫というのは桜の花になるのです。この場合は仏界の御働きで、木の花咲爺姫は観音様になるのです」

（『御教え』昭29年2月6日「御教え集」31号　P22　昭29年3月15日）

「どちらも観音様ですが、木花は仏界の観音様で」

（『御教え』昭23年10月28日「御光話録」P159　発行年月日不明）

③国常立尊は現界の観音

「国常立尊という神様が神代の時御隠退せられ、霊界に於ては閻魔大王となり、現界に於ては観世音菩薩と化現され、慈悲を垂れ給い、一切衆生を救われたのである」

（『六韜三略の巻』「栄光」119号　昭26年8月29日）

「艮の金神様は霊界では閻魔大王になり現界では観世音菩薩となるのです」

（『御教え』昭29年2月6日「御教え集」31号　P22　昭29年3月15日）

等々、神界、仏界、現界にそれぞれの観音が存在なされておられることを明言されておられる。観音の御本体が前出の御三体の神仏であったところに、さらにもう御三体の神仏が加わったのである。即ち兄の花姫神（ここでは〝兄の花咲爺姫〟となっている）、木の花咲爺姫、そして国常立尊である。これらは先の御三体（天照皇大御神・伊都能売神・聖観音）とどのような関係にあるのか、三界の観音の御働きを明かにする前に、こちらを明確にしておかなくてはならない。
兄の花姫神や木の花咲爺姫は伊都能売神が御本体であるということは、既に本源図に明らかになっているが、国常立尊が現界の観音になるということについては長い間わからなかったのである。

◎国常立尊の半分は観音

「観音様の御本体は国常立尊で、北海道の芦別山におしこめられてから霊界で閻魔大王となり審判のお働きをされる。従って頗る苛《きび》しいんです。ところがそれだけでは人間がやりきれぬから慈悲の神として現れたのが観音様であり、神や如来の地位では高すぎて衆生済度ができないから菩薩の位に下がられたんです」

（『御教え』昭23年3月28日「御光話録」P24―25　発行年月日不明）

この箇所を拝読した結果、伊都能売神と同格かより上位と思われる国常立尊が審判の御役は霊界でなされ、現界では人間と直接関わりのある集落や村里の御堂に祀られ、愛と慈しみだけで衆生を御救いになられるということは観音と同じ御働きになられるので「現界の観音」になられたのではないかと解釈したのである。以上をまとめてみよう。

①兄の花姫神——神界の観音

・神社・山岳

神社は神界である。奥の院には観音様を祀ってあるところがある。山岳でも観音様が祀られてある場所は神界である。愛と慈しみでお救いをなされておられる。山岳で奇跡的に助かるのは、観音様が助けてくださるのである。

②木の花咲爺姫——仏界の観音

・仏閣、河川湖沼

寺社や仏閣は仏界である。お釈迦様の脇侍として祀られている観音もあるが、単独で奥の院に祀られてあるところもある。大雄山最上寺は奥の院に十一面観音が鎮座なされておられる。河川や湖沼にも祀られ、守護なされておられる。

③国常立尊——現界の観音

・集落や村里の御堂

集落や村里のお堂に観音様が祀られ、村人が素朴な信仰を捧げている。観音講などはその一例である。国常立尊の愛と慈しみが観音様となられておられるのである。

今日までは夜の時代であったため、神の位や神の御尊名ではお働きになれなかったので、仏に化現され、各箇所を守護なされてこられたのである。そしてさらに六観音や三十三観音と化仏なされたのであった。

五　『大きな神様』の御尊名で御降臨

明主様はその御著書で観世音菩薩（大聖観世音も含めて）について数多く述べておられるが、その観世音菩薩が最後に至っては元の神の御位に復帰なさるということも随所に述べておられる。御讃歌にも、

観世音の　御名の救いは佛の世を　限りに神の御名と変わりぬ

（『神を讃へる』「讃歌集改訂版」P27　昭26年5月28日）

とあり、また善言讃詞中にも「観世音菩薩　此土に天降らせ給い光明如来と現じ　応身弥勒と化しメシ

ヤとならせ」とある。さらに「観世音菩薩と大弥勒之神が御一体であり、同一神仏であること」を示されるような記述（『全人類待望の炬光　大聖観音力の顕現　併而仏説の門扉』「東方の光」三号　昭10年2月23日）もある。

では観世音菩薩が何時何処の地点で神の御位に復帰なされたのであろうか、このことも大きな課題であった。

①兄の花姫神であった神界の観音は「最初の偉い神様」として、昭和五年旧五月五日に弥勒として下生なされておられる（→「第九章　弥勒下生」の項にて詳説）。

②大聖観世音は「大きな神様」として昭和十年十月十日、応身弥勒となられて御降臨になられておられる（→「第十章　弥勒三会」にて詳説）。

「〝大きな神様〟として御降臨になられたのは大聖観世音であった」と、確信するに至った経緯を述べてみよう。

◎『大きな神様』とは大聖観世音

観音のうち最も重要な御存在であるのが大聖観世音である。御浄霊の本源についても関わりがあるのは勿論である。その大聖観世音が御降臨になられたのではないかと思わせられたのが昭和十年十月六日の玉川宝山荘での御光話である（項目編3　P566参照）。繰り返し、それこそ暗誦できるほど拝読し、さらにその前後や関連のありそうな箇所も目を通したが、それでも「大きな神様」がいかなる御神名の神様なのか見当がつかなかった。全集の編集委員会に質問してみたが「それはわからない」との回答であった。やはり自分で考えるより他ないということで、前述の御光話の内容を整理して考察を試みた。それが以下の通りである。

①昭和十年十月十日は多摩川の産土様の御祭典と偶然重なった。土地の神様が御祝をなされた。十の御文字が三つ重なって三十となり、三の中に十を入れると「王」の文字になる。

②「大きな神様」が御降臨になられる。大の御文字がついた神仏なのであろうか。

③「上野毛」とは言霊上「髪の毛」であり「神の毛」である。髪の毛は頭部にあり、そこには王冠や最高の神様がお乗りになられるところ。即ち上野毛は最高の神様が御降臨になられる場所である。

④関西十ヶ所のお寺、関西は西方を現し、十は結びで神の数字。東の地、上野毛に最高の神様が御降臨になられるので、西方十ヶ所から御祝いにこられた。

⑤三十三ヶ所から三十三体の観音様が御祝に来られて、三十三日間の御開帳が行われた。有史以来初めてのことであるという。三十三の数字が三回もある。三十三を三回重ねると九十九になる。「九分九厘」につながるとも言えそうだ。九分九厘に一厘を加えると十全になり、完全の意味である。この一厘は大きな神様の神御魂ではないかとも考えられる。三十三の数字で思い出されるのが次の御歌である。

円満に　三十三相具へますは　聖観音の御身魂なる

（『千姿万容』「光明世界」第四号　P4　昭10年7月25日）

三十三の数字が三回も重なっているということは、三十三相を具えておられる聖観音に通じることからして、「大きな神様」として御降臨になったのは聖観音ではないかと考えられる。

⑥初日十月十日と最終日十一月十一日は大祭が挙行されている。十は神の数字であるが、経緯結びの数字でもある。十一は結んで始まることを意味している。十も十一も二回あるから、二重に結んで始まることの意であり、「決して解《ほど》けない」――即ち「仏《ほとけ》ではない」を意味している。

⑦玉川……玉の数は五であり、男《おのこ》、川は三で女《おみな》である。

五は火にて　三は水なり五《いづ》と三《みず》　結びてなるぞ伊都能売神

（『伊都能売神』「御讃歌集改訂版」P4　昭26年5月28日）

五、三で「いづのめ」である。

⑧明主様は昭和十年当時御歳五十三歳、いづのめの御歳であり、大聖観世音が御降臨になられるにふさわしい御歳である。

⑨明主様御自ら多数の信徒を伴って御開帳されてある三十三体の観音様へ、御参詣ではなく「御苦労様

でした」との意味で御挨拶に行かれた。これはあまりいい喩えではないかもしれないが、大聖観世音が御降臨なされることになったので、子分である観音様が全員揃って御祝いに来られたことに対し、大親分である大聖観世音様が御苦労様でしたと御挨拶に出向かれたとも考えられるのである。

⑩如意宝珠が腹中にお宿りになり、見真実の境地になられ、弥勒も下生なされた明主様にして、次のような御歌を詠まれる程の神仏は大聖観世音以外にないのではないだろうかと思わせられたのである。

観世音　菩薩の貴き御恵に　縋りて生きん今日を境に

（『御祭』「讃歌集」Ｐ33　昭23年7月1日）

「今日を境に」の今日とは十月十日であると確信した次第である。しかし、大聖観世音は天照皇大御神と同じ御位にお在しますので、そのままの御姿では御降臨にはなられないのである。「大」の御文字を外し、聖観音となられて御降臨されたのである。観音としての御働きは既に終えられ、大弥勒之神となられて御活動されておられることは解説編「第十章　弥勒三会」の項で詳述したとおりである。観世音菩薩が元の神位に復帰さるるとは、大弥勒之神となられることであった。

昭和十年十月十日は最も重大な日であると考え、この日は国内でどのような事があったのかを調べてみた。

（『昭和災害史事典』より　荒川ふるさと文化館にて　平14年11月17日）

・海軍航空隊機衝突（香川県三豊軍荘内村沖）
10月10日午後0時10分、香川県荘内村の大浜小峰の沖合で、訓練中の海軍佐世保航空隊の偵察機2機が衝突、双方の操縦者ら3名が死亡した。

［データ］死亡3名、航空機2機墜落

六　神仏同根

一般社会では「神仏は同根である」との理を知らず、ともすると互いに排斥し敵対しがちである。常々これを憂い、何とか和解させたいと思ってきた。それを踏まえてまとめたのが次頁の図である。

図6

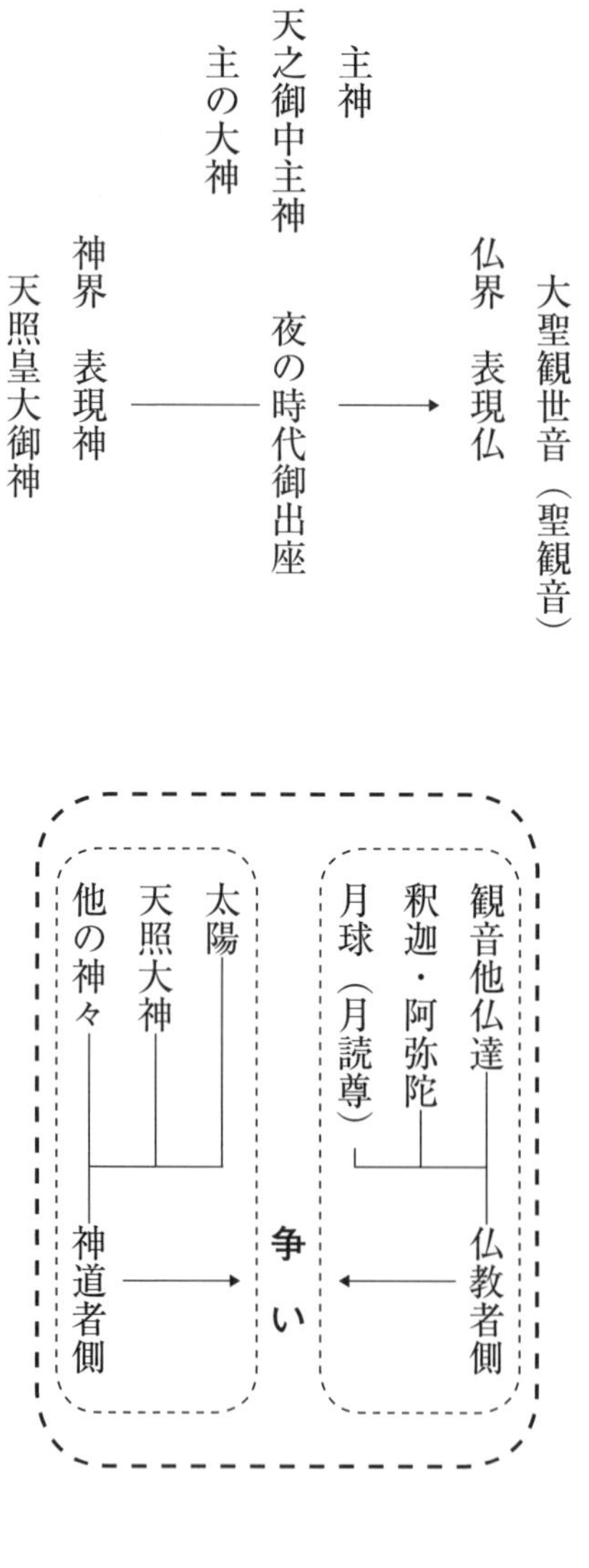

※細い点線枠内しか一般には見えていない

この図の元となったのが次の二首の御歌である。

①大空に　輝く月と日の光《かげ》は　聖観音の御眼なるらむ
（『天地開明』「光明世界」第二号　P5　昭10年3月4日）

大空に　輝く月と日の光《かげ》は　聖観音の寶珠なるらむ
（『天地開明』「讃歌集」P15　昭23年7月1日）

②天照す　月の光も日の光も　主の大神の御眼なるらむ
（『神の御光』「讃歌集」P10　昭23年7月1日）

①の御歌の「太陽と月が聖観音（大聖観世音）の御眼」であるとするならば、②の御歌と同じ意味になるから、大聖観世音＝創造主、主の大神ということになる。

これまでは「大聖観世音」という御尊名から受ける印象で、一般に親しまれている観音様の親や先祖にあたる存在としか考えていなかったため、主神であるというところまで考えを拡大することが出来なかった。しかし大聖観世音・聖観音・観世音菩薩の、霊界における地位や御働き等がある程度わかってきた今、大聖観世音とは**「夜の時代に於ける主神の別名であった」**あるいは**「主神が夜の時代の期間、大聖観世音の御名で御出現されておられた」**御存在であると理解できた次第である。即ち**主神の表現仏としての大聖観世音**であり、「神仏は同根」であることの根拠も明確になるのである。

なお、前掲の御歌の中で大聖観世音ではなく「聖観音」となっているのは、文字数の関係で「大」と「世」を省いて表記したのではないかと推測している。

②の御歌の「主の大神」が「天照皇大御神」となっていれば、御歌①の「聖観音（大聖観世音）」と対比しそのまま納得できたであろうが、なぜ「主の大神」となっていたのだろうか。

これについては次のように考えられる。

(A)今日まで夜の時代であったので、主神の表現神である天照皇大御神は表面に御出座しになることを憚られ、陰に隠れておられたのではないか

(B)作歌の際、文字数が限られることから「天照皇大御神」では十二文字となって多過ぎてしまう。そこで七文字である「主の大神」となさったのではないか

(C)天照皇大御神は皇室のご先祖として祀られてあるので、無闇にその御尊名を用いることは不敬に当たりかねないということで、できるだけ触れないようにしたのではないか

七　仏教と神道の対立

ここで再度図6（P162）を参照してもらいたい。これまで仏教者は点線内の仏様や観音様を礼拝し、神道側も点線内の天照大神や他の神々を崇拝の対象としてきた。

今日まで夜の時代であったので、点線枠よりも上部は厚い幕で閉ざされて見えなかったので「無いもの」とされてきたのだった。霊界ではそのような状態であったため、枠よりも上――神界や仏界の最奥部のことは誰人として知る由もなかったのである。

また仏教側の見解は、神というものは本来仏であり、衆生済度のため仮の姿となって現れているのであり、仏教を守護するためにあるのだ、とのようである。逆に神道側の言い分は、仏とは元来外国から入ってきたものであって日本固有の神ではない、として排斥しようとする。こうして仏教伝来以来、仏教と神道は相容れぬものとして敵対してきたのだった。この敵対関係を時の為政者が利用することで、およそ宗教らしからぬ醜い争いや悲劇が繰り返されてきたことは、ここで改めて言うまでもない。

現在は双方とも他の宗教を認めようという傾向にあるようだが、願わくばさらに考えを深め、もう一歩前進してもらいたいものである。昼の時代になり天界の暗幕が取り払われ、天照皇大御神が御出現なされておられるのである。「神仏は同根である」ばかりではなく、

神仏の　因をたどれば天照　皇大御神の分魂《わけみたま》なり

であったのである。

八　「聖観音の器」とは

聖観音が大弥勒之神になるということは「第十章　弥勒三会」の項で詳説するが、それでは次の御歌を見てみよう

摩邇の玉　如意の宝珠《ほうしゅ》は世を救ふ　聖観音の器《うつは》なりける
（『三尊の弥陀（六）』「観音会御讃歌集」昭11〔未発表〕）

「摩邇の玉」「如意宝珠」と「聖観音」との関係について、「聖観音の器」とは如何なる意味なのか、これを考えてみたい。

1　聖観音がお入りになる器

器とは入れ物であり、物が入る容器である。辞書を引いてみるとその他、器量や才能といった意味もある。

御歌を明主様に当てはめて考えた場合、聖観音は魂であり、摩邇の玉・如意宝珠は霊身になる――つまり器である。とすると摩邇の玉・如意宝珠は文字通り「聖観音がお入りになられる器」との意味になる。しかし、昭和十年十月十日に聖観音は大弥勒之神となられておられるのだから、聖観音ではなく大弥勒之神がお入りになっておられたことになる……と、当初はこのように考えていたのだが、実は肝心な事柄を見落としていたのである。

「愈々、六月十五日となった。(中略)私のお腹の中に光の玉があるという事で、之を読んだ人は知っているだろうが、この光の玉には今迄魂がなかった。処が愈々今日○から○った或高位の神様の魂が宿られた(後略)」

(『一つの神秘』「栄光」83号　昭25年12月20日)

つまり昭和25年6月15日以前には「摩邇の玉・如意宝珠には魂がなかった」と仰っておられるのである。「大きな神様」と言わしめる程の神様がお入りになっているのであれば「魂がなかった」とは仰せになるはずがないのである。つまり大弥勒之神はこの珠の中にお入りにはなられていなかったことになる。従って摩邇の珠・如意宝珠は「聖観音がお入りになる器」ではないという結論に辿り着いたわけである。「器」に対する考察はふりだしに戻ることとなった。

2　聖観音がお持ちになる器

聖観音の器は聖観音が「お入りになる器」ではなかった。それでは、この器が「聖観音がお持ちになる器」であるとの仮説を立てた上で再度考察を試みてみよう。

聖観音は御経綸の中心である大弥勒之神の御神魂になられたのであるから、摩邇の珠・如意宝珠をお持ち（保持）になられても不思議ではない。即ち大弥勒之神が器をお持ちになっているということである（大弥勒之神に関しては解説編「第十章　弥勒三会」、『大弥勒之神・大メシヤ』を参照）。図にすると次のようになる。

図7

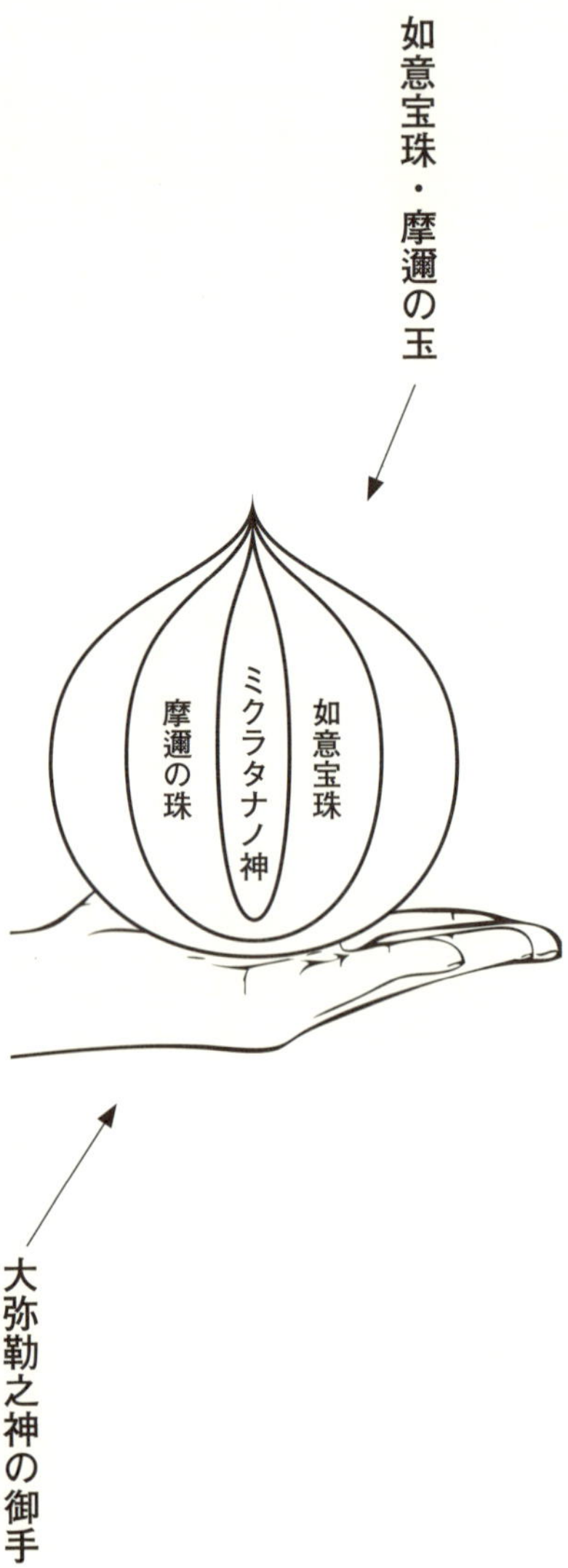

大弥勒之神が御経綸の主体であり、中心に御在し、摩邇の珠・如意宝珠をお持ちになって無限の御神力を担っておられるのである。聖観音（大弥勒之神）も天照大御神と同じように、明主様の御肉体にお入りになられたと考えられる。その辺りをさらに詳しく解説してみよう。

「そのとき（昭和25年6月15日）初めて天照大御神様の霊が私の腹に宿るということになります」
（『御教え』昭28年6月16日「御教え集」23号 P46 昭28年7月15日）

とあるが、「光の玉」の中にお入りになられたことにはならず、明主様の腹中に宿られたのである。大弥勒之神も明主様の御肉体に宿られたということである。

聖観音は弥勒三会によって大弥勒之神となられ、摩邇の玉・如意宝珠をお持ちになり、救世の大神業をなさっておられるのであるが、これまで真意を解する者がなかったために現界で揮われる力は微々たるものであった。

『弥勒三会』の項で詳説するが、大弥勒之神の誕生とその真意が解明されたことで、次の御歌が現実であったのだということになるのである。

九分九厘の　世を覆《くつが》へす一厘の　力は如意の玉にぞありける
（『最後の日』昭24年6月17日「明麿近詠集」P83）

如意の珠　打揮ひなば如何ならん　人としいへど眼くらまむ

（『立春御詠』〔祭典時御歌〕昭26年2月5日「讃歌集改訂版」P98　昭26年5月28日）

具体的にどのような形をもって現れてくるのか楽しみである。

第五章　天照大御神

一　天照大御神の重要性

天照大御神という神の存在について、「弥勒世界創造神御出現」図の中心近くに位置するほどに重要なお働きがあるものとは考えていなかった。天照大御神は封建時代の象徴の産物であり、弥勒の世の建設には直接関りはないものとしていたのである。昭和6年6月15日の乾坤山日本寺での神事、日枝神社、伊勢神宮へのお移し等々の御教えは賜っていたのであるが、それでも深くは理解していなかったのである。天照大御神は御倉板挙神《みくらたなのかみ》、即ち御頸珠《みくびたま》をお受けになられた神であったことは知らされていたが、それが「弥勒世界創造」とどこまで深く関わっているのか、それについても理解していなかった。従って御出現図を作成していた当初は、一厘の神御魂、御倉板挙神の側にちょっとお出ましを願った程度に過ぎなかったのだ。

この章の草稿を執筆していたのは、御浄霊の本源に関する考察を始めてから4年5ヶ月頃のことだった。その間「彌勒世界創造神御出現」の図を、メモも含めれば50枚以上は書いたようである。書き上げては新しい事柄に気付き修正を加える、それを幾度となく繰り返し、心底納得できるまで書いているうちに、次第に解るようになったように思う。

天照大御神をこの図の中央に持ってこなければならない、という考えが強くなってからというもの、右側頭葉、こめかみ、目の下の骨、右上奥歯と次々に浄化が起こり、その激痛のために三晩続けて眠れないこともあった。毎日御浄霊を頂いたお陰で間もなく浄化も治まり、深夜2時まで勉強して翌朝の9時まで一度も目を覚まさずに熟睡できるほどになった。

天照大御神のことについて気になり出してから今回の頭部の御浄化が始まったようだ。あるいは御浄化をいただいたために天照大御神の重要性を感じることが出来たのか。何れにせよ「頭痛の後に智慧が湧く」ということをまたも実感させられたのである。しかも今回はそれまで考えてもみなかった重要な事柄がわかった。それが本項の内容でもある。

二　天照大御神の御働き

① **天照大御神の霊が宿った**

統治の権――弥勒の世、地上天国創造に関わる神々を統治する

② **御頸珠・御倉板挙神（○○○○○の神、一厘の神御魂）の所有権者**

御頸珠とは主神――天照皇大御神の御意図の篭れる珠である。

具体的には弥勒の世・地上天国を創造する根源の光力

③ **②の根源の光力を裏から観世音菩薩にお与えになっておられる**

（直接人間をお救いにはならない）

④ **豊受明神に命じて稲種を配らせた**

平和な時代が続き人口が増加したため、食糧増産を図られた

⑤ **大黒天が仕える**
物質を貯え、財宝を生み出し、人民の生活の安定を図った

⑥ **太陽の支配権**
天照大御神は霊的太陽神の存在。太陽は体的存在

①〜⑥についてもう少し詳しく書いてみよう。

①「そのとき（昭和25年6月15日）初めて天照大御神様の霊が私の腹に宿るということになります」
（「御教え集」23号　P46　昭28年7月15日）

当初この「霊」が○○○○○の神であるのか、あるいは天照大御神の霊であるのか判然としなかった。天照大御神と○○○○の神は同一であるとも考えたがどうも釈然としないし、他の事柄からすると矛盾してくる。考察を続けてわかった点が以下の事柄である。

◎「天照大御神の霊」と「○○○○○の神」は別々のものである
◎「天照大御神の霊」も「○○○○○の神」の魂も霊的存在である

〇〇〇〇〇の神の魂の所有権は天照大御神である。〇〇〇〇〇の神の御魂が単独で降られたのではなく、天照大御神の霊が〇〇〇〇〇の神の神御魂を伴ってお降りになられた。この裏付けとなるのが、

(1)（霊）天照大御神　……「天照大御神の霊が宿った」（「御教え集」23号　昭28年7月15日）
（魂）〇〇〇〇〇の神　……「〇から〇ったある高位の神様の魂が宿られた」
（『一つの神秘』「栄光」83号　昭25年12月20日）
——霊と魂とを使い分けてお話になっておられること

(2) 天の岩戸開きの型である、差し入れ屋の女将さんの舞、望月弁護士が手力男命の役をされた等々御浄霊の本源となる光力の根源である〇〇〇〇〇の神の魂や、統治の権を持っておられるのであるから、非常に重要な御役を担っておられるわけである。

以上の理由によって、天照大御神を御出現図の中心位置にご登場いただくこととした。

② 「高天原を統治しなさい」という意味の御印を伊邪那岐神より授けられておられることから、その玉の所有権をお持ちである。返上された、誰かにお渡しになったといった記述は何処にもないことから考えるに、現在も所有されておられると考えられる。

御頸珠、御倉板挙神は尊い神御魂の玉であるが、その玉御自身が自由に活動をされたり御力を発揮することはなく、天照大御神がお使いになって初めてその御力が発揮されることになるのだ。

地上天国・弥勒の世建設の御構想も、具現化する根源の御力も全て主神から天照皇大御神を通じて、天照大神に委譲されておられるのである。

③しかしそれだけでは二つの力であるから、浄霊の力までには至っていない。どのようにして浄霊の力となるのであろうか。

「天照大御神というと世の中ではたいへんな最高の神様のように思っていますが、（中略）天照大御神様は本当に人を救う力はないのです。（中略）月の神様と日の神様の両方でなければ救えないのです。そこで、日と月が両方ピッタリして出るのが光なのです。（中略）ですから私から出る浄霊の光も、そういった日と月の両方の光なのです」

（『御教え』昭23年5月18日「御光話録」発行年月日不明）

「天照大神の光と力が観音様を通して救われるのであります」

（「御講話」昭10年7月11日）

「天照皇大神は一つの力であり、伊都能売大神（観音様）は二つ、弥勒大神は三つの御力となり、これで三位一体で完全になる」

（『御教え』昭23年5月18日「御光話録」発行年月日不明）

これらを図にすると次のようになる。

図8

天照大御神の御神魂

←

日　所有神　一つの力　天照大御神

←

月　二つの力　伊都能売神（観音様）

←

土　三つの力　明主様（弥勒大神）

三位一体

神様にもそれぞれの御位と御役目がある。天照大御神は、御位は最高位であるが直接の救いはなさらず、伊都能売神（観音様）がなさっておられたのである。夜昼転換によって明主様に合体されて力が増幅し、弥勒大御神としての力を発揮なされることになるのである。これが即ち浄霊の力なのである。

④天照大御神が世を治めておられた頃は平和な御世であったので人口が増加し、食料の増産を図るために豊受明神に命じられたのだろうと考えて御神書を拝読していたが、不意にその事が、明主様が自然農法について思いつかれたことと重ね合さったのである。

昭和9年は全国的な冷害となり、特に東北地方では被害が大きく、疲弊した農民の惨状に深い関心を持たれた明主様は、次のような御歌を残されている。

農村の　疲れし話ききにけり　今日もひえびえと夏の雨降る　（「明光」第九七号　昭9年9月1日）

農村の　疲れし記事の新聞に　見ぬ日とてなし胸の重かり　（「松風」第三巻　第二二号　昭9年10月）

「農民の窮状を救ってあげたい」との思いが冷害や干害にあわない農業を確立することにつながった。さらには肥料・農薬混じりのものを食べ続けることが肉体の脆弱化と心の曇りの増大化を招いていることを看破し、そういったものに頼らぬ農業の研究を進めた。それが無肥料栽培なのである。

人間のために食糧増産を図ったのは天照大御神が最初であり、無肥料栽培を人類で初めて提唱したのは明主様であった。

これについてはむしろ農業に関わる事であり、御浄霊の本源に関わる上ではさほど重要なものと捉えていなかったが、「御働き」という面で、その人類を救済しようという御心は天照大御神に相通じるものがあるように思われる。

（付記「弥生時代の起源は五百年古く」〈読売新聞　２００３年5月20日〉）

これまでは約二千五百年前、弥生時代になってから日本で水田稲作が始まったというのが定説であり、三千年前に天照大御神が稲種を配らせたなどということは単なる神話伝承の類に過ぎないと思われていた。いかに明主様が言明しておられているからとて、神話的存在である天照大御神の業績を云々することには少々迷いがあった。しかし、右記の新聞記事によれば約三千年前に稲作が始まったということも十分に考え得ることであり、天照大御神の業績とする事も信憑性が出てくる。「明主様が神智を持って言明されたことであったのだ」と、思いを新たにした一件であった。

⑤これまでは神床に大黒天の像をお祀りすることについて、明主様がそのようになさっておられたからというそれだけの理由で、特に何の考えも持たずにお祀りしていたのだった。明主様は伊邪那岐神でもあられるわけで、大黒様からして見ればご自身の上司にあたられる。十分なお働きをなさるのもまた当然のことなのだが、我々が単に同様にお祀りし大黒様に物質的な面のお願いをしたところで、

おいそれとお働きになっては下さらないのである。なぜなら、大黒様は天照大御神の許可があってはじめてお働きになられるからなのである。

地上天国・弥勒の世の建設には経済的にも相当かかる。しかしながら現在の私にはようやく日々の生活を送るだけの金銭しか入ってこない。いくら大黒様にお願いしてもなかなか聞き届けてもらえなかったのは、天照大御神様のご許可が下りなかったからなのではないだろうか。しかし、この図が出来上がった以上、天照大御神様が大黒様に命じ、今後の御神業に必要となるだけの物質面でのお働きをなさってくれるようにも考えられるのである。

⑥天照皇大神は大空に輝きまして昼守らすも……太陽神であると詠まれてある

（「三恵四恩」万照殿仮地鎮祭祭典時御歌　昭11年6月13日）

御教えにも「天照大御神は太陽神です」とある。これは、主神の光と熱が太陽となり、愛の生命が天照大御神という意味でもある。太陽が体であるとすれば天照大御神は霊であり、霊主体従の法則から考えれば天照大御神が主であり、太陽は従である。従って太陽は天照大御神の意のままになると考えられる。御浄霊の本源の一つである太陽黒点の火素の増減も、天照大御神の意志によることになる、と言える。

昼の時代が進むに従い天照大御神の御働きが活発になることが、体的に現れてくるのが太陽の活動であり、黒点が増加することである。即ち火素の増量となり、穢れたるものは浄められることになるのである。だが最近の太陽活動は、太陽の黒点数が激減したマウンダー極小期のような時期に向っているともいわれている。

太陽が11年毎に呼吸していることであるから、天照大御神の御魂もまた太陽のように巨大なものなのであろうと考えられる。

以上の事柄を考え合わせると、天照大御神の御存在は非常に大きなものであると言える。従って「弥勒世界創造神御出現」図の中心にご登場を願うに相応しい神様であることがはっきりした次第である。

三　他宗教における天照大御神の扱い（一例）

日蓮の書いた曼荼羅には、最下方のやや左側に小さな文字で「天照大神」とある。

日蓮の御書「種種御振舞御書」九七六頁（『日蓮　われ日本の柱とならむ』佐藤弘夫著　P298）には、

『わづかの天照太神・正八幡なんどと申すは此国に重んずけれども、梵釈・日月・四天に対すれば小神ぞかし』


とある。

また、御教えでは「大日如来は天照大御神の化身である」とされているが、真言宗においてその大日如来を天照大御神の御魂であると覚って礼拝しているものははたしてどれほどいるであろうか。

今日までは天照大御神は陰に隠れておられたので、その御存在や重要な御働きについてはわからなかったので

〝梵釈、日月、四天に対すれば小神ぞかし〟程度に扱われてきたのであった。

今回解明されたことにより、天照大御神はその大偉徳を発揮なされることになるのである。

四　〇〇〇〇〇の神

〇〇〇〇〇の神（御倉板挙神・ミクラタナの神）とは天照皇大御神の神御魂のことである。一厘の御魂とも言い、丶《チョン》、主の玉とも言う。御働きは弥勒の世、地上天国建設の根源の光であり力である。その玉（御頸珠＝御倉板挙神）を天照大御神が伊邪那岐神より「高天原を領有せよ」と与えられたことは記紀神話中にもある。これは宗教的に言えば「体的表現」であろう。

一方、天照皇大御神が（天照大御神に）与えた統治の権は、宗教的に言えば「霊的表現」であると言える。

天照皇大御神（霊的表現）↓ **統治の権** →

天照大神

伊邪那岐神（体的表現）↓ **高天原領有権**（御頸珠〔御倉板挙神〕）——**天照皇大御神の神御魂** →

即ち、これは一つのことを霊体両面から示しているのである。

五　天照皇大御神と天照大御神との区別

前項から天照皇大御神と天照大御神について解説してきた。この両神の違いや区別については曖昧であったが、次のような考察によって明らかになった。

天照皇大御神と天照大御神――この両神が別々の神であると推測されたのは、次に引用した箇所の「魂」と「霊」とを明主様が使い分けておられたことに気がついたためであった。

天照皇大御神の場合は「魂」

「此光の玉には今迄魂がなかった。処が愈々今日〇から〇った或高位の神様の魂が宿られた」

（『一つの神秘』「栄光」83号　昭25年12月20日）

と、天照皇大御神の場合は〝魂〟と明記されておられる。

天照大御神の場合は「霊」

「そのとき（昭和25年6月15日）初めて天照大御神様の霊が私の腹に宿るということになります」

この〝魂〟と〝霊〟とが両神の違いを決定したのであった。
その他（一部重複するが）この両神について述べておられる箇所を転載する。

◎天照皇大御神

「要するに統一する中心の神様として御顕現遊ばされた」

（「御講話」昭10年7月1日）

◎天照天皇の皇后

「天照天皇が日本を逃げて、皇后様が残って、それが天照大御神と、こうなっているのです」

（「御教え集」31号　P27　昭29年3月15日）

◎天照大神は女神

「此天皇（天照天皇）は惜しくも、何の理由もなく俄かに崩御され給うたので、止むなくその皇后を立てて、御位《みくらい》に即《つ》かせられたのが彼の女性である天照天皇であった。今も尚天照大御神が日の神であり乍ら女神として祀られているのは、そういう訳なのである」

（『観世音菩薩』「文明の創造」昭27年）

◎爪や頭髪を分けてお祀りした

「天照大御神などは人体をもって一度この世に現われ給うた神であるから、爪や頭髪を分けて祭られたのである」

（『分霊と化身について――御垂示』「教えの光」P28―29　昭26年5月20日）

前項で天照皇大御神と天照大御神との区別は明示したとおりである。

以上の事柄から、天照皇大御神と天照大御神とは「同一神ではない」ということが判然としたのである。

六　天照大御神　御出現の経緯

①建長５（１２５３）年　旧暦４月28日

日蓮　安房国清澄山にて「妙法蓮華経」の第一声（是一非諸による）
日本の霊界の東端、霊界の最奥部の黎明
弘安５（１２８２）年　旧暦10月13日
日蓮　死に臨み仏滅と浄行（業）菩薩の出現（650年後の昭和６年）を予言
（「栄光」182号　昭27年11月12日）

②昭和６（１９３１）年６月15日

明主様　千葉県保田乾坤山日本寺での御神事
霊界の現界に天照大御神御出現　夜昼転換の事象
8年後の昭和14年（『昭和災害史事典』では同年11月26日）日本寺火災……仏滅の型
※（「昼夜転換の事象」（昭和38年6月15日配布のパンフレット掲載）では昭和18年11月）
（「栄光」179号　昭27年10月22日）

③昭和９（１９３４）年６月15日

明主様　東京赤坂　日枝神社での御神事
（「栄光」182号　昭27年11月12日）

日本の現界の中心に天照大御神御出現……昼の世界への第一歩

（「観音講座　第六講座」昭10年9月5日）

④昭和16（1941）年5月23日

明主様　丹波元伊勢神宮での御神事

天照大御神の御神霊お迎え

（伊勢山田にはお移りになられておられなかった）

（『光への道』「自観叢書第九篇」昭24年12月30日）

（「地上天国」22号　昭26年3月25日）

⑤昭和16（1941）年7月1日

明主様　伊勢山田皇大神宮での御神事

天照大御神御神魂をお移し　お留守居神と交替

（『光への道』「自観叢書」第九篇　昭24年12月30日）

⑥昭和25（1950）年6月15日

明主様　静岡県清水庵原署留置所内での御神事　天照大御神の霊が宿る

（「御教え集」23号　昭28年7月15日）（「栄光」83号　昭25年12月20日）

「○から○った或高位の神様の魂が宿られた」

高位の神様とは天照皇大御神であり、その神御魂が日本国の中心へ御出坐し

静岡刑務所に御出座……現界が本当の日の出になった　静岡は日本国土の中心

「神話（古事記）の岩戸開きは予言であって、今回のが本当の岩戸開きであった」
（「御教え集」23号　昭28年7月15日）

と仰られているように、明主様御在世中は赫々たる太陽神に照らされ、奇蹟が続出して救われる者が急増し、数年にして信徒数5、60万以上にも上ったのであった。しかし明主様御昇天後は太陽神が岩戸隠れをされたかの如く、奇蹟はめっきり少なくなって御浄霊の効力も減り、自然の生命力を重視した無肥料栽培も堆肥使用の唯物農法となってしまった。天国建設の三大要素の内の二つ、医と農の革正は望み薄い現状である。

◎御浄霊の本源解明によって太陽神御出座し

御浄霊の本源を解明することにより、太陽神が御出座しになられるのであることを確信している。最近になって身辺に起こる数々の事象がそれを証明しているのである。

付記　神明神社

山岡荘八の小説『日蓮』の中に「（源）頼朝公は伊勢大廟をこの地に移した。伊勢では大廟を守護しきれぬと思うてのことである。その所縁でおぬし（日蓮）のような子が生れた」とのくだりがあった。

単なる小説上の創作なのだろうと思っていたが、日蓮上人ほどの人が生まれているのだから、もしかしたら本当のことかもしれないと思い、千葉県の鴨川市役所へ電話で問い合わせてみた。小説にある内容に触れると即座に、「神明神社というのがあって、天照大神様を祀ってあります」との答えが返ってきた。詳しいことはその神社に訪ねて欲しい、と電話番号を教えてくれた。早速神明神社に電話をかけてみると宮司さんが出たので、小説のことを話すと、

「確かに小説にある通り、頼朝公が勧請されて外宮の神官が付き添い、代々宮司を務めております。私はその子孫です」

という。色々と話を聞かせてもらい、いつの日かお参りに行かせてもらいます、と約束して受話器を置いた。これが平成９年９月のことである。

日蓮上人が誕生する50年も前に、日本の東端の地に太陽神、日の神様、天照大神様が鎮座なされておられたのである。

※神社の宮司さんと約束してから６年半が過ぎた平成16年２月27日、神明神社に参拝することがようやく叶ったのであった。

第六章　伊都能売神

一　古事記の中の伊都能売神

かれこれ40年近く前になるが、古事記に登場する神々についてその神名や系統を学ぼうとして写読したことがあった。その中に伊都能売神の御神名がある。

「黄泉の国から逃れ戻った伊邪那岐尊が禊払いを行った際に、穢れや禍を直さんとして生まれた神が神直比、大直比神、伊都能売神の三神が同列に出ている」（『古事記』新潮社）

他の文献でも伊都能売神は伊邪那岐神が禊払いを行った事により浄まったことを示す神として簡単に書かれているだけである。伊都能売神に関する記述は、一般の文献や書籍では全くといっていいほど見当たらないのである。

日本の上古代（約三千年前）の歴史を葬ったのは最初の侵略者天若彦命であろうか、次の神素盞嗚尊なのであろうか、あるいは日本を征服、統一した神武天皇なのであろうか、これらの事もようとしてわからない。どこかに秘匿されているのではないだろうか、もしくは縄文時代の遺跡等からそれらを示すものが出土しないだろうかと期待しているのである。

一般的にはほとんどわからないので、ここでは明主様の説から伊都能売神について知ることとしよう。

二　伊都能売神――図解

図9

伊邪那岐神　――　霊光の玉（如意宝珠）（『結核』「栄光」180号　昭27年10月29日）

天照皇大御神　―　救世の力（『観世音菩薩の御本体病貧争絶無の世界を造る観音運動とは何？』

（授かる）　昭10年9月15日）

伊都能売神

逃避

印度・補陀楽迦山……観自在菩薩―二千六百年以前、釈迦出世の時代の印度で観自在菩薩として

補陀楽迦山で救道（『奇跡物語』「自観叢書」第四篇　昭24年10月5日）

支那、朝鮮……観世音菩薩―南支那方面で崩御され、霊魂だけで日本へご帰還された

（『伊都能売神・観世音菩薩』「文明の創造」昭27年）

霊

富士山　霊―木花咲爺姫……仏界の観音（1979〔昭54〕年11月　現象弥勒）

兄之花姫……神界の観音、弥勒下生（1930〔昭5〕年旧5月5日）

琵琶湖　体―蛟龍（1929〔昭4〕年4月21日）―金龍神（5月23日）

明主様―如意宝珠を投げかける（1921〔大10年〕）（「宗教文明時代」〔上〕）

三ヶ月ほど神憑られ、使命を知らせる（1925〔昭元〕年）

（『奇跡物語』P17―18「自観叢書」第四篇　昭24年10月5日）

贖罪主・再臨のキリスト（1954〔昭29〕2月4日）（「御教え集」九号）

三　御神位と御性格

伊都能売神については項目編⑤、⑥を読んでもらえればほぼ理解してもらえると思うので、ここでは前掲の図を参照しながら概略について触れることとする。

現界経綸の最高神、天照皇大御神から「救世の力」を授かった伊都能売神は、その時代（約二千六百年～三千年以前）の日本の真の主権者であられたが、闘争を極端に嫌う平和愛好者なる御性格であったが故、神素盞鳴尊の武力を用いた執拗なる侵略行為に生命の危険を感じ、海を渡り某国へ逃げ延びたのである。それが即ち印度の南方、補陀楽迦山であった。当時の印度は大自在天の治世でありそれを客観するという意味で「観自在菩薩」の御名となり、二十八部衆を従えて説教されておられた。若き日の釈迦もこの説教を聴聞されたということである。印度の経綸を終えられた伊都能売神は日本へ戻ろうとして（現在の）朝鮮まで来たが、日本は未だ危険な空気を孕んでいることがわかったので、乙姫（音姫）の治世であった朝鮮に留まった。これが「観世音菩薩」の御名の由来である。伊都能売神は結局現在の中国で亡くなられたということになっている。現身では帰国が叶わなかったので霊魂で御帰還なされ、日本を霊界から御護りなされたのである。

日本の国で最も大事なところは富士山（「栄光」83号　昭25年12月20日）である。富士山を表とすれば裏は琵琶湖であるということから、霊の「霊」を富士山へ、兄之花姫神となられて鎮まり、霊の「体」は蛟龍となって琵琶湖に潜んでおられたのである。

（木花咲爺姫、玉屋観音、蛟龍、金龍神、九頭龍権現等については各々の章を参照されたい）

四　御活動

①如意宝珠を神界で保持

項目編5で、特に伊都能売神に関する内容を要約するとだいたい次のようになる。

・紐のようなものが付いている玉
・神力の出る玉　如意宝珠
・何者かが私〔明主様〕に投げかけた
・約三十年程前であった
・学ばずして知る「神智」を授けられた

等々である。

・深奥なる神の経綸

玉を投げかけられた時期は、御論文「宗教文明時代〔上〕」が発表されたのが１９５１（昭26）年であることから、その30年前とすると１９２１（大10）年となる。明主様は大正９年に大本教に入信されておられるが、大正12年に再入信なさるまでの３年の間に大本教信仰を一旦中断されておられる。恐らくはその時期に玉を授かったと考えられる。

この玉、如意宝珠について、当初私は次のように考えていた。

・五百津美須摩留ということからして神道にも関連するのであるから、伊邪那岐神が天照大御神に授けた御頸珠、もしくはそれに付随するものなのではないか

あるいは

・伊邪那岐神が黄泉の国から逃げ帰る途中、坂本にある木から取って投げつけた桃の子なのではないか

実際にはその２つは全く別のものであったのだが、以前は全くわかっていなかったのである。

・御頸珠……「○○○○の神」の項に詳細

・桃の子……「聖王母」の項に詳細

先に記載した数行を念頭に置いて御著書や御光話録を拝読していたところ、次の御歌が目に飛び込ん

できたのだった。それ以前から目にしていながら、全く意識していなかったのである。平成14年8月28日未明のことだった。

如意宝珠《にょいほうじゅ》　御手《おんて》に高《たか》く三界《さんがい》の　珍《うづ》の御座《みくら》に伊都能売神《いづのめのかみ》

（「明光本社第五十一回月並和歌」昭6年4月1日）

これで如意宝珠の所有者とその所在が判明したのである。伊都能売神が神界の高御座で保持なされておられたのである（「弥勒世界創造神御出現図」参照）。御論文や御光話ではわからなかったが、明主様は御歌の中で明確に御教示なされておられたのであった。

②如意宝珠は救世の力　仏界での救い（詳細は解説編「如意宝珠」の項参照）

如意宝珠は伊都能売神が保持なされておられたことは理解できた。だがそうすると伊都能売神御自身がそれをお造りになったのか、それとも授けられたものなのかということが疑問となってくる。神界の神秘をあれこれと詮索することはあまりよろしくないことなのではないかとも思えてためらわれたのだが、次のようなことが自然に浮かんできたので考えを練ってみた次第である。

前項に掲げた御歌に関して、「三界の珍の御座」とは現界及び仏界を見通すことの出来る神界の高位である。その高御座で「御手を高く」して捧げ持っておられるということから察するに、この玉は伊都能売神御自身がお造りになったものではなく、伊邪那岐神から授けられたものではないかと考えられた。それは伊邪那岐神は御頸珠を天照大御神に授けておられ、明主様には霊光の玉をお与えになられておられる——ということからである。

天照皇大御神から授けられたものとして「救世の力」がある。とすると「救世の力」即ち神力の出る「如意宝珠」なのではないかと推察できるのである。

「救世の力」とは如意宝珠、摩邇の玉、五百津美須摩留の玉、霊光の玉のことであるということになれば、〝神秘な神力を宿す玉〟、〝偉大な神力を発する玉〟、「学ばずして知る神智のこと」、「深奥なる神の経綸」等のことも判然とするのである。

これを図に示すと次のようになる。

図10

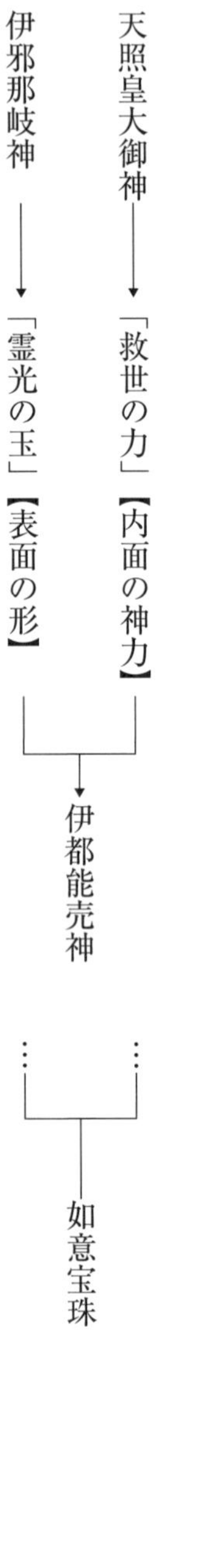

「救世の力」「如意宝珠」を授けられた伊都能売神であったが、時期の関係でその御力を現界で行使されたのはごく短期間であった。

今日までは仏界の救済を専らなされていたのである。般若心経や観音普門品をつぶさに見れば、観世音菩薩が不可思議な御力を振るわれ、その妙なる功徳を讃えていることがよく理解できる。

そしてこのことは次の御歌でも示されている。

仏界《ぶつかい》に　光明如来《こうみょうにょらい》と生《あ》れ給《たま》ひ　救《すく》はせ給《たま》ひし伊都能売神《いづのめのかみ》

（『伊都能売神』「讃歌集改訂版」Ｐ４　昭26年5月28日）

※光明如来――遍出一切普光明山王如来の略称

③明主様に使命を知らせ、神智を与えた

『観世音菩薩と私――奇跡物語』（「自観叢書」第四篇　Ｐ５―６）の中で、明主様は

「其後暫くして私は三月ばかり神懸りになった事がある。其時は種々の神や仏が懸ったが、其中で、観音様の御本体である伊都能売の神様が憑られ、私の使命を知らして呉れた。それは観音様が私の肉体を使って人類救済の大業をさせるという事や、二千六百年以前、釈迦出世の時代、観自在菩薩として印度補陀落迦山上に安住され、救道を垂れた事など、種々の因縁を明されたが、それ等は非

常に興味津々たるものではあるが、何れ時が来たら説くつもりである」

と書かれている。

このように伊都能売神が明主様にその使命や因縁を知らせたと同時に、神智をもお与えになられたのである。四―①にある「如意宝珠を与えられた」ことによって「学ばずして知る神智の境地となった」ということから、神智もまた伊都能売神より与えられたものであると解せるのである。とすれば、如意宝珠も伊都能売神から与えられたと確信を持ってもよさそうである。

④病人のない世を造る担当の神

病《や》む人《ひと》の　なき世《よ》建《た》てむと伊都能売《いづのめ》の　神《かみ》は御力《みちから》揮《ふる》はせ給《たま》へり

（『医しの神業』「日本医術講義録」　昭10年5月5日）

天照皇大御神から授けられた「救世の力」の籠れる「如意宝珠」を駆使なされて病人のない世の中を造る神であることを示されている御歌である。

御浄霊という行為の神力と神智の教えにより、多くの人が救われておられる事実を見せられている私は、伊都能売神がその担当神であると考えている。

⑤天照大御神の力を受けて二つの力

東方《とうほう》の　光《ひかり》いよいよ伊都能売《いづのめ》の　神業《みわざ》照《て》り初《そ》む時《とき》となりけり
（『雑詠』「明光本社第五十三回月並和歌」昭6年5月22日）

日月《じつげつ》の　光具《ひかりそな》へて自由無碍《じゆうむげ》　世《よ》を救《すく》ひます伊都能売《いづのめ》の神《かみ》
（『日光殿増築落成祝賀式典御詠』〈祭典時御歌〉昭26年6月15日）

一首目「東方の光～」とは太陽神である天照大御神の御出現（「御教え集」16号　昭27年12月15日）である。伊都能売神は仏界に降りられて観世音菩薩となって月の光をお持ちであったところに、日の光を受けて神業を始められる時期となったことを示しておられるのである。

二首目は日と月、火と水であり、即ちカミ――神の力を自由無碍に揮われることを示しておられるのである。

日と月、火と水の二つの力を具えられておられるが、これは霊界から揮われる力であって現界で現す弥勒の力には（この時点では）至っていないのである。

⑥明主様と一体になられて弥勒の力

伊都能売《いづのめ》の　御神此土《みかみこのど》に天降《あも》りなば　五六七《みろく》の御力揮《みちからふる》ひますらむ
（『日光殿増築落成祝賀式典御詠』〈祭典時御歌〉　昭26年6月15日）

「元来火と水だけでは霊の御働きだけで体がないが、之に土が加わって初めて火水土の三位一体の力を発揮される」
（『観音力とは何ぞや』「光」二号　昭24年3月20日）

前段で述べたように、伊都能売神は日と月、火と水――カミ即ち神である。此土に天降られた、そこに土が加わったということは、明主様に天降られたことを意味している。御肉体は土であることから、火水土の三位一体になられたことで、ここに日月地、火水土、五六七――即ち弥勒の力を揮われることを示されておられるのである。

ここに至って始めて、

天照大御神――伊都能売神――明主様

となって御浄霊力の発現となったのである。

※昭和23年の時点では

「――天照皇大神と伊都能売大神とは関係ありましょうか。

重大関係がありますがこれもまだ言えない」

（『御講話』昭23年6月18日「御光話録」発行年月日不明）

とお答えになられている。

⑦往きも戻りもならぬ世を導く（医と農に関して）

せまり来《き》て　往《い》きも戻《もど》りもならぬ世《よ》を　導《みちび》きたまふ伊都能売《いづのめ》の神《かみ》

（『雑詠――明光本社第十回和歌』昭2年10月10日「明光」第四号　昭2年10月30日）

人間が正常に生きていく上で最も重要なことは、健康な肉体と健全な精神であることは言うまでもない。今日ではそれが自らの意志によってある程度自由に享受できるようになってはいる。しかし現実にはどうであろうか。御浄霊に関わりの深い医療の面から見てみよう。

05年度の国内の医療費は32兆4千億円にのぼるという。病気を治すために用いた薬剤によって、逆に悪化したりさらに重篤な病気が発生するという事態が起きている。それを治療するために費やされる金額は年額約8兆円にものぼるという。

これは医療最先進国と言われるアメリカでの話であるが、薬好きといわれる日本人の場合もこれに並ぶのではないかと思われる（両国の人口比を考えれば一人当たりの金額はアメリカを大幅に上回るだろう）。

例えば介護を必要とする重病人や老人、若年性の認知症が激増し、精神を歪《ゆが》め心を病んだ者が病院の精神科に溢れ、家庭に居場所を失って街を右往左往している人間が数え切れない。普通の子供がある日突然殺人者に変貌したり、自ら命を絶つ者は年間三万人を越える。世の中全体がじわりじわりと暗黒の地獄世界へと沈みつつあるような感すらして来る。

そうした人達の中には御浄霊の話を聞き、受けにくる人もある。しかし効果を見せられたことを期に心身の健康を取り戻す人は、残念ながら稀である。大概の人は治る見込みのない現代医学の迷信から抜け出だせないままなのだ。「往きも戻りもならぬ」状態に留まったままなのである。

化学肥料や農薬の恐ろしさが大きく知られるようになり、「食の安全」が声高に叫ばれるようになった昨今である。が実際の食生活はそれほど変わってはいない。なるほど「安全性」というものが農産物や食品産業の面で強く意識されるようになり、かつそういうものが売買されるような風潮にはなっているが、一方では依然として外観や低価格、調理や食する際の利便性が求められている。

健康を考えて有機農産物を求める人が増えてきたことから、要望に応えるために有機農業を手がける人もいるが、真に安全であるものはいたって少ないのが現状である。いわゆる「ごまかしの」有機農産物が多いのである。それを防ぐために認証制度が整えられていたりはするが、それとてどれほど有効に用いられているかははなはだ怪しい。

まじめに「食の安全性」というものを捉えて有機農業を実践している人といえども、その堆肥の元になる家畜のフン尿には成長ホルモンや抗生物質、種々の化学薬品が混入されているのだから、その農産物には澄んだ味がしないのも致し方ないのである。

人間を食の面から蝕んでいるのだ。身体ばかりでなく精神までも蝕まれた結果が、前述したように精神を病んだ人間が激増している現状なのである。これまた「往きも戻りもならぬ世」を如実に表わしている。俺には関係ないと安穏としていられない状況にまで至っていることを各自自覚すべきである。

それを導いてくださるのが伊都能売神であり、その実践を「彌勒神業」として、現在定期的に講義や講演会を行っている。

⑧贖罪主となられて再臨

再臨《さいりん》の　キリストとなり輝《かがよ》ひて　世《よ》に伊都能売《いづのめ》の珍《うづ》の大神《おおかみ》

（「立春祭御詠」〔祭典時御歌〕昭29年2月4日）

この御歌は明主様が御昇天の一年前にお詠みになられたものである。

「伊都能売神が贖罪主キリストとなられて再臨されておられる」――神経がピシリと引き締まる思いがして、この御歌が心に響いてきた。平成14年8月29日未明、詩歌編の再読中のことであった。それまでも何度かこの御歌を目にしてはいたが、このような感に打たれたのは初めてのことなのであった。

「キリストの再臨」などということは、何処か遠い国で起きるかもしれぬ、程度のことであり、半ば夢のようなことと思っていた。実のところそのようなことは起こり得ないだろう、とすら決め込んでいたのだ。だがこの日、この御歌を目にした時は明らかに違っていた。何か神気が漂う中に身が置かれたように感じられ、自分の精神状態が透明になったような感覚だった。


明主様の現身での御神業の終焉が近いことをお知りになった伊都能売神は、罪多き人民を哀れみ、贖罪主として御降下なされたのではないだろうか。現身の無い明主様とは直に接して罪を御赦し頂くことが叶わなくなるのだから、中間に贖罪主が必要となることは当然である。そのためにキリストとして再臨なされておられたのだ。大慈大悲、ただひたすらに人類の幸せのために御在す伊都能売神であったのである（→P214「御教え」参照）。

「キリストはイエスより一千年前に生まれた。それが再臨するわけである」（昭25年8月1日）とある。あまりにも簡単に仰っておられるため、これが重大な意味を持つとはそれまで理解していなかったが、しかし確かなことである。驚くべきことが起きていたわけである。
「イエスより一千年前に生まれたキリスト」とは誰かと考えてみると、イエス誕生が二千年前のことであるから、キリストの御出現は現在から約三千年前のこととなる。約三千年前といえば日本では伊都能売神が居られた時代である。つまり〝再臨のキリスト〟とは伊都能売神のことではないだろうかと考えられるのである。

図解すると以下のようになる。

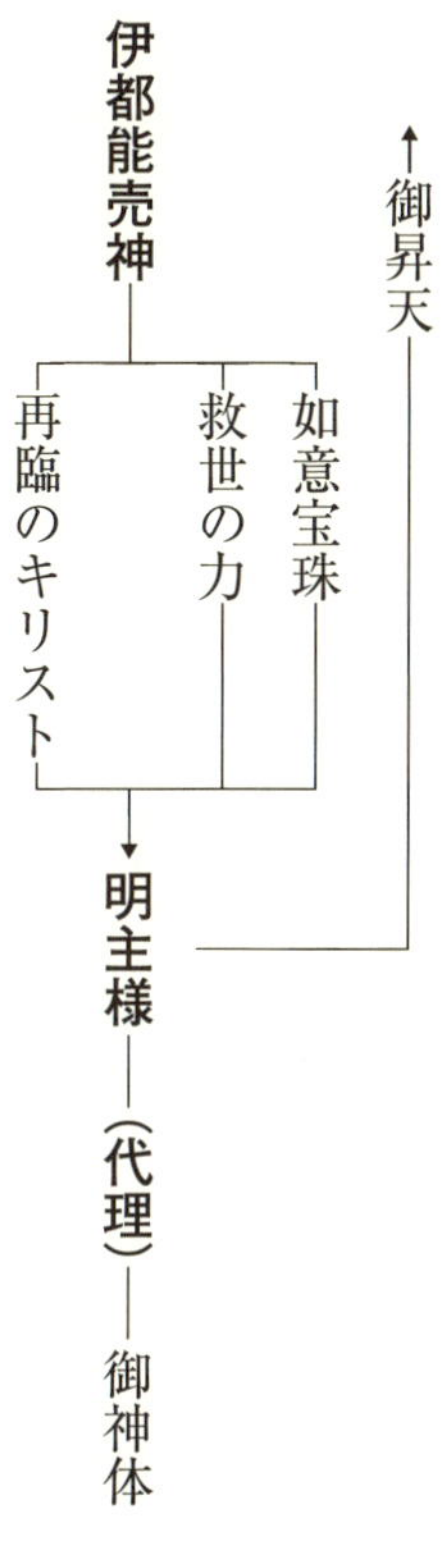

五　「弥勒世界創造神御出現図」に御登場

「御浄霊の本源を求めて」に関する考察を進める上で、その内容を図解した「弥勒世界創造神御出現図」を作成した訳だが、伊都能売神がその中で重要な位置を占めるということに気付いたのが平成14年8月27～28日未明、「如意宝珠を神界で保持なされておられた」ことがわかった日である。

その3ヶ月前に作成した霊統図を見てみると、伊都能売神は観世音菩薩や兄之花姫神、さらには金龍神、九頭龍権現、玉屋観音等になられての御活躍であり、伊都能売神としての表面的な御働きはないものと解していたのだった。従って御出現図にも載せてはいなかったのだが、研鑽を重ねるうちに新しい疑問や発見があらわれ、それに対する考察を試みたことはこの項で詳説した通りである。

かくして「弥勒世界創造神御出現図」の中心近くに御出座しを願うこととあいなったのである。

六　贖罪主キリストの御役

人間は生まれついての罪人《つみびと》であることは、洋の東西を問わずあらゆる宗教が認め説いていることである。しかしながら神仏を信仰している者であっても、御利益だけを目的に参拝する者は罪人であると自覚するまでには至っていない。それを自覚した人間は罪を赦されんがために信仰し精進を重ねているのである。俗人はそのようなことに思いも至らない。これが俗人と言われる所以である。

では明主様を崇め奉り、信仰をささげている人々はどうであろうか。

明主様御在世中は、大慈悲の御力徳が具わった明主様に接するだけで、遠くから拝するだけで、あるいは地球の裏側から御願いしたことが明主様の御耳に入っただけでも罪が赦されたという事実が数多くあったのである。いわゆる奇蹟の続出ということだったのだ。

昭和30年に明主様が御昇天なさった後は、罪を消す光がなくなったかのように奇蹟もめっきり数を減らしてしまった。争いも、貧も、病も世間一般と同じように起こるようになってしまったのだった。

それはなぜか。その一因と考えられるようなことに、「御浄霊の本源を求めて」の研鑽中ふと気付いたのだった。

「罪を赦されるには、道筋を通して御願いをしなければならない」ということである。明主様はその道

筋を明示なされておられたのに、誰も（無論私も）そこに気付かなかったのである。それは、

「キリストは贖罪主なんです。贖罪主というのは、一つの会社なら専務ですね。専務みたいなものです。もし会社でいろんな過ちがあったりしますと、専務が代表者になって、許してくれと言って社長にお詫びをします。贖罪主というのは、そういうものです。万民の罪を御自分が負って、万民になり代わって十字架にかかる。贖罪主とは別に、社長……すなわち、よし許すと言う、許し主がなくてはならない。私は許し主なんです」

（『御教え』昭25年4月6日「御教え集」9号 P14 昭27年5月15日）

と、会社の社長と専務の例をあげてお教えになっておられていた。それを気付かずに読み飛ばし「贖罪主はメシヤの下の位ではないか」程度の認識しか持ち得ていなかったのである。今なお「自分たちはメシヤを信仰しているのだから、贖罪主（＝キリスト）よりも上なのだ」と思っている人も少なからずいるのである。

贖罪主キリストが先達をして下さることにより、許し主にその言葉が通じてそこで初めて罪を許されることになるのだ。言い換えれば曇りを消していただけることになるのである。

具体的な御願いの方法は別項に詳説するとし、ここでは伊都能売神が御浄霊の本源にどのように関わっているかということを述べてみた。

（註）ここで述べている「再臨のキリスト」の〝キリスト〟とは、キリスト教の開祖イエス＝キリスト（ＢＣ？〜ＡＤ32）個人及びその霊を示すものではなく、〝贖罪主〟という存在を意味する名として用いている。

キリスト ― 油を注がれた者、王
　　　　　 「救い主」（ギリシヤ語）
　　　　　 「メシヤ」（ヘブライ語）

※イエス・キリストと唱えるということは、「イエスは救い主」ということ

第七章　国常立尊

一　メシヤとは国常立尊である

年表

元号　年　月　日　西暦	
	国常立尊の御事跡
	天照皇大御神より授かる ○審判の権 ○浄玻璃の鏡

夜の時代の始まり

前1148①　北海道芦別山へ押し込められる（『大本神諭』三集　P232）
・審判の権、浄玻璃の鏡を携えて霊界へ赴かれ、
閻魔大王となられる。
霊の半分は現界の観音となる

1852②　国常立尊の幽閉から三千年目に現界の黎明期となる
『昼の時代への転換が始まった（この約百年前から）』
……御論文「地球は暖かくなった」（昭28年〔1953〕）

嘉永　六　六　三　1853　**ペリー来航**

明治25　2　3　1892③　出口直刀自五十五歳
国常立尊の神懸り（お出坐し）は黎明期になってから40年目

明治28　1895④　この年の前後に世界の大洗濯の予言

明治36　1903⑤　『国常立尊が押し込められたのはこの年の三〇五一年前』
（『大本神諭』三集　P232）

大正	7	11	6	1918⑥	出口直刀自御昇天
昭和	20	8	15	1945⑦	**太平洋戦争終戦**
昭和	29	6	5	1954⑧	メシヤ御降誕宣言
		6	15	⑨	メシヤ御降誕仮祝典「メシヤ様」の御尊名、御尊称
		7	31		メシヤ様の御尊称　御取り下げ
平成	16	12	5	2004⑩	メシヤ御降誕五十年祭及び本祝典（一厘教会）

年表について簡略に説明しよう。

（本項ならびにこの年表は、大本教開祖出口直刀自の御筆先をまとめられた『大本神諭』と、明主様（岡田茂吉師）の御著書、御光話録を基にしてまとめたものである）

今日より時代を遡ること三千百数十年前のことである。日本を中心とした広範囲を国常立尊という神様が統治されておられた。至正至直、悪は絶対に許さぬという厳格な神様であられた。「審判の権」と「浄玻璃の鏡」をお持ちになられ、この神様の前では過ちを犯した者は何人《なんびと》たりとも逃れることはできなかった。

しかし、時は昼の時代の終わりにさしかかり、夜の時代を主宰する神々が台頭し始めていた。夜の時代とは人智や文明を進歩発達させるための期間でもあった。そのためには「悪」が有用であり、ある程度の悪は許容される時代でもあった。人間の心にも悪が萌芽し形をもって現れ始めた時期でもあった。従って国常立尊のような厳格過ぎる神様がおられては窮屈でやり難くて仕方がない――という風潮になっていった。

こうした世相を見た夜の時代を主宰する神々が共謀し、さらに世俗間の支持も得て、国常立尊に御退位を迫り、さらに北海道の芦別山へ押し込めてしまったのであった。これが紀元前一一四八年の節分のことである。（『大本神諭』三集　P232）

さらには、国常立尊が出てこられないようにと「炒り豆に花が咲くまで出てくるな」と叫んで「炒り豆」を投げつけたのであった。これが現在に至る「節分の豆まき」の起源とされている。

※正月の門松や飾付、注連縄、死者を北枕にして寝かせること等も国常立尊の押し込めに関係しているが、これは別項

かくして生を終えられた国常立尊の御魂は「審判の権」と「浄玻璃の鏡」を携えて霊界へ赴かれ、ここで閻魔大王となられた。そして現界での生を終え精霊体となった人間の罪を裁き、鬼を配下にして人心改善の御役をなされていたのであった。

押し込められてから3千40年後の明治25（1892）年の節分、突如一介の貧しい老婆であった出口直に神懸られて御出坐しになられたのであった。国常立尊は直刀自が御昇天になる大正7（1918）年までの26年間に多くの預言をし、その数多くが的中していることは広く知られていることである。出口直刀自御昇天から36年後の昭和29（1954）年6月15日、国常立尊はメシヤとなられて明主様（岡田茂吉師）の御現身に御降誕になられたのである。

ここで年表に現れた年月の「数字」にも注目しておきたい（カッコ内数字は年表中のもの）。

・国常立尊が芦別山に押し込められ（①）てから、昼の時代への転換が始まる（②）までが3千年
・「押し込められたのはこの年の三〇五一年前」と大本神諭に記された（⑤）のが②の51年後、即ち①から数えてちょうど3千51年後となる
・出口直刀自が神懸り（③）されてから御昇天（⑥）になるまでが36年
・御筆先で「世界の大せんたく」を予言（④）されてから、昭和20年の敗戦（⑦）までが50年
・直刀自御昇天（1918）（⑥）から明主様へメシヤとなられて御降誕（1954）（⑧）までが36年
・国常立尊が直刀自に神憑り（1891）（③）されてから63年後（1954）に明主様に天降り、メシヤ御降誕となられた（⑧）
・メシヤ御降誕仮祝典（1954）（⑨）が本祝典（2004）（⑩）となるまでが50年

二　国常立尊の神懸りと御役

国常立尊に関して、古事記や日本書紀等の史実（とされているもの）にある記述は抽象的であまりにもわかり難いため、ここでは大本教の御筆先をまとめた『大本神諭』を基に述べていくこととする。以下、国常立尊に関連している記述を抜粋、列挙してみよう（引用元は全て『大本神諭』、日付は全て旧暦）。

・この艮の金神は、月日大神さまのおんさしずをいただきて、三千世界をかまうおん役であるから、この世のかわりめに、このなおにうつりて世界のことを知らすぞよ。（第一集　P52　明29年11月15日）

・金神は、この世のえんまであるぞよ。（第一集　P65　明29年12月11日）

・艮の金神あらわれて、みろくの教《おしえ》をいたすぞよ。（天の巻　P40　第四集　P44　明37年2月30日）

・艮の金神というのは、艮へ押し込められてからの名であるぞよ。もとは大神様から直々《じきじき》にいただいた国常立尊が元の名であるぞよ。（第四集　P171　明38年1月14日）

・もとの国常立尊は、世に落とされてから艮《うしとら》の金神《こんじん》と申して、鬼門の金神、悪神と世界の人民に言われたもとの生神であるのに、たれ一人知りた人民はなかりたぞよ。

（第四集　P236　明39年8月19日）

・もとの国常立尊を節分の夜（明治36年より3千51年前……第三集　P232）に、邪魔になるという て押し込めなされたが、なにかの時節がまいりてきて、押し込められておりたもとの生神が世に上《のぼ》りて、世の立替えをいたさんことには、国を奪《と》られるどこのことか、国がつぶれてしまうような時節がまいりておるのに、世にお出ましなりておる方の神さま、あまり陽気すぎるではないか。

（第四集　P252　明40年10月16日）

・もとの国常立尊が、つき〔月〕の大神さまからの命令をいただきて、この世界の泥海を固めしめたのであるが、世界の元を固めしめてつくり上げた生神が、蔭から何かの守護をいたしておる（後略）

（第四集　P252―253　明40年10月16日）

・艮へ落とされておりた元の国常立尊に三千世界の世をみろくの世にかまえとの天のご命令をいただいての今のご用がでけるのであるぞよ。

・みろくさまが根本の天のご先祖さまであるぞよ。国常立尊は地の先祖であるぞよ。

（第五集　P216　大5年9月9日）

等々、国常立尊の御神格、御引退、御出坐しなどを物語っておられる。

明主様御自身もこの『大本神諭』を基にしてお話をするのだと仰っておられるように、大筋は大本神諭であり、部分的に明主様独自の神観を加えておられる。

本項で「御浄霊の本源」に関連する国常立尊についての記述は、これらを含めて述べている。

◎御筆先の予言　50年後に実現

キリスト教や仏教では40日後とか40年後など、〝40〟が節目とされることが多いようだが、ここでは50年という期間について考えてみたい。

それでは明治27―29（１８９４―９６）年当時の御筆先を見てみよう（引用元は同じ）。

・世がひっくりかえるぞよ。目がさめるぞよ。（第一集　P23　明27年）

・昔からないことがでけるぞよ。よい世になるぞよ。この洗濯いたさねば、よい世にならぬから、早うよい世にいたして、人民を救《たす》けるが神のおん役であるぞよ。畜類、虫けら、餓鬼までも救《たす》ける神であるぞよ。（第一集　P28　明28年）

・この金神は、むかしの神世にあまり力がありすぎて、押しこまれて苦労いたした神であるぞよ。（第一集　P29　明28年）

・世界の洗濯が、も一つあるぞよ。このせんたくは、大せんたくであるぞよ。このせんたくで世をかえすぞよ。世界が動くぞよ。世がひっくりかえるぞよ。上下になるぞよ。

この中から重要と思われる部分を列挙してみる。

・世がひっくりかえるぞよ
・よい世になるぞよ
・世界の大せんたくであるぞよ。このせんたくで世をかえすぞよ
・世界の洗濯が、も一つあるぞよ
・上下になるぞよ

（第一集　P45　明29年9月19日）

これらの予言は第二次世界大戦を指していると思われる。この予言の10年後には日露戦争が勃発しているが、「世界の洗濯が、も一つある」ということからして、昭和20年に日本の敗戦で終結を見た太平洋戦争のことのようだ。とは言え当時は何のことを言っているのか、大本教の信者以外は誰一人理解できる者はいなかったようである。

昭和20（1945）年の50年前は明治28（1895）年であり、ちょうどこれらの御筆先が記された時期である。従ってこの御筆先の内容が50年後に現実となったのであった。

この時代に日本が戦争への道を突き進み、そして敗戦という憂き目を見たということも全て神の経綸であったと理解してはいても、その一方で――あの戦中戦後の様を実際に経験している身としては――正直なところ「もしもこの時代の為政者が右の御筆先の内容を重視し考慮することができたならば、あ

るいは敗戦という悲惨な事態を回避することができたかもしれない」とも思えるのである。

これらの予言について、大本教信者以外の人間は「国賊の屑屋の婆さんのたわ言」程度にしか認識していなかった（御筆先はその後大正、昭和の二度にわたる大本教への大弾圧により、その殆どが没収、廃棄処分となったという）。その結果戦争の惨禍によって数百万の生命が失われ、生き残った人々も塗炭の苦しみを味わい、美しい山河は焦土と化した――しかし、その惨状と払われた多大な犠牲が「大洗濯」であった。

そして、現実的には連合国（主としてアメリカ）による占領統治によって戦前までの日本社会は大変革を遂げることとなる。即ち「世がひっくりかえる」「上下になる」こととなった。

・武装解除による軍備撤廃、憲法に定められた戦争放棄
・財閥解体、農地解放等に伴う封建制度の崩壊
・民主主義
・信教の自由
・男女同権

等々、この時期の改革や変革は枚挙に暇がない。

出口直刀自の「大せんたく」という予言は、50年後に起こる日本社会の大変革を示唆していたのであった。

50年という年月の不思議さを感じるものである。

◎この世の閻魔となって現れる

「大本教のお筆先に『艮の金神はこの世の閻魔と現われるぞよ』とありますが、『この世の閻魔』ということは、現界の審判をなされるということです。いままでは霊界の、死んだ人を審判されたが、今度は現界で生きた人間を審判される。（中略）明治二十五年のは、霊界から現界に、つまり一段近寄ったわけです。霊界でも三段になっていまして、一段ずつだんだんと近寄ってくるのです。それでいよいよ最後の段をすまして、直接現界に現われるというのが今日からなのです。そうすると、今日は最後の審判の初日というわけです」

（『御講話』昭和29年2月4日「御教え集」31号 昭29年3月15日）

三 メシヤとなられてこの世に現れる

悪を滅ぼし善人を助ける審判の権を持たれておられる閻魔大王が、メシヤとなられて現世に御降誕になる。これは明主様のお言葉にあるものである。大本教開祖出口直刀自は「エンマが現れる」ことを予言されてはおられたが、そのエンマがメシヤとなられて現れるとはまでは仰っていない。

メシヤ御降誕は全人類の待望することであり、大慶事である。世界の大宗教の中に御降誕されたのであれば盛大な祭典が執り行われたであろう。しかし当時のメシヤ教は設立されて20年に満たない小さな教団であった。またメシヤ御降誕という一大神事の意味をしっかりと理解できる身内や側近者が少なかった。そこへ御降誕になったメシヤ様の御心境はいかばかりであったかと拝察する次第である。

御降誕祭が仮祝典になったということは、実際には御降誕になっていなかったのではないかとも思える。だが、この仮祝典の日から約二ヶ月間、明主様に対してはメシヤ様と御尊称申し上げていたのであるから、やはり御降誕は確かなことであると考えられるのである。

霊界での裁きをなされておられた閻魔大王が審判の権をお持ちになって現世に御出坐しになられておられるということを前提にして、現世をざっと見てみよう。

日本国内だけでも、最高権力の座にある首相の悪事が露見して失脚したり、政界を裏から牛耳るほどの権力を持つ大企業の社長や、国民の生命を握る厚生労働省や医学界、製薬企業の人間、それらを教育する最高学府である大学、文部科学省、犯罪を取り締まり人々の平和な生活を守るべき警察等々、彼らの——以前ならば表沙汰にはならなかったであろう——悪事や不祥事が次々と暴かれ、その都度「二度とあってはならぬこと」と陳謝する姿がテレビに映し出されている。そしてその舌の根も乾かぬうちに次の悪事が露見する。しかもそれすら氷山の一角だという……。

一昔前なら金や権力で抑え込むことができたであろうことが露見する、暴かれるということは即ち、閻魔大王が現世に現れていることの証左ではないかとも思えるのである。各種の犯罪はますます凶悪化、巧緻化し件数は増加の一途を辿るばかりである。それまで何ら問題のなかった少年がある日突然惨たらしい凶悪犯罪を起こしてしまうというような事実を見ると、これらは人間の心中深くに眠っていた悪が目覚めて行動を起こしたことであり、心の中の悪が表面化したということと考えられるのである。さらにわかりやすく言うなら、心にいかに多くの悪を持っていても表面には見えないが故、悪事を働くことによって「お前はこのような悪をもっているのだ」と見せつけられているとも言える。これも悪を隠し覆うことの出来ない世の中になっていることなのであろう。つまり閻魔大王即ちメシヤ様がこの世に御降誕になられておられるがため、と解釈できるのである。

一方、昼の世界の宗教をリードし、地上天国、弥勒の御世を造ると公言している世界救世教は、メシヤ御降誕以後の50年の間如何なる状況であったか、その一端を記しておこう。

明主様御昇天後は「急性狂団」と揶揄されるほどに変貌し、争いを絶無にすることを旗印に掲げながら内部抗争を繰返してきた。結果、多くの教会が離脱したり、あるいはさせられたりした。挙句には三派に別れての争いとなり、「正しいのは俺たちの方」と我意を主張し、派閥の幹部の言うことだけが正しいと信じさせられ、昨日まで同じ信仰をしていたはずの仲間、親子、夫婦、兄弟、友人が争わねばならなくなるという状況となった。争いを無くすと公言している宗教の人間同士が、あろうことか聖なる地とされている教団の敷地内で、鉄パイプを手に乱闘するというところにまで陥ったのである（このことは地方紙でも報じられた）。

このこともメシヤ様が御降誕になられているため、教団幹部や信者の心の中の悪や曇りが炙り出され暴かれたのだと見るべきか、あるいは神性人間を造る宗教であるため、造らせまいとする悪魔に蹂躙されたと見るべきか、私には未だにその判断がつきかねている。

何れにせよ、国常立尊は霊界では閻魔大王であられたが、現世を裁くためにメシヤとなられて明主様の御現身に御降誕なされたことは事実である。その「型」を示されたのがメシヤ御降誕仮祝典であったのである。

四　浄玻璃の鏡――「審判の権」の象徴

図11

天照皇大御神
- 統治の権：天照大御神
- 救世の力：伊都能売神
- 審判の権：国常立尊

右図に示されているように、国常立尊は天照皇大御神より「審判の権」を授けられておられる。それ故霊界においては閻魔大王となられて、審判の最高神であられたのである。地獄のエンマとして恐れられたのも「審判の権」をお持ちであったからである。

「審判の権」といってもそれは権限ではあるが無形のものであり、それを象徴する〝形〟となるものを閻魔大王すなわち国常立尊はお持ちになっておられたのではないか――このようなことを考え始めたのが平成14年の春頃のことであった。それは以下の理由による。

①天照大神は天照皇大御神から「統治の権」を授けられており、その象徴として伊邪那岐神より「御頸珠《みくびたま》」を授かっておられる。

②伊都能売神は天照皇大御神から「救世の力」を授けられておられる。その象徴としての「如意宝珠・摩邇の玉」「霊光の玉」は体的な形であるから、伊邪那岐神より授けられる。

この二神は権限（力）と、それを象徴するものをそれぞれ授けられている。従って国常立尊も権限と共にその象徴を授かっていても不思議ではない。

色々と考えたがこれだというものが思い浮かばない。神官が手にする「笏《しゃく》」ではないかと思ったこともあったが、事典で調べてみると「言上したり答えを申し渡す際に記録するために使用した、いわゆるメモ板」とのことで、とても「審判の権」に相応しいものとはいえない。あれこれ考えているうちにふと思い出したのが『大本神諭』の一節「この世のえんまとあらわれるぞよ」であった。

閻魔大王の横には「浄玻璃の鏡」がある。早速調べてみると「地獄の閻魔大王の役所には浄玻璃の鏡があり、死者の生前の行いを映し出す」とあった。死者は閻魔大王の前で浄玻璃の鏡の前に立たされ、その者の生前の行い全てが明白に映し出される。善行を積んだ者は讃えられて霊層界の上方へと進むことができ、生前に悪行を重ねた者はそれら全てが鏡に映し出される以上、言い逃れや弁解の余地もなく霊層界の下方へと進まざるを得ないのである。

となると「浄玻璃の鏡」は閻魔大王の所有物であると考えられる。鏡の前に立つだけで全ての行いが映し出されるのだから、最も理想的な審判の道具である。そして閻魔大王は国常立尊であった期間からこれをお持ちであったとするならば、霊的な力の「審判の権」は天照皇大御神から授けられたが、体的な力の象徴である「浄玻璃の鏡」は伊邪那岐神より授けられたものと考えられたのである（→「弥勒世界創造神御出現図」参照）。

五　メシヤ御降誕仮祝典の意味

地上天国建設、これは世界救世教の最大目標である。人類誕生以来今日まで、営々と積み重ね、築き上げてきた文化や文明、あらゆる学問、知識、そして人間も含めて、その中から地上天国建設に役立つものを選び残し、役立たないものは滅するという取捨選択をなさる担当神がメシヤ様であった。そのような凄い神様が現界に御降誕なさるという大慶事の祝典……のはずであった。

しかし実際には「仮祝典」となったのである。なぜ仮なのか、そう訝るのは私ばかりではあるまい。その理由を教団の諸先輩方幾人かに問うてみたが、納得のいく答えは得られなかった。

数年前、ある青年から同様の質問を受けたことがあった。

「それはメシヤ様御降誕に反対する人達が居たからではないか。仮という字は人偏に反と書くでしょう」と冗談交じりに答えたのだが、今にして思えばそう的外れの冗談でもなかったかもしれない。

さらに仮祝典となった意味を考えてみよう。

国常立尊が三千年前の太古の時代、夜の時代を主宰するには相応しくないと御退位させられる。明治25（1892）年大本教開祖の出口直刀自に神懸られ、神界の秘事や地上天国の到来を知らせ、それを自動書記させたものがいわゆる御筆先であり『大本神諭』として遺されているものであるが、それらの内容が当時の官憲に睨まれ、国賊のたわ言として没収、廃棄処分されてしまった。そして大正7（1918）年11月6日、出口直刀自御昇天と同時に、国常立尊も天界へ御帰還なされたようであった。その36年後（国常立尊が直刀自に初めて神懸られてから62年後）の昭和29（1954）年に明主様の御現身にメシヤ様となられて御降誕なされたのであった。しかしその時には国家からではなく親近者達によって、国常立尊のメシヤ御降誕は〝仮のことである〟とされてしまったのであった。

明主様御自らメシヤ様が御降誕なされたことを宣言され、メシヤ様と御名乗りあそばされたにも関わらず、たった二ヶ月でメシヤ様の御尊名は取り下げられたのであった。その理由については「栄光」269号(昭29年8月11日)で当時の管長大草直好氏が「信徒の皆様へ」と題した文章で以下のように述べている。

「さきにわれわれ信徒は、わが教主様（明主様）が救世のためにご精励遊ばされ、着々その効果をあげさせられ給う事実に鑑み、救世主《メシヤ》様と称え奉るべく、その旨申し上げてお許しを得たのですが、今回『目下のところ救世主《メシヤ》としての活動を十分に尽さない感があるから、従来どおり明主の言葉にて唱えるように』と仰せであられました。ここにその旨信徒の皆様へご通告申し上げることと致します」

又、メシヤ様御尊名の取り下げの真相だということを知らされてはいるが、公になってはいないことなのでその真意のほどはわからない。

メシヤ様御尊名の取り下げについて現時点で考えられることは、明主様の御昇天が間近に迫っていたことから、ご存命中に御現身内で大メシヤ様御誕生の必要があったのではないか、と推測申し上げられるのである。

天界の御経綸をこのように推し量るのは不謹慎極まることであろうか。

◎メシヤの御尊名ではなく天照皇大御神の御名を奏上した理由（考察）

メシヤ御降誕祭なのだから本来ならば「メシヤ様」の御尊名を奏上して参拝をすべきところを、なぜ「天照皇大御神」の御神名を奏上したのか――その点が長い間疑問であった。熟考を重ねた末、次のような考えに至った（平17年5月5日）ので、参考として付記しておく。

①メシヤ様が御降誕なされたことによって弥勒世界創造に関わる全ての神々が御出坐しになられたことを天照皇大御神に対し、明主様を通じての御奉告と以後益々の御力を発揮下さいますようにとの御願い

②この日は全人類が天照皇大御神に（明主様を通じて）結ばれる日でもあった。この日を契機として天照皇大御神の発動される御力が強くなるという大慶日でもあった

結果としてこの日は〝仮〟祝典となってしまったために御力は微々たるものとなってしまい、御浄霊の御力も減り、奇蹟の数もめっきり減少してしまった。

六　御降誕されたメシヤは何処に

本項でも国常立尊についておおよその事柄は述べてあるが、ここでは御降誕なされたメシヤ様は何処に？　ということを検証するため、順を追って辿ってみたい。

・天照大神以前の昔、国常立尊は日本を中心とした広範囲を支配しておられた。

・あまりにも厳格、至正至直な御性格であるが故、夜の世界を支配するには相応しくないとの理由で「艮」の方角に押し込められた。別名「艮の金神」の所以である。

・正しく厳しい神に出られては悪を行えぬということで、「炒り豆に花が咲くまで出てくるな」と炒った豆を投げつけた。これが節分の豆まきの起源である。更に「艮」即ち北東の方角を鬼門として怖れさせた。

・正月の門松、鏡餅の飾付の裏白、注連縄、死者を北枕にして寝かせる等の風習も、国常立尊の押し込めと関連がある。

・身体が亡くなられた後、「霊」が霊界で閻魔大王となられて裁きの御役をなされていた。ちなみに霊の半分は現界で観音となられておられる（「第四章　大聖観世音」の項参照）。

・明治25（1892）年2月3日（旧1月5日）夜、一介の老女であった出口直刀自に神懸られ、神界の秘事や地上天国の到来を知らせ、それを自動書記させた。いわゆる御筆先であり、『大本神諭』として遺されているものである。これは予言の書であって、日露戦争での勝利、太平洋戦争の勃発、敗戦等を言い当てている。この中に「国常立尊がこの世のエンマと現れる」とある（明29年12月11日の予言）。

・メシヤ御降誕や御役目、御力等を示しておられる御歌を紹介しておく（明主様・岡田茂吉師詠む）。

万民《ばんみん》の　悩《なや》み苦《くる》しみ涯《は》てもなき　世《よ》ぞ救《すく》はんと救世主《メシヤ》天降《あも》りぬ

（『メシヤ』「讃歌集改訂版」P28　昭26年5月28日）

万民《ばんみん》の　罪《つみ》の贖《あがな》ひ主《ぬし》にあらで　メシヤは罪《つみ》の赦《ゆる》し主《ぬし》なる

（『諸の聖者』「讃歌集改訂版」Ｐ28　昭26年5月28日）

最後《さいご》には　金剛力《こんごうりき》を打《う》ち揮《ふる》う　メシヤの御業《みわざ》尊《とうと》きろかも

（「地上天国」第40号　昭27年9月25日）

吾《われ》は今《いま》　メシヤとなりて果《は》て知《し》らぬ　地獄《じごく》の悩《なや》み打《う》ち切《き》らんとすも

（「地上天国」第54号　昭28年11月25日）

四首目は昭和28年11月の「地上天国」54号に発表されている。この御歌ではメシヤとなられておられることを示されているようにも思える。メシヤ御降誕を宣言されたのがこの翌年6月5日であるから、その半年以上前に既にメシヤとなられておられたことになる。

明主様は半年間もメシヤ御降誕の宣言を躊躇なされていたようにも拝察されるのである。この間、奇蹟以上の奇蹟があったとも仰っておられるが、その内容は明かされていないようである。

・昭和29（１９５４）年6月15日、熱海メシヤ会館に於いてメシヤ御降誕仮祝典祭を挙行された明主様は、翌16日、箱根強羅にある神山荘へ御移りになられる。側近者の方から直接聞いた話によると、明主様の御召し物や配膳物、神山荘の壁や柱といわずいたるところに「メシヤ様」と書いた紙片を貼り付け、「メシヤ様」と御尊称申し上げたとのことである。前日までの習慣でつい「明主様」の御名前を口にしようものなら、即刻神山荘から下げさせられたとのことであった。「メシヤ様」の御尊称は我々には計り知れない、途方もなく重大なことなのであったかもしれない。しかし「メシヤ様」の御尊称は7月31日を持って御取り止めになったことは既述の通りである。

・岩松栄先生は著書『一厘の神魂』の中で興味深い解釈をしておられる。これを見てみよう。

①昭和18（1943）年2月5日（日を召して和し、十は結ぶ、八は開く、2月5日は立春）

②「炒り豆に花が咲く」の語意を知ってか知らずか、豆を炒らずに撒《ま》いて花を咲かせ、豆を増産しようと呼びかけている

③皆既日食。7時53分、赫々《かくかく》と旭が登り輝き初める。7時53分は七五三、つまり〝しめ〟（注連）であり、これを破っての意味

これらは審判の神様が現界に御出坐しになられることの型を示されたものであろうということである。

・メシヤの揮われる大神力

「愈よ地上天国が目前に迫り来たった、今日茲に善悪を立別け、善を育て悪を滅しなければならない事になった。所謂悪のトドメである。従而救いの力も決定的でなくてはならない、その力こそメ

シヤの揮わせられる大神力である」

（『世界救世教の誕生に就て　開教の辞』「救世」48号　昭25年2月4日）

昭29年　6月5日　　メシヤ御降誕宣言
　　　　6月15日　メシヤ御降誕仮祝典祭
　　　　7月31日　メシヤ様御尊称御取り下げ
昭30年　2月10日　明主様御昇天

御降誕になられたメシヤ様はその後どのようになったのであろうか？

メシヤ御降誕仮祝典祭と同じ、昭和29年6月15日の日付で刊行された「地上天国」第59号には、この年の春季大祭（4月）で奉唱された御讃歌が掲載されているが、その中にはメシヤ御降誕に大きく関わると思われる、重要な御歌がある。

厳の神　この世の閻魔と現はれて　世の罪裁く時となりける　（「地上天国」59号　昭29年6月15日）

八百万　神も仏も我前に額き救ひを求むる今はし　（同）

国常立尊の贖い

常立の　神の贖《あがなひ》なかりせば　此天地《あめつち》は滅びしならめ

〝常立の神〟とは無論国常立尊のことを表わす。「国常立尊が贖われた」とはいかなることか。国常立尊に関する項を拝読しても、その贖いの内容が如何なるものなのかは記されていないのである。国常立尊が御退位なさろうとされた当時は、まだ支持者もあって相当の余力もあったであろうから、夜の時代を主宰する神々の圧迫や迫害に対抗して一戦交えることも可能だったろう。だがそれは多くの人民の犠牲を伴うことにもなる。

その一方で夜の時代の主宰神に経綸を委譲することとなれば（物質文明進歩のためではあるが）数々の限りない悪が行われることとなる。これを察知された国常立尊は、数少ない部下を伴って北海道の芦別山に赴かれ、そこに押し込められたのであった。大本信徒連合会の出口信一氏（故人）の語るところによれば、その時の御様子は二千年前のイエス＝キリストの処刑よりもさらに惨酷極まりないものであったという（詳細は『いり豆の花』〔出口和明著・八幡書店刊〕を参照されたい）。

国常立尊の贖いとは、夜の時代に生きる人間が犯す悪の行為を、主神にお許しを請うためのものであった。国常立尊が贖って下さったために、今の世の中が維持されているのであろう。これを思う時、弥勒神業に携わる者として敬虔な心を以て手を合わせ、お詫びと御礼を申し上げなければならないと思うのである。

そのようなことを強く思う私は、太古に国常立之尊の追放や押し込めに加担した者の魂なのであるかもしれない――とも考えたりする。

七 「50年」は注目すべき意味がある

私が宗教活動に携わるようになってから今年（平成24）がちょうど50年目にあたる。その間「50年」という期間について考えさせられたことが何度かあった。ここではその詳細な事例を取り上げることはしないが、「50年」という数字が持つ重要な意味について述べてみたい。

不幸な死に方をした人間は霊層界の下段に落ちて苦しむことになる。そういう霊は「救ってもらいたい、少しでも上の段に引き上げてもらいたい」と現界の人間に要求をしてくる。それがいわゆるお気付けである。最もわかりやすいのは夢枕に立つことで、これなら霊の要求もわかり易く、頼まれた側も早急に墓参するとか慰霊祭や法要を営むことでそれに応えることが可能となる（この〝要求に応える〟ことが肝要なのは言うまでもない）。更に、最も望ましい方法は力ある神様に救っていただくことであり、陰徳を積んで霊層界の上段に引き上げてもらい、安住することである。

このようなことを言っても無信仰者の多くは「人が死んだら無になるのだからそのような面倒なことは必要ない」「法事なぞ親戚のつきあいとか世間体を考えてやっておけばいいことだ」という考えが大半のようだ。あるいは世間に知られたくないような死に方をした人間に対し、身内が思い出したくないということで供養も殆どなされていないという場合もある。こういった家族や親族には時として思わぬ不幸や災難がふりかかることがある。

不慮の事故や犯罪の犠牲等で亡くなった場合、「地縛霊」としてその場にて30年間、亡くなった状態のまま苦しまねばならないと読んだことがあるが、これは実際本当ではないかと実感している。それなら30年経ったらすぐにその場から救われ天国へ引き上げてもらえるのかと言うとそうも行かないらしい。「地縛霊」の苦しみの状態から解放されても、現界に対してある程度明確に要求できるようになるまでにはさらに20年程度の期間を要するようである——あわせて50年。一般的にも、忘れた頃に不慮の事故や災害、不幸が起きるといわれているのも、この50年という数字と一致するように思えるのである。

霊魂（人間ばかりではなく他の禽獣虫魚でも）の怨念は霊界に於いては、当初薄い一点の曇りであったものが、時日を経るに従って大きさと濃度を増し、曇りの塊となって力を持ち、現界に影響を及ぼすのである（霊眼の効く人によってはこれが見えることもある）。それが神経痛、原因不明の頭痛、骨髄や筋肉の病気、先天性疾患、あるいは不慮の事故や災難等の原因となることもある。

物質界で分かっているガンの発生なども、目に見えない遺伝子の1つが、1グラムのガンに成長するまで5年から20年かかると言われていることから考えても、怨念という曇りが物質界に影響を及ぼすようになるまでにはやはり30～50年程度の期間を要するのではないかと考えられるのである。

八　良い稔りも50年後

現世で如何に善行を積んだからといって、それがすぐに報われることはあまりないようだ。それは陽徳といって、良いことをした場合多くの人々に知られることで、褒め称えられたり、あるいは羨ましがられたりすることによってそれが消えてしまうことになるのである。では人に知られずに善徳を施したのならばすぐに報われるのかというと、必ずしもそうとは限らない。これは前世での借りを返している場合もあるし、後の稔りとなるための種を蒔いている場合もある。

世の中で高名な人士や幸福に暮らしている人の幾人かに直接聞いた話だが、その祖父母の代で善徳を積んでいることが非常に多い。敬神崇祖の念篤く、寺社への参詣や先祖供養にも熱心であったという。正直で真面目という旧き良き日本人そのままの姿であった。そうした行為の一点が霊界に於いて、善徳の積み重ねと敬神崇祖の行を重ねることで光を増してその濃度を増して行き、力を持つことで現界に対して影響することになる。この期間がやはり50年程度と考えられるのである。良いこともまた忘れた頃にやってくるのであり、敬神崇祖の念を持って善行を積むことこそが子孫のためなのである。

50年間という数字の意味について長々と述べてきたのは、審判の神メシヤ様が御降誕になられて50年という節目に当たっていることで、その重要性について理解することが肝要であると考えたためである。

原稿執筆時の平成16年が50年目であり、これからメシヤの揮われる力が増すこととなるのである。

九　メシヤ御降誕五十年祭

平成16（２００４）年12月5日、メシヤ御降誕五十年祭を挙行した。本来ならこの半年前、6月15日に行うべき（メシヤ御降誕仮祝典は6月15日）であったが、この日となった。

その前月、11月7日には、御浄霊の本源図に登場する「現象の弥勒下生祭」を行った。この参拝中に「今年はメシヤ御降誕から50年目であった。五十年祭とは大変重要な祭典であって、一度きりしかない。6月に行わなかったのは大失策であった」と気付いた。しかし御降誕を宣言なされたのは6月5日であったこと、またこの年の12月5日は第一日曜日に当たっているということで、半年遅れではあっても急遽翌月の5日にメシヤ御降誕五十年祭を挙行することに決めたのだった。

メシヤ様は御降誕なされたが、何度も言うように昭和29年6月15日に行われたのは仮祝典であって本祝典は未だ執り行われていないのである。今回行った五十年祭がもしかするとメシヤ御降誕本祝典になるのではないだろうか――恐れ多いことではあるが、そのような厳粛な心境で祭典に臨んだのであった。

御降誕なされておられるメシヤ様であるが、何処におられるのか今もってわからない。人間界の方で正式に厳粛に祭典を執り行うことで、御降臨を願いお迎えすることが叶うというものであると考えられるのである。

かくして平成16年12月5日、メシヤ御降誕本祝典および御降誕五十年祭を執り行わせていただいたのである。

第八章　如意宝珠・摩邇の玉・霊光の玉

一　玉が腹中に鎮座

御浄霊の本源に最も関わりがあるのがこの「如意宝珠・摩邇の玉」であり、御浄霊そのものがこの〝玉〟から始まったと言っても過言ではない。御浄霊の創始者明主様（岡田茂吉師）に対してこの玉が如何なる影響を齎《もたら》したのか。

・何物か分からないが、紐が付いている玉のようなものを投げかけられた
・その玉が私（明主様）の腹中へ鎮座してしまった
・その紐に操られる人形のようで自由を取り上げられた
・今まで知らなかったことがすぐ判るという神智者になった
・神様の方から霊線によって送られてくる光であって、神力がある

——やはりこの〝玉〟から始まったことがわかる。

二　一般的側面から見た〝玉〟

如意宝珠・摩邇の玉は弥勒の世、地上天国建設の核心ともなる玉なのである。それではこの玉はどのような意義を持つものなのか、まずは仏教、神道等の方面から検証してみることにする。

◎玉の名称

仏教では如意宝珠・摩邇の玉、神道では五百津美須摩琉之玉《いほつみすまるのたま》と呼ばれている。以下順を追って見てみよう。

◎「五百つみすまるの珠」（『古事記』新潮社刊）

「天照大御神の左の御みづら（角髪）に纏かせる八尺《やさか》の勾珠※の五百つみすまるの珠」とある。

◎不幸災難を除く

摩尼〔梵語　マニ　mani〕（『新版仏教学辞典』法蔵館刊）

摩尼の意写で末尼とも書き、珠・宝と訳し、摩尼宝、摩尼珠《まにしゅ》ともいう。珠玉の総称。

一般には摩尼は不幸災難を除き濁水を清澄し水の色を変える（筆者経験済）などの徳があるとされる。

意の欲するままに種々の珍宝を出す徳がある玉、宝珠を如意宝珠と称する。如意宝珠は梵語でチタン・マニ〔chitan-mani〕の訳で陀摩尼、振多摩尼、震多摩尼と意写し、如意宝、如意珠とも訳し、如意摩尼、摩邇宝珠、末尼宝、無碍※宝珠とも称する。摩竭魚《まかつぎょ》の脳から出たとも、帝釈天の所有であったものが砕けて落ちてきたとも、仏舎利が変じたものともいう。

また千手観音はその四十手の中

右手には日精摩尼

左手には月精摩尼　を持っている。

日精摩尼は日摩尼ともいい、自然に光熱を発して照らす摩尼のこと。

一説に日宮殿即ち日輪の下面は火珠（頗黎《はり》の一種）をもって構成されており、これを摩尼に喩えて日精尼というとし、或は火珠そのものを意味するともいう。

日精摩尼は月光摩尼、明月摩尼、明月真珠、月愛珠ともいい、熱悩を除いて清涼を与えるなどの徳がある。

◎**濁水を澄ませる**　（『国語大辞典』小学館刊）

悪を去り、濁水を澄ませる徳があるといわれる。願うことはなんでも叶えられる宝といわれる。

◎**尊い玉**　（『漢和中辞典』角川書店刊）

これを持つと願い事がかなえられるという尊い玉。

◎摩邇ハンドマ（光明真言）

「オン・アボキャ・ベイロシャノー・マカボダラ・マニハンドマ・ジンバラ・ハラバリタヤ・ウン」

真言宗の僧侶や山伏などの修験者が唱えるのをTVあるいは実際に耳にしたことがある人も多いだろう。御真言として尊ばれているお経である。

この御真言を知ったのは、真言宗の僧侶に御浄霊と如意宝珠・摩邇の玉の話をした時のことであった（当時四十代前半だった私は、誰彼となく御浄霊を取り次ぎ、弥勒神業の話をしていた）。その僧侶は「真言宗では大日如来が摩邇の玉を持っていることになっているのだが」と言って、この御真言の意味を話してくれたのだった。

さらに深く知りたいと思い、曹洞宗の僧侶である義兄に尋ねたところ、ちょうどいい本があると出して来てくれたのが「真言陀羅尼の解説」という小冊子だった。それによれば、前述の光明真言の正式名称は「諸佛光明真言灌頂陀羅尼《しょぶつこうみょうしんごんかんじょうだらに》」ということであった。

韻文訳は以下の通りである。

「遍《あまね》くいます大日尊《だいにちそん》、大印相《だいいんそう》のみ佛《ほとけ》は智慧《ちえ》の玉《たま》あり慈悲《じひ》の蓮《はす》、光《ひかり》放《はな》ちてめでたけれ」

その後しばらくして知人の葬儀に参列した際、親しかった関係で前から二列目の席に座ることになった。曹洞宗の僧侶の読経中に、マニ、ハラベイ、マニ、ソハラベイ、マニ、バジレイ、マニ、ダレイの音声がはっきりと聞き取れた。そして最後はマニ、ハンドマであった。葬儀が終了して帰ろうとする僧侶を玄関先で待ちうけ、マニの言葉が数多くあった御経の名称を尋ねたところ「『甘露門』という経文を調べればわかるでしょう」と教えてくれた。帰宅後「真言陀羅尼の解説」を開いてみるとすぐに見つけることができた。

◎甘露門

「大宝楼閣善住秘密陀羅尼」中の

・根本陀羅尼には　マニ、ハラベイ（宝、光）

マニ、ソハラベイ（宝如意、妙光）

・心陀羅尼には　マニ、バジレイ（宝珠、金剛）

・髄心陀羅尼には　マニ、ダレイ（宝珠、持）

・諸佛光明真言灌頂陀羅尼には　マニ、ハンドマ、ジンバラ（宝珠蓮華、光耀）

（なお、この経文の名称は、例えば餓鬼道に堕ちて何も食べられずに痩せ細りひからびてしまったような亡者であっても、この経文を聞かせ飲食を供えると、甘露のように喉に通っていく、ということからつけられたものということである——これは経文にあることだが、御浄霊を行うことによりそれ以上のことが実現されている）

如意宝珠・摩邇の玉の妙なる御威光や偉大な功徳を齎して諸亡霊までも救済することを述べてある。他の経文にもこの〝玉〟の御威光が述べてあるものと思われるので、今後調べてみたいと考えている。

◎インドの伝説（如意宝珠研究家　福原肇）

・仏法が滅尽する時、摩邇宝珠が出現して衆生を救う

・観音は摩邇宝珠から無限の恵みを引き出して世を救う
・摩邇宝珠は宝物の中で最高の秘宝
・心も身も治す玉

※福原肇の講演の中で、如意宝珠・摩邇の玉について触れていた事柄をいくつか記してみる。
◎〇○の形は原始の時代から存在していた
・仏教寺院の屋根の上にある○の形
・橋の欄干の飾り
・キリスト教、ロシア正教、イスラム教等の寺院や教会の屋根の型（タマネギ型の玉）
・法王や僧侶の頭巾
・死者の野辺の送りの際、親族や親近者が額に鉢巻をする三角形の布や紙
・石材建築の入口はアーチ型になっている。力学構造上、最も耐久力があるとされている。
・ブラジル、アマゾン川流域のある町でスポーツ競技会が催された際、奥地の村から参加した少女が腿の外側に、丸にチョンの印をつけて出場した。その理由を尋ねたところ、不思議な力が出るのだと伝えられている、とのことであった。
◆如意宝珠の形を橋の欄干につけた理由
　此岸……悩み苦しみの多い此の世

彼岸……悩み苦しみのないあの世

現世は苦の娑婆であるが、あの世は苦のない世界（地獄はあるが）である、と仏教では説いている。

昔から川の両岸をつなぐ橋の存在は重要であった。そこでこちらの岸から向こう側——即ち彼岸へ渡る際にも「願い事を叶えて下さると言い伝えられる如意宝珠」の力で無事に渡らせてもらいたいとの意味を込め、橋の欄干にこの形を取り付けたものと考えられる

◆寺院や教会の屋上、法王や僧侶の頭巾等も、神秘な力徳がある象徴としてのものであろう

◯の形は横から見た図であり、上から見れば⊙即ち〇に丶《チョン》となる。この形は宗教発生以前から存在したものであり、原始時代から力の根源であるとして受け継がれてきたものではないか、ということであった。

今日までは上から見れば〇だけであり、中心の丶《チョン》は見えなかった。この点を仏教では般若心経における「色即是空　空即是色」の〝空《くう》〟であると説いたのではないだろうか。横から見た場合は、丶《チョン》と〇が離れていた。いよいよ結ばれる時期が来たのではないか。即ち〇とその上の丶《チョン》が結ばれ◯の形となるのである。これを再び上から見れば〇に丶《チョン》が入った形＝⊙となるのである。

人間に当てはめてみれば、肉体は〇であり魂は丶《チョン》である。今日までは人間の魂があっても生命

の本質や人間の使命を知らない空虚な魂だったのである。今世紀に入り、ヽ《チヨン》のある魂となり、○である肉体に入って⦿、つまり○にヽ《チヨン》の人間となることが可能となったのである（しかし現実は、人の肉体を持ちながら動物の魂の入れ物となってしまっている人間があまりに多いという、惨憺たる状況である）。

文明に当てはめてみれば、物質文明は○であり精神文明はヽ《チヨン》である。別々に別れて進歩してきたのであるが今後は結ばれて○にヽ《チヨン》、⦿の形になって進歩発達していかなければならないのである。物質文明が精神、生命を脅かしてしまうようでは進歩の価値がないことになってしまうからである。

三　玉の御力徳

各宗教やインドの伝説にもある通り、御力徳については十分強調されている、その玉が明主様（岡田茂吉師）の御肉体を機関として御力が発揮されるというのである。今度はその点について見てみよう。

①御歌より

時なれや　嗚呼時なれや今はしも　摩邇の力の世にいづるなり
（『立春其他』〔於東京大東亜会館発表〕　昭19年2月5日　「明麿近詠集」P34　昭24年11月30日）

如意の玉　打揮《うちふる》ひなば如何ならむ　人としいへど眼《まなこ》くらまむ
（「立春御詠」〔祭典時御歌〕　昭26年2月5日　「讃歌集改訂版」P98）

②『玉が腹中へ鎮座』（「宗教文明時代〔上〕」「栄光」116号　昭26年8月8日）

「～其玉が私の腹の真中へ鎮座して了《しま》ったのである。（中略）其頃から私は今迄知らなかった色々な事が判るのだ（中略）以前私は学んで知るを人智といい、学ばずして知るを神智という事を聞いた事があるが、そうだ之だなと思った。確かに神智である。何かに打《ぶ》つかるや其理由も結果もすぐ判る、考える暇もない程だ。（中略）特に一番肝腎である人間の健康に就ての事柄は、全般に渉《わた》って徹底的に判って了《しま》った」

〝玉〟をお与えになられた神とその時期

ここで②の〝玉〟を明主様にお与えになれた神とその時期を明示しておこう。「玉」を所持されていたのは伊都能売神（本書「第六章　伊都能売神」Ｐ199参照）であり、昭和元年12月に明主様に神懸られ（同Ｐ203―204参照）たのも伊都能売神である。ここから、〝玉〟を投げかけられたのは伊都能売神であると推測できるのである。

ではその時期であるが、

「私（明主様）の前半生は平凡なものであった。然し一度宗教人となるや、凡てが一変して了ったのである。というのは何物か分らないが、私を狙って何だか目には見えないが、〝玉〟のようなものを投げかけた、と思うや、其〝玉〟が私の腹の真中へ鎮座して了ったのである。それが今から約三十年位前であった」（『宗教文明時代（上）』「栄光」116号　昭26年8月8日）

この御論文が発表されたのは昭和26（１９５１）年であり、そこから丁度30年前は大正10（１９２１）年となる。この年の明主様の御事績を見てみると、前年の大正九年に大本教に入信されていたのだったが、大本教本部へ参拝に行った甥の彦一郎の死などによって大本教から遠退いていた時期である。また大正10年２月12日には、大本教が政府から大弾圧を受けている。

こうした時期に〝玉〟が投げかけられ、明主様の御腹の真中に鎮座されたことになる。

③観音様の身魂　（『妙智の光』「地上天国」12号　P13　昭25年1月20日）

「摩邇《まに》の玉は仏教では如意宝珠《にょいほうしゅ》と言う。観音様のお働きの一つに、如意輪観音というのがそれである。また神道で五百津美須摩琉《いほつみすまる》の玉とも言うが、要するに観音様の身魂ということである」

（身魂＝玉のこと　筆者註）

④火水土の三位一体の力　（『観音力とは何ぞや』「光」2号　昭24年3月20日）

「元来火と水だけでは霊の御働きだけで体がないが、これに土が加わって初めて火水土の三位一体の力を発揮されるので、之が如意宝珠であり、麻邇の玉（摩尼の珠）である」

⑤一厘の御魂　（『病気と浄霊の原理——無機から有機へ』「地上天国」27号　昭26年8月25日）

「私の腹の中には、以前から知らしてある通り光の玉がある。此玉はそれまでは玉だけの力であったものが、昨年六月十五日、日本で昔から云われている処の摩邇《まに》の玉（摩尼の珠）、又は五百津美須麻留の玉、又は如意宝珠の玉である」

⑥光そのもの　（『御教え』昭24年6月3日「御光話録」12号　P13　昭24年9月21日）

「この玉ってのは如意の玉で、つまりこれは神様のほうから霊線によってある光を送られるんで、これはその神様の御神体ともなんともちょっと言えない……光そのものなんですよ」

等々、如意宝珠・摩邇の玉について述べられてある通り、その御力徳はいかにすばらしいものであるかということがわかる。

御浄霊が効くということは当然なのだ、ということが納得できるのである。

四　光の玉の本質

しかしながら〝玉〟の本質については、それが神様なのか、一厘の御魂なのか、観音様なのか、あるいは三位一体なのか、漠然としたままで明確にわからない。この本質というものについて検証するため、再度「光の玉」に関して述べてある箇所を抜粋してみよう。

①霊光の玉　（『結核――アメリカを救う』「栄光」180号　P38　昭27年10月29日）

「この神（伊邪那岐神　筆者註）エホバが火素の本源ともいうべき霊光の玉を私に与えられた（後略）」

②光波の供給　（『神示の医学――浄霊の原理　第三』「光」号外　昭24年5月30日）

「私の腹中に平常は直径二寸位の光の玉がある、之は見た人もある、此玉の光の塊から光波は無限に放射されるのである、然《しか》らば此光の玉の其本源はどこにあるかと言うと、これが霊界に於ける観世音菩薩の如意の玉から、私に向って無限光を供給されるのである（後略）」

ここで疑問となるのが右記の①・②（これをAとする）と前節「三　玉の御力徳」の③〜⑥（同B）についてであるが、これらを解説してみよう。

(1) 霊光の玉と如意宝珠・摩邇の玉は同一である

(2) B―⑥の「神様」とは伊都能売神のことであり、伊都能売神は仏界で観世音ともなられておられる。霊界の観世音菩薩から光を供給されることと、B―⑥の「神様の方から送られてくる」とは同様の内容を示している。

(3)「光波」とは即ち「救世の力」であり、救済力である。

(4)「一厘の神御魂＝如意宝珠・摩邇の玉」とは

如意宝珠の形○に丶《チヨン》が入ることである。丶《チヨン》とは一厘の神御魂のことであり、天照皇大御神の御神魂のことである。天照皇大御神の一厘の神御魂がお入りになられたことにより「救世の力」が十分に発揮されることになるのである。

(5)「三位一体が即ち如意宝珠」とは

本書の序章（P31―33）に疑問点として提示してあるが、他の御論文と併せて再度検証を試みた。

B―④をもう一度見てみよう。

「元来火と水だけでは霊の御働きだけで体がないが、これに土が加わって初めて火水土の三位一体の力を発揮されるので、之が如意宝珠であり、麻邇の玉（摩尼の珠）である」

また、御論文「私という者（一）」（「地上天国」47号　P9―10　昭28年4月25日）には、

「即ち私の腹の中には光の玉がある。この玉こそ到底説明は出来ない幽玄微妙なるもので謂《い》わば主神が自由自在に行使する神器であって、昔から曰《い》われている如意宝珠、麻邇の玉（摩尼の珠）がこれである。勿論この玉の威力こそ人類肇《はじま》って以来初めて私という人間に与えその使用を許されたもので（後略）」

とある。これとB―④の内容を比較してみると、明主様が三位一体になられる以前、神代の昔から如意宝珠・摩邇の玉が存在しているにもかかわらず、なぜ三位一体が即ち如意宝珠・摩邇の玉なのであると解釈できるような記述があるのだろうか、私自身も長い期間考え続けていた。平成10年12月8日に序章を執筆し、平成14年10月16日にこの疑問に対して解答を得ていることから、数えると約3年8ヶ月の間かかっていたことになる。

◎如意宝珠・摩邇の玉は飾り物であった

如意宝珠・摩邇の玉は「救世の力」が湧出される偉大な玉ではあるが、霊界に霊的に存在する火と水の玉である。夜の時代という関係上、十分な力が発揮されることはなかったが、前述の甘露門等に「不可思議な神秘を秘めた玉」として伝えられ、形にも表わして伝えられてきたのである。とは言え、それは形のいい飾り物程度のものでしかなかった。

いよいよ時節到来、〝火〟と〝水〟、「カ」「ミ」の玉が、〝土〟である人間の肉体を持った明主様（岡田茂吉師）の腹中に（霊的に）宿られたことによって、この玉の本領が十分に発揮されることになるのである。その状態こそが「三位一体」であり、「如意宝珠・摩邇の玉」本来の姿なのである。

ここまでは理解できたのだが、それによって新たな疑問が現れた。「光の玉」が３つも出てきたのである。即ち、

・伊邪那岐神の「霊光の玉」
・伊都能売神の「如意宝珠」
・観世音菩薩の「摩邇の玉」　である。

この疑問を解くカギとなるのは、最高神は幾つにも御分霊が出来るということである。『霊の霊的な形』『霊の体的な形』という表現が適当のようである。この双方に前述の３つ（の玉）が重なれば、御力がより増幅されることとなるのである。

てくる。

◎「光の玉」の本質は一つではない

A―①・②とB―①～⑥を図にまとめたのが次頁の図である。これによって「光の玉」の本質が見えてくる。

いかに尊く、不可思議な妙なる御力徳のある如意宝珠・摩邇の玉であろうとも、存在しているだけでは火と水の二つの御力であるから本領を発揮することはできなかったのである。明主様の御肉体に宿られたことにより、火水土の三位一体となり、一厘の神御魂の御降下も重なって、如意宝珠・摩邇の玉本来の姿となり、その力が発揮されることが可能となったのである。

図12　『光の玉』の本質

仏界　観世音菩薩　如意輪観音
〃火〃〃水〃
如意宝珠

救世の力　神界　伊都能売神　如意宝珠 →

統治の権　天照大御神　〃火〃 →

天照皇大御神・・・一厘の御魂・・・・・・・・・・・・・・・ ←

伊邪那岐神──霊光の玉──◯

救世の力
光波の供給
霊の体的力

霊の霊的力
明主様御肉体
〃火・水〃＋土
で三位一体の力

五 「救世の力」の籠れる器

伊都能売神の項でも多少触れてはいるが、より深く考えてみたい。

①如意宝珠・摩邇の玉が腹中に宿られた後の明主様は、学ばずして知る神智を顕現する大覚者となり、難病を治癒し、心の穢れを浄めて人を善化し、農林漁業にまでも御手を差し伸べて救済なされた。その大神力は、天照皇大御神が伊都能売神にお与えになった「救世の力」を髣髴とさせるものがある。

②御歌より　その1

三千歳《みちとせ》を　深く隠せし如意の珠　世に現はるる時となりぬる
（『最後の日』昭24年6月17日「明麿近詠集」P84　昭24年10月）

美須摩琉《みすまる》の　玉の光は日に月に　輝き増すなり眼開けよ
（『無題歌』「讃歌集改訂版」P98　昭26年5月28日）

九分九厘の　世を覆《くつが》へす一厘の　力は如意の玉にぞありける
（『最後の日』昭24年6月17日「明麿近詠集」P83　昭24年10月）

この三首の御歌を拝唱すると、以下のように読み解けるのである。

・三千年間深く隠れていた如意の玉が現れるということは、この玉が隠れたのは世の中が大変革を起こした三千年前のことである。三千年前といえば天照皇大御神が伊都能売神に「救世の力」をお与えになられた時代であると符合する。

・神道用語の「美須摩琉」を用いておられることは、仏界ではなく神界から齎《もたら》されたものであることを示す。

・「一厘の力」とは現界経綸の主の神の表現神、天照皇大御神だけがお持ちの力である。

③御歌より　その2

如意宝珠　御手に高く三界の　珍《うづ》の御座《みくら》に伊都能売神
（『雑詠』〔明光本社第四十七回月並和歌　昭6年4月1日〕「明光」57号　昭6年5月1日）

「三界の珍の御座」とは現界、仏界を見通せる神界の高位である高御座《たかみくら》であり、御手を高くして捧げ持っておられることから、この玉は伊都能売神御自身が造られたものではなく、より高位の神から授けられたものではないかと考えられる。

伊都能売神が高位の神から授けられたものとしては、天照皇大御神から授けられた「救世の力」がある。とすれば「如意宝珠・摩邇の玉」とは「救世の力」のことを現しているのではないかという仮定が成立つ。

しかしながら、前項で述べたように伊都能売神が捧げ持った時点での「如意宝珠・摩邇の玉」は〝火〟〝水〟の二つの御力でしかなく本領を発揮するまでには至らない。一厘の神御魂が加わることによって本来の力を発揮するのである。つまり「救世の力」を発揮するための器のようなものであると解釈できる。特に「器」と考えるに至ったきっかけは次の御歌による。

摩邇の玉　如意宝珠は世を救う　聖観音の器なりける

（『三尊の弥陀』「観音会讃歌集」昭11年　未発表）

以上三項目から「如意宝珠・摩邇の玉」とは「救世の力」が籠れる器ではないかという考えに至ったのだった。

このことが真実であるならば、二項で挙げた次の事柄も納得がいくのである。

・仏教学、国語辞典における解釈
・インドの伝説／アマゾン原住民の伝承／甘露門の意味
さらには
・明主様の神智及び見真実の境地
・御浄霊及び大神力の顕現
等々が判然とすることになるのである。図説したものを次に示す。

図13　「救世の力」の籠もれる器としての『如意宝珠・摩邇の玉』

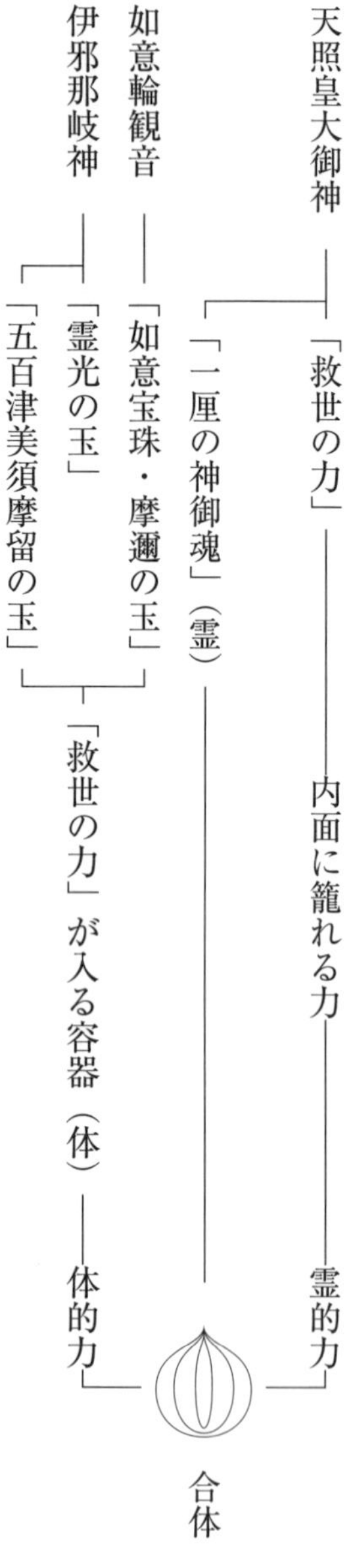

天照皇大御神は主神の表現神であり、霊的な内面に籠れる力としての「救世の力」をお持ちであり、これを伊都能売神にお授けになられる。

伊邪那岐神は主神の代表神であり、体的な形としての「如意宝珠・摩邇の玉」「五百津美須摩留の玉」をお持ちであり、伊都能売神にお授けになられる。

このように考えられたのは、

「霊光の玉をお持ちでおられたのは伊邪那岐神」

（『結核――アメリカを救う』「栄光180号」昭27年10月29日）

「御頸珠、御倉板挙神を伊邪那岐神が天照大御神にお授けになられておられる」（『古事記』）の箇所からである。従って体的な形としての「浄玻璃の鏡」も、伊邪那岐神がお持ちであったと考えられる。

（〝浄玻璃の鏡〟については、「第七章　国常立尊」を参照）

六　御浄霊の本源は「如意宝珠」か「太陽の黒点」か

「御浄霊の本源」を求めるに至った経緯は「序章」に詳しく記したが、ここでもう一度触れておこう。

御浄霊の御取次ぎを専業としていながら、平成10年2月8日までの約37年間、その御力の源がどこにあるのかも知らず、深く考えることもなく過ごしてきたのは愚かというか怠慢というべきか。

「御守所持者を仲介者として私（明主様）が間接に病人を治すのである」

（『病気と浄霊の原理——無機から有機へ』「地上天国」27号　昭26年8月25日）

とあることだし、御浄霊も効いているので深くは考えず、神様任せであった。

御神書を拝読すると、その御力の源はある御論文では「如意宝珠・摩邇の玉」とあり、別の御論文には「太陽の黒点」とあった。「恐らくその両方なのだろう、宗教的には前者で、科学的には後者なのではないか」——程度の単純な理解でしかなかったのである。

しかし、さる高貴な御方から厳粛かつ威厳に満ちた問いかけを受けたあの日以来、この問題について崇敬の念を持って真摯な態度で考えを深め、本心から納得できる答えを文字で記さねばならぬという思いの下、昼夜を問わず考察と御神書拝読を重ねてきた。その結果がこの「御浄霊の本源を求めて」である。
では、今節の表題についての解説である。

◎霊の体的御力と体の霊的御力

まずは「如意宝珠・摩邇の玉」が本源である、とある御論文を見てみよう。

①『神示の医学　浄霊の原理　第三、四』（「光号外」昭24年5月30日）

「然《しか》らば此光の玉の其本源はどこにあるかと言うと、これが霊界に於ける観世音菩薩の如意の玉から、私に向って無限光を供給されるのである（後略）」

「観世音菩薩の如意の珠から発揮される光素が、私の体を通じて観音力の発現となり、それが私から信徒の体を通じ浄化力となるのである」

以上のように、「本源は如意宝珠である」と示されている。
では「太陽の黒点」とある御論文はどうであろうか。

②『**浄霊は科学療法なり**』（「栄光243号」昭29年1月13日）

「（前略）私は一紙片に『光』の文字を書き、それを希望者に頒《わか》ち与える。するとこれを御守として懐中へ入れるや、太陽から不断に放射されている火素が、私を通じて御守に伝流され、その人の掌《てのひら》から放射される。丁度太陽が放送局とすれば私は中継所であり、術者は受信機と見ればいい」

（『御講話』昭和28年7月25日「御教え集」24号　P55―56　昭28年8月15日）

「太陽の黒点が宇宙の支配力の中心なのです。あそこから力が出るのです。それで⦿の、《チヨン》が太陽の黒点なのです。（中略）浄霊の力の元は太陽の黒点から来るのです。（中略）それで昼間の世界ということは黒点が変化するのです。それで太陽の熱というものは、太陽の黒点から放射されている一つのエネルギーですが、火力というものは太陽よりか黒点のほうがもっと強いので、それは神秘なものです」

とある。この二つの記述から考えれば、太陽の黒点も本源ということになる。

どうやらどちらか一方のみではなさそうである。しかしこの両方だとするならば、それらをどのように結びつければいいのだろうか。ここで必要となるのが、「霊と体」あるいは「霊体一致」等の宗教用語についての理解である。

「如意宝珠・摩邇の玉」といっても物理的なものではなく霊的な存在である。そこから放出される力もまた、現在の科学で認識・測定できるものではない〝霊的な力〟である。しかしこの力をさらに霊的・体的に区分してみると、霊の〝霊的〟な力は神界に存在し、「救世の力」として発揮される力は霊の〝体的〟な力である。従って『霊の体的光力』とでも呼ぶべきものであろう。

一方、太陽は目に見える物体であり、〝体的〟な物質である。太陽から一般に放射される可視光線、赤外線、紫外線や磁力線等々は科学的に確認されており、これまた体的なものである。一方太陽の黒点から放出されている火素は現在の科学では未確認のものであり、霊的なものである。この火素が御浄霊に関わっているのである。従って『体の霊的火素』と呼ぶことが出来るだろう。これを図解すると次頁のようになる。

本源は霊的存在の「如意宝珠・摩邇の玉」と、体的に顕現している太陽の黒点、その両方なのである。従って共に重要なのであり、この両方から霊的、体的に御力を多く受け入れられるように精進しなければならない。

霊的には「清浄な精霊体」であり、体的には「真に健康な身体」である。

図14「如意宝珠・摩邇の玉」と浄霊の本源

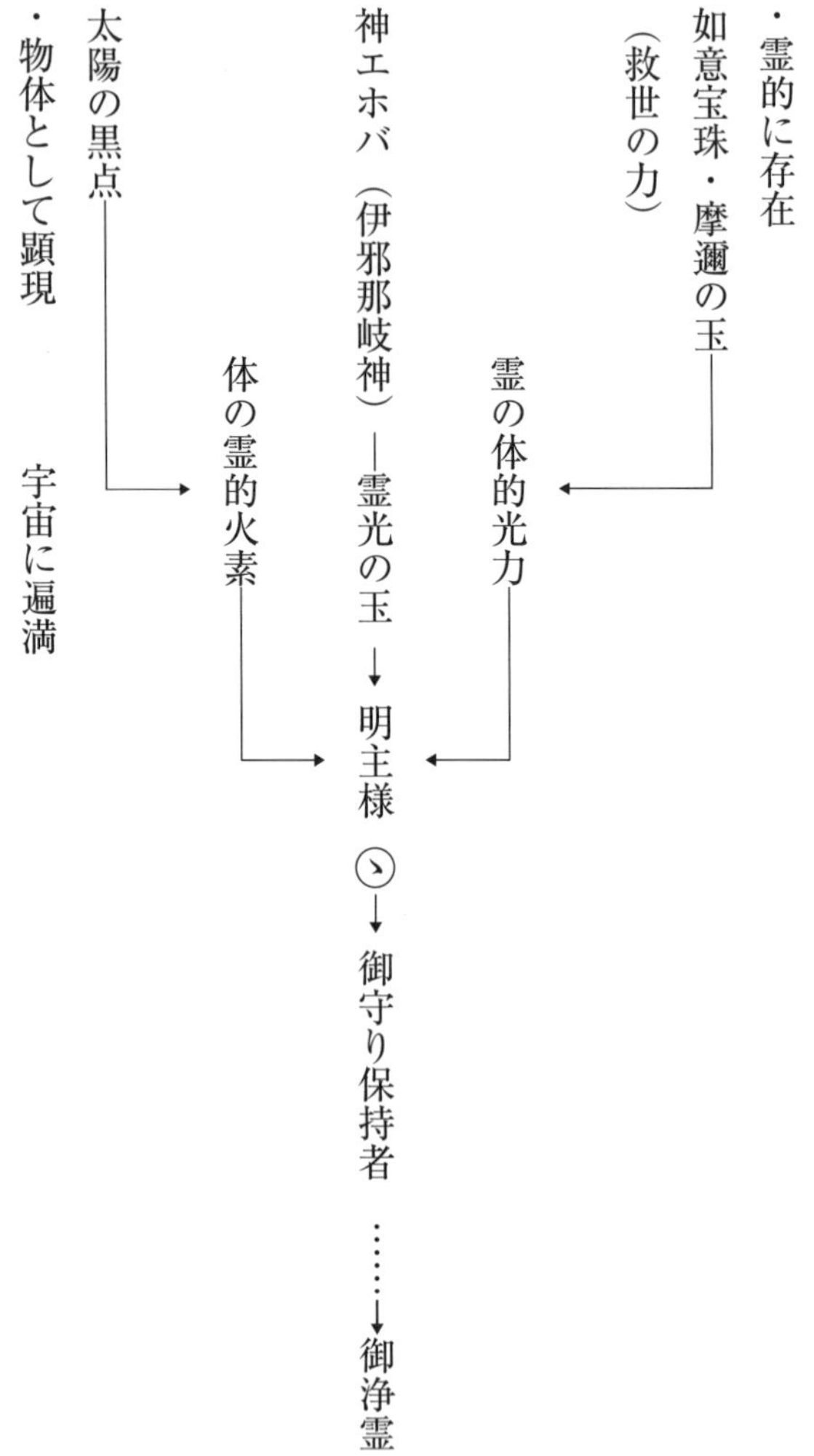

第九章　弥勒下生

一「下生せし弥勒」図解

次頁図では、兄の花姫神の御本体は伊都能売神であることを示している。

弥勒として下生した神界の観音は即ち兄の花姫神である。

兄の花姫神が神界で御働きの場合は観音の御名称になられるのである。今日までは夜の時代であったため、神の名称よりも仏の名称の方が働き易かったのではないかと考えられる。

◎本源図の一部（図15）

伊都能売神

↓

霊：富士山　霊：兄の花姫神

仏界　木花咲爺姫

神界の観音が最初の神様として下生

即ち弥勒になられるのである

二　平成14年6月17日当時の心境

御浄霊の　本源求め御神書拝読《ひもとけど》　下生せし弥勒の所在は何処なりや

（平14年6月17日　AM1時50分）

御浄霊の本源を問われて以来4年7ヶ月になろうとしていたが、下生なされた弥勒はどのような神様であるのか、あるいは仏様であるのか、いつ、どこに、どのような形で下生なされたのか――皆目見当がつかないままだった。投げ出してしまいたくなったことも一度ならずあった。それでも続けて御神書を拝読していくと、次のような心境になったのである。

天界の　神秘の領域《いき》に張りめぐる　聖なる霊気微かにふるえる

（平14年6月17日　AM1時50分）

とにかくわけがわからず「一体どうなっているのだ」と自問自答を繰り返しては悶々とする気分にふと先の歌を口に出して詠んでみたところ、やがてこの歌のような心境になっていたのだった。きっと近いところまで来ているのだ、このままやっていけば必ずわからせてもらえそうだ、という気持ちが湧いて来たのである。

さらに研鑽を重ねた6ヶ月と13日後の平成14年12月30日、通算4年10ヶ月と22日目にしてついに「弥勒下生」について理解することができた。

それではこの「弥勒下生」について述べてみよう。

三　弥勒は下生された

まずは御歌二首を参照されたい。

憧《あく》がれて　髪長たちの待ち望む　弥勒は已《すで》に下生しませり
（「光明世界」第四号　P2　昭10年7月25日）

憧《あく》がれて　髪長たちの待ち望む　弥勒の霊は下生しまさむ
（「光明世界」第四号　P2　昭10年7月25日）

次に御論文である。

◎天降説

「キリストの再臨と云い、メシヤの降臨と云うが、これは肉体そのままを以て天から降るのではない。それは特殊の神霊が天から降下し、選ばれた人間の肉体に宿るのである。弥勒下生と云うも弥勒の御魂が下生、つまり下層社会に生れるというわけである。又胎蔵弥勒と云う言葉があるが、之は仏教の内に胎中の期間を言うので、実は已に誕生されたのである」

以上の御歌や御論文では、弥勒は既に下生されておられると示されている。それでは下生された弥勒はどのような神仏なのであろうか。

◎観音弥勒同体説（1）

「観音すなわち五の弥勒は六七共兼ねられてのお働きでありますから自由無碍如何なる活動力をも発揮されるんであります。基督《キリスト》教の三位一体という事は三人の働きを一人でなさる即ち観音様のお働きの事を言うたんであります。ですから本当の意味での弥勒というのは観音様の事なんであります」

（『真のミロク――大光明世界の建設』「光明世界」二号　昭10年3月4日）

とあるように、観音様が弥勒となって働くということであり、その御働きが「弥勒」であると理解できる。

◎観音弥勒同体説（2）

「観音弥勒同体説」に関しての考察だが、ここでいう「観音」とは、伊都能売神が日本を脱出してインドに逃れ、南海大師又の名観自在菩薩、観世音菩薩となられた――という「観音」である。

「弥勒」とは、釈迦の時代に兜率天で修業、説法をされておられ（『仏教学辞典』）、五十六億七千万年後に下生され弥勒の世を造るとされている「弥勒菩薩」を指す。

この「観音」と「弥勒菩薩」が一体となることが即ち〝同体〟となることである。

この点について疑問であったのは、観音の御本体は岡田茂吉師（明主様）の解説で十分に理解し首肯することができるのだが、弥勒菩薩の御本体についてはほとんど記述も御講話もなく、不明なままであったことである。しかし〝同体〟となられる以上、密接な深い関わりや繋がりがあるはずである。そこで、次のように推察したのである。

弥勒菩薩は釈迦の弟子である、といわれている。だが他の弟子達のように釈迦の傍らで説法を聴聞しているのではなく、兜率天で修業し説法を行い、五十六億七千万年後に下生され弥勒の世（地上天国）を造るといわれている仏であるのだから、普通の出自ではない。つまり、弥勒菩薩とは伊都能売神（観音の御本体）の分霊ではないか――と考えられたのである。

◎「弥勒下生」考察の下地

昭和38～40年の三年間、静岡県富士宮市中井出に世界救世教（当時）布教所所有の自然農法実験所があった。小高い丘の上に立つ宿舎からは視界を遮るものが何もなく、真向かいには霊峰富士山が気高く聳えていた。特に台風の過ぎ去った後などは富士の山肌は冷え固まった溶岩流が紫色に光り、あたかも貴婦人の裳裾のようにも見え、「兄の花姫神」の御在しますことを強く感じ、その美しさに時を忘れて眺めさせてもらった。

当時私は救世教に入信して間もない頃で、農家の出であったことから、すぐにできる仕事は百姓であったので、一ヶ月に10日ほどは布教所所有の農場（20アール弱）に出かけていくようになった。

この農場を世話して下さったのが近くに住んでおられた加藤光夫先生（故人）である。加藤先生は明主様御在世当時からの専業布教師で、お導きの大変上手な先生であった。明主様御昇天後に救世教の信者数が激減し、最盛期の十数分の一の四万人程になった時、加藤先生は一年で千人以上を導き、それが契機となって「三倍化運動」という布教運動の機運が持ち上がり、これによって救世教が持ち直したという伝説の人であった。しかしこの頃には第一線を退かれ、御神書拝読を重視し、ひっそりとした信仰生活をなさっていた。

私は農場へ行く度先生のお宅にお伺いし、お話を拝聴していた。今でも目の奥にはっきりと残っているのは、いつも夜の一二時頃になると先生の奥様がお茶置きの追加のタクアンを二本切って皿に盛って出して下さり「では私は先に休ませていただきます。どうぞごゆっくり」と次の間に下がられていったことである。塩の効いたタクアンをポリポリとかじり、何杯もお茶を飲みながら先生のお話を拝聴したものである（無肥料栽培で採れた大根だったこと、御浄霊によって胃を治していただいたことで、タクアンが大変おいしく感じられたのだった。何よりそれ以前の七年間は胃病のためタクアンなど食べられたものではなかったのだから）。時間を忘れてお話を伺い、ふと窓に目をやると空は白み始めている。「あぁ、今日も夜が明けるまでお話を伺わせていただきました。どうもありがとうございました」と丁重にご挨拶を申し上げて、朝靄の漂う田舎道を宿舎へと戻ったものだった。

ややや前置きが長くなってしまったが、この加藤先生のお話によって「兄の花姫神」のことが深くわからせていただけたと思っている。

東海の　芙蓉の嶺に時待ちし　兄《こ》の花姫《はなひめ》は観音なりける

（「光明世界」二号　Ｐ７　昭10年3月4日）

この御歌は先生の口から数回どころか数十回も出たのではないかと思う。会う度に「ねぇ廣野」と言ってこの御歌を拝誦するのである。（もう何十回も聞いてるんですから私だって暗誦できますよ）と言いたくなるところだが、それを飲み込み初めて拝聴するような気持ちで「はぁ、そうですか」と頷いていたのである。同じことを繰り返し話されるということは何か深い理由があってのことであろうからと考え、素直な心で聞いていたのである。今にして思えば曇り多いこの身の中で小さく眠っていた魂に「下生する弥勒は兄の花姫神の観音なのであるぞよ」ということを刻み教えるために、加藤先生の口から前掲の御歌を数十回もお聞かせ下さったのだろう、そう考えずにはおられないのである。尤も当時はその御歌を暗誦できるようになっただけでそれ以上の意味はわからなかったが、入信間もなく何もわからない時期に、富士山を崇めさせてもらいながらこの御歌を魂に響くほど聴かせていただいたのは今回の下準備だったのではないだろうか、そのようにも思えるのである。

「下生された弥勒は兄の花姫神である」順次説明することによって理解いただけるものと思う。

◎いと高き御位は「富士山」

いと高き　御位《みくら》を後に御救いの　為に弥勒は下生しませり

（「讃歌集」改訂版　P2　昭26年5月28日）

〝いと高き御位〟とは富士山である。その証明は御論文「一つの神秘」に示されている通り。

「而も、面白い事には、十四日（昭和25年6月）の朝素晴しい神夢を見た。それは雪のある富士山の頂上に登った処、そこに大して大きくもない宮殿風の家があるので、其家へ入り、座って辺りの雪景色を見ようとすると、目が醒めて了った。と同時に私は今迄にない感激を覚えた。（中略）非常に縁起がいいとされているからで、而も一番好い富士山の夢で、其頂上にまで登ったのだから、恐らく之位いい夢はあるまい」

（「栄光」83号　昭25年12月20日）

従って現界の神界が富士山なのである。

四　兄の花姫が弥勒となった

「昭和五年五月五日、これは旧で、今度は新で、これも神秘があり、五年五月五日午の年の午の月午の日で、その午の刻に写真を撮った。午というものは一番陽のものとしてあります。午の刻というと、ちょうど十二時で、太陽がちょうど中天に昇った時で、午の年午の月午の日というものは何千年に一遍あるかないかという日で、五五五でやはり午午午となります。この時に最初の偉い神様が御降臨になった」

（「御講話」昭10年10月6日）

とある。
その他、項目編で引用した内容をまとめると以下のようになる。
・富士山には重大な意味がある
・兄の花姫が祀られており、神様の御働きをなさる
・兄の花姫神と九頭龍権現からの御神示（「一厘の神魂」より）
・弥勒とは観音様のこと（光明如来の次は弥勒のお働き）
・明主様は下層社会で生まれた（即ち〝下生〟）
・観音様の霊感を受ける
・みろく塔建立
・富士山登山　木之花咲爺姫命の御礼

これらに関する御神書の箇所を繰り返し拝読しては考え続け、「弥勒世界創造神御出現図」が完成した平成14年12月30日、兄の花姫神が弥勒となって下生なされたこと、及びその日が昭和5年旧5月5日であると確信するに到ったのだった。

その確証となるものを以下にあげてみよう

①最初の偉い神様が御降臨

昭和5年旧5月5日、午の年の午の月午の日の午の刻にささやかなお祝いをなされたこと。

②みろく塔、十三重の塔の建立

十三の文字は王になる。

この塔の向って右手にお立ちになられて写真を撮られた。これを文字にすると「主」の字の、《チョン》が下に降りられて「玉」となることを表わす（詳細は後述）。塔を〝みろく塔〟と名付けたことも弥勒下生の意味に解される。

③富士登山の際にお詠みになった御歌

重大な　神業なりける富士登山　なさんとして午前九時に家を出づ　（昭5年7月23日）

〝重大な神業〟とある。更に随行者の人数（十名）は、十の数字が結びで神の数字であることを示している。

④木之花咲爺姫の御礼

明主様が富士登山をなされたことに対して木之花咲爺姫命が、当時明主様のお住まいであった大森松風荘へ御礼に参られたことを霊視された記述がある。

兄の花姫神が弥勒となって明主様の御現身に宿られたことの確証となるのは次の二点である。

①神格者であることを御自覚された　（「明日の医術」第三篇　P102　昭18年9月9日）

明主様から鎮魂を受けていた青年が突如無我状態になり、一時的に霊眼が開け、明主様が衣冠束帯の御姿で神殿の奥の御簾の中へ歩を進められるのを見ている。これにより明主様は御自身が神格者であることを御自覚なされたと拝察される。

②重大神業の観音誕生　（「地上天国」25号　P17—20　昭26年6月25日）

桜木弥生（七歳）が陣痛のような痛みに苦しんだ末（昭和5年12月6日　午前3時）、観世音菩薩がこの世に誕生、明主様が観音様を産ませる産婆役をなさりながら、その観音様が明主様の御肉体へ入られて御働きをなさることになったと考えられる。

暁の　六時に家に帰り来ぬ　重大神業遂げし今日かな

富士登山の際と同じく「重大神業」と記されている。

さらにその4日後、12月10日には次の御歌を詠まれている。

弥勒神　下生ましけり午前一時　桜木弥生の小さき腹かり

（『明主様と先達の人々』P20）

ここで留意すべき点は、この御歌だけを取り上げると「弥勒下生は昭和5年12月6日」と考えられてしまい、前述した昭和5年旧5月5日と矛盾してしまうことである。これについては以下のように解釈したい。

・昭和5年旧5月5日は兄の花姫神、即ち神界の観音の「霊の〝霊〟」が弥勒となって明主様に下生された日――この日「ささやかなお祝い」をなされ、みろく塔の前で御写真を撮られたことがその証明である。

・昭和5年12月6日は「霊の〝体〟」が桜木弥生の胎内を借りて誕生し、その半年前に明主様に下生された「霊の〝霊〟」と結びついた日

ではこれを「地上天国」25号の御論文から見てみよう。

「右の電話（註　桜木弥生のお腹の浄化がほぼ全快したという報告の電話）が掛かるや間もなく、私は牛乳が頻《しき》りに呑みたくなった。ハハアー観音様が生れたばかりなので、その型であると思い、早速一杯の牛乳を呑んだのである。又昨年の事件の時、留置所内で、高貴の神様が天降《あも》られ。私の腹へ宿られた其翌朝も、食欲皆無となり、只牛乳だけが欲しくなって、呑んだという事をかいたが、それと同じ意味で、之は仏教にある胎蔵弥勒の事である」

（『或る神秘　読後のお言葉』「地上天国」25号　P17—20　昭26年6月25日）

明主様が牛乳をお飲みになられたことから推測して、桜木弥生から産まれた観音様が、産婆役をなされた明主様の御肉体に宿られ、そうして桜木弥生が産んだのは観音という神霊の〝体〟である——と解釈できる。

ここに弥勒の霊体が合体したこととなるのである。

兄の花姫神—神界—観音

霊の〝霊〟→弥勒下生　昭5年5月5日（旧暦）

霊の〝体〟→弥勒神　昭5年12月10日

→自観師

井上茂登吉先生はこの時の様子について『或る神秘』(「地上天国」25号)と題して述べておられる。概要だけを箇条書きであげてみよう。

・弥勒仏——即ち応身弥勒の観音(或は光明如来かもしれない)が幼女の胎内を借りて御生まれになった

・桜木の姓は印度の意味になる

・七は土であり仏教は七の数を多く用いる。釈迦は土の七の弥勒である

・幼女の本名は美枝子とかいったが、この出来事より以前(4ヶ月前)に「弥生」と御改名下されておられた

・「弥生」とは「弥勒を生む」という意味である

・仏典には「七歳の女子が弥勒を生む」とある

・弥生は治癒の望みを全く絶たれた生来の小児麻痺であった。膝が彎曲したまま屈伸できず変形しており、起立も歩行も不能で、その為成長も遅れていた

さらに「編輯後記」(「地上天国」22号　井上茂登吉筆)では、「『仏滅後弥勒下生して、苦集滅道、道法開示す』と法滅尽経にある」と記されている。

五　十三重の塔（みろく塔）建立

◎弥勒下生の証し

平成14年8月5日、「御浄霊の本源を求めて」の内容について、虎谷久男（㈱瑞雲社長）、岩松真次郎（救世教いづのめ教団教学部長）の両氏（肩書きは当時）と、㈱瑞雲社長室で話を交わしていた時のことだった。岩松氏が次のようなことを語ってくれた。

「昭和5年旧5月5日、（明主様が）十三重の塔を建立されて〝みろく塔〟と名付けられた。その塔の向って右前にお立ちになられて記念写真をお撮りになられたのは深い意味があってのことである。十三という数字は、横棒の中に十を入れると〝王〟の文字になる。その右横に丶《チョン》を入れれば〝玉〟という文字になる。明主様が十三重の塔の向って右前にお立ちになられたということは、玉という文字の意味になるのではないか——ということを父（『一厘の神魂』を著された岩松栄先生）が話していたことがあった。その日(旧5月5日)のことは教学資料課としても調べているのだが、『東方の光』に載っている通り〝ひそやかなお祝いをした〟ということだけで、その他詳細については殆ど不明である。お祝いをしたということはよほどの深い意味があったのではないだろうか」

とのことだった。

この話を聞きながら私は内心（これこそまさに「弥勒下生」だ）と頷いていた。「岩松さんありがとう。それは弥勒下生の証明になる」彼にはそうお礼を言った。

天にあったゝ《チョン》、即ち〝主〟の文字の上のゝ《チョン》が地に降りたのが〝玉〟の文字になるわけであるから、天からゝ《チョン》が降りたということは、みろく塔建立の型を以て「弥勒下生」をお示しになられたのであると拝察される。

この話を聞く三日前のこと、京都救世会館情報室勤務のS君が友人を伴って来訪した折、この昭和5年旧5月5日（6月1日）、十三重の塔の右前にお立ちになられて撮影されたお写真のネガ二枚を持参してきてくれた。一枚は大本教宣伝使の服装、もう一枚は羽織袴をお召しになっておられる写真であった。これはまさしく「弥勒下生」の型の証明になると喜んだ次第である。

大本教宣伝使の服装をしているのは、出口王仁三郎著『霊界物語』に登場する〝梅公〟を御自覚なさっておられるためであろうか（明主様も御自身を〝梅公〟であると仰せられている）。

救世教の元幹部であった某氏が明主様御光筆の御軸「弥勒出世之秋《みろくしゆつせいのとき》」を持参してくれたのも同じ頃であった。

キリストの　再臨弥勒の下生とは　伊都能売神の顕現なりけり　（『東の光』367　昭2年3月）

出口王仁三郎聖師が詠まれている御歌である。

キリストの再臨と弥勒下生は伊都能売神がそのまま下生されるのではなく、観自在や観世音となり、さらに兄の花姫神となられた後、弥勒となられて下生されるのであると解釈した次第である。

万人の　再臨待ちしキリストも　メシヤもみろくも同じとぞ思ふ

（『弥勒下生』「讃歌集」P56　昭23年7月1日）

本項に御登場いただいた天照皇大御神、天照大御神、伊都能売神、国常立尊、兄の花姫神について研鑽し、右の御歌の「同じ意味」がどういうことなのか、ようやく理解できたのである。

しかし、一般的に弥勒といえば仏典で伝えられてきた事柄のみであるから、ここで仏典における弥勒菩薩と本項で解説した弥勒との関係を今一度確認しておこう。

後日談（平成20年4月9日）

後日談になるが、この項を最初に上梓してから4年5ヶ月余が経った平成20年4月、昭和5年旧暦5月5日の様子を知る人が語ったものの記録を入手した。その部分を要約して紹介しておこう。

①明主様のお住まいは（当時の）東京都荏原区大森に在り、お屋敷は琵琶湖を象《かたど》っておられた。鶴翼の陣の家屋であり、東京進出の態勢が整っていた。

②昭和5年（旧）5月5日、大本教大森分院発会式挙行。この日は午の年の午の月の午の日であり、この日の午の刻にみろく塔を建立した（これは数千年に一度あるかないかの奇しき日であるといわれている）

③出口王仁三郎聖師が御出席

④一信者が木通（あけび、通草とも書く）を献上された

⑤出口聖師が月（三日月）の形の花器に木通を生けられた。これを御覧になった明主様は「月に日が乗った」と御解釈された。その内容は

(A) 東京の御神業が完成

(B) 古事記にある誓約《うけい》の型の続きが行われた。即ち素盞嗚尊が掌握していた実権を、天照大御神へ返上された

(C) その他、神秘な事が型をもって示された――とあるが、その内容は記されていない

※木通《あけび》は、言霊ではあけひ〔明け日〕となる。即ち〝月に日が乗った〟ということになる。また、〝び〟の濁点は物質化することを意味するので、つまり〔明け日〕が現実化する意味になる。

六　仏典における〝弥勒菩薩〟と本項の〝弥勒〟の関係

この章を読んで「どうも釈然としない」という思いを抱く人も少なくないのではないだろうか。〝弥勒〟といえば一般的には仏典にある弥勒菩薩、あるいは奈良、広隆寺の弥勒菩薩像を思い浮かべる程度であろう。一方、本項で取り上げている〝弥勒〟は仏教学、宗教学にはない弥勒である。このような架空の存在、思いつきに等しい弥勒を登場させていては、そもそも論旨として成り立たないのではないか。浄霊が効くからといってあまりに強引に話を進め過ぎていないか——との批判を受けかねないことも十分承知している。

しかし私は、明主様の言説は今後の世界のあらゆる面を照らしていく光明になる——と確信している。従って仏典における〝弥勒菩薩〟と、本項に登場した〝弥勒〟との関係も、詳らかにしなければならないと考えたのである。

仏典に関する不十分な知識、資料のままで「弥勒菩薩」「弥勒の世」に関する箇所をまとめたため、誤りや不足している部分も少なからずあると思われる。詳しい内容をご存知の方は是非ともお知らせ下さるようお願いしたい。

経文における弥勒菩薩と弥勒の世

①「弥勒はいま兜率天にあり、その一生が尽きれば人間界に下生して釈迦の仏処を補う」
（『弥勒上生経』「仏教学辞典」）

②「弥勒菩薩はいま兜率天にあるが、五十六億七千万年の後にこの閻浮提《えんぶだい》（現世、娑婆世界の古語）に下生して、竜華樹の下で成道し、そこで三度大衆のために法を説く」
（「仏教学辞典」）

③「釈迦入滅後五十六億七千万年の後、この世に降りてきて仏となり、人を救うといわれる未来仏」
（「日本の宗教」日本文芸社）

④「是の如き後（仏の教えが滅するという末法の後の世）数千萬歳にして弥勒當《まさ》に世間に下り作佛すべし」
「天下泰平、毒気消除、雨潤和適、五穀慈茂、樹木長大（中略）衆生得度称す可からず」
（「仏説法滅尽経」）

⑤「流氷美好味甘除患。雨澤随時。天国成熟香美。稲種天人力故一種七穫用功甚少所収甚多。穀稼慈茂

無有草穢。衆生福徳本事果報。入口錆化。百味具足香無比気力充実（後略）」

（「仏説弥勒大成佛経」）これは弥勒の世の実相である。

そもそも『弥勒菩薩を存在させ、現世に下生させることの理由と、その意味とは何か』この疑問は本項に関して思索を巡らせていた際に湧いてきたことだが、まずはその点から解説していこう。

右記の②で、弥勒が下生する場は「閻浮提《えんぶだい》」とある。この〝閻浮〟の意味を見てみると……

・閻浮樹（えんぶ - じゅ）

喬木の名。インドにあって4、5月頃花を開き、濃い紫色の果実を結ぶ。

・閻浮檀金（えんぶ - だんごん）

閻浮樹の間を流れる河の意。またはその河から産する砂金あるいは閻浮樹の下にあるという金塊。

とある。

高貴を表す色とされる紫色の果実や、黄金である砂金や金塊に冠することから、〝閻浮〟とは最良のものにつけられる言葉であるとも考えられる。従って現世を閻浮提と称した古い時代の、現世は理想郷のような時代であったとも考えられるのである。

それでは現世が苦の娑婆と言われるようになったのはいつ頃からのことであろうか。

・娑婆（梵）

サハー：saha の音写。沙呵、索河。沙標などとも音写する。釈迦牟尼仏が教化する世界のこと。saha は忍、堪忍と訳し、聖者が労倦を堪え忍んで衆生を教化するから、この世界を忍土、忍界。堪忍土、堪忍界ともいう。またこの世界の衆生は内には煩悩があり、外には風雨、寒暑などがあって苦しみを堪え忍ばなければならないから忍土とする説がある。娑婆を（梵）サバー：sabha（集会の意）の音写と解して雑会（まじりあつまる）世界と訳すこともあり、或いは（梵）サバヤ：sabhaya（恐怖を伴うの意）の音写と考えて「恐畏国土」と訳することもある。

などなど、現実の世界を娑婆世界といい、娑婆とは苦難に満ちた忍土であり、堪え忍ばなければならない恐畏国土である――と辞典にはある。

弥勒菩薩の存在理由

今日でさえ安心立命の出来ない世の中であるから、二千数百年前はごく一部の力ある者以外は、自由すら全くない苦の娑婆であったことは歴史が示している通りである。文字通り四苦八苦しながら生きている人間達に希望を持たせるために、

「弥勒菩薩が誕生し――現在こそは兜率天で修業しているが、五十六億七千万年の後に現世に降りてきて、法を説き、釈迦の教えの欠けたる処を補い、人々を救い、この世を極楽浄土にする」と教えてきたのだった。極楽浄土の実相は左記の経文に詳しく説かれている。

私自身は経文を十分に読解することはできないが、部分部分で理解できる箇所もあるのでよく目を通す。私が共鳴した箇所を話すと、さらに詳しく解説をしてくれる仏道修業者もあれば、「経文などというものは釈迦の絵空事だ、そんなものを今さら気にしているのか」とこちらを奇異な目で見る坊主もあった。まがりなりにも仏門の僧侶が経文をないがしろにするようなことを言うのか、と驚かされたが、彼らにとって仏教とは葬式や法事に呼ばれてお布施をもらう方便で、意味もわからずに覚えたお経を唱えているに過ぎないのかもしれない。

私は明主様の御教えを知ってから、釈迦の経文の中には今日の世相を予言していることが数多くあるということを確信できるようになった。特に、次に題名をあげた経文は、度々目を通してはその都度なるほどと思わせられる。

・佛説法滅尽経
・佛説弥勒上生経
・佛説弥勒下生成佛経
・佛説観弥勒菩薩上生兜率天経
・佛説弥勒大成佛経

・佛説弥勒来時経
・佛説起世経／佛説悲華経
・佛説過去現在未来因果経

つぶさに読んでいると弥勒菩薩が下生しているところや、弥勒の世がわずかずつでも到来しているのを感じられることがある。

今日の進歩した文明社会

居ながらにして

千里の声を聞き　　――電話

千里の先が見え　　――テレビ（衛星放送で世界の映像を見ることが可能）

千里の先から欲するものが得られ　　――宅配便その他

千里の先へ身を運び　　――旅客機

鉄の鳥が飛び　　――ジェット機

鉄の大蛇が走り　　――新幹線等の鉄道

自然に光明　　――センサー付の照明

寒暖冷熱を随時調節　　――エアコン

有神通力　――　浄霊
自然発火、自然に火が消える　――　ＩＨ式の調理家電
さらには水洗トイレのことまで記されている。

※私の専門である農業分野についての予言は十草農業の裏付けになることが多くあり、「さすがはお釈迦様だ。一般人には理解されないようなことを二千数百年もの昔におわかりになり、経文として遺されておられた」とありがたく思い、自信を持って研究を続けている。

以上、経文にあるよい面だけを列記してみたが、現実の世界はやはり苦の娑婆であり、嫌なこと、目を覆いたくなるようなことが毎日のように起きている。進歩した文明に反比例するかのように、人間の精神面は後退し、荒廃の一途を辿っているかのようだ。そうしてこのような世相も『佛説法滅尽経』に記されており、お釈迦様はこれもまた予言されていたのである。

しかし弥勒下生によって人間の良心に光を照射し、精神を向上させることも予言されており、これを実現させることになるのである。

七　御教えにある弥勒や観音

仏典にある〝弥勒菩薩〟や〝弥勒の世〟に関する記述を見てきたが、その弥勒菩薩と本項に登場している『下生した弥勒』の関係を見るため、明主様の御著書や御光話録から関連すると思われる箇所を抜粋する。

①「――日月地大神と経文の弥勒菩薩とは関係ありましょうか。
弥勒菩薩は釈迦の弟子でこちらとはあまり関係ない。まあいくらか因縁はあるでしょう。目蓮とか阿難とかいう十弟子の中の一人です」

（「御光話録」昭23年6月18日）

②「弥勒菩薩というのは釈迦の弟子にあった。ミロクという名となると、神様になる」

（『五六七教会発会式御言葉』昭23年11月1日）

③「弥勒菩薩と観音様は同じ」

（『御教え』昭27年8月15日「御教え集」13号　昭27年9月25日）

④「――日月地大神と弥勒菩薩（法華経）とはいかなる関係でしょうか。
　弥勒菩薩は釈迦の弟子です。日月地大神はこれから世に現れるのです。釈迦が五十六億七千万年の後に弥勒菩薩が出現すると予定（言）したのは日月地大神のことです」

（『御光話録』昭23年11月18日）

⑤「末法仏滅の世となれば、其の時弥勒出現して茲《ここ》にミロクの世が成就するという。之は法滅尽経及び弥勒出現成就経等に詳しく出ておるから瞭《あきら》かであるが、畢《つい》に其の時期が到来したのであって、其の弥勒の本体こそ之又観世音菩薩であられるのである」
（『全人類待望の炬光　大聖観音力の顕現　併而仏説の開扉』「東方の光」三号　昭10年2月23日）

⑥「観音は昼の世界にならんとする、其境目に観音力を揮わせ給うのである。此経綸こそ昔印度に於て、仏法発祥の時已に誓約されたものである」（『霊界に於ける昼夜の転換』「文明の創造」昭27）

　このほかにも数多く同様のことが記されてあるが、右の6項目を例として取り上げてみた。
　①には「あまり関係はないが、いくらか因縁はある」とだけに留められておられるが、③～⑥を見ると、あまり関係がないどころか大いなる関係があり、その因縁も少々のものではないことを示しておられる。

釈迦の弟子であるはずの弥勒菩薩は他の弟子達と同様に釈迦の説法を受けるよりも、一人天上界にあるといわれる兜率天にあって修業しており、五十六億七千万年の後に娑婆世界に下生して衆生を救うということから見ても、他の弟子たちとは全く異なる、特別な存在であったことが伺える。

弥勒菩薩は観自在菩薩の分身

明主様の説には、

「観自在菩薩は日本の統治者であった伊都能売神である」

とある。観自在菩薩は又の御名を南海大師となられて、印度南方の補陀洛山で説法中に、まだ修業中の身であった釈迦に多くの教えを与えた――とのことである。このことから察して、釈迦に希望を託した観自在菩薩は、御自身の分身を誕生させて弥勒菩薩と命名し、釈迦に弟子として与えたと考えられるのである。

ここまで立ててきた仮説によって、弥勒菩薩と観世音菩薩は同じであることや、仏法発祥の際の誓約（弥勒下生、弥勒の世の実相と到来）や、五十六億七千万年の後弥勒が出現して日月地大神となる等々のことが理解できたのである。

（弥勒、五六七、日月地等については、本章及び「第十五章　日月地に関する考察」を参照のこと）

合体して応身弥勒

これまでの内容は「弥勒世界創造神御出現図」を見るとより理解しやすいが、図の中央やや右に観自在菩薩が登場し、その分身が弥勒菩薩であることを示している。

明主様の御現身内で明主様の御魂や聖観音と合体され、応身弥勒となられるのである。

第十章　弥勒三会

一　弥勒三会——概論

1「仏教学辞典」から

弥勒三会《みろくさんね》とは仏教用語であり、仏教における行事でもある。弥勒三会については『新版仏教学辞典』（法蔵館版）の記述があるが、その要旨は以下の通りである。

○釈迦の教化に洩れた衆生で、仏滅後の正法、像法、末法（正法千年、像法千年、末法はその後万年といわれる）の期間において善行を施し功徳を積んだ者はこの会（弥勒三会）に参加することができ、悟りを開くことができる。

○南京の三会として、

・奈良興福寺の維摩会

・宮中の御斎会
・奈良薬師寺の最勝会　　等の大法会を示す。
○弥勒菩薩は今兜率天《とそつてん》にあるが、五十七億六千万年（五十六億七千万年ともいう）の後にこの閻浮提《えんぶだい》に下生して竜華樹の下で成道し、そこで三度大衆のために法を説くといい、その説法の会座《えず》を竜華会、竜華三会、竜華三処、弥勒三会、慈尊三会などという。また弥勒仏を供養する法会、および灌仏会を竜華会ともいう。
・兜率天：この地上世界からはるか上方にある天の一つ
・閻浮提：娑婆世界の古語。現世のこと
・竜華樹：華の枝は竜頭のようであり、樹の皮は宝竜のようであるといわれ、タガヤサンに似た金糸桃系の喬木であるという
　※タガヤサン……マメ科の高木。東インド地方の原産。夏純白または鮮黄色の大形の花を開く。材質は硬い

2　弥勒三会の暁を待つ

「高野の森の奥深く彌勒下生の暁を待つ」
「弥勒三会の暁を待って我はこの地に留まり一切衆生を救済せむ」

とは、彼の弘法大師空海が入定の際に詠んだ歌や言葉だという。

3　弥勒三会――岡田茂吉師（明主様）の解釈

弥勒三会に対する明主様の解釈の要旨は以下のようなものである。

「弥勒三会の意味は神秘の幕に閉ざされ全然わからなかった」
「弥勒三会とは弥勒になる三身の御神魂が現世で会われること」
「弥勒三会が済むと五六七、みろくの世が始まる」

（『全人類待望の炬光　大聖観音力の顕現　併而仏説の開扉』「東方の光」三号　昭10年2月23日）

従来の仏教的解釈とは全く異なるものであり、破天荒であるとか手前勝手な自己流の用法、あるいは日本の宗教史の常識を覆すものだと揶揄される所以なのである。しかしながらこの「日本の宗教史の常識を覆すもの」とは良くも悪くも当を得た表現であり、それが真実であるとも考えている。

二千五百五十年余り続いてきた仏教が滅する時が来ているのだから、覆すことくらいはむしろ当然とも思えるのだ。

二　法・報・応の三身論

1　仏教学的解釈その他

明主様の解釈に登場する「三身の御神魂」とはいかなるものか。まずは仏教学の見地から見てみることにしよう（引用『新版仏教学辞典』法藏館版　P389）。

①「法身とは仏の内身の奥底に見出された仏が、仏である根拠としての、目に見えない理仏であって、このような法身と生身を二身という」

②「大乗仏教が興ってからは仏身論は急速な発展を見た。まず法身の内容が変って法性《ほっしょう》、真如《しんにょ》をもって法身とした。無着《むじゃく》金剛般若論に経典は即ち言語法身であるとし、これに対して修業によって証得して初めて現れる法身を証得法身と名付けて、二種法身を説いているのは両様の法身を次第のように並べ示すものである。このような大乗になって初めて真如の理体を法身と呼んだが、さらに生身を応身（梵語：ニルマーナ・カーヤ）を立てるときここに十地経論巻三、梁訳摂論巻下などに説かれている法報応《ほっほうおう》の三身論が成立する（後略）」

等々、ここにあげたものの六倍もの記述が延々と続くのだが、これを読んでも仏教学を専門的に学んだことのない私にはさっぱり意味がわからない。自分で十分に理解した上で要旨をまとめて書きたいのだがその時間も惜しい。そこで解説編序章で取り上げた『岡田茂吉研究26』（世界救世教いづのめ教団発行　1998年8月23日）から再度引用させてもらうこととする。

「まず第一に法身や応身の用い方、法身とは密教における宇宙真理＝法《ダルマ》の本体身としての法身・大日如来を指す。また応身とはその法身が歴史的に化現した姿としての釈迦牟尼仏を指す。そして報身は法蔵菩薩としての発願修業を経て、大慈悲の発現者となった阿弥陀如来を指す。これが仏教史における常識的法身・報身・応身の三身論の用法である」

これならばまだ比較的すんなりと理解できる。箇条書きにすると次のようになるだろう。

法身——大日如来
報身——阿弥陀如来
応身——釈迦牟尼仏

それでは前著で「宗教的な慣用語法を無視した、いささか手前勝手な自己流ともみえる」と揶揄されている、明主様の「三身論」を見てみよう。

2　明主様（岡田茂吉師）による解釈

◎**法　身**

「水の働きのみで、彼世のことが主である。この世の救いより霊界、即ち浄土へ救うのが眼目である。阿弥陀は西方へ浄土を作って、仏すなわち覚者となったものを我方へ来るようにと釈迦に誓った。よく寂光の浄土と言うが寂光とは寂しい光すなわち月の光で月の霊界である」

◎**報　身**

「地になるから下であるが、ある場合は上になることもある。それは観音や阿弥陀を生んだから母ということにもなる、親が子を生むというが、子が親を生むともいえる、つまり子が出来てはじめて親という名が生まれる」

◎**応　身**

「一番お働きが大きいんで、三位の働きを一身でなさるのである。応身とは種々の面に応ずることで一つものに捉われない、それで六観音三十三観音に化身されるのである」

（『妙智之光』「地上天国」3号　昭24年4月20日）

仏教史の常識的な解釈とは全く異なっている。しかし私が求めている「三身の弥勒」や「弥勒三会」は、仏教の常識に沿ったとか学問の体系が整っていることが重要なのではなく、いかに御浄霊の本源に関わっているのか、ひいてはそれを知ることによっていかに御浄霊の力が強くなるか――その一点だけなのである。

人間を心身ともにあらゆる束縛から解放し、真に自由無碍、安心立命の境地まで向上させ、応身の働きができる人間となる御浄霊を目指しているのだ。そのためには御浄霊の創始者である明主様の御論文や御講話を拝読し研鑽することこそが重要なのだと考えているのである。

人間を心身ともにあらゆる束縛から解放

①病気の苦しみからの脱却
②心配執着の境地から抜け出る
③争いを嫌い平和を好むようになる
④自他共に幸福になる智慧が湧出する
⑤人間性の向上

三　三身の弥勒の御神魂

「三身の弥勒」に関しては御講話（昭26年11月26日）で次のように明言されている。

◎報身弥勒――稚姫君尊――釈迦牟尼仏――出口なお
◎法身弥勒――神素盞鳴尊――阿弥陀如来――出口王仁三郎
◎応身弥勒――伊都能売神――観世音菩薩――岡田茂吉

1　報身弥勒――出口なお

まずは報身弥勒とされる大本教教祖、出口なお刀自から見てみよう
出口なお刀自が稚姫君命であるということは、『大本神諭』第二巻P173―174に記されている。

「もったいなくも天照皇大神宮どののお妹ごの精霊《みたま》ともうすのは、稚姫君命と申してこの世になればニどめの世の立替えのご用いたさなならん因縁の分霊であるからそれで苦労がながいのだぞよ。

この稚姫君命のおり、天の規則をそむきしその因縁で死にかわり、生きかわり、死にては責めにあい、この世へきては責めにあいいたしてきて、こんどこの世でゆるしてもろうて二度目の世の立替えのご用いたして結構になる因縁の身魂に天からこしらへてある身魂であるぞよ」

稚姫君尊とは釈迦の御魂であり即ち報身弥勒である。つまり刀自が報身の弥勒になられる身魂であることを明示しているのである。

では、なお刀自が神憑りとなられた日付や御歳が、報身の弥勒となられるにふさわしい数字となることを見てみよう。

◎神憑りの日付から見た報身弥勒

明治25年旧正月5日（新暦2月3日節分）に、地の神国常立尊が出口なお刀自にお憑りになられた。御歳55歳であった。この数字を数霊で見てみると……

・明治は日と月＝神《カミ》が治めるの意、二五は足して七になる（七＝土）
・正月は始まりを示す　松の世の始まり
・五日は火の燃える経を示す　開祖は経糸といわれる
・新暦の二と三は足して五となる、旧暦の五日の五が重なると五五、五×五で二十五
・御歳五十五歳も五が2つあり、五が重なって五×五で二十五

二十五は法華経の二十五品で観音普門品である。観音様は花でいえば梅に喩えられる。なお刀自が神憑りとなった時、第一声は「三千世界一度に開く梅の花」であった。

梅は〝産め〟に通じ、万物は土から産まれる。大本教では土を薬にして使用したこともあり、土を崇め「お土様」と呼んでいたこともあった。土は地になり土の働き、地の働きである。五六七と書いてみろくと読む。七は土であり、土――地――七である。

つまり報身は七・土・地の弥勒なのである。

2　法身弥勒――出口王仁三郎聖師

王仁三郎聖師が天の弥勒であるということはなお刀自ご自身が述べている。その際の描写を出口和明著『いり豆の花』（八幡書店刊）P697から引用する。

「『先生（王仁三郎聖師）がみろくさまやったでよ』そして深い溜息をついて直は言ったという。『先生はみろくの大神さまじゃと神様がおっしゃる。何度お訊きしても同じことじゃ。あたしは今の今までどえらい思い違いをしていたのじゃで』

やっとそれだけ言うと直は今出たばかりの墨色乾かぬお筆先を澄（大本教二代教主　筆者註）の手に

渡した。

『みろくさまの霊はみな神島へ落ちておられて、坤の金神どの素盞鳴尊と小松林の霊がみろくの御霊《みたま》結構な御用がさしてありたぞよ。みろくさまが根本の天のご先祖であるぞよ』（中略）出口直八十一歳の時しるす（大五・旧九・九）」

王仁三郎聖師は雅号「瑞月」をお持ちであり、瑞の御魂と称し水のお働きである。水は横に流れるから緯のお働きである。開祖様（なお刀自）の経糸に対して緯糸に喩えられるのである。ご性格も自由奔放であり大乗的であった。

また、聖師が素盞鳴尊の御魂であることについては、『大本神諭』第一巻P174に

「上田喜三郎（王仁三郎の青年時代の名）の身魂が素盞鳴尊の分霊であるから、この大本へ引き寄せて教祖海潮といたしてこの大もうなおん役がさしてあるのだぞよ」

と明示してある。

生年月日と年齢が示す弥勒については、大本信徒連合会の出口信一氏より「聖師様は五十六歳七ヶ月の誕生日が昭和三年三月三日である。弥勒である証だ」と教わった。これはその後取り寄せた『弥勒下生　出口王仁三郎』（あいぜん出版）の巻頭にも

「生誕の明治四年旧七月一二日より数えて五十六歳七ヶ月の吉日にあたる昭和三年三月三日（旧二

月一二日）に『弥勒下生』を宣言した」

と明記されている。それらの数字が示す事柄について考えてみると

・昭和三年の三に月の三を加えて六、日付の三を加えると九となる。

〝三六九〟これは緯のみろくである

・その日がちょうど五十六歳七ヶ月の誕生日であった。〝五六七〟は経のみろくである

図に示したのが次のものである

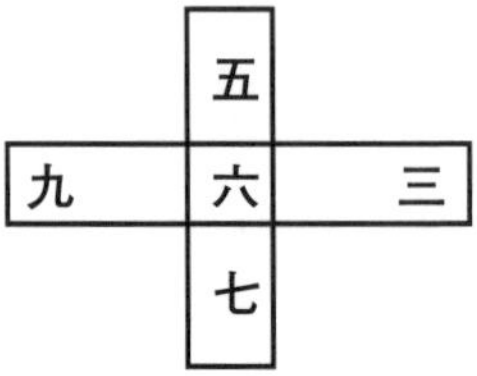

生年月日と御歳が三六九、五六七でぴったりと符号する

ということはやはり大きな神秘であるとしか言いようがない

「みろく様」と讃仰される所以であろう

しかしながら経緯を結んだ真ん中は六の数である。六は水の働きであり、みろく様といっても「六のみろく」となるのである。

即ち　六―月―水―天の弥勒……法身の弥勒である。

出口王仁三郎聖師は近代日本が産んだ世界的スケールの大宗教家であり、大霊能者であった。しかし当時の日本は国体護持のために神道が半ば国教化された思想統制状態にあった。従って聖師はこれに歯向かう国賊の汚名を着せられ、大本教は大弾圧を受けて壊滅状態となった。聖師ご自身も七年にわたる長期間獄に繋がれることとなった。出口王仁三郎という稀代の宗教家に対する世評は専ら奇人、変人、あるいは怪物視するようなものであり、まことに残念でならない。聖師の主張するところを当時の為政者が多少なりとも理解することができたならば、無謀な戦争は回避され敗戦の憂き目も見ることもなく、物質と同時に生命をも大切に考える人の多いような、もう少しまともな日本となっていたのではないかとも思われるのである。

◎出口王仁三郎の「弥勒三会」論

ここで、王仁三郎聖師の説く「弥勒三会」論を見ておこう。

・ミロク三会　（『水鏡』　P3　出口王仁三郎著　昭3年6月）

「天のミロク、地のミロク、人のミロクとそろうた時がミロク三会である。天からは大元霊たる主神が地に下り、地からは国祖国常立尊が地のミロクとして現れ、人間は高い系統をもって地上に肉体を現し、至粋至純の霊魂を宿し、天のミロクと地のミロクの内流をうけて暗黒世界の光明となり、現、幽、神の三会を根本に救済する暁、すなわち日の出の御世、岩戸開きの聖代をさしてミロク三会の暁というのである。要するに瑞霊の活動を暗示したものにほかならぬのである。天地人、また法身、報身、応身のミロク一度に現れるという意味である。法身は天に配し、報身は地に配し、応身は人に配するのである。昔から法身の阿弥陀に報身の釈迦、キリストその他の聖者が現れたけれども、いまだ自由闊達進退無碍の応身聖者が現れなかった。（後略）」

・王ミロク様　（同著　Ｐ５）

「天のミロクは瑞霊であり、地のミロクは厳霊であり人のミロクは伊都能売の霊であり、この三体のミロクを称して王ミロクというのである」

天のミロクは瑞霊《みずのみたま》の王仁三郎聖師であり、地のミロクは厳霊《いずのみたま》の直刀自であることはわかる。しかし「人のミロクは伊都能売の霊」とあるが、これはどなたになるのであろうか。王仁三郎聖師ははっきりと仰られていない。

応身弥勒については次のように説かれておられる。

・応身弥勒は米の種のようなもの　（『出口王仁三郎著作集』第一巻　Ｐ309）

「応身弥勒は米の種のようなものであります。此籾を苗代に蒔いて、そうして草を取る、それから田に植えつけてまた草をとり、水を注ぎ、稔った後は、稲を刈り、稲木にかけ、臼で引く。そうして俵に詰める。此処迄するのが応身の働きであります」

「応身弥勒とは米の種のようなもの」という王仁三郎聖師のお言葉に関して、実際にそれを伺ったという話を聞いたことがある。これについて次に紹介する。

3　王仁三郎聖師による岡田茂吉観

応身弥勒即ち明主様の解説に入る前に、法身弥勒である出口王仁三郎聖師が明主様（岡田茂吉師）をどのように見ておられたのか、この辺を知っておきたいと思う。

A　浜辺の砂の中のダイヤ、米俵の中の一粒の種　（平10年12月22日）

平成10年頃、私は東京都浜松町で月一回「真農医業講座」なる講習会を開いていたが、その講座に参加していたK女史が大本教信者であった。大本教の教えについて詳しく学びたいと常々思っていた矢先のことだったので、その伝《つて》で東京礼拝所の月並祭に案内してもらったのだった。これが大本信徒連合会の出口信一氏の知己を得るきっかけとなった。

平成10年12月22日（何度目の参拝かは失念）の参拝の後、直会《なおらい》（食事を共にすること）で、隣席になったOさんという上品な婦人との会話の中で、自分がかつて世界救世教の信者であったことを告げると、私の顔をじっと見つめ、一息つくと

「私は主人共々大本教の熱心な信者であったことから、大本教の大幹部だった伊藤栄蔵先生が自宅（神奈川県平塚市）に度々立ち寄られました。その際に伺ったことですが」

とおもむろに話を始めたのだった。これは大事なことを聞かせられるに違いない、そう感じて急いで手帳を取り出し、一言一句聞き漏らすまいと耳を傾けた。

「聖師様（出口王仁三郎聖師）が岡田さん（明主様）は浜辺の砂の中に埋もれるダイヤモンドだ、米俵の中の種になる一粒の米だ、と仰ったことがあるそうです。聖師様は大本教が大弾圧を受けることを察知しておられたので、その難を逃れさせるためにわざと岡田さんを離反させたような気がする、と伊藤先生は仰っていました」

王仁三郎聖師は入牢中に精神的、肉体的に言語に絶するような苛酷な拷問を受け、これによって宗教的生命が絶たれ、寿命も縮んだと言われている。元々身体が丈夫でなかった明主様が戦前の官憲に囚われるようなことがあったなら、戦後の宗教的救済活動を起こすことはできなかったであろう。昭和25年の18日間拘留された時ですら、苛酷な取調べを受けたことで頭が混乱、身体も極端に衰弱してしまわれた。これが結果的に明主様の寿命を縮めたのではないかと言われていることから考えると、前述の伊藤

先生の推測も当を得ていると思われるのである。

明主様は「私を産んでくれたのは大本教である」と仰っておられるから、王仁三郎聖師ご自身がそのことを知らないはずもなく、ご自身が産んだ「救世の玉」であり種籾を、無理解な当時の為政者に踏み躙《にじ》らせてはならないとの御心から「離反させた」と考えられるのである。

B　常盤の松の陰にお在せり

聖師様の御歌集『東の光』に、次のような御歌が出ている。

伊都能売の　聖観音の御面は　慈悲そのものの姿なり　（『東の光』P534　昭6年6月）

・伊都能売神と聖観音は同一神仏であることを示されている（この見解については明主様独自のものであると考えている救世教信者のため、あえて付記しておく）

救い主　いま伊都能売の観音は　常盤の松の陰にお在せり　（『東の光』P589　昭5年12月）

・常盤の松とはいつも青々として大地に根を張っている松のことであり、「松で治める」「松の世」との言葉から見て大本教を意味している。松は言霊学上「待つ」である。

即ち、救い主である伊都能売の観音は「常盤の松＝大本教」の陰に隠れて待っていると読み取れるのである。救い主が大本教の陰に隠れて待っておられるのは何も霊界や天上界の話ではなく、現界でのことだったのだ。

王仁三郎聖師は重大な意味を秘めた御歌を遺しておられたのである。と言うよりも、それらは単に御歌や祝詞の類として軽く読み流すだけでは何ら意味がないのだ。何世紀に一人出現するかという大宗教家が遺した言葉として、真剣に拝読、研鑽して検討しなければならないものなのである。

御歌集『東の光』での明主様に関する御歌は右記の二首以外にも多数見受けられたが、今回は字数の都合で割愛する。

次に紹介するのはこの御歌集以外にも明主様に関する御歌があったと思われるという記事である。明主様の側近者であった井上茂登吉先生が教団機関誌「地上天国」58号に、「瓢箪」の筆名で寄せられた文章である。

・『神の国』（大本教機関誌）昭和二年二・三月号

「先生（王仁三郎聖師）が発表されている三十数首の和歌を御覧になられた明主様は驚かれた。それは一見殊更変わった点も見出せぬ普通の歌ながら、その内面には明主様が神から示された神秘がありやかに秘示され、明主様でなくては誰人がみても分からぬように歌い込まれていたからである。それは詠者である出口先生としても神から思い浮かばされるままを和歌にされたものであって、明主様のお分かりになる神秘な事柄など恐らくご存じなかったであろう。（中略）これも明主様のために御神示の裏付けとして示された奇《く》しびな神業であったのである」

大本教機関誌「神の国」は手元にないので、機会を得て問い合わせ、拝読してみたいと考えている。

C 「お守りやおひねりをつくってもよい」

明主様が大本教にご在籍の頃、一支部長という立場でありながらお守りやおひねりを作って信者に与えていたことが教団全体の大問題となったことがあった。熱心な信者である青年が刃物を持って「止せ」と迫ったが、明主様は「止すことはできない」と断ったため、刃傷沙汰寸前になるということまで起きた。結局王仁三郎聖師の裁断を仰ぐこととなったのだが、聖師曰く「それは信者としてはできない。ワシでさえできないで、三代にやらしたのだが、けれどもあんまり目立たないようにやってくれれば良いだろう。目立つようにするとワシが皆にせめられて困るが、これから皆が欲しがるならやっても良いが、目立たない様にやって呉れ」と答えたため、事なきを得たのだった。

この顛末が書かれた昭和27年10月1日の御垂示（「御垂示録」14号　P12―13　昭27年10月15日）にはその後、明主様のこのような御言葉が続く。

「聖師様という人は、私が只者でないということは分かっているのです。だから私が行くと必ず送ってくるのです。信者を送るということはないのですから、送るというと面倒臭いから……近侍の者が四、五人はいますから……『いま散歩に行こうと思っていた処だから』とか『私は一寸何処《ちよつとどこかしこ》に用事があって、いま行こうと思っていたから』とか、そう言って送って呉れたものです」

王仁三郎聖師は明主様以前の「岡田茂吉」という人物をこのように観ておられたのであった。

D「王仁三郎聖師が見出して呉れた」（「地上天国」40号 P16）

これも明主様の側近者であった岡庭真次郎氏が、機関誌「地上天国」に寄せた文章の抜粋である。

「……大本教の宣伝ビラを御覧になられて、講演会を御聞きになられて益々興味を覚え、終に綾部迄御出掛けになられて出口王仁三郎師に御面会の段取とはなられたのでありました。明主様を御覧に成ると出口師は『岡田さん、あんたがねえ、假にコップに水を入れ、是が薬だから飲めと言えば、それが薬になるんやぜ』と、流石当代としては一流の霊格者たる出口師、遂に明主様の大神格者で在らせられる事を即座に見抜かれたのであり、明主様も此時ハッとされ、此處に於て御確信を得られたので有りますから『出口師は私（明主様）を見出して呉れた恩人だ』との御言葉を御伺い致し、宜なる哉と感じたのであります」

以上、出口王仁三郎聖師による明主様（岡田茂吉師）観の一端を四例ほど紹介した。

4　応身弥勒——明主様（岡田茂吉師）

前置きが長くなったが、本題の応身弥勒と明主様との関係についての解説を始めよう。

明主様が応身の弥勒であることは既述の通りだが、それでは岡田茂吉という人物が何時どの時点で応身弥勒となられたのか。

繰り返すが大本教開祖の出口なお刀自が報身弥勒となられたのが明治25年2月3日節分で御歳五十五歳、出口王仁三郎聖師が法身弥勒となられたのが昭和3年3月3日、御歳五十六歳七ヶ月であった。お二方は神様の御魂であるといわれるだけあって、弥勒になられるに相応しい御歳と年月日が重なっている。それならば明主様もまた応身弥勒となられたに相応しい御歳と年月日があったのではないかと考えられた。

しかしながらこの点に関してはそれまで深く研鑽していなかったため、またも一から調べ直すこととなった。『岡田茂吉全集』の索引集から「弥勒」の項目を引き出しては拝読したのだが、応身弥勒になられたことに関してはほとんど記述が出てこないのだった。

『地上天国』誌の古い版や、その他応身弥勒に関連がありそうな文献を多々調べた結果、やっと自分なりに納得の出来る答えを見出すことが出来たのだった。

明主様が応身弥勒となられた（と考えられる）御歳とその日付を、引用と解説をまじえて述べてみよう。

明主様の側近者であった井上茂登吉先生が「瓢箪」の筆名で、明主様が応身のお働きをなされておられることを述べた文章を「地上天国」誌に寄せられていた。まずはこれを見てみよう。

・応身の弥勒（「地上天国」22・61号）

①「堅苦しい説教的要素は些かもなく、爆笑と楽しみの裡に不知不識あるがままの真諦と真理を会得せしめ、魂を向上せしむるのである。そこに言霊の妙用があるのであって、これこそ応身の観音のみがなされる御働きであって、真の大乗にして初めて可能の業と言わねばならない」

②「古来の聖賢が或る高さの真実を見た時蹶然《けつぜん》と起って熱烈な革新的主張を世に叫んだように、直に一派を立て独自の新宗教活動をお始めになったのではなかった。寧ろ大本の神として応身せられ（註……明主様はその頃大本教信者であった）（中略）神様らしく見せられるような風は微塵もなさらぬのみか、偉くみせぬようにお努めになってる如く乍らも自から何か計り知れぬ権威を発せられているのを感ぜられたが、実に平々凡々どんな人にも応身せられて心から安心と喜びを与えらるる……堪らなく慕わしく有難い御方とのみ思われた（後略）」

①の書かれた時期から見ると、昭和五年には既に応身のお働きをなされているようにも考えられる。

昭和5年と言えば「最初の偉い神様が御降臨」（『御講話』昭10年10月6日）になられておられることもあって、前項「弥勒下生」を執筆していた当時までは、この「最初の偉い神様が御降臨」されたことによって応身弥勒となられたのではないかと考えていた。

しかし、本項（「弥勒三会」）を執筆している段になって、「〝最初に御降臨になられた偉い神様〟は弥勒として下生されてはいるが、弥勒三会に関わる応身の弥勒であるとはいえないのではないか」と考えるようになったのである。むしろ昭和十年十月十日に御降臨された〝大きな神様〟こそが応身の弥勒なのではないか——このような仮説を立てた上で再度著述集や御講話録を拝読したのであった（〝大きな神様〟と天照皇大御神、大聖観世音、聖観音、観音については「大聖観世音」の項を参照のこと）。

以下の抜粋A～Eを見てもらいたい。

A「それで教祖の父と聖師の母との間に生まれたのが私になるわけです。ですから私が伊都能売というわけで、経と緯を結んだ真ん中が私になるのです。教祖のほうは経ですから霊になり、聖師のほうは緯だから体になり、それで霊と体を結んで力が生れるのです。力というものは、霊体一致、霊体が結んで力を発生するのです」

（『御教え』昭29年2月5日「御教え集」31号 P19 昭29年3月15日）

B「今年の十二月二十三日には、私は満五十三歳になります。伊都能売の大神は五三でありますが（後略）」

（玉川郷秋季大祭御講話　昭10年11月11日）

C「五の弥勒即ち観音様はお一人で六と七とのお働きをされるのでありまして、六の弥勒七の弥勒は、それ丈の限られた働きでありますが、観音すなわち五の弥勒は六七共兼ねられてのお働きでありますから自由無碍如何なる活動力をも発揮されるんであります」

（『真のミロク——大光明世界の建設』「光明世界」二号　昭10年3月4日）

D「今後の十年十月十日にも、このとき発表できればしますが、やはり大きな神様が御降臨になる」

（「御講話　宝山荘」昭10年10月6日）

E「上野毛ということは髪の毛のことで、これが最高の神で、髪の毛の上にのる王冠と同じ意味（後略）」

（「御講話　宝山荘」昭10年10月6日）

A～Eを読んで考えてみた結果、明主様が弥勒三会の応身弥勒となられたのは**御歳五十三歳**の時、日付は**昭和十年十月十日**であるとの結論に到った。その根拠を述べてみよう。

①「大本教から生まれた」ということであるから、生まれたと思われる日を調べてみると、昭和九年九月九日になる。
明主様の部下数名が起こした騒動（昭和九年九月九日）が発端となって大本教を脱退することとなるのだが、これが即ち「大本教から生まれた」ということになる。脱退届の日付こそ九月十五日となっているが、人間ならさしずめ役所に出す出生届のようなものだろう。教団を脱退し独立することにより御自身の思い通り、自由無碍の高い境地で応身の御働きによる御神業が可能となった、と述懐されておられる。（『重大な経綸』「観音講座　第六講座」昭10年9月5日）
なお、この時の御神魂が伊都能売神でもある。（「御教え集」31号　昭29年3月15日）

②明主様五十三歳、五三はいづのめである。いづのめの御働きが応身である。昭和十年十月十日に御降臨になられた神様は大きな神様とされておられることと、伊都能売の大神とされておられることにも通じる。

③五の弥勒は応身弥勒である。六、七の法身、報身の二つの弥勒だけで大きな御働きができるということは「大きな神様」の証明でもある。

④「大きな神様が御降臨になられた」その日付の数字を並べてみると

・「昭和十年十月十日」は十が三つ重なり三十となる
・三の字の中に十をはめ込むと〝王〟の字となる
明主様が大本教から生まれたこととなる「昭和九年九月九日」から「昭和十年十月十日」までを数えると十三ヶ月と二日になる。
・十三も十と三を合わせて〝王〟の字となる　〝一〟は始まりであり、二は陰陽である
・霊と体にもなり、結べば力が発生することとなる
つまりここでも、〝王〟となる大きな神様が御降臨になられたことを示されているのである。

⑤髪の毛は言霊学上から言えば「神の毛」であることから、最高の神様や王冠が載るところである。ということは大きな神様が御降臨になられたものと思われる。大きな神様と仰っておられるのは、天照皇大御神の直接の御分霊である大聖観世音ではないかと考えられる。しかしながら大聖観世音は仏界の最高位に御在《おわ》し、そのままの御位ではなく、位を一段下げ（〝大〟の字を外し）た聖観世音として御降臨なされておられるのである、との考えに到った。

聖観音――――（霊）
伊都能売神――（体）
→ 明主様五十三歳　―　応身弥勒

よって、明主様が弥勒三会の応身弥勒となられたのは**御歳五十三歳**の時、日付は**昭和十年十月十日**である、と結論付けた次第である。

以上、三身の御神魂が弥勒になられたことについて述べてきたことを図に現したものを次に示した。これを元にさらに解説を続けよう。

5　法・報・応：三身の御神魂（図解）（図16）

稚姫岐美尊―**釈迦牟尼仏**―七・地の弥勒―出口なお刀自
（霊で印度へ）　土・地　**明25年2月3日・55歳**

神素盞鳴尊―**阿弥陀如来**―六・月の弥勒―出口王仁三郎聖師
（霊で印度へ）　水・天　**昭3年3月3日・56歳7ヶ月**

伊都能売神―**観自在菩薩**―五・日の弥勒―岡田茂吉師
（現身で印度へ）　火・人　**昭10年10月10日・53歳**

天照皇大御神―大聖観世音―聖観世音

弥勒三会
報身弥勒
法身弥勒
応身弥勒

明主様の御神魂は伊都能売神であり、大きな神様（天照皇大御神の御分霊である聖観世音）が御降臨になられたことによって、応身弥勒になられたのであると解釈される。他の二神、即ち稚姫岐美尊の御神魂である出口なお刀自や、神素盞鳴尊の御神魂である出口王仁三郎聖師の場合、いかなる神的行為があって弥勒となられたのか現時点ではわからない。しかしながら、ここまで長々と説明してきた経緯により「弥勒三会が成就した」のであると確信している。

弥勒三会が成就したことにより、五六七――みろくの世になる準備が整ったことになるのである。明主様は敢然と立ち上がり、みろくの世、地上天国建設を声高らかに宣言なさり、救世の一大神業に邁進なされたのであった。

人類史上他に類を見ない程の奇蹟を現して多くの人を救い、地上天国、弥勒の御世の設計図である『文明の創造』なる御書を著し、天国の雛形を建設されるという大神業を遂行され、御昇天なされたのであった。

しかし解説編序章でも触れたが、「私（明主様）のことは世界中の一人もわかる人間はいない」と仰っておられているように、遺された御論文、御光話集を何度拝読してもわからないことだらけなのである。わからないが故に明主様御昇天後は、御在世当時のような大神力が顕現されていないのである。これは以下の文からも伺える。

「今まで何億という人類が拝んできたキリスト、釈迦を私が助けたというのですから〝そんな人間が現われる事はない、頭がどうかしている〟と言うかもしれません。あなた方は不断から知っているでしょうが、それを〝これだ〟という所までゆけば、魂がすっかり固まったのですから、そうするとそれによってその人の力が強くなるのです。それこそ私の代理として立派に力をふるい、仕事が出来るわけです。だから今言った事をよく心に入れて大いにやってください」

（「御教え集」33号　P34—35　昭29年4月12日）

とあるように、明主様のことをわからせてもらうようになれた人にして、はじめて力がつよくなるということである。裏を返せば、これがわからなければ浄霊の力も強くはならないということである。弥勒神業に生命を賭ける者として、わからない、理解できないなどと言ってはおれないのである。

四　弥勒三会の真意とは

1　大弥勒之神の誕生

弥勒三会というのは何か途轍もなく重大な意味があるのだろう、という思いが（漠然とはしながらも）常に心から離れなかったのである。それは前述したように、弘法大師空海ほどの大覚者が涅槃（死）とは言わず、決死の覚悟で入定する際に「弥勒三会の暁を待つ」と言い残しておられるからでもある。

御浄霊の本源に関し、この弥勒三会が如何なる意味を持ち関わりがあるのか、それも深いところまでは正直わかっていなかった。この項の草稿がほぼ書き上がって整理していた矢先、「弥勒三会は大弥勒之神になる」という考えが突然浮かんできたのだった。これを確認するため、大弥勒之神に関する項を再読、検証した。以下に列挙する。

◎大弥勒の神とは（御講話　昭25年8月1日）

「経綸の主体は大弥勒の神で、この神が経綸の中心である。キリストや釈迦もぜんぜん判らぬ。必要だけのことしか判らぬ。神秘である。最高の神でも判らぬ」

◎三位一体の力を具有

（「全人類待望の炬光　大聖観音力の顕現　併而《あわせて》仏説の開扉」『東方の光』三号　昭10年2月23日）

「次に釈尊は説いて曰く、末法仏滅の世となれば、其の時弥勒出現して茲にミロクの世が成就するという。これは法滅尽経及び弥勒出現成就経等に詳しく出ておるから瞭《あきら》かであるが、畢《つい》に其の時期が到来したのであって、其の弥勒の本体こそ之又観世音菩薩であられるのである。それで弥勒と称えても三弥勒在られ、昔から報身《ほうしん》、法身《ほっしん》、応身《おうしん》弥勒と申上げているのである。報身は釈迦であり、法身は阿弥陀であり、応身は観音である。また日月地《じつげっち》に配すれば日が観音であり月が阿弥陀であり、地が釈迦である。（中略）又之を三尊の弥陀とも称え基督教で三位一体と称えるのもこの事である。（中略）而して此の三位一体の力を独り具有され、大千世界の最後的救済を為さるのが、観世音菩薩即大弥勒之神の御活動で被在《あら》せらるるのである」

弥勒三会は法・報・応の三神の弥勒が会われることであり、それを三位一体とも言う、とここで明言されておられる。

「三位一体の力を独り具有され」というのは、法・報の二身の弥勒が応身の弥勒に合体された状態を示している。応身の弥勒とは単純に観世音菩薩ということではなく「大きな神様」といわれた天照皇大御神の直接の御分霊である大聖観世音が（「大」の御文字を外され、分身霊仏の聖観音となられて）御降臨された御神魂である。そこに法身、報身の弥勒が合体されたことによって、「三位一体の力を独り具有され」たということになったのである。

弥勒三会を経て三位一体となったことにより、単なる観世音菩薩でもなければ、応身弥勒だけにもとどまらないこととなった。言うなれば「大弥勒之神の誕生」であり、これこそが弥勒三会の持つ重大な意味なのである。

大弥勒之神という神は今日まで存在していなかった。初めてその名を聞く人は戸惑うかもしれない。「神などというものは人間が勝手に想像の中で作り出した幻影に過ぎない」と、散々言い古された言葉をまたも持ち出してくる人もいるだろう。しかし私の場合、御浄霊という神力が如実に顕現していることをつぶさに見せつけられている以上、神の実在を否定することはできないのである。

御経綸の中心であり主体である大弥勒之神であるが、では如何なる御経綸をなさるものなのか、現時点では全くわからない。「キリストや釈迦もぜんぜん判らぬ。(中略)神秘である。最高の神でも判らぬ」と仰っておられる以上、それが当然なのかもしれない。大弥勒之神による御経綸がどのような形で現れるのか、それをただただ楽しみに待ちつつ、自らがそこにお使い頂けるような身魂と身体であるよう、精進し続けるのである。

主神　　**神界（表現神）**　　**仏界（表現仏）**　**・独り具有**

天之御中主神——天照皇大御神——大聖観世音—聖観音＝＝応身弥勒 ←（法身弥勒・報身弥勒）

主の大神　　　　　**夜の時代御出座**

※大弥勒之神誕生は昭十・十・十と考えられる

三尊の　弥陀の御力一つ身に具《そな》へ　御救《みすく》ふ聖観音かも

（『三尊の弥陀』「讃歌集」Ｐ31　昭23年7月1日）

この御歌の意味がようやく納得できたのだった。

２　御浄霊力の増大と弥勒三身／三会論

◎「馬も食わぬ豆」（『二宮金次郎』和田傳著）

二宮尊徳の指導方法についてこんな逸話がある。尊徳が相馬藩に乞われて財政建て直しに従事していた折、藩内の秀才と呼ばれていた富田久助（後に高慶）という若い武士に対しての話である。

「富田、あんたはなかなかの学者じゃが、『豆』という字を知っているか」

言われた久助は面喰ったが、心では少しむっとしていた。しかしそこは素直に
「はい」

「では書いてごらん」

尊徳はそこにあった筆と紙をつき出したので久助はますます驚いた。人をばかにしていると思ったが、仕方がないので彼は渋々『豆』の字を書いた。

尊徳はにこにこしながら、

「さすがに学者の筆だ。みごとなものじゃ」

そんなものをほめられても一向うれしくもないので久助は黙っていた。すると
「富田、しかし、この豆は馬が喰うかな」

と尊徳が言い出した。咄嗟の問いに久助は答えられなかった。これは一体どんな意味なのだろうかと考えて込んでいると
「富田、わしの『豆』はこれだよ……これなら馬が喰うぞ」

と尊徳は片手を突き出して見せた。掌の中には大豆の粒が握られていた。

「な、富田。これなら馬が喰う……あんたの豆はいかに見事でも馬は喰わないよ」

久助は尊徳の問いの意味を解し
「はい……ありがたい教えでございます」
とその大豆の前に両手をついたのだった。

この当時の彼らにとっては、天保の大飢饉に見舞われ窮乏した相馬藩の財政を立て直すための方策――即ち実効性のある学問が必要であり、尊徳先生はそれを富田久助に説いたのであった。実利を伴わぬ知識や学問は紙に書いた豆の「字」に過ぎず、当然馬も喰いはしない。そんなものでは危急の場の役には立たぬという意味であった。

※無論、すぐに実効性のない学問や研究が全て意味のないものであると批判するものではない。真理の探究等や先進的な研究等、後の世に役立つこともあるので、単純な考えから必要性の有無を決められるものではない。〝浅薄な〟知恵では判断できないのである。

◎どちらが「馬も喰わぬ豆」か

三身の弥勒の解釈については既存の仏教学の方が「はるかに論理が整然としているので優れている」「今日では常識となっている」等々言われても、御浄霊業に徹している私にとっては、その理論が御浄霊力の発現につながらないのであればそれこそ「絵に描いた餅」「馬も喰わぬ豆」なのである。

二千数百年の歳月を費やし、仏教の碩学者達が傾注して構築した弥勒三身論や弥勒三会の理論が自分の意向や現在ある立場に適合しないからと言って、役に立たぬ座学の喩えである「馬も喰わぬ豆」になぞらえるのは言い過ぎかとも思うし、実際に無礼千万な物言いかもしれない。しかし、私には（仏教史や仏教学理論からは著しく逸脱したと言われる）明主様の弥勒三身／三会論の方が遥かに理解し易く、納得が行くのである。その上理解が深まるにつれて、最も肝要である御浄霊の効果が顕著になっていくのである。「御浄霊が効く」ということが何よりも理論の裏づけとなるものであり、さればこそ「馬も喰わぬ豆」の逸話をここで引用したのである。

と同時に、このような「御浄霊の本源を考える」と称した長々しい文章が御浄霊や御神業にとって一体どれほどの役に立つのかと訝る方々にも、これが果たして「馬も喰わぬ豆」なのか、はたまた実効性のある学問＝智識であるのかを考えて頂く機会でもあると考える。

この章を熟考しながら執筆した事による最大の収穫は「大弥勒之神誕生の発見」であった。

御経綸の中心である大弥勒之神が御出座しなさることになれば、地上天国、弥勒の御世建設に向けて一層拍車がかかり、御浄霊の力も増大していくことになるであろうと確信し、病なき世界も実現可能となるのである。

第十一章　現象弥勒

はじめに――木之花咲爺姫の所在

木之花咲爺姫は富士山に祀られている。図に示すと次のようになる。

伊都能売神　（神界の奥）
↓
霊――富士山　兄之花咲爺姫（神界の表）
↓
霊――富士山　木之花咲爺姫（仏界）

木之花咲爺姫は仏界を救済する御役で誕生された姫神であるが、仏界で御働きの際は観音の名称になられるのである。これらについて次項で詳説することとしよう。

◎木之花咲爺姫は「霊の〝霊〟」「霊の〝体〟」の両方がある

・「霊にもやはり霊と体があり（伊都能売神の　筆者註）霊は木之花咲爺姫尊で」

（『御教え』昭23年10月28日「御光話録」1号　P10　昭23年12月8日）

・「伊都能売大神は龍神になり霊は富士山頂に（兄花咲耶姫の守護神久須志神社）、体は琵琶湖で」

（『御教え』昭23年2月28日「御光話録」P17　発行年月日不明）

・「やはり霊にも、霊と体があり、霊は富士山の木之花咲爺姫尊で体は琵琶湖におり」

（『御教え』昭23年10月28日「御光話録」P159　発行年月日不明）

とあるように御講話で三度「霊の〝霊〟」であると仰られている。しかし、

・「霊でも霊と体がある。霊の体の方は木之花咲爺姫で、そうして富士山に祀られている」

（「御講話」昭26年9月21日）

と仰られている箇所がある。木之花咲爺姫は伊都能売神の霊の〝霊〟と〝体〟、何れが本当なのであろうか。

理由として考えられるのは次の３つの何れかであろう。
①その時の都合で霊の霊、霊の体と表現された
②全て御講話であることから、速記者が聞き違えたか記録違いをした
③印刷の段階で間違えた

この真偽について確かめたのは平成14年に福岡県にある晴明教本部を訪ね、当時会長を務められていた谷川晴通先生にお会いした時であった（「第三章　天照皇大御神」Ｐ118参照）が、その際にこの点も含めていくつか尋ねてみたのである。

「伊都能売神の霊の霊、霊の体」に関しては、「速記録は全て清書して提出し、明主様がお目を通しておられていたので、間違っている箇所はないものと思っていた」とのことで、詳しいことはわからなかった（その他質問した事柄についてはその都度触れることとする）。信徒数万人を擁する教団の会長職ともなると運営に関わる仕事が主とならざるをえず、じっくりと御神書を拝読したり考えたりする時間はなかなか取れないとのことであった。

（温和な親しみのある立派な方であったが、谷川先生は惜しくも平成15年にご逝去なされた）

さて、木之花咲爺姫が伊都能売神の霊の〝霊〟なのか、霊の〝体〟なのかという問題であるが、これがはっきりしないとどうも先へ進めない。そこでこの件に関する箇所を何度も拝読してみると「霊の〝霊〟」とは、昭和23年2月28日、および同年10月28日の御講話で仰られている。

一方「霊の〝体〟」とあるのは昭和26年9月21日の御講話（↓Ｐ356）である。この違いは一体何なのか。このまま研鑽を続けていけば必ず納得できる解答が得られるであろうと考えていた。

そうして後日、兄之花姫神と木之花咲爺姫の御本体や御働きの相違点について、改めて考えてみたのだった。

「兄之花姫神は神界のお働きで伊都能売の神になる」

（「立春祭御教え」昭和29年2月6日『御教え集』31号　Ｐ22　昭和29年3月15日）

ということはそのまま頷くことができるのだが、それでは木之花咲爺姫の御本体はというと、これがまたどうもはっきりしないのである

①木之花咲爺姫の御本体は伊都能売神

（「立春祭御教え」昭29年2月6日『御教え集』31号　Ｐ22　昭29年3月15日）

②木之花咲爺姫の御本体は思兼尊　（「観音講座　第三講座」昭10年8月5日）

さて、どちらが御本体になるのであろうか。

①については、

「木の花咲爺姫は仏の働きだからして最初インドに出られたわけです」
（「立春祭御教え」昭29年2月6日　「御教え集」31号　P12　昭29年3月15日）

とあることから結びつく。これについても霊の〝霊〟、霊の〝体〟ということを念頭に置かなければならない。

伊都能売神が日本の霊界の神界をお守りするために兄之花姫神となられておられることは前述した通りだが、「最初インドに出られた」ということは神界におられる兄之花姫神の御役ではなく、仏界を救済なさるために兄之花姫神の分身として木之花咲爺姫を造られたのではないかと考えられるのである。特に今日までは仏界の経綸の方が重要であったからである。これはインド＝蔭土であり、仏界に通じる意味を持つこともある。

それでは②についてはどうだろうか。御釈迦様となられた稚姫岐美尊（後述）は思兼尊（別名豊雲野尊）の霊統であり、思兼尊のご主人は国常立尊である。大本教のお筆先には次のようにある。

「直の御魂は半分が国常立尊であり、半分が稚姫岐美尊である」つまり御釈迦様の仏界での御働きを助けるために思兼尊が木之花咲爺姫となられたのではないかとも考えられるのである。

――即ち、両方のケース共に十分考えられるのだ。

それではこの①、②両方が共に当てはまるように考えてみてはどうだろう。即ち、思兼尊の木之花咲爺姫（霊の〝体〟）に、伊都能売神の霊の〝霊〟である兄之花姫神が力を与えるため、その分身である木之花咲爺姫（霊の〝体〟）を造られて合体させておられた――つまりここでも霊の〝霊〟、霊の〝体〟の概念である。図示すると次図のようになる。

図17　木之花咲爺姫の御所在

① 伊都能売神（霊）―（霊）兄之花姫神 ― 神界の観音
　（霊）玉屋観音
　（体）木之花咲爺姫 →

合体 ― 仏界で観音として御働き

② 思兼尊（豊雲野尊）―（霊統）― 稚姫岐美尊
　← （霊）木之花咲爺姫
　（体）釈迦

御本体と相違点が、図にすると明らかになる。

昭和23年10月28日の御講話では木之花咲爺姫が「霊」となっている。一方、昭和26年9月21日の御講話では、霊の〝体〟の方は木之花咲爺姫となっている。「霊と体」との関係のみならず、「兄の花」と「木の花」の区別もどうもはっきりとしていない。これについては御講話の中で「兄の花」と「木の花」の双方ともが「このはな」と読まれていることもあって、速記者が聞き違えて記録された箇所も少なくないのではないかと（かなり強引ではあるが）考えておくにとどめた。

従って、図では伊都能売神の霊の〝霊〟が兄之花姫神であり、昭和26年9月21日で仰られた木之花咲爺姫は兄之花姫神の分霊の〝体〟であると理解し、納得した次第である。

※木之花咲爺姫が〝仏界の観音〟であることについては解説編「第四章　大聖観世音」で詳説。

一　雲上観音御尊像御来迎

昭和54（1979）年秋の彼岸の頃であった。明主様御在世当時、救世教の大幹部であったN氏の使いであると言ってYさんという人物が尋ねてきた（事情により匿名とする）。持参していたのは真新しい紫の風呂敷に包まれた太長い箱状のものだった。（明主様の御光筆ではないだろうか）そう直観し、白手袋をはめて包みを解くと桐箱があり、蓋の表には「雲上観音図」の箱書がある。蓋の裏を見ると「昭和二十一年夏」「自観」と書かれ、落款は「東山荘主」であった。一礼して床の間にお掛けして頭を垂れ、おもむろに頭をあげてしばし拝観させていただいた。畏みてありがたく頂戴することにし、御礼数百万円（当時）は近日中に用意することを約束した。だが無論当時の私には数百万円という多額の金は貯えているわけもなく、近いうちに入ってくる目処もない状況だった。迷った挙句友人のS氏に相談し、「雲上観音図」を彼に一時的にお預けすることにして御礼分の金額を用立ててもらうことになった（S氏については後述）。この年9月30日のことである。

翌年、お預けしてからちょうど一年が経った頃のことだった。「不思議な写真が撮れた」とS氏が次の3枚の写真を持って訪ねて来た（カラー口絵参照）。

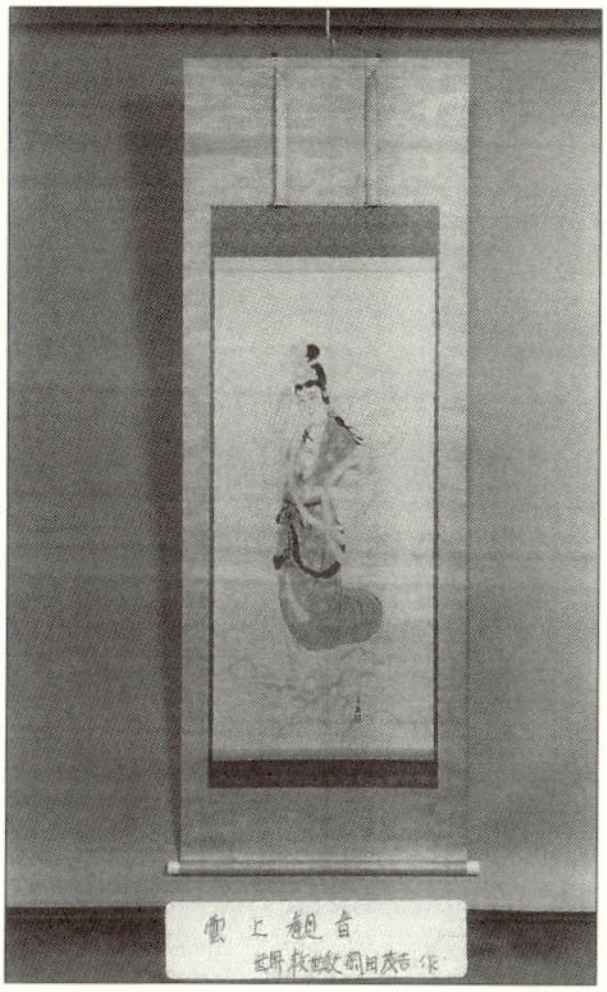

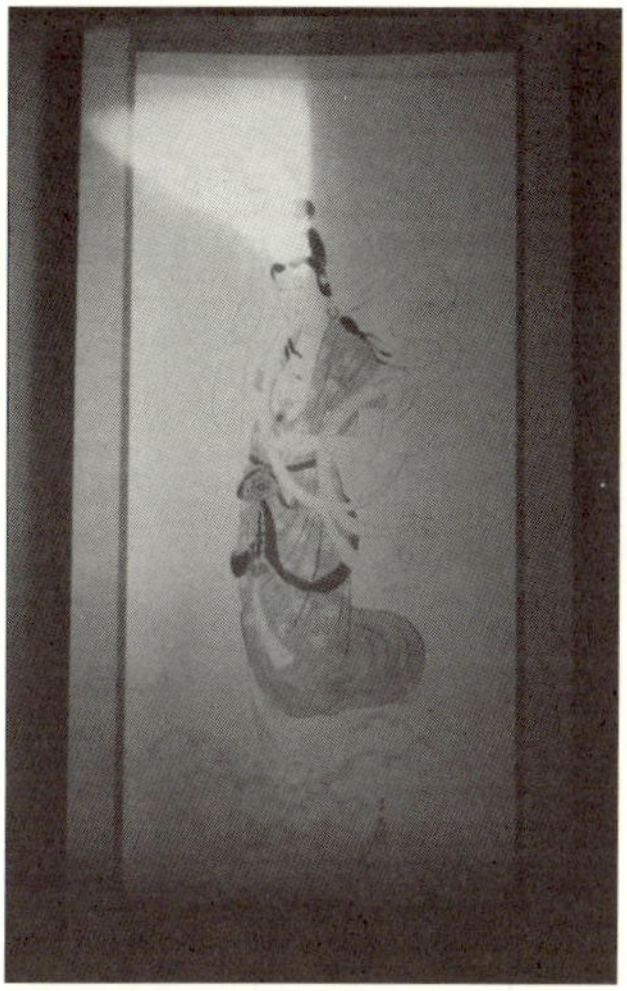

①雲上観音御尊像の写真　前年に私がお預けしたもの
②雲上観音御尊像より御神光らしきものが写った写真
――御尊像を撮影していたら②の写真が撮れたのだという
・撮影日時　昭和54（1979）年11月
・撮影場所　静岡県富士宮市上井出（神伊出か？）
　　加藤光男先生宅

前述の加藤先生である。私がお宅に伺ってご指導を受けていた（昭和38年）頃は中井出というところにあった普通のお宅であったが、その後救世教改革派に所属してから盛り返し、上井出という地に寺のような大きな邸宅を構えられ、多くの信者が集まって教会のようになっていた。S氏もそちらに時々伺っていたので、御尊像を持参して信者さんにお参りをしてもらい、その後撮影したというのであった。

②の写真はあたかも、雲上観音様が眉間から御神光を放射しながら天降るかのようだった。このようなことが現実に起こることがあるのだろうか、と疑いつつも背筋に光を感じながら拝見していた。素人が普通のカメラで撮影しただけのこ

とだから、現在とは違い写真に細工やごまかしの施しようがない。

兄之花姫神が鎮座まします霊峰富士山を北東に望む富士宮市上井出の地に弥勒様が下生なされたのだろうか——一瞬そんな風にも感じられたが、神界の秘事とも考えられる故、それ以上の意味を探るのは止めておいた。するとS氏が「不思議な写真が撮れた雲上観音様なので再度写真に収めておきたいと思って撮影したのがこの写真」と取り出してきたのが写真③であった。

③雲上観音御尊像

・撮影日時　昭和55（1980）年9月2日
・撮影場所　静岡県清水市興津中町中北　日光堂写真館

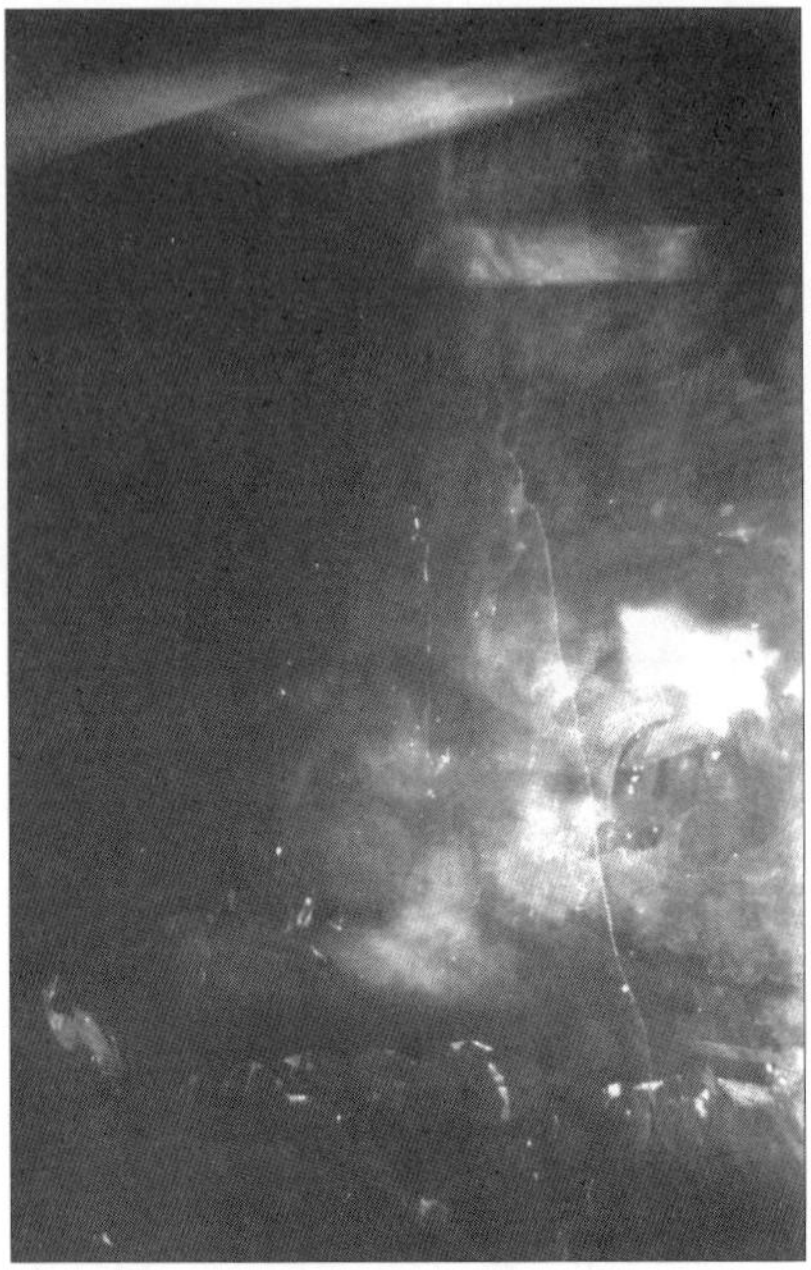

◎仏界の暗幕が開いた

薄暗い空間に掛けられた軸が強い風に煽られ真横に舞い上がっている。数千年間暗幕に閉ざされていた仏界の幕がサッと引き上げられ開け放たれたのか。

まず目につくのが、写真中央にある、光を放つ大きな目玉である。龍の眼球であろうか。

やや中程には弥勒菩薩と思しき仏様が古めかしい袈裟を身にまとい、左手に錫杖、右手に持っているのは托鉢であろうか。怪しげな姿で立っておられるように見える。左側には羅漢らしき者も小さく見える。下方には屈強そうな僧侶が驚いたような表情を浮かべて上方を指差している。真っ暗で何も見えなかったところへ急に光が射し込んで明るくなり、弥勒菩薩様が居られるのを見て仰天しているのであろうか。

数百年も経たような古色蒼然とした漆の中に嵌め込まれた螺鈿の須弥壇が底光りをしている。古い古い仏界が写ったようにも考えられるが、このような不可思議な写真が撮れるものだろうか。これを見てすぐ思い浮かんだのが次の御歌である。

胎蔵界　出でます弥勒を只管に　待ちあぐがるる諸天善人　（『金剛胎蔵』「讃歌集」昭23年7月1日）

金剛界に　弥勒下生を待ち望む　諸善諸佛や八百万神　（同）

これはまさに弥勒下生である。昭和5年の時は霊界の神界のことであったが、今回は現界に起きたことであり、現象の弥勒なのではないだろうか。これは重大な意味があるのかもしれない……しかし当時の自分にはそれ以上のことは考えが及ばなかった。時が来ればその意味について深く考える機会があるかもしれないという予感を覚えつつ、ただ「うーん」と唸りながら写真を拝見していた。するとS氏はさらに一枚の書付のコピーを取り出して私に見せたのだった。

④警視庁科学写真班による写真鑑定書

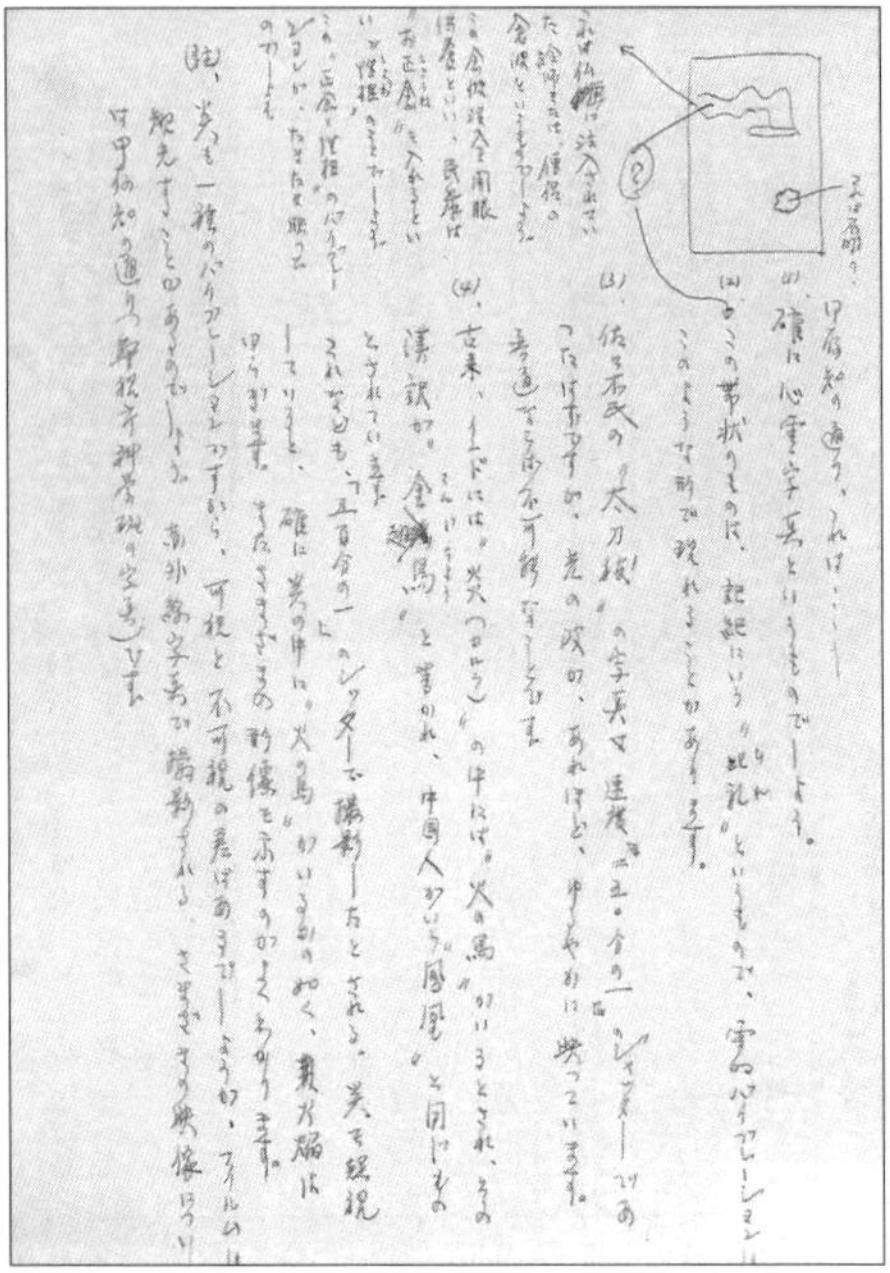

心霊（神霊）写真だという類のものは私自身も数多く見せられた経験があるが、大概は偽物もしくは撮影ミス等の結果であり、信をおけるものは滅多にない。稀に霊が写ったものと思われるものであっても、霊層界の低い——大半は地獄の霊であり、浮かばれない寂しい顔や恨みのこもった顔であったりする。

それらと比較すると今回のは非常に珍しいばかりでなく、重要な意味が含まれているように思われた。その上、当代随一の科学の殿堂である警視庁科学写真班までもが「これは心霊写真である」と太鼓判を捺してくれたのだから、何の疑念も持つことなくこの写真の真の意味について考察することが可能となったのである。

しかし当時（昭和55年頃）は己の考えに今一つ確信が持てずに、救世教の長老であった某先生をはじめ先輩諸氏の考えや意見を求めようとし、テレビに時折出演していた霊能者を尋ねたことすらあった。それでも心底納得できる答えは得られなかったのだった。

◎弥勒下生祭

（註　この部分の草稿は平成16年5月4日深夜～5日未明にかけて書いたものである）

弥勒下生の日は昭和5年旧5月5日である。新暦ではその年の6月1日にあたるが、現在の暦では旧暦がほとんど記載されていないことや、旧暦の日付をいちいち新暦に直していると毎年違う日になってしまうこともあるため、現行暦での5月5日に『弥勒下生祭』を執り行うこととする。今年は準備段階であり仮祭典である。来年より本祭典を行うこととする。

明日（0時を回っているので今日か）の祭典終了後に、本源講座の弥勒下生（解説編）について話をすることになっている。草稿がほぼ書き上がったので目を通し、さらに弥勒下生、現象の弥勒、現界の観音のお働きをされている国常立尊がメシヤとなって御降誕された日等々を並べて書き出してみると、何とも不可思議な数字が浮かび上がってきた（↓次項）。時計を見ると午前2時を回っていた。

二　弥勒下生の「数字」

①昭和5（1930）年旧5月5日

神界での観音の御役をなされていた兄之花姫神が、弥勒となられて下生された日

②昭和29（1954）年6月5日

国常立尊がメシヤとなられて明主様の御肉体に御降臨なされた。即ち現界へメシヤが下生なされた

日である（国常立尊の霊が霊界で閻魔大王となり、その半分の霊が現界の観音であるということについては「御光話録」30号〔昭23年5月8日〕を参照）。

③昭和54（1979）年11月

雲上観音様が眉間から御神光を放射されながら天降った

④昭和55（1980）年9月2日

雲上観音様が暗闇の仏界を照破した日である（詳細は後述）。仏界に光を齎したのは木之花咲爺姫なのである。なぜなら木之花咲爺姫は仏界で観音の御役をなされておられたからである。

以上で神界、仏界、現界で観音の御働きをされておられた兄之花姫神、国常立尊、木之花咲爺姫がすべて下生なされたことになるのである。このことが今後どのような形で現界に反映してくることになるのか、刮目すべきことである。もしかするとそれらは活眼を越えた真眼でなければ見えないことなのであろうか――それでは困るのだ。誰の目から見てもわかるようなことであってほしいのだ。

それでは実際に如何なることが起こると考えられるのか。先に挙げた数字を表にまとめてみよう（次頁表2）

表2

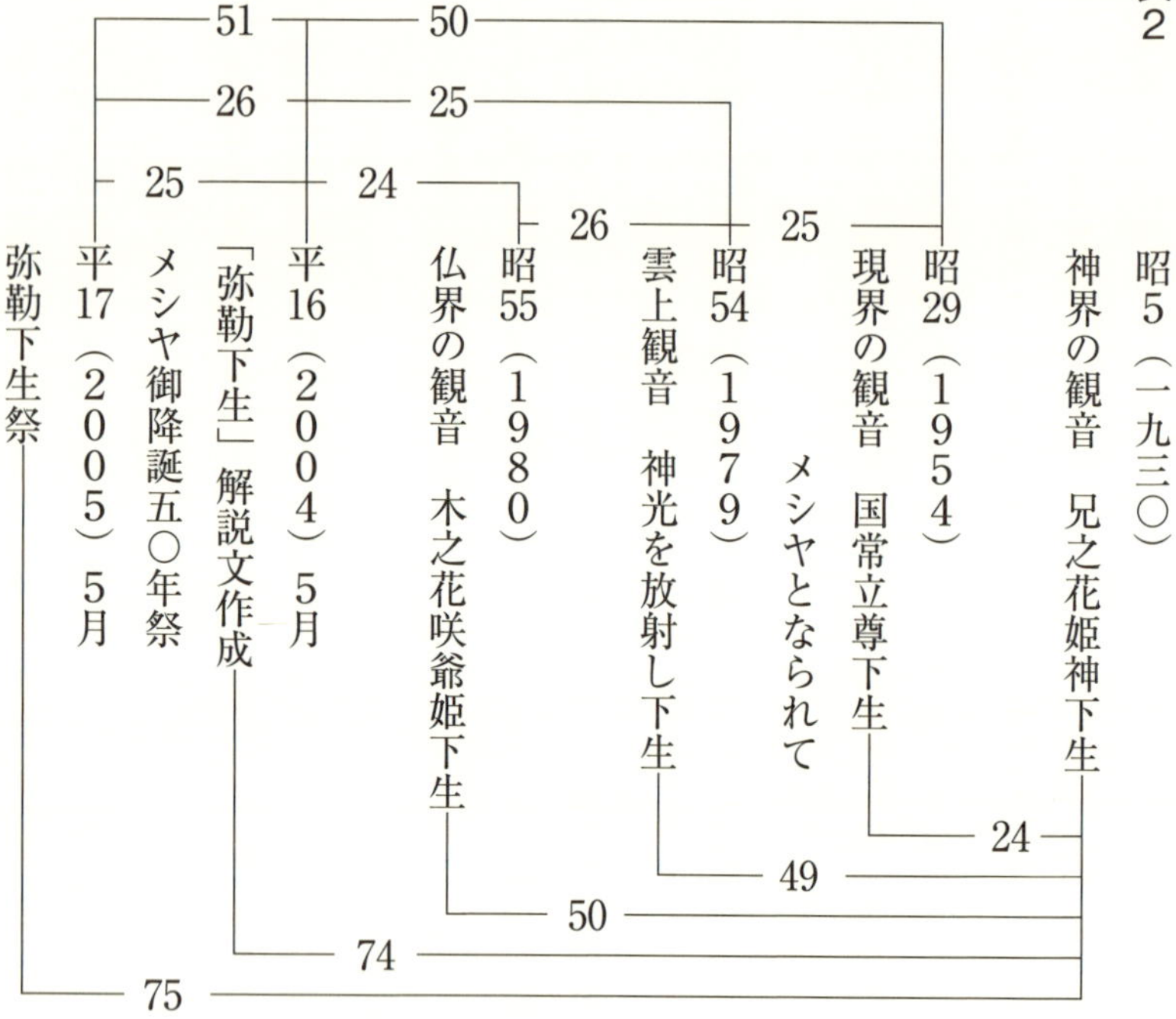

昭5（一九三〇）
神界の観音　兄之花姫神下生
昭29（1954）
現界の観音　国常立尊下生
メシヤとなられて
昭54（1979）
雲上観音　神光を放射し下生
昭55（1980）
仏界の観音　木之花咲爺姫下生
平16（2004）5月
「弥勒下生」解説文作成
平17（2005）5月
メシヤ御降誕五〇年祭
弥勒下生祭
51
50
26
25
25
24
26
25
24
49
50
74
75

これを四段階に分けて順に解説していこう。

①神界の観音の御働き

昭和五（一九三〇）年の、神界の観音の御働きである兄之花姫神が神界に弥勒となられて下生された年から数えて

・現界の観音の御働きである国常立尊がメシヤとなられて御降誕（昭29〔1954〕）されるまでの期間が24年間

・雲上観音様が御神光を放射されながら天降る（昭54〔1979〕）までが49年間

・仏界の観音の御働きである木之花咲爺姫が仏界に光を齎した（昭55〔1980〕）までに50年間

・「弥勒下生」に関する項目の解説執筆（平16〔2004〕）までに74年間

・来年（平17〔2005〕）の5月5日、弥勒下生祭並びにメシヤ御降誕本祝典を挙行するとして、これまでが75年間　（各々の数字の意味については後述）

②現界の観音の御働き

昭29（1954）年、現界の観音の御働きである国常立尊がメシヤとなられて御降誕なされたこととは、即ち現界にメシヤが下生なされた年である。この年から数えて

・雲上観音様が御神光を放射されながら天降られた（昭54〔1979〕）までが25年間

③仏界の観音の御働き

現界にメシヤが下生なされた年（昭29〔1954〕）から数えて
・木之花咲爺姫が仏界に光明を齎した年（昭55〔1980〕）までが26年間
・本年（平16〔2004〕）までが50年間
・来年（平17〔2005〕）までが51年間

④現象の弥勒（雲上観音天降る）

昭54（1979）年、雲上観音様が天降られた年から数えて
・本年（平16〔2004〕）までが25年間
・来年（平17〔2005〕）までが26年間

神界経綸が現界・仏界へ移写する期間

前掲の図中、最も興味深い数字は〝49〟と〝50〟である。昭和五（一九三〇）年、神界の観音である兄之花姫神が弥勒となられて下生されてから49年後の昭和54（1979）年、雲上観音様が御神光を放

射されながら天降られている。その翌年、つまり昭和55（1980）年、数千年間暗闇に閉ざされていた仏界の幕が開け放たれ、光明が齎された。これが50年後ということになる。

神界経綸が現界や仏界に移写されるまでに半世紀もの長い期間を要するということは、人間の寿命に比較するとずいぶんとかかるものだと改めて思い知らされる。しかしここで思い出されたのが、例えば人間が亡くなってから49日間が現界での最後の修業期間であり、50日目にして霊界に帰還することができるという。〝49〟〝50〟という数字自体意義深いものがあるとも思われる。三千年間という長年月の夜昼転換が行われるのであるから、49年、50年という準備期間もまた当然のことと考えられるのである。

数字（数霊）から読み解く「現象弥勒」

図中の数字を見てみると〝25〟が3つ、〝50〟が2つ、〝75〟が1つある。その他の数字についてもこれらの3つの数字の何れかと1違いのものである。ここでは数字の持つ意味から弥勒下生や現象の弥勒について考察を試みてみよう。

◆25（24、26も含む）

法華経二十五品（25番目の意）が観音普門品であり、経文の中では最も重要とされている。御浄霊に関してもそれは同様であり、二十五品ということにも符合する。

人間25歳ともなれば一人前として認められ仕事ができる年齢でもある。繰り返しになるが25（24、26も含め）という数を図中からもう一度拾い上げてみる。

昭和5（1930）年〔内容は図参照〕　昭和29（1954）年まで24年間
昭和29（1954）年〔内容は図参照〕　昭和54（1979）年まで25年間
〃　昭和55（1980）年まで26年間
昭和54（1979）年〔内容は図参照〕　平成16（2004）年まで25年間
〃　平成17（2005）年まで26年間
昭和55（1980）年〔内容は図参照〕　平成16（2004）年まで24年間
〃　平成17（2005）年まで25年間

◆50（49、51も含む）

かつて人間の寿命は五十年と言われたが、孔子は「五十知命（齢五十にして自らの宿命を知る）」と言い、五十歳代は最盛期でもある。五は火の意味であり、勢いよく炎が燃え盛る意味でもある。出づる――即ち「世に出づる」意味でもある五に、結ぶ意味を持つ十が重なるのであるから、五十とは五の意味が形に現れる意味である。

次にあげた事柄の関係性も、この数字の解釈に基くとなるほどと頷けるのである。

昭和5（1930）年〔内容は図参照〕　昭和54（1979）年まで49年間
〃　昭和55（1980）年まで50年間
昭和29（1954）年〔内容は図参照〕　平成16（2004）年まで50年間
〃　平成17（2005）年まで51年間

◆75（74も含む）

七は「成る」で地成る、地盤成就であり、旧約聖書では天地が七日で完成した、とある。物事が成就する意味を持つ数字である。

十は前述のように「結ぶ」であり円満具足である。これに「出づる」の五が重なるのであるから、大変重要な意味を持つ。

昭和5（1930）年〔内容は図参照〕　平成16（2004）年まで74年間
〃　平成17（2005）年まで75年間

この七十五年間、特に今年と来年には重要な意味が多く並んでいるということは、深く考えさせられるものがある。結果に於て御浄霊の力が増大されることになると確信しているのである。

三　現象の弥勒は木之花咲爺姫か

昭和54（1979）年11月、雲上観音様が眉間から御神光を放射されながら天降られたのだが、この観音様に憑られた神魂は木之花咲爺姫なのではないかと考えるようになった。それに至った経緯は以下の通り。

①兄之花姫神は神界の観音の御役であり、既に弥勒となられて昭和5（1930）年に下生されておられる。

②昭和五（一九三〇）年7月22日、明主様御一行が富士登山をなされたその数日後、当時明主様のお住まいであった大森の松風荘の応接間に、木之花咲爺姫と思しき高貴な姫君が御礼に見えられたと霊視した者がある。（「東方の光」（上巻）P307　世界救世教刊　昭56年12月23日）

このことを当初は兄之花姫神と一体になられて松風荘に留まったのではないかと考えていた。しかしながら次の③の内容によって、木之花咲爺姫は富士山へ御戻りになられたものと考えたのである。

③眉間から光を放っておられる写真だけであれば、それが木之花咲爺姫の御神魂であると考えるまでには至らなかっただろう。だがその翌年（昭55）に撮影された写真――仏界の暗幕が開け放た

れ光明が齎された写真を見せられるに及び、木之花咲爺姫に結びついたのだった。なぜならば木之花咲爺姫は仏界の観音であり、仏界に光明を齎す御役に相応しいと考えられるからである。

御浄霊の本源図に登場されておられる神々は全て天降り下生されておられるが、木之花咲爺姫ただ御一方だけが図の中に止まっておられたのであった。木之花咲爺姫は仏界を救う御役目であるため、兄之花姫神が下生なされた後も五十年間、時期が到来するのを待っておられたのであった。静岡県富士宮市上井出に天降られた後も現界に関わりのある仏界救済のために活躍されておられたのである。仏界があらかた救われるか消滅するか、その時まで御役は続きそうである。そして最後に至り、兄之花姫神と一体となられるのである。

東海の　芙蓉の嶺に時待ちし　兄之花姫は観音なりける

（「東方光」『東方の光』3号　昭10年2月23日「東方の光」『光明世界』2号　昭10年3月4日）

東海の　芙蓉の嶺に時待ちし　木の花姫は観音に在せり

（「金剛胎蔵」『讃歌集』P23　昭23年7月1日）〔詩④357〕

やはり、木之花咲爺姫は後から御降下されると考えられるのであると推測される。

遺憾なく　準備が成れば　出る弥勒
（『明光東京支社第五十八回』昭7年7月27日〔未発表〕）

準備とはこのことであったのか、あるいは他に準備すべきことがあるのであろうか。

四　灰燼に帰した現象弥勒の館

雲上観音様が眉間から御神光を放射なされて天降られた、富士宮市上井出（神伊出か）の加藤光男先生の館は、30年近く前に火災によって灰燼に帰している。加藤先生については前述しているがここでもう少し触れておくことにする。富士宮市上井出の地は北東に富士山を大きく望む場所であり、途中に人家が無ければ裾野続きに山へとつながる場所である。館は堂々たる造りの建物で寺院造りであった。竣工式典には二百名以上の信者が参集して盛大に執り行われた。20代後半に御指導を受けていたこともあり、御礼の意味も兼ねて一時間以上話をさせていただいた。昭和51年のことである。神床には二代様（世界救世教二代教主）ご揮毫の「大光明真神」が奉斎されていた。広々として天井の高い広間や客間には明主様御光筆の偏額が数多く掲げられ、書棚にも明主様の御神書や御光話集、「光」「救世」「地上天国」といった教団初期からの新聞や機関誌がびっしりと並び、そばにも積み重ねられていた。先生の長年のご苦労が報いられて本当によかった——と喜びながらその日は帰ったのだった。

それからしばらく経った昭和56年春、前出の神秘な写真（雲上観音様）が撮れたため、再度御自宅を訪問した。加藤先生は生気が無く右肩が盛り上がり、右の首の付け根から耳の辺りまで少し腫れている様子で、顔も幾分黄ばんでいた。明らかに黄疸症状の一歩手前である。「脳溢血の前兆ですよ、右の肩から後頭部にかけて御浄霊をたくさんいただかなければ」と申し上げたところ「最近は（身体的に）楽をしているので太ったんだろう。日本人は黄色人種なんだから少しくらい黄色いのが本当なんだ」と、病気や御浄霊については自分の方が先輩なのだからよく知っているよ、とでも言いたげな口ぶりだったので、それ以上は何も言えなくなってしまった。神秘な写真についても何ら聞くこともないまま下がるしかなかった。

それから間もなく脳溢血で倒れ即入院となったが、十日ほど後に亡くなったとの知らせを後で聞き、焼香に伺った。先生が亡くなられた後は、腕利きの大工だった長男が布教所を引き継ぎ、「門前の小僧習わぬ経を読む」の喩えの如く采配を揮っていた。その姿に何となく危ういものを感じ、型通りの挨拶を済ませると早々に席を辞することにした。帰りは長男の奥さんが私の（当時の）住まいであった南足柄までの長距離を、二時間かけて車で送ってくれたのだった。

それから三年程経ったであろうか。原因は聞いていないが突然の火事によって全焼したということを人伝に聞いたのだった。明主様の御光筆をはじめ御著書、御光話録のすべてが灰燼に帰してしまったのである（雲上観音様は撮影の時だけお掛けして持ち帰ったので類焼を免れた）。

明主様の御光筆を掲げてある場所は浄まっており、その周囲50メートルやそこらはよもや火事になるような筈はあるまいと考えていた。ましてや雲上観音様が光明を放っておられる御姿が写った場所である。火事で全てが灰燼に帰するなどということは到底考えられないはずなのである——しかし、それが実際に起こったのだった。

大奇瑞のあった館が全焼した理由について（大変難しいことであるが）考えてみよう。

①仏界消滅の型か

仏界の御働きの役である木之花咲爺姫が天降られ、仏界に光明を齎すために暗幕を引き上げてみたところ、あまりにも古めかしく昼の時代には適さないために灰燼に帰したのである（新築の館ではあったが、造りはどことなく古めかしい感のある寺院造りであった）。仏界消滅の型として例に挙げられるのが乾坤山日本寺の大火災である。昭和六（一九三一）年の御神事から8年後の昭和一四（一九三八）年、日本寺は再建不可能と言われるほどの大火災によって焼失している（『日本災害史事典』より）。（「昼夜転換」）

②神界入りすることの松明か

明主様御光筆のお守りを拝受し首に掛けていた者が死亡した場合、その者が希望していれば首に掛けさせたまま荼毘に伏してもよいとの御教えがあるが、ここから察するに、仏界におられて夜の時代の救済のために尽力された聖者、上人、菩薩、居士、禅師等が、仏界の消滅に伴い神界へと帰還されるにあたり、明主様の御光筆が松明の灯となって道を照らしたのであろうか。

③見栄や虚勢のために持つことへの戒め

明主様の御光筆をお掛けしている部屋に居るだけで病気が治ったり心が穏やかになることがある。それは明主様の御光筆からは万人を救済する慈悲の光力が放射されているからであり、それ故「万人を幸せにしたい」という浄い心でお預かりしお掛けしなければならないのである。見栄や虚勢を張るような心で持っていては御光筆自体が穢れてしまうため、灰燼に帰してしまうことがある。

等々の理由が考えられたのだが、今改めて考えてみると上記のどれもが該当しているようにも思えてくるのである。

付記　日光堂写真館

仏界の暗幕が開かれた写真が撮影された写真館である。静岡県清水市興津中町（当時）にある。

S氏がなぜこの写真館を選んだのか聞きそびれてしまったが（S氏は平成13年逝去）、察するところでは当時勤務していた建設会社で、彼が所長を勤めた由比町の工事事務所から最も近い写真館だった、という単純な理由ばかりではないと思われる。

清水市興津中町の地は昭和25年6月15日、天照大御神の霊、○○○○○の神御魂が明主様の腹中に御降下なされた庵原警察署留置場の北東――即ち鬼門にあたり、「日光堂」という写真館の名称も偶然らしからぬ奇しき縁を感じさせるものがある（S氏もまたその名称に何らか感ずるものがあったのではないかとも思える）。暗幕に閉ざされていた仏界に光明を齎すため、〝日光〟堂写真館で照らし出され、はっきりと現れることとなったのであろうか。

「現象の弥勒」を記すにあたり、撮影した当時の様子を詳しく知るため、平成15年の4月に写真館に訪ねたい旨の連絡を取ったところ、新学期や花見の季節で忙しく、応対して話をする時間が取れないという返事だった。翌年2月になって再度連絡を入れてみたところ、女性が電話口に出て「父親は重度の糖尿病を患い1時間おきに透析をしている状態なので誰とも会うことが出来ない」とのことであった。十ヶ月前に電話した時には忙し過ぎるほどに動き回っていた人物が、今度は重い糖尿病で人と会うことができないというのである。ということで撮影した本人から当時の様子を聞くことが叶わなかったので、撮影の際に立ち会っていたS氏の話を思い出しながら記してみた。

第十二章　千手観音・桃太郎

本項は千手観音と桃太郎についての解説である。千手観音はともかく、おとぎばなしの桃太郎が御浄霊の本源とどう関わるのかと訝る向きもあろうが、この項を読了すれば理解されることと思う。何よりも明主様（岡田茂吉師）御自ら「私は桃太郎である」と仰せになっておられるのである。桃太郎出生については西王母と深い関係がある。西王母、西王母の園、鬼、桃太郎、千手観音、最勝妙如来と順に解説していこう。

一　用語解説

1　西王母　（『国語大辞典』小学館刊　より）

①中国西方の崑崙山に住む女神の名

「山海経・西山経」によれば人面、虎歯、豹尾、蓬髪とあるが次第に美化され、「准南子――覧明訓」では不死の薬を持った仙女とされ、さらに周の穆《ぼく》王が西征してともに瑶池で遊んだといい（「列子――周穆王」、「穆天子伝」)、長寿を願う漢の武帝が仙桃を与えられたという伝説ができ、漢代には西王母信仰が広く行われた。

②能楽の典名、脇能物、各流、作者未詳

賢者の誉れ高い周の穆《ぼく》王の所に三千年に一度咲くという桃の花を持って仙女西王母の化身である女が現れ、王の威徳をたたえて花を奉り、天に昇る。やがて西王母が侍女を従えて天下り、仙桃をささげ、舞を祝う。

2　西王母の園

西王母と、西王母が住むといわれる桃園については、出口王仁三郎聖師が『霊界物語』(大12年1月13日)の中で霊妙な筆致で描写されておられる。その部分を引用する。

言霊別命《ことたまわけのみこと》は二人を門内に待たせ置き、悠々として奥深く入り玉《たも》うた。二人は門内に佇み、園内に繁茂せる果樹の美しさを眺めやり、舌うちし乍《なが》ら頭を傾け、「あーあ」と驚きに打たれ、吐息を洩らしている。暫くすると、庭園の一方より目も眩むばかりの光りを放ち、悠々と入り来り玉《たま》う妙齢の天女があった。二人は思わず、はっと大地に蹲《しやが》み、敬礼を表した。此女神は西王母《せいおうぼ》と云って、伊邪那美尊の御分身、坤《ひつじさる》の金神であった。西王母と云うも、同身異名《どうしんいみょう》である。女神は二人の手をとり乍ら、「言霊別命の奥殿より帰り来る間、庭園を巡覧させん」と桃畑に導き玉うた。二人は恐る恐る手を曳かれ乍ら、芳《かんばし》き桃樹の園に導かれて行く。此処には三千株の桃の樹が、行儀よく繁茂している。そうして、前園、中園、後園と区画され、前園には一千株の桃樹があって、美《うる》わしき花が咲き、且《か》つ一方には、美わしき実を結んだのも尠《すくな》くはない。此前園の桃園は、花も少さく、又其実も小さい。そうして三千年に一度花が咲き、熟して之を食《くら》うものは、最高天国の天人の列に加えらるるものである。そうして此桃の実は、余程神の御心《みこころ》に叶ったものでなければ、与えられないものである。西王母は、二人に一々此桃の実の説明をし乍《なが》ら、中園に足を踏み入れた。ここにも亦一千株の桃の樹があり、美わしき八重の花が咲き充ち、又甘そうな実がなって居る。之は六千年に一度花が咲き実り、之を食うものは、天地と共に長生《ながいき》し、如何なる場合にも、不老不死の生命を続けると云う、美わしき果物である。西王母は又もや詳細に桃畑の因縁を説き諭《さと》し終って、後園に足を入れ給うた。此処にも亦、一千株の桃樹《もものき》が行儀よく立ち並び、大いなる花が咲き匂い、実も非常に大きなのが、枝も折れんばかりに実っている。此桃の樹は、九千年に一度花が咲き実り、之を食《く》うものは天地日月と共に生命を等しゅうすると云う、重宝至極《ちょうほうしごく》な神果である。西王母は、此因縁を最も詳細に、治国別《はるくにわけ》に諭し玉うた。然し、此桃の密意については容易に発表を許されない。然《しか》し乍《なが》ら、桃は三月三日に地上に於《おい》ては花が咲き、五月五日に完全に熟するものなる事は、此「物語」に於《おい》て示されたる所である。之によって、此桃に如何なる御経綸のあるかは、略推知《ほぼすいち》し得らるるであろう。西王母は、一度《ひとたび》地上に降臨して、黄錦《こうきん》の御衣《ぎょい》を着し、数多《あまた》のエンゼルと共に、之を地上の神権者に献《ささ》げ玉う時機ある事は、現在流行する謡曲によっても、略推知さるるであろう（後略）

（『出口王仁三郎著作集』第一巻『霊界物語　抄』P393―394）

3　鬼　（『神話伝説事典』東京堂出版刊　P115―116）

醜怪にして怪力ありと信じられている妖怪。（中略）「日本書紀」の鬼神《あしきがみ》・邪鬼《あしきもの》などは皇威に服しない乱人のことらしく、『万葉集』にモノと訓《よ》ませた例がある。（中略）「大鏡」の鬼は毛深く爪長く刀のような歯を持っており、『宇治拾遺物語』で爺が瘤をあずかるのは瘤取爺《こぶとりじじ》の昔話の一類型である。羅生門に出て人をとり渡辺綱に斬られて逃げた鬼や、大江山の酒顛童子などは婦女をかどわかして通行人の金品を奪う山賊のようなものであり、一寸法師の話でも鬼は打出小槌《うちでのこづち》を取られたりする。近世以降は人に似た姿に固定し、頭に角をつけ口は耳まで裂け牙を持った裸形で、腰に虎の皮をつけた怪力の動物を画く。節分の鬼やらいや郷土芸能における鬼踊りは、悪霊の代表として追放される鬼の姿をあらわしているが、奈良県吉野山下の五鬼その他のように鬼の子孫だと自称する者もあり、巨人伝説にはしばしば鬼の足あと石があるほか、九州などで正月七日の火祭りを鬼火とか鬼の骨と呼んで来訪神の性格をもち、小正月のお新木《にゅうぎ》を鬼木と呼んでいる地方も多い。また2月12月の事八日に鬼が来ると説明する地方があるのも、去来する年神の性格を妖怪ふうに説明したものと見ることができる。始めは幸福をもたらすものであったのが、早くから仏教の修正会、修二会などの考えも手伝って妖怪化されたのである。

4　桃太郎　（『神話伝説事典』東京堂出版刊　P436）

五大お伽話の一つ。昔爺婆がおって、爺は山へ薪とりに、婆は川へ洗濯に行った。婆が洗濯していると川上から桃が流れてきたので一つ拾って食べるとうまかった。爺に一つ拾って家へ持って帰り、爺と切ろうとすると中から小さい男の子がうまれた。桃から生まれたので桃太郎と名づけた。一杯食べれば一杯だけ、二杯食べれば二杯だけ大きくなった。ある日日本一の黍団子《きびだんご》を持って鬼ヶ島へ鬼退治に出かけた。途中でその団子を貰って家来となった犬、雉、猿の協力で鬼退治をして、鬼の宝物を持って帰り、一生安楽に暮らした（青森県五戸《ごのへ》）。この型の話が一般によく知られている（中略）。近世末期の江戸では桃を食べた爺婆が若がえって子供を生むととく話も行われていたらしく、赤本もこの系統であるが、近世初期までこの桃太郎の昔話は遡《さかのぼ》ることができる。桃太郎の誕生地あるいは鬼ヶ島の遺跡と称する地が木曽川畔、岡山、讃岐、紀州などにある。

5　千手観音

梵語名サハスラ・ブジャ・千の手の意訳で千手千眼観音・大悲観音等と呼ばれる。サハスラ・ブジャはシヴア神と同名でありヒンズー教から取り入れられたと言える。

千の慈手で衆生を救い十一面観音を大きく上回るパワーを持つスーパースター即ち蓮華王《れんげおう》とも呼ばれている。

ヒンズー教の影響を受けているのは十一面観音と同様であるがインドには実在しない、しかし日本では最古の観音霊場・西国三十三所では一四ヶ寺が本尊として信仰を集めており、他の霊場に於いても多数を占める。

中国・朝鮮では早くから信仰されており日本では平安時代後期には十一面観音から信仰の首座を奪う勢いを見せた。

千の手は無限を意味し全ての手に眼がつけられている、鉾《ほこ》・日輪《にちりん》・化佛《けぶつ》・宝珠《ほうじゅ》・輪宝《りんぽう》・水瓶《すいへい》・索《さく》・数珠《じゅず》等を持ち慈悲を示している、千の眼は衆生を導きかつ円満を現している。

形姿としては十一面・四十二臂《ひ》が多く、胎蔵界曼荼羅虚空蔵院《たいぞうかいまんだらこくうぞういん》の北端の像などは二十七面・四十二臂の像や葛井寺（大阪・千四十二臂）や唐招提寺（現在は九百五十三臂）の様に実際に千臂の例もある。

寺院に拝観に訪れると多くは「十一面千手千眼観音」と案内があり勘違いする拝観者を見受ける

が十一面観音と峻別する必要がある。

（「古寺散策らくがき庵」 URL：http://www10.ocn.ne.jp/~mk123456/ より転載）

6 最勝妙如来

◎観音様のことを無碍光如来とも応身弥勒ともいう（中略）応身とは、相手に応ずることで、時により、所により、人によりあらゆるものに応じ千変万化の行をするので、三十三相に化現されるというのも、応身のお働きを示したものである。（中略）観音様は一面非常に勇猛な点もあるので、最勝妙如来という御名もあり、また馬頭観音のお働きもあるが、この場合は獣になられて悪鬼羅刹を克服されるのである。

（『浄霊および信仰上の問題』「教えの光」昭26年5月20日）

◎面白いのは一昨年の五月に（中略）私が桃太郎の姿をして表で何かやっていたという夢を見られた事があります。それは桃太郎が、愈々表へ出るという告《しら》せであります。

「鬼ケ城《おにがしろ》やがて陥《お》ちなむ桃太郎《ももたろう》は最勝妙如来《さいしょうみょうにょらい》の化身《けしん》に在《ま》せば」

此歌も矢張り、桃太郎は観音様で、最勝妙如来と申し、何をされても必ず勝たれるというのであります。

（『大光明世界の実相〔五〕』「光明世界」5号 P15 昭11年1月25日）

以上、「西王母（と西王母の園）」「鬼」「桃太郎」「千手観音」に関する一般的な語句説明、および最勝妙如来に関する明主様の御論文の部分を引用したが、これを見た限りでは西王母と桃太郎は結びつかない。しかし王仁三郎聖師は、前掲した『霊界物語』の「西王母の園」の記述の中で注目すべき事を述べておられるので、それを再度採り上げてみよう。地上天国建設と御浄霊の本源に関わりがあると思われる箇所である。

二　西王母と桃太郎

◆西王母——伊邪那美神の御分身、坤の金神
◆前園の桃の樹——三千年に一度花が咲き実り、これを食うものは最高天国の天人の列に加えられる
◆中園の桃の樹は六千年に一度花が咲き実り、これを食うものは天地と共に長生し、如何なる場合にも不老不死の生命を受ける
◆後園の桃の樹は九千年に一度花が咲き実り、これを食うものは天地日月と共に生命を等しうする

……とあるが深い意味はわからない。しかしこの後に重要な事柄を述べている。

A「此桃の密意については容易に発表を許されない」とあり、「桃は三月三日に地上に於ては花が咲き、五月五日に完全に熟するものなる事（中略）此桃に如何なる御経綸のあるかは、略《ほぼ》推知し得らるるであろう」とあることからして、三月三日桃の花が咲くことと、五月五日に桃の実が実ることに対しての意味を探るとすれば「此桃の密意」なるものがわかるというのであろうか。

さらに重要と思われるのが以下の箇所である。

B「西王母は、一度地上に降臨して、黄錦の御衣を着し、数多のエンゼルと共に、之を地上の神権者に献げ玉う時期ある事は、現在流行する謡曲によっても、略推知さるるであろう」

このA、Bは地上天国建設にとっては大変重要な意味を持つ。

A　昭和三年三月三日は出口王仁三郎聖師五十六歳七ヶ月、法身弥勒となっておられる（法身弥勒の解釈は明主様によるもの）。そして昭和五年旧五月五日は明主様が弥勒となられている。三月三日と五月五日の「桃の密意」とはこのことであろうか。

B　「黄錦の御衣」や「地上の神権者」といった言葉が含まれる御歌がある。

①黄錦の　御衣の御袖を翻へし　桃奉る西王母かも　（「光明世界」3号　昭10年5月21日）

②黄錦の　御衣の御袖を翻へし　君に捧げる桃の一つ実（『桃の実』「観音会讃歌集」昭11年　未発表）

③立春の　今日の目出度き伊邪那岐の　神ゆ百の実給はりしなり（「立春祭御詠」昭26年2月5日）

この三首の御歌からみると西王母は君（伊邪那岐神）に桃の実を捧げられておられる。その桃（百とあるがこれも〝もも〟と読める）は昭和25年2月5日、立春の日に明主様が伊邪那岐神より賜ったものであろう。即ち、この桃の実とは――「明主様が桃太郎となって地上天国建設の最終的な仕上げをなさることである」と解釈できるのである。

『霊界物語』に〝地上の神権者〟とあることからして、現実の世の主権者ではなく、霊的な面での「神権者」とされておられたのである。三千年間西王母が桃の実を育てられたとは霊的なことであり、王仁三郎聖師が大正12（1923）年1月13日に言霊で発表されたことが、28年後の昭和26（1951）年2月5日に成就されていることとなる。

三　地上天国建設には重要な御役

桃太郎と千手観音は御浄霊に関して直接の関りはないが、地上天国建設にとっては最重要な位置にあって多大な御働きをなされておられるのである。

御浄霊を「本医術」と表現され、

「本医術の出現はその（地上天国建設）為の先駆であり、核心的のものである」

（『霊層界』「天国の福音」Ｐ359　昭22年2月5日）

と明示されておられることから、本源図に御登場いただいているのである。

本章は桃太郎と千手観音に関しての解説だが、私自身も千手観音、桃太郎に関する部分を拝読していても次々と疑問が湧いてくるため、答えを見出す以前に疑問点を整理する必要があった。

その際の疑問点をまとめた、次の5点について検証をすすめていこう。

①王仁三郎聖師は西王母

②私は桃太郎

③桃太郎は千手観音の化現
④桃太郎は最勝妙如来の化身
⑤桃実り神の器

①王仁三郎聖師は西王母　（「三位一体」『観音講座　第六講座』昭10年9月5日）

「西王母とは伊邪那美尊の御化身、坤の金神であった」（『大光明世界の実相』（五）「光明世界」5号　P12　昭11年1月25日）とある。これは日本の古代神話には語られていないことで、一笑に付すかあるいは「そういう説もあるのか」で済ませられれば簡単なのだが、それでは「西王母が出口王仁三郎であった」という記述をどう理解すればいいのか、御神書にある記述から考えてみたい。

明主様は「大本教が私を生んでくれた。出口直刀自は爺であり、王仁三郎聖師は婆である」と仰っておられる。これまではその御言葉について「明主様が大本教へ入信して神界の奥義を探究され、それが成就なされて大本教を離れられた」という経緯を言い表したものであろう、という単純な解釈しかしていなかった。「大本教が生んでくれた」ということの深い意味についてわかっていなかったのだ。

王仁三郎聖師が西王母で、桃太郎となられる明主様を生んだということに関して更に考察を進めてみよう。

西王母が三千年間桃の実をお育てになられた、これは霊界のことであると理解できる。

霊界での三千年間の経綸が終わり、現界の地上へ天国を建設する時期が到来したということで、主なる神は伊邪那岐神にも通じる出口直刀自（稚姫岐美尊の御魂）や、西王母にもなられる出口王仁三郎聖師をまず地上に御誕生させられ、しかる後、明主様を御誕生なされたのであった。明主様は人生の成功と失敗、病による苦難等を味わい、どん底の苦境の最中に大本教へ入信された。神界から直接明主様御自身への啓示もあったようだが、入信はそれを確認するためでもあったようである。大正9（1920）年に入信し、離脱されたのが昭和9（1935）年であるから、在籍されたのは15年間であったと簡単に書いているが、これは単に言葉や数字の話ではなく、大変重要な事柄なのである。三千年間の主なる神の御経綸が成就されるということであり、その時期が到来したということを示している。

具体的に言うならば

「現界へ『型』として桃太郎が成長し、御生誕なされる最終段階の修業期間が大本教在籍の15年間であった」

ということである。

「王仁三郎聖師が西王母である」この意味を以上のように理解した次第である。

②「私（明主様）は桃太郎」

古事記では、伊邪那岐尊が黄泉の国から逃げ帰る途中、黄泉比良坂で追っ手の魔軍に向けて桃の子を投げつけて退散させたことになっているが、このことを明主様の説を基にして解釈すると次のようになる。

天照皇大御神は夜の時代、大聖観世音と化現されておられた（「第四章　大聖観世音」参照）。後世、弥勒の御世をお造りになられるにあたって、優れた智慧や勇気を持ち、この世に必要な宝物を集めることの出来る桃太郎に育ててもらいたいと、大聖観世音が御分身を生身魂として西王母に委ねたのであった（「弥勒世界創造神御出現図」参照）。その生身魂が三千年に亘る霊界の御経綸を終えられ、大本教から明主様の御現身に御出生なされたのであった。つまり桃の子（実）とは聖観音の生身魂であり、投げつけたのではなく、託したということなのである。

それでは明主様が「私は桃太郎である」（『三位一体』「観音講座　第六講座」昭10年9月5日）との御言葉のような御働きをなされたのか、その辺りを見てみよう。

明主様は昭和10年に大日本観音会を創立されたが、当時は官憲の圧迫で表立った宗教活動がほとんど行えず、戦後になってようやく信教の自由が保障される時代とはなったが、戦後の混乱期で物資が極度に欠乏し、誰もがその日一日を生きることで精一杯でもあった。そのような時代にありながら数年にして信徒数十万人という史上稀に見る宗教団体となったのである。短期間で莫大な資金が集まり、箱根、熱海、京都の景勝地を購入され、その地に地上天国の雛形を建設し、数多く蒐集された国宝や重要美術品を収蔵するための美術館をも造られたのだった。それらの美術品の殆どは、かつては特権階級の人間が蔵内奥深くに持ち、一握りの人間だけが目にすることのできるものであった。それが広く一般に公開され誰もが鑑賞できるようになったということは、桃太郎の御働きによるものであると理解できるのではないだろうか。

③「桃太郎は千手観音に化現」

「千手観音であることの証明」の項に、

「私というものを職業別にすれば宗教家、政治、経済、教育の研究家、文筆家、文明批評家、特殊医学者、歌人、画家、書家、建築設計家、造園業者、農業者、美術音楽批評家等々実に多彩である。千手観音は手が四十本あって、一本の御手が二十五種の働きをされ、合計千本の御手によって凡《あら》ゆる救いをなされるというから、私は千手観音の働きを神様からさせられているのではないかと常に思っている」

（『私の観た私』「自観叢書」第十二篇　P67　昭25年1月30日）

とあるように、明主様は超人的な御働きをなされておられる。二十年間の宗教活動の期間に数多くの書画（御光筆）を御揮毫され、三十数巻に及ぶ全集に見られるような膨大な数の御著述、御歌、そして御光話を遺された。その他地上天国の雛形建設の設計、「栄光」や「地上天国」等機関誌の編集等々、多彩な御活動はまさしく千手観音の御働きであったのかと思われるのである。

最も注目したいのは、右に引用した部分のすぐ前段である。

「実は宗教家とは思われない。（中略）救世業者とでも言う方がピッタリするように思う。そうして私の多くの弟子は、日々無数の人を救い、奇蹟を表わすので、彼等は生神様のように尊敬されるという事をよく聞くので、『それでは私は生神製造業者という訳になる』と大笑いすることがある」

（『私の観た私』「自観叢書」第十二篇　P66　昭25年1月30日）

先に挙げた職業の例で言うなら、多彩な分野でマルチな才能を発揮する人物としてこれまででも全く例がないわけではないし、今後もそういった人物は現れるだろう。

しかしながら弟子が他人の病を治し、生神様の如く尊敬される『生神様製造業者』（と明主様は笑いながら仰っておられるが）のような人物は、人類史上明主様をおいて誰一人現れてはいないようである。千手観音は仏教の想像上の仏様であるが、その御姿は明主様のこのような御働きをなさるということの予言であったのではないだろうか。と言うよりも明主様の救済の御働きの業績をつぶさに見る時、仏典に記録され、語り継がれてきた以上のものという感すらある。『生神様製造業者』、冗談どころか最も注目すべき箇所である。

④「桃太郎は最勝妙如来の化身」

鬼ケ城《おにがしろ》　やがて陥《お》ちなむ桃太郎《ももたろう》は　最勝妙如来《さいしょうみょうにょらい》の化身《けしん》に在《ま》せば

（『桃の実』「光明世界」第3号　P5　昭10年5月21日）

この御歌の解釈を通じて、明主様が最勝妙如来としての御働きをなされたということを検証してみよう。

明主様は幼少の頃から病弱であり、その病を治そうとされ多くの薬を服用されたようである。ところがその薬が逆に病を重くし、さらに次の病の原因となっていたことにお気づきになられた。やがては人間の不快感、争いも悪の原因も悉くは薬が原因であるというところまで考えが辿り着き、「人間の不幸の原因の全ては薬である」とまで仰っておられるのである。この薬を地上から一切取り除かねば平和で幸せな世の中にはならない、として薬毒、薬害、薬禍の恐ろしさを筆に口に説かれたのであった。

しかし1950年代のことである。当時は西洋医学、なかんずく薬剤が救済者の如く信奉され、今日のように薬剤の副作用や医療過誤が一般に明らかにされてはいなかった時代であった。従って当時の厚生省、医師会、製薬業者、教育界、マスコミ、そして一般世論は「大ぼら吹き」「とんでもない世迷い言」と一斉に叩きにかかったのである。薬害に苦しむ人々を見ようとせず、教団内で日々現れた御浄霊の偉効を採り上げようともせずに。民主主義の世の中となり、言論の自由が保障されるようになったとは言え、日本人の多くはまだまだお上やその機関にある者の言うことが正しいと信じており、己の目でものを見て、己で考えるという段階にまでには成長していなかったのである。「日本は12歳の少年である」と揶揄された時代のことであり、その風潮は50年以上経った今もなお残っているようにも思われる。

当時の「栄光」や「地上天国」等のメシヤ教機関誌を見れば、先に挙げた反メシヤ教の勢力を相手に、明主様は御一人で敢然と対決なされていたことがよくわかる。これはまさに最勝妙如来の御働きでなければ不可能なことであると思い知らされるのである。

西王母《せいおうぼ》　育《はぐ》くみませし桃《もも》の実《み》は　聖観音《しょうかんのん》の生身魂《いくみたま》なるも

（『桃の実』「光明世界」第3号　P5　昭10年5月21日）

この御歌を理解するために「光明世界」昭和11年1月25日付の御論文から引用する。

「聖王母の御本体は伊邪冉尊《いざなみのみこと》になります。今迄の世界は伊邪冉尊の御経綸であった、西王母となられて、三千年間、大光明世界を生むべく、経綸されなさったのであります。でありますから、謡曲にある黄錦の御衣を召し、その桃の実を大君に奉るという件りがそれであります。

聖王母は、聖観音の聖の字を書く場合もあり、西の王と書く場合もありますが、同じであります。伊邪冉尊は、西の経綸をされた、今迄の東洋文明、及び西洋文明はそれであったのであります。で、最後に、それに生命を入れるべく生れたのが、桃太郎になるのであって、先刻の歌の中に、

『思ひきや　昔語りの桃太郎は　千手観音の化現にませり』

というのが、それであります。そして此桃太郎が、鬼ヶ島を征伐して宝を引いて来るという事になっておりますが、あれは、千手観音様が、種々な物を千の御手に持たれている。あれがその意味にな

るので、今迄、世界の凡ゆる物は、詰り鬼が持っていた、ツマリ、悪に左右されていた、伊邪冉尊が折角作られた、素晴らしい文化が、悪の活動になっていたというのは、そういう訳なのであります。それを今度は、観音様が自由になさる。つまり、あらゆる文化を、善の活動になさるという訳であります」

（『聖王母——大光明世界の実相（五）』「光明世界」5号　昭11年1月25日）

⑤「桃実り神の器」

三千歳《みちとせ》の　王母《おうぼ》の園《その》の桃実《ももみの》り　神《かみ》の器《うつわ》と世《よ》に現《あ》れましぬ

（『桃の実』「光明世界」3号　P4　昭10年5月21日）

この御歌の意味を理解するため、次頁のように図に示してみた。

図18　「桃の実」と〝明主様、千手観音、桃太郎との関係

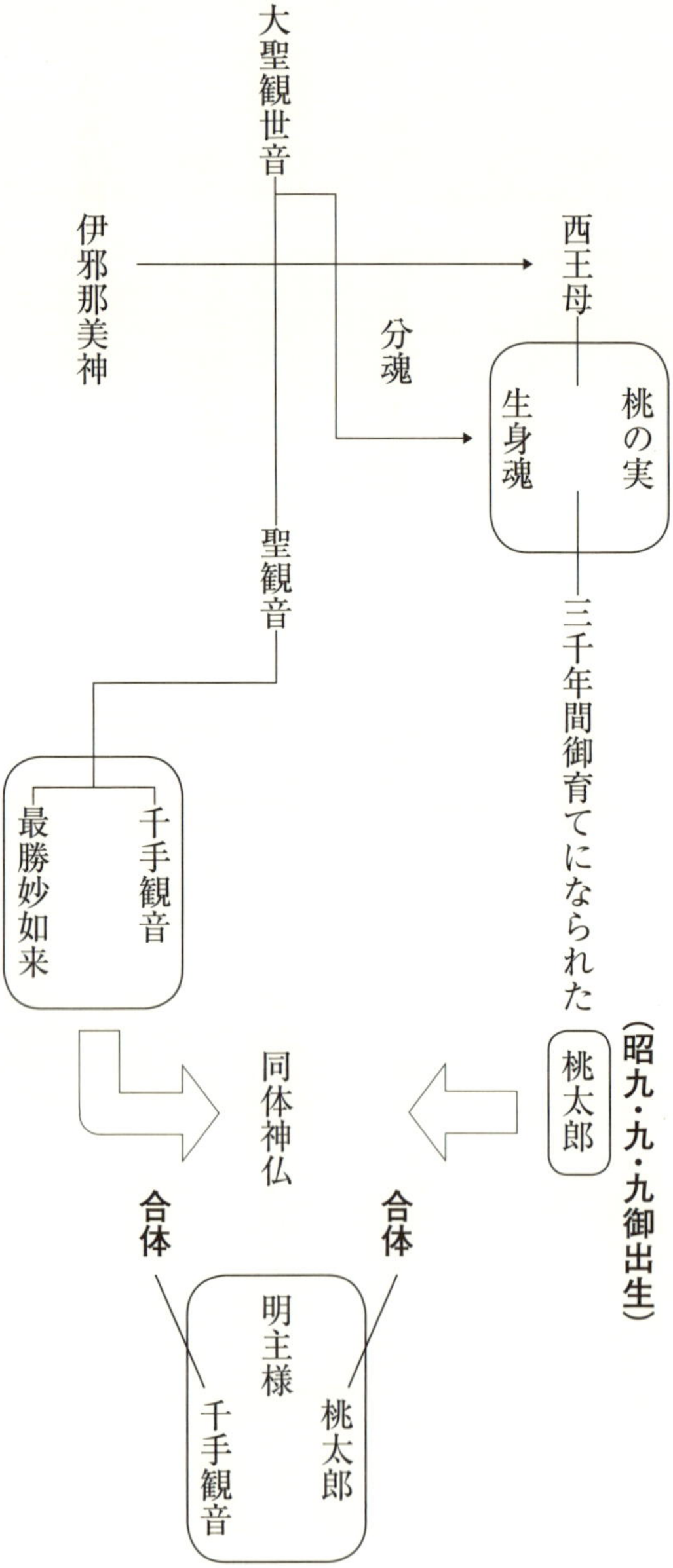

図19

P403の御歌の中の〝神〟と器（桃の形をしている）

天照皇大御神の御神魂、御倉板挙神

「三千年間の桃が実り」とは、その御働きについては前段①～④で解説した通りである。「神の器」の〝神〟とは、天照皇大御神の神御魂、御倉板挙神である。器とはその神がお入りになられる器であって、図2に示したように「如意宝珠・摩尼の玉」とは三重構造となっている内の外側のことである。

右の図が完成するまで熟考を重ねること5、6年に及んだ。その間、頭が割れるほど痛む浄化が数回あった。

※図19の詳細な説明については「第四章　大聖観世音」、「第八章　如意宝珠・摩邇の玉・霊光の玉」も参照されたい。

第十三章　金龍・九頭龍

一　龍とは

本源図下方に蛟龍、九頭龍、金龍神が登場している。この龍が御浄霊とどのような関わりがあるのか、まずは「龍」が一般的にどのように解説されているのか、ここから見ていこう。

「大蛇に似て、四足、角、長いひげのある想像上の動物。雲を起こし、雨を降らせ、春分には天に登り、秋分には淵に隠れるという縁起の良い動物」（『漢和大辞典』学習研究社刊）とある。実際には存在しない架空の動物であり、伝承や御伽噺、漫画等に登場するようなものを、ここでは（霊的にではあるが）存在するものとしている。しかもその龍が神聖な行為である御浄霊に直接関わっていることを述べるのであるから、私自身も幾分かは龍について認識していなければ、それはただの空論、ホラ話になってしまうことになる。

では私がいかにして龍の存在を観念的（霊的）に知るに至ったかを簡略に記していこう。御浄霊の治療中、重難病患者に取り組む中でこれはまさしく「龍」であると感じた体験である。

1　糖尿病を患った女性

1975年頃のこと、当時私は神奈川県小田原市郊外に住んでいた。既に救世教の専従職を辞していたが、明主様の御著書や御光話録の拝読に没頭していた。時折御浄霊を受けに来る人はあったが、実際のところ収入は僅少で、親戚や縁者の支援でようやく生活しているという状態だった。御浄霊が効くということが幾分か知られていたようで、ある日のこと人づてに聞いたといって25歳の美しい女性が母親に連れられて尋ねてきた。糖尿病を患っているという。救世教の信者でもあり、病が癒されたい一心で教団への参拝、浄霊、奉仕活動にも積極的に参加し、自身御浄霊も受けてはいたが、病気の方は一向に快方に向かう兆しが見えず、日頃からインシュリンが手放せないということであった。

早速御浄霊をお取次ぎすると、彼女は身体中に霊光を感じ、気持ちよさそうに目を閉じて心安らいでいるようだった。30分ほどして御浄霊が終わり、身体が幾分か軽くなり、暖かくなったことを喜んでいた。御浄霊の効果があったことと、当時の私の住まいは狭過ぎてゆっくり座る場所もないようなところだったので、次回から私が出張して御浄霊をお取次ぎすることにし、その日は帰ってもらった。

翌日、車で10分程度の距離にある彼女の住まいを訪問して御浄霊をお取次ぎした。前日と同様に気持ちがよくなり、座ったままうたた寝を始めたかのようになった。御取次ぎをしながら私は次のようなことを考えていた。

「救世教で毎日御浄霊を受けていながら全く効果が現れないということは、よほど重度の糖尿病のようだ。インシュリン依存の糖尿病は膵臓《すいぞう》が悪い。膵臓は言霊上〝すいぞう〟であり、水蔵と書けば「水の蔵」ともなる。水に関係しているところから来ているものなのだろうか——」目の前に座り、眼を閉じて御浄霊を受けている彼女の顔を改めて観察してみると、眼は切れ長で大きく、顔の輪郭、鼻や口の形も調っていてどこから見ても十人並み以上の美人である。糖尿病といえば（小児性を除く）通常は中年以上で贅沢をしている者がかかるといわれていたが、彼女の場合17歳の時に発病している。そして美人型……これは霊的なものではないだろうかと考えていた。

「それでは水に関係し、若い美人が罹る霊的な病気とは何だろう」内心でそう思った瞬間、眼を閉じ心静かに御浄霊を受けていたと思われた女性が突如、長い黒髪を逆立て、真っ赤な両眼をくわっと見開き、目尻は吊り上がり、耳元まで裂けた口を大きく開け、そこから牙をむき出しにしている。その表情はまさしく夜叉、いや龍の形相であった。5、6センチはあろうかという尖った爪を突き出し、猛然と私に襲い掛かろうとしていたのだった。突然の恐ろしい光景に一瞬ギヨッとなり、全身が緊張し咄嗟に身構えようとした。

しかしそれはほんの一瞬の幻影で、我に返ると女性は元の姿で気持ちよさそうに御浄霊を受けている。全身の緊張が解け、思わず大きく息を吐いた。しばらくの間動悸が治まらなかった。

龍の憑依

この女性の糖尿病の原因は龍の憑依である、だがどのような龍なのであろうか、どこから来たものか、考えてみてもわからない。

御浄霊が終わり、霊視させせられたことは伏せたまま、それまで龍に関係したことはなかったかを彼女と両親（その日は父親も家に居た）に問うてみた。その時の話が以下の通りである（紙面の関係で箇条書きにしている）。

・以前は愛知県名古屋市郊外に住んでいた。家のすぐそばに大きな貯木場（海に続く水路があり、木材を丸太のまま浮かせておく）があり、龍が棲んでいるという噂があった

・彼女が2歳の時、祖母が彼女を背負って散歩していた。貯木場のそばを歩いていると、突如体の長さが10数メートルもあろうかという龍が太い丸太の上にのぼってきた。あれよと見る間に龍は上空へと駆け上っていった。祖母はあまりの光景に仰天し腰が抜けてその場にへたり込んでしまった。それ以後も腰に力が入らず立てなくなってしまった（龍が昇天するところを目撃すると精気を吸い取られてしまったり腰の力を抜かれてしまうので、見てはいけないとの言伝えがある）。この光景は祖母以外にも近所の住人30数人が目撃しており、彼女の父親が見た時には上空高く豆粒程度の小ささで見えたという（ちなみにこの父親はかなり名の通った会社の支社長をしていた）

・彼女が高校生（17歳）になった時、腰の力を抜かれ歩けないままになっていた祖母が亡くなった。その頃から彼女は糖尿病に罹ってしまった。通常の医学治療を色々と受けたが一向によくなる気配がないどころか悪化するだけで、医学以外の信仰療法も片端から受けたが、それでも治る兆しは全く見えないままであった。

「10年待って欲しい」

以上の話を聞きながら、霊視させられたことを重ね合わせて考えると、これはやはり龍の憑依であることに間違いはなさそうだった。しかし修業が足りなかった当時の私には、先刻霊視させられた龍を救い得る力はないということも感じていた。

「これは龍の憑依でしょう。10年待ってもらいたい、原因が判明した以上このまま放置しても余計な治療をしなければ悪化するようなことはありませんから。10年後にはこの龍を救うことができるようになるでしょう」と話し、以降も御浄霊を続けるに従い徐々に快方に向かい始めたようだったが、それでもインシュリンは手放せないようだった。そこまではまだよかったのだが……。

「救世教を辞めた廣野が御浄霊をしてだいぶよくなったのだから、教団につながっている者がやればもっとよくなるはずだ」と信者がやんやと押しかけて御浄霊をするようになった。「救世教を辞めた人間は聖地と縁が切れたのだから御浄霊は効かない。離れた者は邪神（悪魔）なのだ」とも言われていたので、以後私は手を引いた。

ここで考えさせられるのは、彼女に憑依していた龍のことである。

龍の修業は山に千年、野に千年、水に千年といわれるが、彼女が2歳の時祖母と目撃した龍は昇天していたのだから人間に憑依するはずがない。とすればその貯木場にはもう一体龍が棲んでいて、それが彼女に憑依したのではないか。恐らくは御浄霊を受けることで早く浄まって昇天したいが為、彼女に憑依したのだろうと考えられるのである。

さて10年後、それまでも気にはかかっていたので連絡を取ってみると、彼女の一家は父親の転勤に伴い神奈川から埼玉へ転居していたことがわかった。尋ねて行ったところ、以前の面影はすっかり失せ、太ったというよりは顔や身体全体がむくんでいるような状態だった。

話によればあれ以後も幾つもの宗教に縋り、一時期ブームになったフィリピンでの心霊手術治療を二度受け、数百万円の治療費を払ったが全く効果がなかった。東京女子医大で目の手術も受けたが却って悪化し、失明寸前の状態になってしまったということだった。

「だからあれほど『10年待って欲しい。その間は何の治療も受けなくとも大丈夫だから』と言ったではないか」という言葉が喉もとまで出かかったが、相手を責めることになるのでその言葉は飲み込んだ。もっと早く私の修業が成っていればここまで悪くならなかったのにと悔やんだが既に遅かった。

その後時折訪ねては御浄霊をお取次ぎしたが、幾分か楽にはなるものの快癒するまでには至らなかった。

2　龍が濁流を下る

子供の頃に祖父から聞いた話である。

「龍というものは絵画にある通りの姿であり、すこぶる巨大で長さは数10メートルにも及ぶものだ。ある時、幾日も雨が降り続き、隣の村に通じる橋が流されそうだということで、村中総出で対策工事をしていた時のことだった。上流からすさまじい轟音と共に濁流が押し寄せてきた。村人達は橋の袂の土手から眺めていると、濁流と共に巨大な龍が川を下ってくる。橋は長さ6、70メートル程の木造で、元々あまり高くない橋桁だった上に、長雨で水かさが増していたこともあり、龍は橋の下を通れずに乗り上げてしまった。龍が覆いかぶさると橋は真ん中から折れ崩れ、龍に引きずられるように流されて行ってしまったという。その光景の恐ろしさに村人は言葉を失い、豪雨に打たれながらただ呆然と立ち尽くすだけだった」

とのことである。

私は40数年間宗教活動に携わってきて、不可思議な体験や話はそれこそいくつも見聞きしてきたが、龍を目撃したという話はこの二つだけである。

二　金龍神の守護と御働き

龍については右の二例以外に直接聞いたことがなく、書籍等で知っただけである。第一実際に見たことがないのだから、龍の姿を頭に描いても本やイラストで見たままのものでしかない。その程度の知識しか持たないまま、龍神界の総統である、金龍や九頭龍を論じることはいささか不遜なのではないかという気がしないでもない。

しかしながら、、神界の幕に閉ざされ、その御存在や御働きが全くわからなかった最高神仏である天照皇大御神や大聖観世音も、自らの内奥で理解できるまで研鑽してきたのであるから、金龍神や九頭龍についても同様に自分なりに深いところまでわかっていなければならないと考える。なぜならば金龍神を深く理解することによって、光運使が弥勒神業を行う場合や御浄霊活動を行う際に、何者からも邪魔されることなく力が十分に発揮され道が開かれることになるのである。それが金龍神の御働きと御守護によるものと確信しているからなのである。

金龍神図

赤龍と戦う
×
金龍 ← 昇天 ← 蛟龍（琵琶湖に潜んでいる間の名称）
← 昇格され
金龍神となる
←
明主様の御守護をなさる

三　金龍と九頭龍

金龍、九頭龍が明主様にどのように関わっているかという点については「観世音菩薩と私」（「奇跡物語」『自観叢書』第四篇　P6　昭24年10月5日）を参照されたい。しかし、それでもなお解り難い点がいくつかある。その辺りをさらに深く考察してみたい。

①伊都能売金龍を匿《かく》した　（『龍神界』「観音講座　第四講座」昭10年8月15日）

「九頭龍――この龍神が私によく懸って来たことがあったが、この龍神が追々人間化して話をする様になり、富士山に居る久須志《くすし》宮であると言った。富士山に立派にある。この九頭龍は八大龍王の頭である。

九大竜王というのが本当であるが、伊都能売金龍を匿《かく》したのである。乙姫の乙の字にノの字を加えれば九となるので、乙姫より上の龍神である事も判る。又龍の一番上の龍神であるのだ」

②兄の花姫神の御使神　（『一厘の神魂』岩松栄著）

「富士山頂久須志の宮に鎮まり居坐《いま》す、兄《コ》ノ《の》花姫神《ハナヒメノカミ》（観音様）の御使神《おつかいがみ》九頭龍権現が、明主様の御現身《おんうつそみ》に神憑られ給いまして（後略）」

③九大龍王　（『御教え』昭23年10月28日「御光話録」P159　発行年月日不明）

「本当は九柱で九大龍王です。その中の一柱が伊都能売大神です。この神は私と深い因縁があり常に私を守護してくれてます。（中略）九頭龍といっても九つの頭ではなく九体の龍です。やはり霊にも、霊と体があり、霊は富士山の木花咲爺姫尊で体は琵琶湖におり（後略）」

④黄金の龍体　（『金龍物語』「光明世界」３号　Ｐ23　昭10年5月21日）

「八大龍王の上に、一の主龍神が被在《あら》れた。御本体は、伊都能売神龍と申上げ、実は、高貴なる御神霊が、黄金の龍体と化せられ、琵琶湖の湖底深く潜み給い、八大龍王と倶《とも》に、時を待たれ給《う》いたのである」

⑤金龍昇天　（『金龍物語』「光明世界」３号　Ｐ23　昭10年5月21日）

「茲に、愈々《いよいよ》、天の時来りしを以て、湖水を後に、天空に向って一大飛躍をせんとしたのである。然るに、一方、邪神の頭目として永く露西亜《ロシア》の死海を本拠として、常に、世界人類へ対《むか》って、悪の活動を続けていたる、一大赤龍があった。其大赤龍が、突如として、昇天せんとする、大金龍あるを識るや否や、大いに驚き、急遽、翔馳《しようち》し来り、是を妨圧せんとし、茲に、神龍、悪龍の一大戦闘は開始されたのである。然し乍ら、予期しなかった金龍の金剛力に、到底敵すべくもないのを知って、遂に惨敗した赤龍は、遠く本拠へ向って遁走し（後略）」

⑥御歌　（『金龍神』「讃歌集」Ｐ15　昭23年7月1日）

志賀の湖《うみ》　水底《みなそこ》深くかくれませし　金龍神《きんりゆうじん》の現れましにける

①～⑥の内容をさらに検討してみよう。

①八大龍王の頭であるとするならば、九頭龍であるということになる。金龍を匿して〝九頭龍〟と言っているようにも思われるのであるが、一体の龍の呼称だけ特に変えているだけなのであろうか。あるいは金龍と九頭龍は同体であると考えるのだろうか

②「富士山に鎮まる九頭龍」とあるから金龍ではない

③「(九頭龍は) 体は (富士山ではなく) 琵琶湖にあり」とある。九頭龍は富士山に鎮座されているのだが、ここでは琵琶湖に――となっている

④「黄金の龍体」とあるから金龍であると考えられる

⑤「金龍が琵琶湖から天空に向って一大飛躍」とあるから、琵琶湖に潜んでいたのは金龍である

⑥(⑤と同じく) 琵琶湖に潜んでいたのは金龍であるということがわかる

以上のように〝金龍（神）〟と〝九頭龍〟の明確な区別がされておらず、曖昧なままになっているのはなぜなのか。その点を曖昧なまま置いておくわけにはいかないのである。数千年来、人類が無上のものと信頼して生命を預けてきた医学を革正する御浄霊であり、地上天国建設の先駆的役目を果たす御浄霊――この力の発揮や拡大に大いに関係する金龍・九頭龍について「せめて自分が納得できる解釈を」と考え続けた結果、次のような図にまとまった。

金龍の分身が九頭龍

図20

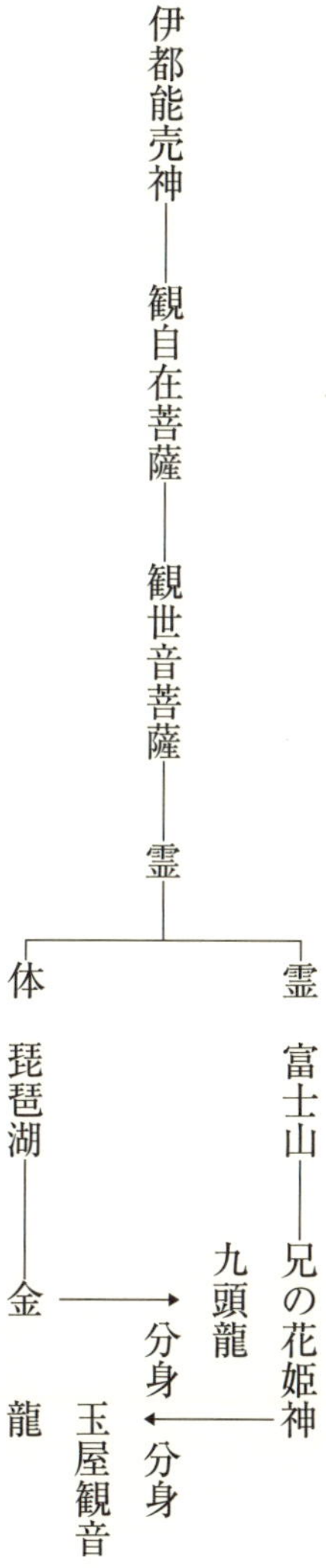

「兄の花姫神」の項で既に述べているが、伊都能売神が霊で日本にご帰還になられ、その霊の〝霊〟が富士山に兄の花姫神となられて鎮まり、霊の〝体〟が琵琶湖に龍となって潜んでおられた。その期間を蛟龍と申し上げ、御昇天されると同時に金龍となられ、明主様の御守護をされることによって位が上がり金龍神となられたのであった。

それでは金龍と九頭龍の区別とはどのようなものか――右図の通り「九頭龍とは金龍の分身」なのであった。それを詳しく説いてみよう。

分身霊〝九頭龍権現〟誕生の経緯

日本を脱出された伊都能売神であったが、霊になられて日本へ御帰還なさり、霊界から日本を御守護なさるために霊の〝霊〟が富士山に鎮まり、霊の〝体〟は琵琶湖に蛟龍となって潜まれたのであった。夜の時代、正神系の神々は表面に出られての御働きは控えねばならなかったため、兄の花姫神も観音へと化現されたのである。観音としての御役は慈悲であり、菩薩の位であるがため、力のある悪には対抗しきれないことになる（昼の時代の主宰神たる国常立尊や伊都能売神、天照大神といえども、夜の時代においては、その時代の主宰する神々に負け追いやられてしまうことからもわかるであろう）。観音が自由無碍の救済を為すためには悪の妨害を退けるだけの力も必要であったため、金龍の分身霊として九頭龍の誕生となったのである。それを示すのが次の御歌である。

救世《ぐせ》の為　自由無碍なる観音は　龍神《たつかみ》阿修羅となら す事もあれり

（『金龍神』「光明世界」3号　P2　昭10年5月21日）

そうして兄の花姫神（神界の観音）と木の花咲爺姫（仏界の観音）の御守護をなされていたのであった。しかしこれだけでは「なぜ九頭龍が出現したのか」という説明になっていない

・なぜ「金龍」（蛟龍）のままで観音のご守護役に当たれなかったのか？

・兄の花姫神自身が霊の〝霊〟なのだから、自身が龍神と化現しても良いのではないか？

この疑問の答えを理解するために、まず以下のことを知っておいてもらわねばならない。

「日本の国を龍体に喩えると、富士山は『臍』であり、最も大事なところである。富士山が表ならば、琵琶湖は『臍』の裏になるので、やはり大事なところである」（これは大本教の解釈によるもの）

臍の裏にあたり大事な箇所である琵琶湖に潜み、日本の国体を守る役目を担う金龍はそこから離れることができない。そのために分身霊である九頭龍を産み、兄の花姫神に捧げ守護神とさせたのである（伊都能売神の霊や兄の花姫神から龍を分霊するよりも、同じ龍体である金龍から分霊する方が好都合であったのではないかと推測される）。

九頭龍について

九頭龍とは頭が九つある龍ではなく、八大龍王として知られる八体の龍の頭領であることから「九頭龍」と呼ばれているのである。八大龍王の頭領として兄の花姫神、木花咲爺姫の守護をしつつ、地上天国、弥勒の御世建設に天翔り国駆り、金剛力を揮われているのである。

四　金龍神御出現

金龍神御出現は大本教の出口王仁三郎聖師の御働きによるものである。これを示す一文が「奇蹟物語」（「自観叢書」第四篇）に載っている。中でも最も注目すべき箇所が「怒涛沖天《どとうちゆうてん》」の書に関する件である。稀代の大宗教家出口王仁三郎聖師がこの書を揮毫されたことにより、琵琶湖上が大暴風雨となり漁船47隻が沈没、そしてこの時に金龍出現となっているのである。聖師が金龍を出現させる意図を持って「怒涛沖天」の書を揮毫されたのか、あるいは聖師御本人にその意志なく神の意図で書せられたものなのか、今となっては知る由もないが、大暴風雨があったことは事実であり、その後に金龍も御出現なされているのである。

「怒涛沖天」の書は見つからず

出口信一氏と知己を得ていたことは既述の通りだが、「怒涛沖天」の書に関しても出口氏に依頼し詳細に調べてもらったが見つからなかった。「その書を聖師様が揮毫されたことは全く知られていないことであり、もしあったとしても大本教が大弾圧を受けた際に官憲によって没収されていたことだろう」とのことであった。

その後氏より「聖師様の日記が入手できたので、当時の部分のコピーを送る」との連絡をもらい、昭和4年4月20日前後の一ヶ月間の日記を丹念に読むことができた。

昭和4年4月20日、出口聖師は御一行が宿泊された湖畔の「紅葉館」には扁額「山紫水明」を、参集した信徒には三十数枚の短冊を揮毫して分け与えたことが記されている。しかしながら肝心の「怒涛沖天」の書に関する既述は見つからなかったのだった。

漁船47隻沈没

金龍神が出現するため琵琶湖上に大暴風雨が起こり、漁船47隻が沈没した、と「奇蹟物語」（前述）

には記されている。この「47＝四十七」の数字の面から金龍神出現について少し見てみよう。

「四十七」は「いろは」では最後の「ん」の前の「す」である。「す」は「主」にも通じるが、この場合、夜の時代の真理として唱えられた
「色《いろ》は匂《にほ》へと散《ち》りぬるを　我《わ》か世誰《よたれ》そ常《つね》ならむ　憂《う》ゐの奥山《おくやま》今日《けふ》超《こ》えて　浅《あさ》き夢《ゆめ》みし酔《ゑ》いもせす」

が終わりを告げることを意味していると受け止められるのである。夜の時代が終わり、昼の時代の立役者である明主様の守護神たる金龍神の出現となったのである。

それでは大暴風雨や漁船が47隻も沈没するという大惨事が実際にあったのだろうか。平成14年9月、国会図書館で当時（昭和4年4月22日前後）の新聞を閲覧してみたところ、新聞各紙がこの大暴風雨を大きく報じていた。いかなるものであったかを知ってもらうため、当時の新聞コピーから、見出しや記事の主だったものを拾い出してみる。

・近畿から北海道へかけ未曾有の大烈風襲来
・4月下旬に大烈風襲来は数十年来の奇現象
・雨も加わって風速40メートル
・琵琶湖竹生島《ちくぶ》で第三太湖丸沈没、琵琶湖では初めてのこと
・神戸汽船浦安丸（二六三〇トン）沈没
・山口で帆船四隻沈没、船員12、3名溺死

漁船四十七隻沈没という記事は見当たらなかった。この四十七隻というのは湖の周辺で漁をしている

釣り船等も含めた数なのだろうか。琵琶湖近在の資料館などで調べてみればその辺りのこともよりはっきりするかもしれないが、紙面で調べた段階ではわからないままである。

それでは、ということで右の記事内の沈没船を数えてみた。

・浦安丸（二六三〇トン）神戸汽船　一
・信濃川　大小の船舶数十隻　十以上
・若松から大阪へ向う帆船四隻　四
・富山県新湊町　一五隻　一五
・太湖丸（一三五トン）　一
・富山県永見町　三隻　三
・大阪港　帆船胡丸（一九トン）、曳船　計二
・荷船第一三、一五、三五、五三、五六号　五
・山口県　帆船六隻　六
・新潟県　北海丸（一五トン）、渡し舟　二
・佐渡　第二、三観音丸　二

新聞記事の文字が見難いため見落としもあったと思われるが、拾い出して数えてみると50隻以上にのぼる。やはり今のところ「47」の数は見つかっていない。

五　金龍神の御活躍

三千年近い間蛟龍となられて琵琶湖に潜んでおられたが、昭和4年4月21日に昇天し、金龍神に昇格されて明主様の正守護神になられたことは御教え中にある通りである。しかし明主様御自身が御昇天された後は、金龍神はどうなされたのであろうか。ずっと気になっていたのだが、ある時次のような光景が思い浮かんだのだった。今でもその様子ははっきりと脳裏に刻まれている。

――明主様は御昇天の後、御神魂は神界の最奥天国に昇られ、主神の御前に燦然と光り輝いておられる。そして金龍神は明主様の御側を片時も離れることなく侍っておられ、龍神界の総統として天然現象を司る龍神の指揮に当たられておられる。

無論これは私自身の想像に過ぎないことではある。しかしこれまで長年御神書の研鑽と考察を重ねてきた限りにおいては、全く見当外れの想像とも思えないのである。

地上天国、弥勒の御世建設の御経綸の中心に御在す大弥勒之神の守護は、金龍神の代理として九頭龍権現がその任に当たっておられるようである、とご推測申し上げた次第である。

六　玉屋観音

玉屋観音とは

本源図に登場している「玉屋観音」について解説しよう。まずは玉屋観音という名称だが、これは明主様の御著書や御言葉にあるものではなく、筆者のオリジナルである。その命名のきっかけとなったのが次の文章である。

「数千年の期《とき》を琵琶湖の湖底深く隠れておられた蛟龍《こうりゅう》は、天の時を得て観音様に遅れてはならないと、雲を呼び怒涛を巻き起こして天に冲し、元の金龍と変じて遂に昇天されました」

（『一厘の神魂』Ｐ58　岩松栄著）

この〝観音様〟とは何処に鎮座なされておられた観音様なのであろうかと考えたのである。昭和5年旧5月5日に下生なされた兄の花姫神である「神界の観音」であろうか、それとも同年12月6日、桜木弥生から生まれた観音様（「或る神秘　読後のお言葉」『地上天国』25号　昭26年6月25日）か、あるいは他の観音様なのであろうか――結局また一から考え始めることとなった。御神書を拝読中、心に留まったのが次の御歌と御光話の件である。

①尊《たふ》とけれ　嗚呼貴《たふ》とけれ観世音　菩薩は虫螻《むしけら》までも救はす
（『真の救』「観音会御讃歌集」昭11年　未発表）

②「「鯉は魚の中の観音になるのです。本当の真鯉は、鱗が三十三枚ある、観音様の三十三相と言う訳であります。ツマリ菩薩として「下級」に墜ちて居られたが、時節が来て、鯉の様にノボル、出世をされるという意味であります」（『大光明世界の実相（五）』「光明世界」5号　昭11年1月25日）

③「満月会っていうのは毎月十五日に集まって、その会を「いろは」順にやってゆくんですね。で、私の行ったときはもう四七回やっていて、「いろは」の順だからちょうど「す」になるんです。（中略）東京の三河島で火事が起こったというんです。焼けたのは花火屋で、あのころは玉屋といいましたが、その玉屋がたくさんある所でそのうち四七軒爆発してしまったんです。で、「す」の満月と玉屋……丸いですからね。そこに関連があるんですよ。（中略）
つまり、わたしが月満ちて生まれたってことなんですよ。（中略）
池の中に鯉がいて、一匹の緋鯉が水から離れてずんずん天へ昇って行き、やがてそれが五色の鯉になって、それが天界を気持ちよさそうに泳いでいるというんです。（中略）
鯉ってのは観音様ですからね」
（「御光話録」11号　P4　昭24年8月21日）

③は多少引用が長くなったが、この3つの要点をまとめてみよう。

①観音様は虫螻までも御救いになるために、最低の位にまで降りておられる

②観音様は鯉となって最低の位まで降りられ、そこから最も高い位へ昇られる

③月満ちる満月会、花火屋（玉屋）爆発、四十七は「す」「主」の意味、緋鯉が上空に昇り五色となって泳いでいる

等々から考えられたのは、最低の位に降りて鯉になっておられたが、花火屋（玉屋）の爆発によって最高の位——即ち「す」の位に昇られて観音様となられたのではないか、ということであった。そこでこの花火屋にちなみ「玉屋観音」と命名した次第である。

玉屋観音誕生の日

玉屋観音の命名は御歌や御光話を拝読して考えられたのだが、最低位に降りられ鯉となっておられた観音様が天に昇られたその日付が判明していない。満月会の期日について「昭和五、六年頃」「毎月十五日」としかないのである。この日付を確定させるため、国会図書館に数回足を運び当時の新聞を細かく調べてみたが、前記の③の内容に該当するような記事を見つけることが出来なかった。ならば当時の三河島——現在の荒川区で調べてみてはと思い当たり、荒川区役所に問い合わせてみたところ「荒川ふるさと文化館」なる施設があると教えてくれた。そちらで入手したのが次の資料である。

（図表……資料①　『荒川区史』（荒川区役所刊）P998〔写〕）

昭和六年一月十九日の火災　この日、日暮里町金杉友野庄次郎方から出火、忽ち四隣に延焼し、四十七戸を全焼、十戸を半焼して鎮火した。当時の災害状況の調査書に次のごとく見えている。

災害状況調書

昭和六年一月十九日午前六時三十分、本町大字金杉一、三六八番地友野庄次郎方より出火、同所は所謂細民窟にして小家櫛比せるため、忽ち四隣に延焼、遂に四七戸を全焼、十戸を半焼し、午前七時五分鎮火、女一名焼死す。而して此罹災世帯数七二、罹災民の数男一一二、女八〇、計一九二人に及び、之等殆んど凡ては最下級者にして、紙屑拾ひ等を業とし、其生活程度の低き事他に多く其類を見ず、依て之が救護の要あるものと認め、大正十五年六月府訓令第四十五号第二条により救助をなすものとす。尚罹災地区は出火番地と同一番地内なり。

昭和六年一月十九日の火災　この日、日暮里町金杉友野庄次郎方から出火、忽ち四隣に延焼し、四十七戸を全焼、十戸を半焼して鎮火した。当時の災害状況の調査書に次のごとく見えている。

災害状況調書

昭和六年一月十九日午前六時三十分、本町大字金杉一、三六八番地友野庄次郎方より出火、同所は所謂細民窟にして小家櫛比せるため、忽ち四隣に延焼、遂に四七戸を全焼、十戸を半焼し、午前七時五分鎮火、女一名焼死す。而して此罹災世帯数七二、罹災民の数男一一二、女八〇、計一九二人に及び、之等殆んど凡ては最下級者にして、紙屑拾ひ等を業とし、其生活程度の低き事他に多く其類を見ず、依て之が救護の要あるものと認め、大正十五年六月府訓令第四十五号第二条により救助をなすものとす。尚罹災地区は出火番地と同一番地内なり。

これをP430の③の内容と比較してみよう（表3）。

表3　「花火屋爆発」と実際の記事内容との比較資料1

項目	（A）	荒川区史資料（B）
年	昭和五、六年頃	昭和六年
日付	満月会（毎年十五日頃）の帰宅後	一月十九日
時刻	夜九時頃	朝六時三十分
場所	東京三河島	日暮里町金杉
家屋	花火屋（玉屋）火災	友野庄次郎宅出火
被害規模	四十七軒爆発	四十七戸全焼

3.15　工場爆発(東京府三河島)　3月15日、東京府の三河島煙花工場で爆発、火災が発生し、多数が死傷、付近の家屋12棟を全焼した。　《データ》死傷者多数、全焼家屋12棟

3.15　花火工場爆発(東京府三河島町)　3月15日午前9時頃、東京府三河島町で花火工場が爆発、死者2人、重傷者5人、約200m四方の民家が破壊された。　《データ》死者2名、重傷者5名

6項目について比較しているが、ある程度合致するのはうち2項目のみである。これでは玉屋観音の誕生が「昭和6年1月19日」とは考え難い。再度荒川ふるさと文化館に出向いて資料を閲覧していたところ、館の職員も興味を持って調べてくれ「こちらにも花火屋爆発の記事が載っている」と出してくれたのが資料②である。昭和3年となっているが念のためとコピーしてもらった。

（図表……資料2　『昭和災害史事典』①（日外アソシエーツ刊）P17（写））

3・15　工場爆発（東京府三河島）3月15日、東京府の三河島煙花工場で爆発、火災が発生し、多数が死傷、付近の家屋12棟を全焼した。《データ》死傷者多数、全焼家屋12棟

3・15　花火工場爆発（東京府三河島町）　3月15日午前9時頃、東京府三河島町で花火工場が爆発、死者2人、重傷者5人、約200m四方の民家が破壊された。《データ》死者2名、重傷者5名

これを再度P430の③と比較してみよう（表4）。

表4 「花火屋爆発」と実際の記事内容との比較資料2

項目	（A）	『昭和災害史事典』①（C）
年	昭和五、六年頃	昭和三年
日付	満月会（毎年十五日頃）の帰宅後	三月十五日
時刻	夜九時頃	午前九時頃
場所	東京三河島	東京三河島
家屋	花火屋（玉屋）火災	花火工場爆発
被害規模	四十七軒爆発	十二棟全焼 約二百m四方の家屋破壊

今度は年号と時刻、そして被害の規模が異なっている。しかしCでは被害規模が一二棟全焼、200メートル四方の民家が破壊とある。当時の東京の下町のこと、200メートル四方の土地なら数十軒の家屋が立ち並んでいたとしても不思議ではない。その上「15日」という日付、三河島という場所、それに花火工場という項目は合致しているのである。「昭和5、6年」という数字に囚われて、昭和3年ということはまったく考えていなかったのだった。

表1、2を見比べながら、「わたしが月満ちて生まれたってことなんですよ」という御言葉は果たしてどちらを示しているのかを考えてみた。

弥勒下生は昭和5年旧5月5日であり、桜木弥生の観音様御誕生は昭和5年12月6日であり、昭和4年4月21日以後であるから、玉屋観音は別の観音と考えられる

さらに昭和3年当時の明主様の御事績を見てみると、

「よし全身全霊を此大聖業に没入しなければならないと覚悟すると共に、昭和三年二月四日節分の日を期して、それまでの職業を支配人に無償で譲り、信仰生活に入る事となったのである」

「昭和三年二月の四日の節分の日、それまで従事していた仕事を全部放擲し信仰生活に入った記念日でもある」

（『奇蹟物語――霊写真』「自観叢書」第四編　昭24年10月5日）

とある。これらを含めて考えた結果、前掲の「一厘の神魂」中の「観音様に遅れてはならない」という部分から、金龍神御出現が昭和４年４月21日であるから、観音様の御出現はそれ以前と考えるのが妥当である

「緋鯉が上空に昇り、五色の鯉となって楽しそうに泳いだ」日、即ち最低の位に降りられて鯉になっておられた観音様が御昇天された日は

・昭和４年４月21日**以前**で、明主様が**信仰生活に入られた直後**

・満月会は毎月15日に開かれていたことから、**日付は15日**

という条件をクリアする〝**昭和３年３月15日**〟という一つの結論（仮説的でもあるが）に辿り着いたのだった。

※そしてこの観音様は、金龍の遊び相手をされておられた緋鯉のことである（後述）。

従って本源図の玉屋観音誕生も、「昭和5、6年頃」としていたのを**「昭和３年３月15日」**と改めたのだった。

緋鯉についての考察

日本国の重要な場所を守るためとはいえ（これは霊的に、である）、琵琶湖の底に潜み眼を爛々と光

らせておられるだけの蛟龍を憐れに思われた兄の花姫神は、観音の化身である緋鯉を遊び相手にと蛟龍にお与えになられたのだった。御自身に九頭龍を与えてくれた恩返しの意味でもあるだろう。
「観音様に遅れてはならない」の観音様とは、この緋鯉に化身なされておられた観音様のことなのである。

伊都能売神 ――（霊）―― 兄之花姫神
- 木之花咲爺姫
- 弥勒下生
- 玉屋観音

第十四章　大弥勒之神・大メシヤ

一　大弥勒之神誕生の経緯

第十章『弥勒三会』で「大弥勒之神とは、天照皇大御神の直接の御分霊である大聖観世音が応身の弥勒になられた際、報身・法身の弥勒が合体されて誕生された神である」と簡略に述べた。

「経綸の主体は大弥勒の神で、この神が経綸の中心である」（「御講話」昭25年8月1日）

とあることや、

「大千世界の最後的救済を為さるのが、観世音菩薩即大弥勒之神の御活動で被《あ》在《ら》せらるるのである」（『全人類待望の炬光大聖観音力の顕現併而仏説の門扉』「東方の光」3号　昭10年2月23日）

とあることからみて、今後の地上天国建設や大千世界の最後的救済の核心である〝具体的方法として〟の御浄霊の大神力発揮にも、重要な地位に被在《あら》せられるのである。
しかしながら、大弥勒之神となられる観世音菩薩は、伊都能売神になられる（戻られる）と読み取れる箇所がある。

観世音菩薩は元の神位に復帰

「観音様の御本体は伊都能売という神様である事を知り、何《いず》れ時期が来れば、観世音菩薩は或期間救いのために化身されたのであるから、最後には元の神位に復帰さるる（後略）」

（『私の告白――奇蹟物語』「自観叢書」第四篇　P10　昭24年10月5日）

「観世音菩薩が元の神位に復帰なさる」ということが伊都能売神（の御姿）に戻られるのか、あるいは大弥勒之神に昇格なされるのか、これについては解説編「第四章　大聖観世音」の「観世音菩薩の御本体」の項を思い出してもらいたい。147頁の図5を再掲しておこう。

図5　（観世音菩薩の御本体）神界の最高位　直霊

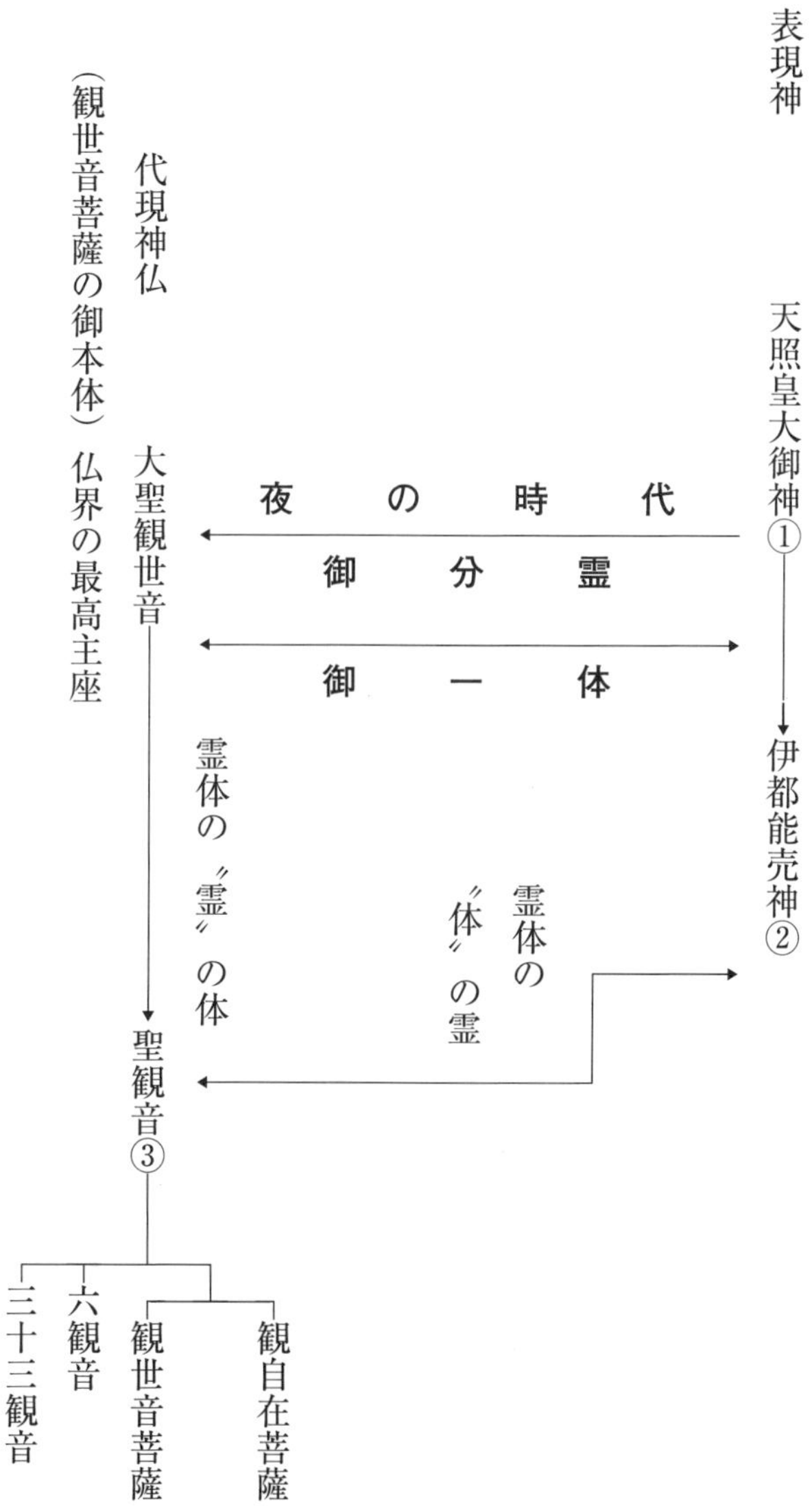

心癒し　肉体《からたま》癒し世を癒す　聖観音はいづのめの神

（『医しの神業』「日本医術講義録」昭10年5月5日）

右の御歌に示されてあるように、伊都能売神と聖観音とは同一神仏であり、根源に遡れば大聖観世音、天照皇大御神ということになる。従って観世音菩薩の〝元の神位〟とは天照皇大御神の主神位ということになり、そこに復帰なされるということになるのである。

夜の時代の代現仏、大聖観世音が「大きな神様として昭和十年十月十日にご降臨になられた」（「玉川郷後講話」昭10年10月6日）ことにより、観世音菩薩は応身弥勒となられたのであった。報身、法身、応身の三弥勒が御揃いになられたことで弥勒三会が成就され、三位一体の御力を独り具有されることとなったのである。同時に大聖観世音の「大」の御文字と、大きな神様の「大」の御文字も合体されることによって、応身弥勒は〝大弥勒之神〟となられたのである。即ち弥勒三会とは「大弥勒之神誕生」という重大な意義を持っていたのであった。

即ち「大きな神様」の御尊名で御降臨になられた大聖観世音は、主神位の天照皇大御神の御位と同位であるから、観世音菩薩が弥勒三会を経て新たに誕生した大弥勒之神もまた、天照皇大御神と同位になることになる。「観世音菩薩が最後には元の神位に復帰さるる」ということは、**「大弥勒之神となられて主神位である天照皇大御神の御位にまで昇格なさる」**ということであった。

少々複雑なので図に示してみよう。

図21

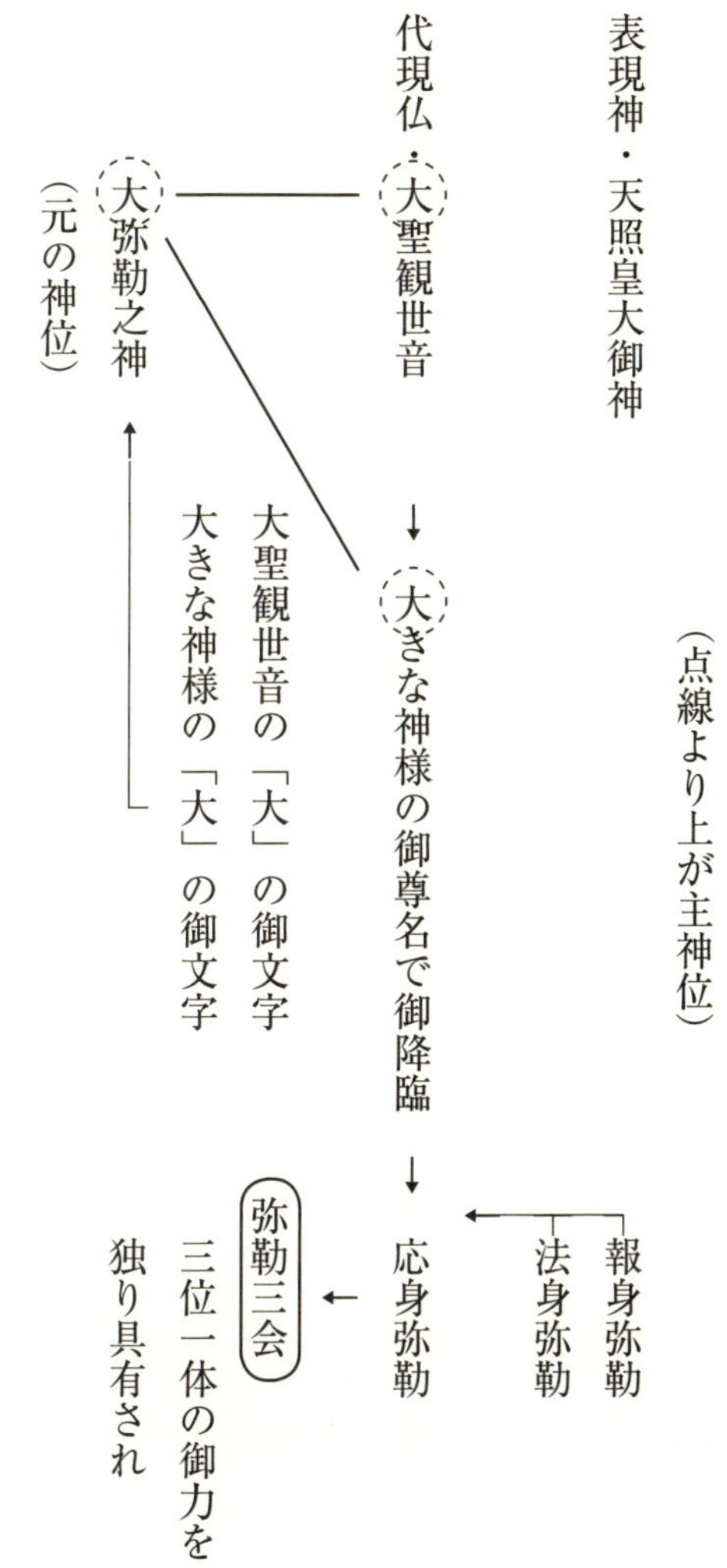

「大」の御文字について

大の御文字は一と人が重なった文字である。また一人をくっつけて書くとカタカナの「ス」の文字になる。大の御文字は〝一人〟であり〝ス〟でもある。神界の神々も陰陽御揃いであるが、主神位の神々である大国常立尊、天之御中主神、天照皇大御神等は御一方である――等々の理由により「大」という御文字は主神位なのである。主神を「しゅしん」ではなく「すしん」と読むのも以上のような理由であると学んでいる。

二　主神位まで復帰し「大」の御文字を冠した理由

法滅尽の後、弥勒が出現して世を救うとあることから考えると、弥勒でも十分な救済が可能なのではないかとも思えるのである。しかしなぜ「大」の御文字を冠して大弥勒之神となられ、主神位である天照皇大御神の御神位までに昇格しなければならなかったのか、その理由を考えてみたのである。

繰り返しになるが、三千年前（二千六百年前）世が変わった時代があった。夜の時代を主宰する神々に国常立尊は北海道芦別山に追いやられて幽閉された。伊都能売神は迫害を受け、生命の危険を感じて国外へと逃がれられた。天照大御神も信州戸隠山へ御隠退を余儀なくされておられる。夜の時代であったとはいえその時代の神々に敗れ追いやられたということは、御神位が低かったことにより十分な力をお持ちでなかったからではないかと考えられる。

三千年の夜の時代の帳が開け放たれ、大本教開祖によって昼の時代の到来を告げられ、人類史上初めて弥勒の世・地上天国建設に取り掛かられた大本教も、一時は破竹の勢いで発展したが、中途で壊滅的な大弾圧を受けて衰微してしまった。

世界救世《メシヤ》教教祖明主様も箱根・熱海の景勝の地に地上天国の雛形を造営され、昼の時代の設計書ともいうべき新文明創造の書を著された。天国建設の核心である御浄霊を駆使されて「この世に生ある間に人類をあらかた救済」なさると公言されておられた。しかしその緒についたばかりのところで官憲から一方的に容疑者とされ、頭脳的拷問を受け、獄につながれて神経も肉体も極度に疲弊された（これが明主様の寿命を縮めたのではないかと拝察される）。こう見てくると、現世には暗《やみ》の部分が未だ色濃く残存し、夜の時代を主宰する神々の威力も根強く残っていることを感じるのである。こうした現状を鑑み、三千世界の救済、永遠の平和、地上天国、弥勒の御世を建設するためには三位一体の御力を合わせ持ち、主神位にある大弥勒之神の御誕生が必定であったのではないかと考えられるのである。

主神位にある大弥勒之神に御出座しになられては、しぶとく居残っていた夜の時代の神々といえども対抗できず、引退するか改心して協力することになるのである。かくして三千世界の救済、地上天国、弥勒の御世、永遠の世界平和の樹立が推進されるのである。

図22　大弥勒之神が御持ちになる「如意宝珠・摩邇の玉」

↑大弥勒之神の御手

※如意宝珠・摩邇の玉は大弥勒之神が御持ちになられている

三　大メシヤの神の誕生

大メシヤの神という神も大弥勒之神と同じく、これまで存在なされておられない神である。

大メシヤの神とは――。

①メシヤの神が昇格され「大」の御文字を冠して〝大メシヤ〟になられたのか
↓メシヤの神が昇格なされて〝大メシヤ〟になられたとするならば、大弥勒之神と同様「昇格しなければならない理由」があるはずである。

それとも

②新たに誕生された神なのであろうか
↓新たに誕生された神であるならば、どこで、いかなる理由と経緯があって誕生なされた神であるのか、その点を十分検証する必要がある。

という疑問が起こってくる。より詳細に検討してみよう。

まずはメシヤと大メシヤに関する御歌をいくつか挙げてみる。

◎メシヤに関する御歌

万民の　悩み苦しみ涯《はて》もなき　世ぞ救はむと救主《メシヤ》天降《あも》りぬ
（『メシヤ』「讃歌集改訂版」P28　昭26年5月28日）

万民の　罪の贖《あがな》ひ主《ぬし》にあらで　メシヤは罪の赦し主なる
（『諸の聖者』「讃歌集改訂版」P68　昭26年5月28日）

吾《われ》は今　メシヤとなりて果て知らぬ　地獄の悩み打ち切らんとすも
（『命の糧』「地上天国」54号　昭28年11月25日）（昭28年5月25日）

神といひ　仏といふも絶対の　力を有《も》つはメシヤなりけり
（「地上天国」43号　昭27年12月25日）

◎大メシヤに関する御歌

日月の　精を身に受け栄光の　雲より降る大救世主《メシヤ》はも
（未発表　昭25年）

栄光の　雲より降る大救主《だいメシヤ》を　歓呼《かんこ》の声に迎ふ嬉しさ
（『メシヤ』「讃歌集改訂版」P29　昭26年5月28日）（昭26年5月28日）

大救主《だいメシヤ》　出でずばやがて滅びなん　世ぞ救ふなり神の力に
（『命の糧』「地上天国」54号　昭28年11月25日）（昭28年11月25日）

大救主《だいメシヤ》の　御名は最後の世を救ふ　尊き御名なり心せよかし
（『メシヤ』「讃歌集改訂版」P28　昭26年5月28日）（昭26年5月28日）

以上四首ずつ引用してみたが、メシヤの御歌も大メシヤの御歌も内容はだいたい似通ったものである。あえて違いを見出すならば、大メシヤの御歌はより終末観の色が濃いように思われる（〝やがて滅びなん世ぞ救ふ〟〝最後の世を救ふ〟）。何れにせよこの時点ではメシヤの神が大メシヤに昇格なされておられるのか、新たに誕生なされたものなのかは不明である。

御著書から見てみよう。

①国常立尊がメシヤ　（「御講話」昭25年8月1日）

「メシヤという神は国常立尊という審判の神様で、これは永久的のものでない。ある時を限られたお働きで、長い。

一厘の種はメシヤとは違う（後略）」

②世界中で最高位　（「御講話」昭29年6月5日）

「メシヤ降誕と言ってね、メシヤが生まれたわけです。言葉だけでなく事実がそうなんですよ。（中略）

このメシヤというのは、世界中で最高の位なんです。西洋では王の王ということになっていますが、キングオブキングスと言ってその位をもっているんです。だから、私が出てはじめて人類は救われるのです」

③観世音菩薩がメシヤ　〔『世界救世教の誕生に就て〔開教の辞〕』「救世」48号　昭25年2月4日〕

「観世音菩薩の御働きも救世主《きゅうせいしゅ》のそれとなるのは勿論である」

「祝詞にもある如く観世音菩薩、光明如来、メシヤ《救世主》弥勒神等も御名は異なれど同一の御神霊である」

④メシヤの揮わせられる大神力　〔『世界救世教の誕生に就て〔開教の辞〕』「救世」48号　昭25年2月4日〕

「観世音菩薩は、善悪無差別的の救済であったが、愈よ地上天国が目前に迫り来った、今日茲に善悪を立別け、善を育て悪を滅しなければならない事になった、所謂悪のトドメである、従而救いの力も決定的でなくてはならない。その力こそメシヤの揮わせられる大神力である」

◎考　察

①「国常立尊がメシヤである」と明言されておられるが、大メシヤになられるとは仰っていない。「メシヤは永久的のものではなく、時期を限られた御働き」であるということは大メシヤに昇格されることを示唆なされておられるのであろうか。

②明主様は昭和29年6月5日にメシヤ御降誕を宣言なされたが、前掲の御歌ではそれ以前にメシヤが御

降誕になられておられるようにも読める。これも霊の〝霊〟が天降られておられ、御降誕の宣言は霊の〝体〟の御降誕であったということなのだろうか。

③観世音菩薩の御働きがメシヤ」の御働きの内面の力というものは、表面的には見えないものである。また「観世音菩薩、光明如来、メシヤ（救世主）弥勒神等も御名は異なれど同一の御神霊である」とあり、御神霊も表には現れないので不可視である。織物にたとえるなら御神霊は縦糸であり、〝観世音菩薩、光明如来、メシヤ（救世主）弥勒神等〟は表面に現れた横糸である。「御名は異なれど同一の御神霊」とは即ち、天照皇大御神の御分霊であり、御力が伝流されてくるものなのである。

④観世音菩薩の御働きの力が「メシヤの揮わせられる大神力」とあるのは、「大」の御文字が付くことから、大メシヤであるとも考えられる。

これらの考察と、御著書の「元の神位に復帰さるる」件に関する部分を参考にして図にまとめてみたところ、大メシヤの神の誕生が見えてきたのだった。

大千世界の最後的救済をなさる大弥勒之神と同様、最後の世を救う大神力を揮うには、主神位の「大」の御文字を冠しなければならなかったのである。

図23　大メシヤの神の御誕生

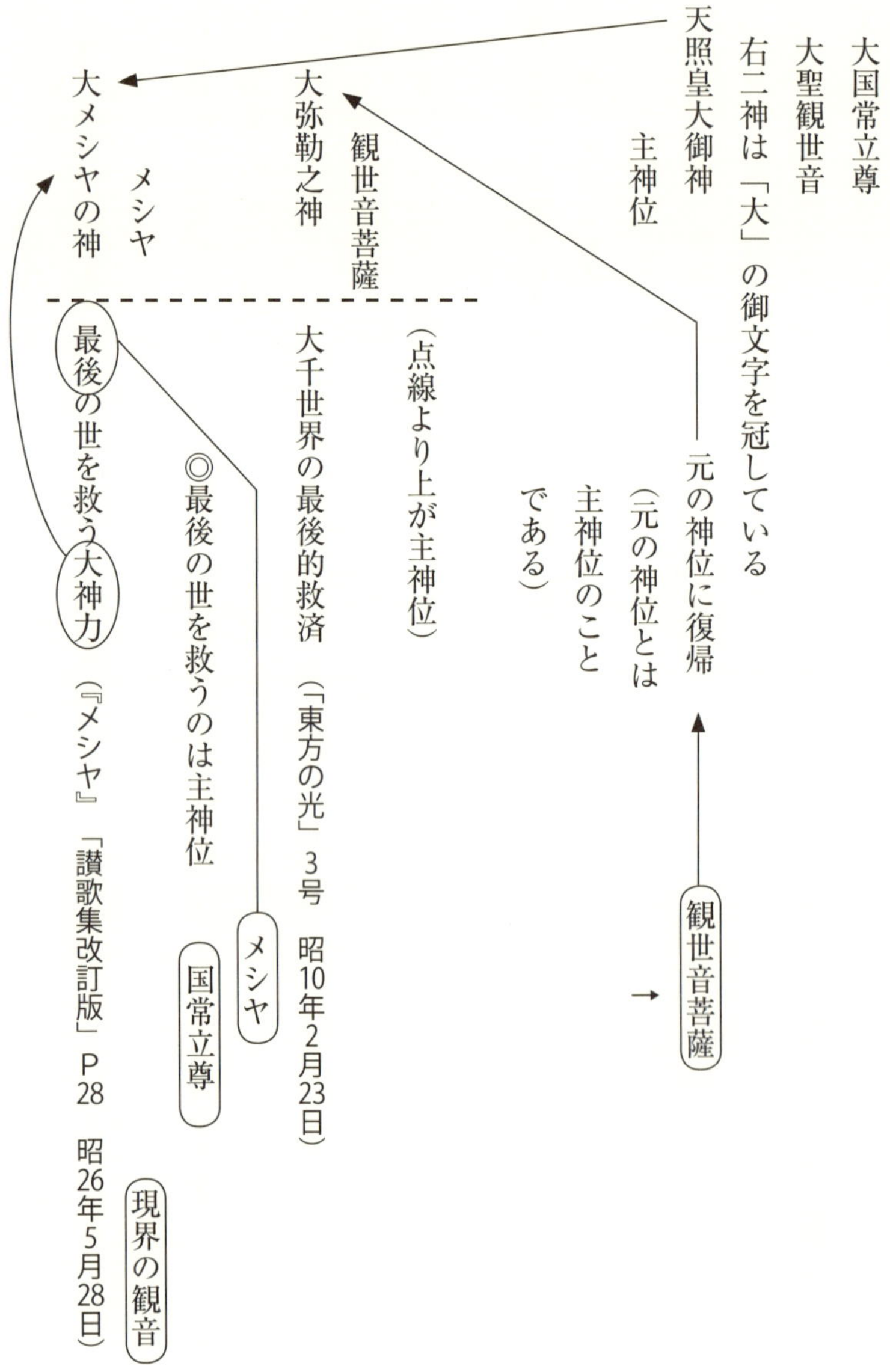
大国常立尊
大聖観世音
右二神は「大」の御文字を冠している
天照皇大御神
元の神位に復帰
観世音菩薩
主神位
（元の神位とは
主神位のこと
である）
大弥勒之神
観世音菩薩
（点線より上が主神位）
大千世界の最後的救済　（「東方の光」3号　昭10年2月23日）
大メシヤの神
メシヤ
◎最後の世を救うのは主神位
メシヤ
国常立尊
最後の世を救う大神力　（『メシヤ』「讃歌集改訂版」P28　昭26年5月28日）
現界の観音

観世音菩薩が大弥勒之神になられることは「元の神位に復帰」の項で述べてあるが、国常立尊のメシヤが大メシヤの神に昇格することについては、図の示す通りである。

国常立尊も天照皇大御神より審判の権を授けられておられるが、メシヤとなられて最後の世を救済するにあたって大神力をお揮いになるためには、大弥勒之神と同様に〝主神の御位〟が必要である。

しかし国常立尊は御位の高い天照皇大御神へ（主神位の）拝受を直接願い出ることを憚られた。既に主神位にあり、御経綸の主体的存在になられておられる大弥勒之神に伴われて上昇し、天照皇大御神より「大」の御文字を賜った。そしてこれを冠し「大メシヤの神」となられたのである。

全ては近み来る最後の世の救済のためになされた準備なのである。

ここまで考察を進めたことによって、メシヤが昇格されて大メシヤの神になられたのであるということが理解できた。最後の世になれば邪神界は最後の悪あがきで妨害してくるであろうということを察知なされ、前もって準備されていたのであると拝察する次第である。

四　最後の世を救う大弥勒之神と大メシヤの神

最後の世というのは既説のとおり、今日まで続いてきた三千年間の夜の時代が終わるということである。夜の時代には必要であっても昼の時代となれば不要になるものや、堆積した曇りは清算されることになるのである。それを宗教的には「裁き」「審判」と称したのであった。昼の時代になる直前——夜の時代の終焉期である今日《こんにち》、曇りある者を憐れみ給い、大弥勒之神や大メシヤの神が御浄め下さり、御救い下さるのである。

この項ではこの二神が御救いになる「最後の世」とはいかなるものかを見てみよう。最後の世とは即ち現世であり、ことさら例をあげずとも皆それなりに理解しているではあろうが、

大千世界の最後的救済を為さるのが、観世音菩薩即大弥勒之神の御活動で被在《あら》せらるるのである

（『全人類待望の炬光大聖観音力の顕現併而仏説の門扉』「東方の光」3号　昭10年2月23日）

大救主《だいメシヤ》の　御名は最後の世を救ふ　尊き御名なり心せよかし

（『メシヤ』「讃歌集改訂版」P28　昭26年5月28日）

とあることから、最後の世とはいかなるものであるのかを知る必要があると考える。そして「大弥勒之神・大メシヤの神が御救いになる世」という面から見ることで、この二神の御働きに対するより深い理解につながるとも考えられるのである。

「最後の世」については古今東西諸説色々数知れずあるが、ここはやはり明主様（岡田茂吉師）の説から、人間の生命や精神に最も関わりのある医療と農業及び宗教に関する御論文（一部）を見てみることとしよう。

「最後の世」に関して述べてある御論文の題を挙げてみる。

・夜の終り近づけり汝等悔改めよ
・最後の審判
・爆弾を抱いている現代人
・大恐怖時代来らん
・最後の審判とは何か

他にもこれに関連する御論文はあるが、右の五つを拝読すれば「最後の世」について大筋は理解できるものと思われる。いくつか部分的に引用してみよう。

「体内に汚濁を多量に保有している者ほど強烈なる浄化が行われるのは当然である、（中略）最後の世の病気は頗る急激なる大浄化であるから極めて迅速な経過をとる、例えば頭痛、咳嗽《がいそう》、下痢等二つか三つ位の症状なれば生命が脅かされる迄には至らないが、是《これ》が七つも八つも一度に発生するとすれば到底堪えられるものではない（後略）」

（『夜の終り近づけり汝等悔改めよ』「光」42号　昭24年12月31日）

「人類が犯した罪穢の内、最大なものとしては何と言っても医学の誤りである。従って此事を充分肚の底から分らせ、悔改めさせる事こそ救世上最も根本であるから、私は何よりも此事に対して、最大級の努力を続けているのである」

（『最後の審判』「地上天国」42号　昭27年11月25日）

「今日の人間は毒が溜り放題溜って、それを念入りに固めてあるのだから、固太《かたぶと》りなどといって健康人らしく見えるのが、実は危険な訳である。以前私はよく膿《うみ》の塊《かたま》りが理屈をいって威張っていると笑ったものである。勿論今も其通り処か益々酷《ひど》くなりつつある。何よりも今日の人間位病気に罹り易い者はないから、ヤレ衛生に注意しろ、風邪を引くな、暴飲暴食をするな、栄養食を喰え、冷えるな、疲れるな、睡眠を充分とれ、手を洗え、含嗽《うがい》をしろなどといって煩《うるさ》い事夥《おびただ》しい。丸で人体を毀《こわ》れ物扱いである。忌憚《きたん》なくいえば一種の恐怖時代といってもよかろう」

（『爆弾を抱いている現代人』「栄光」184号　昭27年11月26日）

「今までにないような種類の病気も多くなり、医師はどうしていいか分らない事になって二進《にっち》も三進《さっち》もゆかなくなるのは当然である。又今迄なら直《すぐ》に効《き》いた飲み薬も注射も、全然効かない処《どころ》か逆結果となって、医師が手を付けるや忽《たちま》ち悪化したり、死んだりするというような恐怖時代が来るであろう」

（『大恐怖時代来らん』「栄光」194号　昭28年2月4日）

「従って浄霊を嫌ったり、話に耳を傾けなかったり、逆にとったりする人は、已に救われない側に運命づけられたからで、そういう人を何程分らせようとしても無駄であり、反《かえ》って救わるべき人が疎《おろそ》かになるから注意すべきである。

又折角御蔭を頂いても大病が治り一時は感激しても、時の経つに従い忘れたり、迷ったりする人もあるが斯《こ》ういう人は已《すで》に縁が切れ、滅びの方へ廻ったのだから、手放した方がいいのである」

（『最後の審判とは何か』「栄光」213号　昭28年6月18日）

昭和24（1949）年から28（1953）年の間に発表された警告である。半世紀経った今日、世の中が悉くこのようになっているとまでは言えないが、その端緒は確実に現れてきている。

医療技術や医療機器がめざましい進歩を遂げたといいながら、万人が安心して暮らしていける健康法は確立されていない。治療法にしても新手の病気とのイタチごっこである。病気を治そうとして用いる薬によって病気を悪化させたり複雑にしていることは周知のとおりである。外科の臓器摘出手術は「人体を切り刻む技術」こそ進歩しているが、実際は患部を治療できないことを証明するものでしかない。これが世人の信じる「現代医療の進歩」なのである。都内中の名医の診察、大病院の検査でも原因がわからず治療法がないという病気を抱えた人が訪ねてくることが今でも時折ある。このような人の身体は有害物（各種の薬品）の排泄（浄化）作用が活発になっていて、最早既存の療法では固めることが出来なくなっているのである。我々の側からすれば（昼の時代が近づいていることの証左であり）喜ばしいことなのだが、病気に悩む人からすれば「夜の時代の終焉」であり「大清算」なのである。やがては大多数の人々にもこのような現象が現れることは想像に難くない。

五　食物から見た「最後の世」

「食」は何のためにあるのか。働くために食うのか、食うために働くのか、そして働くとはどういうことなのか――宗教の世界に入る以前、20歳前後の頃から真剣に考え続けてきた。50歳を過ぎてようやく己なりの答えを見出し、そうしてまとめ上がったのが次の十項目である。ここではそれを一つ一つ説明することはできないので、項目を列挙するだけにとどめておく。

◎**楽しむ事**……正常な味覚及び五感全てを楽しませ、満足するので過食をしないですむ
◎**五感を正常に保つ**……事物に敏感に反応し、柔軟に対応することが可能となる
◎**健康美**……血液、皮膚を美しくし、身体の各器官を健康にする
◎**活力の充実**……人体機能を活性化し、労働や運動を長時間持続できる
◎**精神美**……心が澄み、良心が働く
◎**意欲旺盛**……知識や技術等の習得力向上
◎**正しい思考の湧出**……創造力、智慧、技能
◎**性格穏健**……明確な考えに基づいて争いを嫌い、平和を好む
◎**愛情表現**……家族の団欒、友人・知人・来客の歓待
◎**感謝の心**……自然界、人間界全てに対する感謝の心

私が求める食物というものは、この十項を全て満たすことのできるものであるが、現在のところ世界中どこを探してもあるとは思えないので、十草農業によって生産しようと努力しているのである。

それでは「食」というものが、これまでどのように捉えられてきたのか、その一端を見てみよう。昭和最後の禅師と謂われた澤木興道禅師による『禅談』から、三つほど採り上げてみる。

「昔、フランシスコという人は御馳走を食べて『あぁおいしい、こんなものを食べては天国に生れられない』と灰を御馳走の上に振りかけて食べたという」

「栂尾《とがのお》の明恵《みょうえ》上人は、ある時おいしい御馳走をちょっと食べて、こんなものを食べたら煩悩が起こると言って障子の桟の埃を混ぜて、まあこれで虫が納まったと言って食べた」

「我々はおいしいというと『もう一杯、せっかくのことだ、もう一杯』と二杯も三杯も食ってしまう。これでは胃袋のゼンマイが回らんようになってしまう」

また「料理上手の奥さんよりも下手な方がいい。料理が上手で美味しいとついつい食べ過ぎて健康を害してしまうからである」とは一般でも昔から言われていることである。

つまり、おいしいものを食することはかえって健康を損ね、心の迷いを増やし、死後天国に行けなくなると解されてきたようである。おいしいものを作り、食することは贅沢であり、罪悪の一つだと考えられてきたのだ（キリスト教における〝七つの大罪〟には「大食」がある）。

こうした考えを持つように至った根底には「仏説法滅尽経」中にある「生を殺し味を貪り、慈心有ること無く」とあるからなのだろうか。人間というものは他の生命を奪い、それを喰らわねば生きていけぬという業を背負っている。その人間が味を楽しむことをよいことと認識すれば、他の生命を奪うことに何ら躊躇せず、慈悲心の欠片もない、己の持つ業の深さに気付くこともないものとなってしまう——それを危惧された主の神は、釈迦の口を通じて味を貪ることを戒めたのではないだろうか。それ故宗教や道徳では（美食や過食までには至らない）〝おいしいものを味わう〟ということまで、贅沢や奢侈《しゃし》同様に批判し戒めてきたようである。それはそれでいい。

一方、大衆は飢餓の恐怖から逃れるため、あるいは豊かさへの憧れの対象としておいしいものを食べたいという欲求が強くあり、それに向って努力し続けてきた。その結果表面上は立派なものが生産されるようにはなった。しかし質の点ではおいしい／まずいを通り越し、生命にとって危険なものとなってしまった。作物を生産する農地は化学肥料、病虫害防除の農薬、除草剤、汚穢堆肥、土壌改良剤等々を長年に渡って投入してきたことで、文字通りの〝穢土〟となった。そのような農地で——これらのものをさらに使用して採れた作物が殆どなのである。その上、保存可能期間の延長や見てくれの良さばかりを求めることで、加工、輸送に貯蔵の段階でさらに多くの化学薬品にまみれることになる。

六十億を越える人類の胃袋を満たすために農作物の増収を図らねばならない、という大義名分のもと、遺伝子を組み換えられた稲や大豆は、雑草（益草なのだが）が完全に枯死するほど除草剤を浴びせても枯れないようになっているという。SF映画の不死身の怪物のように遺伝子レベルから改良され、しかも多量の除草剤を吸収した米や大豆を食べた人間に影響が起こらないと誰が言えるだろうか。近来若い男子の精子数が減少しているそうだが、これもそのような作物を食していることの影響と考えられる。

農産物ばかりではない。魚介類をはじめとする海産物にしても私が子供だった頃よりも味がはるかに落ちている。その主たる原因が海の汚染であることに間違いはないだろう。これらのようなものを食べ続けているとやがて血液が濁り、霊が曇る。それが原因となって心のバランスを崩したり、あるいは種々の体的な病気となるのである。あるところでこういった内容の話をしたら、

「マザー・テレサは毒を食べても大丈夫だった。魂が強固であれば何を食べたって害にはならない。精神の修養が重要であって食物など問題ではない」という意見が返ってきた。マザー・テレサについては私も何冊か文献を読んでいるが「毒を食べても平気だった」という話は寡聞にして知らなかった（どういった経緯で、どんな毒をどの程度食べて平気だったのか、意見を言ってくれた御仁に訊いておくべきだった）。それ故これはあくまで推測に過ぎないが、この世界にマザー・テレサのような人物はそう多くはあるまい。「俺は何を食べても平気だ」という人もいることはいるが、そういった人の身体は既に神経が鈍感になっていて排毒作用が起きなくなっているのだろう。溜るだけ溜ったら重病となるか命を失うか、そこでやっと分かるようなものである。

健康で与えられた天職使命を遂行できるような人間であるためには、身体や精神に害を与える危険なものは、ごく微量であっても感知できる五感を備え、そういった食べ物を誤って、あるいは知らずに口にした時でもすぐに嘔吐する、下痢によって排泄するという排除作用が働く身体であることが望ましいのである。

食の本質は、良質の食物を互いに分け合い、美味を味わい、喜び楽しんで食べて健康になり、常に良心の栄養となるものであり、即ち前掲の十項目を満たすことが出来るものなのである。しかし既存の食品を見る限り、この項目に一、二つでも満たせるものがあるかどうかという状況であり、食の面においても現代は「最後の世」となっているとも言えるのではないかと考えられるのである。

六 「法滅尽経」に見る最後の世の一端

手元に「法滅尽経」なる経文がある。私は経文の原文は読み下せないため、解説書を読んだり書き下し文となったものを読むか、（近来お世話になっている）岸上興詢禅師から講釈を受け、おぼろげながら大筋の意味を理解したのである。

それによれば「法滅尽経はお釈迦様が亡くなる（涅槃・入滅）三ヶ月前に説法されたものである、とされており、〝正法千年・像法千年〟の時代を過ぎて仏法が退廃し滅する時の様子が描写されている」ものであるという。

お釈迦様は紀元前五六三～四八三年の時代の方であるとされておられることから、今から約二千五百年も前に話されている内容である。法滅尽経の説く事柄悉くが現在の世の中に的中しているとは言えないが、まさに現代の様を描写しているかのような部分が散見されるのである。いくつか採り上げてみよう。

◎寺院の山門に**「不許葷酒入山門《くんしゅさんもんにいるをゆるさず》」**と刻まれた石柱を見ることがある。『新版仏教語辞典』によれば、
〔葷酒《くんしゅ》〕味が辛く臭気の強い植物と酒のことで、肉類と共に仏が禁じた食物。（中略）葷は臭気のために他人を厭わせるものであり、酒は酔って修行者の心を乱す元となるから制止される。

とある。

だが現実には「不許葷酒入山門」どころか**「酒を飲み肉を噉《くら》ひ。生を殺し味を貪《むさぼ》り」**――まさに酒肉に浸っているとしか思えない寺院や僧侶が多いのではないかと思える。

私が以前都内某区に住んでいた頃、近所に大きな寺院があった。歴史的にも名の通った有名な寺院である（区名を出せばすぐわかってしまう）。修行僧を含めれば数十名の僧侶がいるので、彼らの健康診断に医師と看護士が派遣される。その看護師（女性）の一人が時折私のところに御浄霊を受けに来ていた。彼女の話によれば、

「あのお寺の坊さん達は高価な金時計、ブレスレットや眼鏡、衣類から持物まで最高級のものを身に付けてはいるが、身体の方は脂ぎって太っており、まるで不健康の見本品だ。動物性食品の摂り過ぎだから注意するようにとか、○○や××などの（近在にある）高級料亭通いは少々控えた方

がいいとか、医師がよく忠告している」とのことだった。文字通り「酒を飲み肉を啗《くら》ひ。生を殺し味を貪り」である。由緒ある有名な寺院であるから、大企業の社葬などを行えばかなりの収入となるので「**俗衣装《ぞくいしょう》を著《き》。袈裟《けさ》五色《ごしき》の服を樂好《げうこう》す**」となってしまうのだろう。そうしたことを大衆は皆知っているから、葬式や法事の時だけは頭を下げ、普段は「坊主丸儲け」「生臭坊主」と陰口を叩くわけである。

「**奴《ぬ》を比《び》丘《く》と爲《な》し。婢《ひ》を比《び》丘《く》尼《に》と爲《な》し**」さして厳しい修行もせず戒律を守ることもなく僧侶になることができるというので、かえって出家しようとする人間の質は落ちているように思える。高い家賃を払うこともなく、広い庫裏に住み、境内を駐車場にすれば収入が得られるなどと考えて僧侶になろうという人間のことであろう。これこそが「**魔沙門《しやもん》と作《な》り吾道《わがどう》を壊亂《えらん》す**」——悪魔が沙門（僧）となって仏の道を乱し、壊しているという状況でなくて何であろうか。

◎「**四十にして頭白し。男子は淫泆《いんいつ》にして。精盡《つ》きて夭命《ようみよう》す**」

四十前にして白髪頭や禿げ上がった青年もある。「淫泆にして。精盡きて夭命す」どころか精子数の減少や精子に異常がある男性の数が増えている。妊娠できない女性も多い中、折角受胎しても流産してしまったり、異常妊娠の数も少なくない。産婦が破水した羊水からどぶの臭気がしたという産婦人科の話を聞いたことがある。満足な子を産めない身体となっているのである。

その半面「**或《あるいは》壽《よわい》六十。男子は壽短く女子は壽長くして八十。或は百歳に至る**」ともあるように、老年人口は増え社会の高齢化は止まらない（女性の割合が大きいことも適合している）。

◎「大水忽《たちま》ち起り卒《にわか》に至ること期無し」「衆生雑類《しゅじょうぞうるい》。豪賤《ごうせん》を問はず。没溺浮標《もつできふひょう》。魚鼈食噉《ぎょべつじきたん》す」

大洪水が突如として起るという内容だが、それはあたかも平成16年末のスマトラ沖地震とそれに続く大津波、そして昨年（平23）3月11日に起こった東日本大震災と巨大津波による惨禍を予言されていたようにも思えるのである。

スマトラ沖地震は時期がクリスマス休暇のことであり、日本をはじめ各国から観光等で南の島を訪れた人々、その土地で生活する人々——富める者も貧しい者も、キリスト教徒や仏教徒から土俗の神々を信仰する人々、それら全てを分け隔てなく、大津波が一瞬の内にさらっていった。

東日本大震災で、巨大津波が街や建物、車、人々を瞬く間に飲み込んでいく様の記憶は、ニュース映像で見ていた私ですら、今もなお生々しく残っている。これらは文字通り未曾有の大災害であり、これも最後の世の一つの様を現しているとも言えるのではないだろうか。

以上、「法滅尽経」に見る〝最後の世〟の一端をいくつか例示してみた。

七　大弥勒之神は経綸の主体であり中心

経綸の主体、中心というものは、現世でいえば大統領や総理大臣等ということになる。地上天国建設の御経綸は明主様が主体であり、中心となられておられたのである。しかしこれは表面的なものであり、不可視の霊的面では観音様がそれに当たる、ということを示しておられる箇所がある。

「昭和元年から観音様は始終私の肉体に懸《かか》られ、私に種々な事を教えられ、命じられ、自由自在に私の肉体を使われるのである。全く私を機関として一切衆生を救わせ給うのである」

（『奇蹟物語――私の告白』「自観叢書」第四篇　P10　昭24年10月5日）

とあるように霊的な力の源は観音様なのであった。その観音様が大弥勒之神となられたことは既述のとおりだが、このことが詳しくわかっていなかったがため、明主様御昇天の後、地上天国建設の中心的任を担うべきであった世界救世教は醜悪な内部抗争を繰り返し、混乱状態が続くうちに多くの教会が離脱し、あるいはさせられもした。主体・中心が失われてしまったために経綸が頓挫してしまったかのようになっていたのである。

明主様御昇天後は大弥勒之神が御経綸の中心になられるのだが、現世でそのことを明確に理解する者がなかったため、御出坐しにはなられなかったのである。喩えるなら、ある重大な問題を話し合う会合があり、多数の観衆も集まったとする。その中に問題を解決する智慧を持つ賢人がたった一人いたとしても、誰もその人物の能力を知らないために発言の機会すら与えられず、賢人はその場からそっと立ち去るだけ——というようなものであろう。

今回大弥勒之神の御誕生や御神位、御働きやその時期が判然とし、さらに御経綸の主体や中心についても深く理解することによって御出坐しを御願いすることが出来るのではないだろうかと考え、研鑽を重ねているのである。

◆「経綸」「主体」「中心」という語句

「神様のやられること、計画は非常に深く絶対判らぬ。経綸は最高の神たる国常立尊様でも判らぬとおおせられる」

（「御講話」昭25年8月1日）

一般の人間には御経綸のことなどわからないのが当然であり、理解しようとすること自体無理なのかもしれない。ましてや神界のあれこれを詮索することなどおこがましい行為になるのではないか、と時として思わないこともない。

しかし地上天国建設や救世済民というものを、神界では神々がなさることであったとしてもそれはあくまで霊的な範囲に過ぎない。現界で現実的に天国を建設し、実際に救世済民の業にあたるのは人間なのであるから、御経綸についても幾分かは理解しておくことも必要ではないかとも思えるのである。

「キリストや釈迦もぜんぜん判らぬ。必要だけのことしか判らぬ」（前出）とあることからして、人間として必要最低限のことをわからせてもらえるのではないかと思えるのだ。

大弥勒之神が行う御経綸は神界のことであるが、それを表わすには現界の文字や言葉を用いられている。その言葉や文字の意味をここで再確認してみよう。

経綸　天下を治めること。国家を治めること

経
・たて糸、まっすぐに通った織物のたて糸
・大筋、転じて地球の両極を縦に通した仮定の線
・時代を縦に貫いて伝わる不変の道理

綸
・きちんと整える
・絹糸十本をきちんとあわせた紐
・糸、釣り糸（綸を垂る＝釣りをする）

主体

・中心にあるもの、主要な部分
・意志行動を他に及ぼすもの
・客体に対して行為の元になっていて、目的を成し遂げる働きをするもの
・意識するものとしての自我、主観、個人が自分の意志を持って、ある行為を実行すること
　自分の意志や判断によって行動する様子

主

・あるじ。所を変えて転々と寄留する者を客というのに対し、一所にじっと留まって動かぬ
　ものをいう
・団体や組織の中心となるリーダー
・その物事の中心として尊ばれる存在
・司る、中心となって処理する
　※〝主〟の字は燈火が燭台の上でじっと燃える様を描いた象形文字で、じっと一所に留
　　まるの意を含む

中心

・心の中
・ものの真ん中

・あるもののうち重要な箇所。また団体などの中で重要な地位をしめる人物
※〃中〃の字は、旗竿を枠のまんなかに突き通した様子を描いた象形文字で、真ん中、中央の意、及び真ん中を突き通すの意を表わす
※〃心〃の字は心臓を描いた象形文字。これをシンと読むのは、沁(しみわたる)、滲(しみわたる)、浸(しみわたる)など同系で血液を細い血管の隅々までしみわたらせる心臓の働きに着目したもの

(解説は『国語大辞典』学習研究社刊、『新選国語辞典』小学館刊より)

等々、経綸・主体・中心という言葉(および文字)の意味を再確認する意味で列挙してみた。これらを念頭に置いた上で再び「大弥勒之神が主体・中心となって行う御経綸」ということについて考えてみることとする。

地上天国が建設される――これは釈迦、キリスト、マホメットらの三大聖者も予言されていたことであり、その他幾多の聖者も待望していたことである。この大神業の主体であり、中心となられて経綸を進められた明主様であるが、その途上で御昇天なされたことは衆知の通りである。

明主様御昇天の後は、太陽が厚い雲に覆われて地上に日の光が届かなくなってしまったかのように、天国建設の核心たる御浄霊の光力がめっきり弱くなってしまった。その証拠が御浄霊を取り次いだ際、

効いているのか効いていないのかわからないことを糊塗し正当化するための方便として「御浄霊は宗教的行事としての祈りの行為」とか「魂のお浄め」であるとしたり、宗教色を隠すために漢方の経絡や指圧、マッサージを取り入れた手当て療法としたことである。中には低級霊除霊の道具にしてしまっているところもあるという。

しかし今後は大弥勒之神が神界の主要な地位に在られて、「時代を経に貫いて伝わる不変の道理」（これまでは判然としなかったが明主様によって明示された）がその時期に応じて御経綸を進められ、その意志が各神々や弥勒神業従事者に伝えられるのである。「心臓が血液を細い血管の隅々までしみわたらせる」ように、光運使（※）一人一人にまで御浄霊の光力が浸透されるのである。

地上天国建設の核心である御浄霊の神力が先駆的役割を果たし、各人が、各家庭が天国化されていくことになるのである。

※光運使……弥勒神業従事者のことを指す

第十五章　日月地に関する考察

一　霊体一致の力

霊体の　一致の力ぞ大神の　秘めたる一輪の御魂なるらん

（『立春祭御詠』「地上天国」58号　昭29年3月25日）

明主様が御昇天の約一年前にお詠みになられた御歌である。この御歌が持つ意味は何か。「一致する〝霊体〟」とは何を指すのか……まずはこの霊と体に該当するものを見つけねばならない。
「大神の秘めたる一輪の御魂なるらん」の、この御魂とは天照皇大御神の御魂、即ちミクラタナの神であると考えられる。ミクラタナの神の所有権は天照大御神にあるのだから、この〝霊〟とは天照大御神の霊ということになる。一方、天照大御神の〝体〟は太陽である。

次に右の御歌の単語を並列し、それぞれの意味を記してみた。

◎霊

「天照大御神は日本では最高の神様とされていますが、そうではないのです。つまり太陽神です」

（『御教え』昭27年9月27日「御教え集」14号　昭27年10月15日）

「現界の霊界に日が出たのが一昨々年（昭和25年6月15日）（中略）そのとき初めて天照大御神様の霊が私の腹に宿るということになります」

（『御教え』昭28年6月16日「御教え集」23号　P46　昭28年7月15日）

◎体

「太陽を主とした月も交わった霊気です」

（「御講話」昭10年9月21日）

「日と月が両方ピッタリして出るのが光なのです」

（『御教え』昭27年11月15日「御教え集」16号　P23　昭27年12月15日）

「浄霊の力の元は太陽の黒点から来るのです」
（『御教え』昭28年7月25日「御教え集」24号 P55 昭28年8月15日）

◎**一致の力**
・太陽神の霊は天照大御神の霊
・太陽神の体は太陽の黒点から出る力
→この二つが合わさった力である

◎**大神**
・大神とは一人の神であるから主神である
・主神の表現神が天照皇大御神であるから、ここでの大神とは天照皇大御神を示す

◎**秘めたる**……「一輪の御魂」のことは秘められていた

◎**一輪の御魂**……ミクラタナの神のことである

以上の語句を組み合わせてみると以下の通りになる。

霊　—天照大御神の霊
大神—天照皇大御神—一輪の御魂—ミクラタナの神→一致の力
体　—日と月が合わさった光・太陽の黒点から出る力

霊体一致という事柄だけに着目するならば他にも考えられるのだが、ここでは〝天照大御神の霊〟と〝太陽〟を当てはめて考察を試みた。

二　弥勒（日月地・火水土・五六七・三六九）の考察

①日月地　三位《さんみ》一体《いったい》の御力《みちから》を　具備して出でます弥勒大神　（『新年御歌』「御光話録補」昭23年）

②火水土　三位《さんみ》一体《いったい》の御力《みちから》を　具《そな》へて出でます五六七大神
（『五六七大神』「讃歌集改訂版」昭26年5月28日）

「御浄霊の本源」に関して登場する〝みろく〟の表記は、弥勒の他、右の御歌二首のように日月地、火水土、その他五六七、三六九、仁愛等々がある。弥勒以外のものをなぜ〝みろく〟と読ませたのか――それが持つ意味を考察してみようと思う。

一般的にみろく（弥勒）について知られていることは、釈尊が説法したといわれる「仏説法滅尽経」中にある弥勒の件《くだり》ではないだろうか。その部分を引用してみる。

「是く如き後（仏の教えが滅するという末法の後の世）、数千萬歳にして弥勒當《まさ》に世間に下り作佛すべし」

「天下泰平、毒気消除、雨潤和適、五穀滋茂、樹木長大、人長八丈、皆壽八萬四千歳、衆生得度、称計す可からず」

弥勒が出現して天下は泰平となり毒気は消除され、地上の天国ともいうべき理想世界となることが予言されておられる。

法滅尽経に説かれた「弥勒」と、御浄霊の本源に登場する日月地、火水土、五六七、三六九、仁愛（と書いて〝みろく〟と読ませるもの）とは同等のものなのであろうか。種々の文献をあたってはみたが確たることはわからないままである。

救世教に入信した当初からこのこと（日月地等を〝みろく〟と読むこと）については疑問を持っており、上司や諸先輩に問うてはみたが「御神書ではそのように読んでいるのだからそれでいい。『なぜそのように読むのか』などと考えなくともよいのだ」との答えが返ってくるばかりだった。時勢に合わない等の理由でお蔵入りとなった古い御論文や御光話を密かに拝読する機会に恵まれ、研鑽を積むことである程度理解できるようにはなったが、充分に納得するまでには至らなかったのだった。後年、大本教関係の文献を読むようになってから、なるほどと頷くことができた。次の文章である。

◎弥勒の意味

（『出口王仁三郎著作集』第一巻　P387）

・弥々《いよいよ》革《あらた》むる力

「弥勒『ミロク』と云う意味は、至仁至愛の意である。そうして其仁愛と信真に依って、宇宙の改造に直接当らせ玉う故に、「弥勒」と漢字に書いて、「弥々《いよいよ》革《あらた》むる力」とあるのに見ても、此神の御神業の如何になるかを知る事を得らるるのである」

この文章の前段には、弥勒の根本神に関する記述がある。

「高天原の総統神、即ち大主宰神大国常立尊である。又の御名は天之御中主神と称え奉り、其の御霊徳を完全に発揮し玉う御状態を称して、天照皇大御神と称え奉るのである。（中略）円満具足の大光明ということになる。
宇宙に只一柱坐すのみなれども其の御神格の情動に依って万神と化現し玉うものである。
（中略）高天原に太陽と現われ玉い、（中略）高天原に月と現れ玉う」

とあるように、弥勒とは主神そのものであることを明示されておられるのである。

明主様と王仁三郎聖師の説を合わせてまとめたのが、次頁の図である。

図24

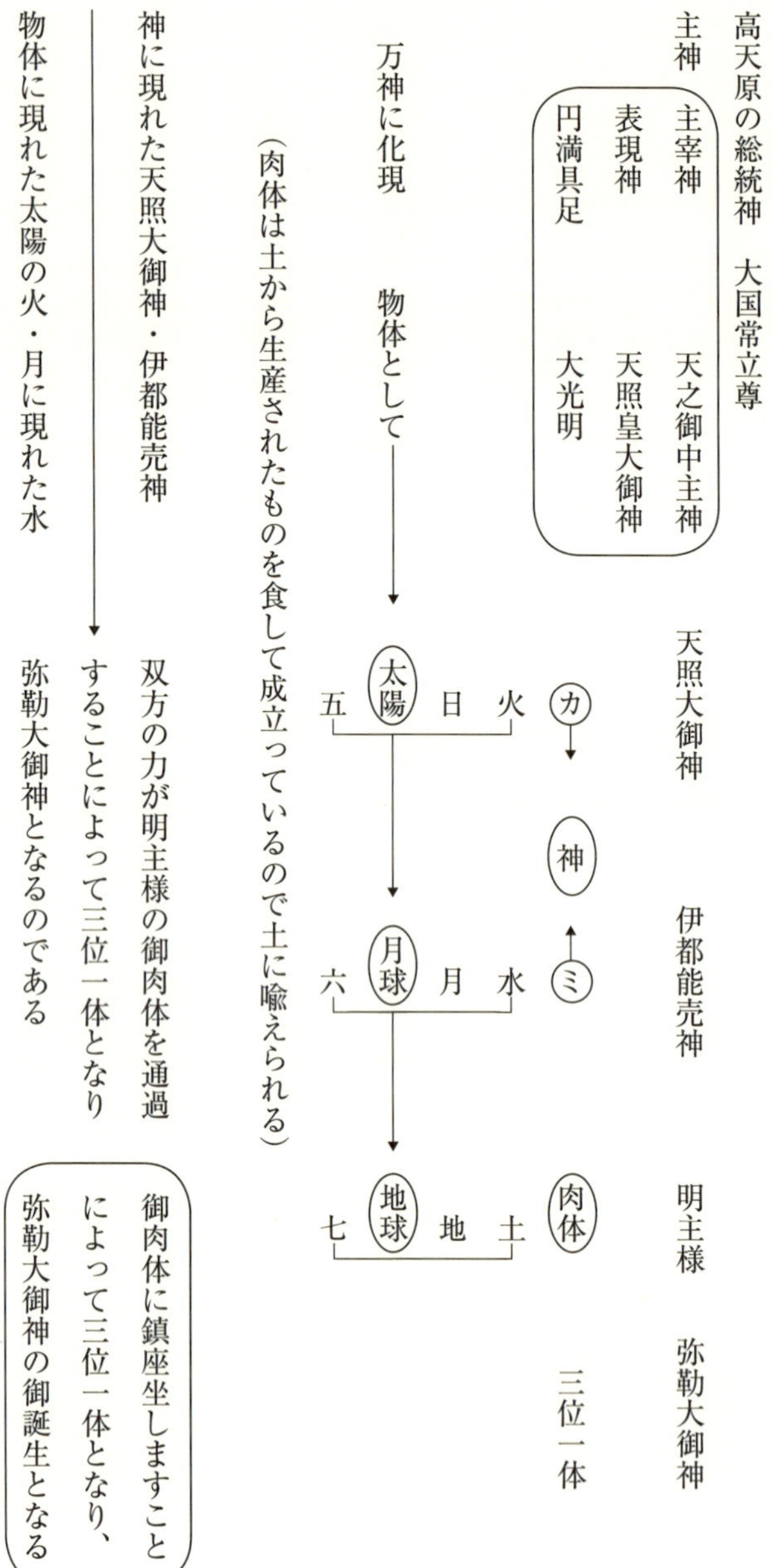
高天原の総統神　大国常立尊
主神
主宰神　天之御中主神
表現神　天照皇大御神
円満具足　大光明
万神に化現
物体として
（肉体は土から生産されたものを食して成立っているので土に喩えられる）
神に現れた天照大御神・伊都能売神
物体に現れた太陽の火・月に現れた水
天照大御神
伊都能売神
明主様
弥勒大御神
カ
神
ミ
肉体
三位一体
火
日
太陽
五
水
月
月球
六
土
地
地球
七
双方の力が明主様の御肉体を通過することによって三位一体となり
弥勒大御神となるのである
御肉体に鎮座しますことによって三位一体となり、
弥勒大御神の御誕生となる

弥勒とは「宇宙の改造に直接当たられる」と簡単に記述されてあるが、唯物文化が三千年間続いてきた夜の時代を、物心両面揃った昼の時代に立替えるという大転換の事業を担われるのだから、如何に重要で大きな御役の神であるのかが想像できる。
ここまでわかったことで、日月地、火水土、五六七、三六九（と書いて〝みろく〟と読ませること）が、「弥々革むる力」の弥勒であることが理解されたわけである。ついでに日月地等の各文字の意味を確認しておこう。

・日月地

太陽、月球、地球のことであり、目に映ずる宇宙空間一切はこの三つの物体が存在することによって成り立っていることは明らかであり、最重要の物体である。

・火水土

太陽、月球、地球から放出されている精気を言い表している。すなわち火素、水素、土素であり（詳しくは『発熱』「明日の医術」第二篇　P17―22を参照）、その精気が宇宙空間に渾然一体となって融和し、万物の生命力の根源となっている。

宇宙の改造に直接当たられ、この世を大転換させる力を具えられた弥勒とは、日月地、火水土、五六七の三位一体の力を具備して大神力を御揮いになられる弥勒でなければならなかったのである。

※火素、水素に関しての初出は、出口王仁三郎聖師の『霊界物語』第四巻である（P307）

・五六七

数字には各々意味がある。五は火が炎を上げて燃え盛る経の意味であり、六は水にたとえられ緯に流れる、あるいは物質の禄等の意味がある。七は土であり、完成の意味を持つ。

太陽を五、月球を六、地球を七の数字で表し、左図の通り経の経綸を表わしている。

	五	
三	六	九
	七	

・三六九

三はみっつの「み」、六はろくの「ろ」、九は「く」と読んで、三六九で「みろく」となる。右図に示される通り緯の経綸を表わす。

経と緯が結ばれて大経綸が展開されることになるのである。

ここで補足として「観音・弥勒同体説」に関して少し補足しておこう。

「観音は観音として未だ曽て肉体を以て現われた事は無かったのであります。それで五の弥勒即ち観音様はお一人で六と七とのお働きをされるのでありまして、六の弥勒七の弥勒は、それ丈の限られた働きでありますが、観音すなわち五の弥勒は六七共兼ねられてのお働きでありますから自由無碍如何なる活動力をも発揮されるんであります。基督教の三位一体という事は三人の働きを一人でなさる即ち観音様のお働きの事を言うたんであります。ですから本当の意味での弥勒というのは観音様の事なんであります」（『大光明世界の建設』「光明世界」2号　P11―12　昭10年3月4日）

図にまとめると次頁のようになる。「観音・弥勒同体説」図である。

図25　観音・弥勒同体説

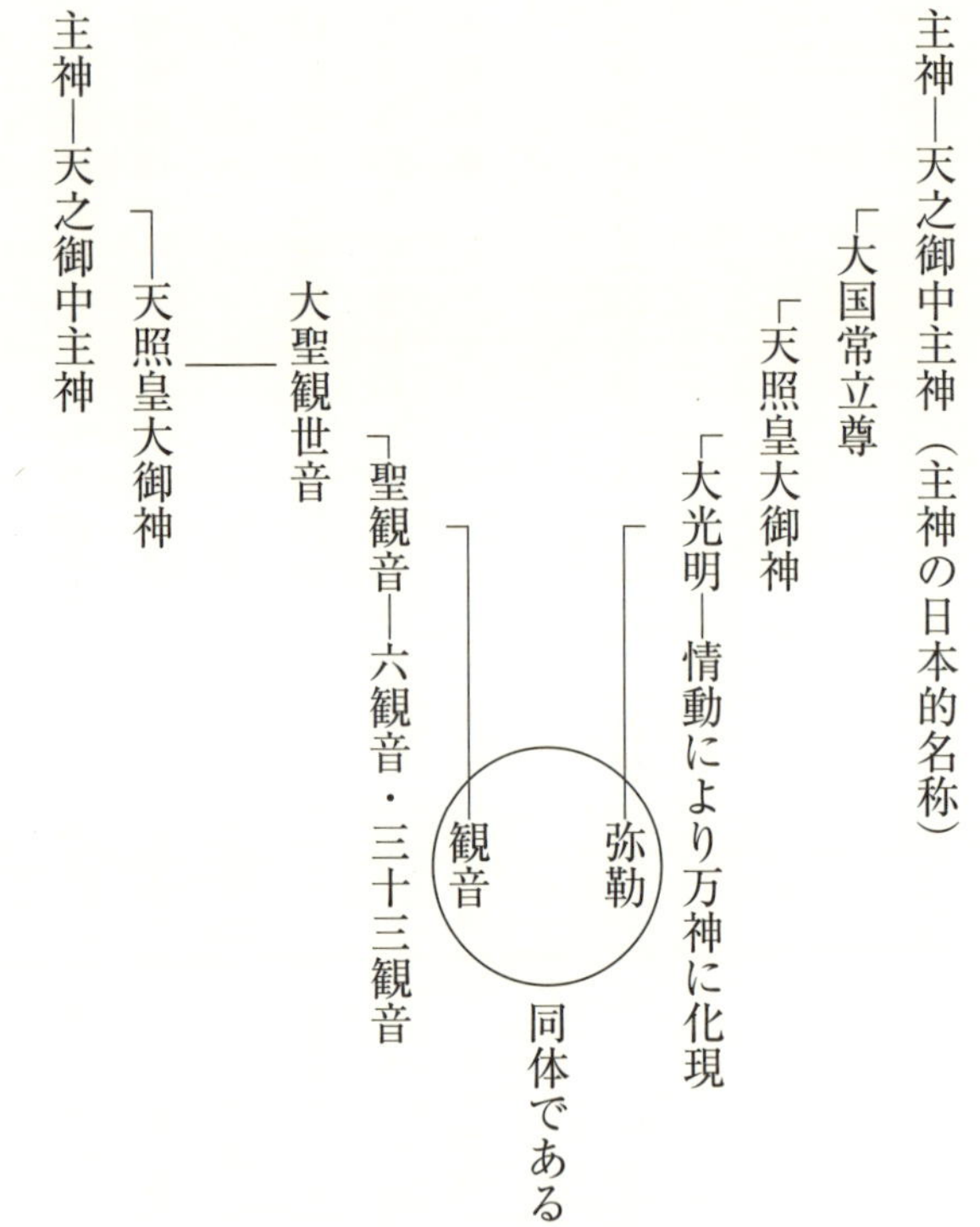
主神—天之御中主神（主神の日本的名称）
大国常立尊
天照皇大御神
大光明—情動により万神に化現
弥勒
観音
同体である
聖観音—六観音・三十三観音
大聖観世音
天照皇大御神
主神—天之御中主神

三　明主様御現身の神秘

千万《ちよろず》の　聖《ひじり》の業をひとの身に　あつめて弥勒と天降《あも》りし岐美《きみ》はも

（「明光」第三一号　昭4年3月30日）

この御歌は明主様が大本教在籍中にお詠みになられたものである。御歌中の〝弥勒と天降《あも》りし岐美《きみ》〟を指すのが大本教開祖の出口直刀自か、あるいは昭和3年3月3日に弥勒となられておられた出口王仁三郎聖師なのか、そこに確証がなかった。

次頁の図26を作成するに当たりこの御歌が思い出されたのだが、〝千万《ちよろず》の聖《ひじり》の業をひとの身にあつめて〟とあるのだから、〝ひと〟としてこの世に出現された方であろうが、それではどなたなのだろうか、と考えたのだった。

今日まで蔭に隠れておられたり、御位を下げておられた神仏が明主様の御現身内に入られて御神格を向上されたり、合体されてより上位の神として昇格なされるという大神業が行われていたのである。この点について明主様は次のような御歌も詠まれておられた。

図26　弥勒神業の神々が明主様の御現身内で成就の図

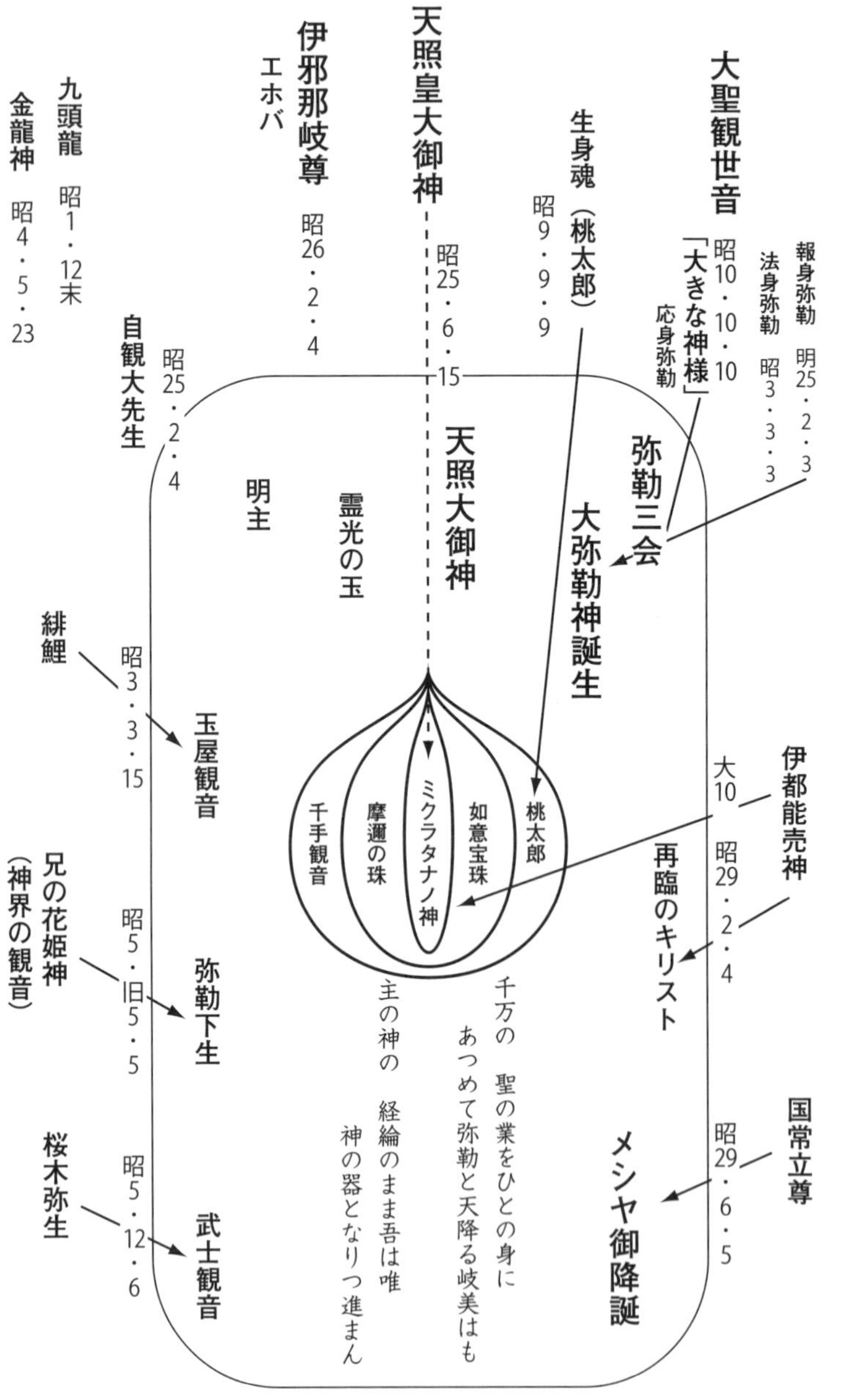
大聖観世音
昭10・10・10
「大きな神様」
報身弥勒　明25・2・3
法身弥勒　昭3・3・3
応身弥勒
生身魂（桃太郎）
昭9・9・9
天照皇大御神
昭25・6・15
伊邪那岐尊
昭26・2・4
エホバ
九頭龍
昭1・12末
金龍神
昭4・5・23
自観大先生
昭25・2・4
弥勒三会
大弥勒神誕生
天照大御神
霊光の玉
明主
桃太郎
如意宝珠
ミクラタナノ神
摩邇の珠
千手観音
伊都能売神
大10
昭29・2・4
再臨のキリスト
国常立尊
昭29・6・5
メシヤ御降誕
緋鯉
昭3・3・15
玉屋観音
兄の花姫神
（神界の観音）
昭5・旧5・5
弥勒下生
桜木弥生
昭5・12・6
武士観音
千万の　聖の業をひとの身に
あつめて弥勒と天降る岐美はも
主の神の　経綸のまま吾は唯
神の器となりつ進まん

主の神の　経綸のまま吾は唯《ただ》　神の器《うつは》となりつ進まん
（「栄光」216号　昭28年7月8日）

明主様が〝神の器〟となられ、その中に入られる神々とは図①に示した通りである。図に挙げたのは十幾柱の神々だが、冒頭の「霊分身」のことも含めて考えるとその数は十幾柱どころではない。となれば前述の御歌の〝千万《ちよろず》の聖《ひじり》〟そのものではないだろうか。つまり、〝弥勒と天降《あも》りし岐美《きみ》〟とは明主様御自身を意味していたのではないか、という考えに辿り着いたのであった。
神々は明主様の御現身内で御神格を向上されたり、合体されたり、より上位の神と化現なされて地上天国、弥勒の御世建設に携わることとなるのである。
明主様の御現身の不思議さ、神秘さを改めて思い知り、ただただ慄然とするばかりである。

八百万《やほよろず》　神《かみ》や仏《ほとけ》の禍《あやま》てる　罪赦《つみゆる》さんとエホバ天降《あも》りぬ
（「地上天国」59号　昭29年6月15日）

四　各神々の御働き

◎地上天国・弥勒の御世建設へ向けて神々の役割

図27

①主神
②天之御中主神
③大国常立尊
④伊邪那岐神
伊邪那美尊
⑤天照皇大御神
⑥大明主神
⑦金龍神
⑧天照大御神
⑨ミクラタナの神
⑩如意宝珠・摩邇の玉
⑪千手観音・桃太郎
⑫大弥勒之神
⑬九頭龍
⑭大メシヤ
⑮伊都能売神
⑯弥勒大御神

図27の各項目について改めて簡略に説明しておこう。

①主神
全宇宙に存在する全ての根源、神々の元であるから、独一真神が分霊して多神となるのである

②天之御中主神
主神の日本的名称

③大国常立尊
主神が万物を創造する際の御神名である。造物主であるから創造の御力や修理固成の御役は今日でも続いている

④伊邪那岐神・伊邪那美神
伊邪那岐神は「霊光の玉」を明主様にお授けになられ、伊邪那美神は聖王母となられて生身魂（桃太郎）をお育てになられておられた。現在は、

那岐那美の　二尊は尉《じょう》と姥《うば》とならせ　大天地を浄めますかも
（『金龍神』「光明世界」第3号　P6　昭10年5月21日）

の御歌の通り、御浄めの役をなさっておられるようである。さらには真善美の新しい国生み・人生みの御神業をなさる御役である

⑤天照皇大御神

主神の表現神であるが現界に対しての直接な働きかけはなさらない。ミクラタナの神を通じて御意志や光力を発動なされておられる。**御浄霊の本源の根本神である**

⑥大明主神

自観大先生こと岡田茂吉師は昭和25年2月4日より明主様とお呼びすることとなった。明主とは即ち日と月の主であるから、地上では最高の地位にあられて、地上天国建設、人類救済の御神業を行われ、御浄霊と多くの御教えを御遺しになって昭和30年2月10日御昇天なされた。現在は大明主神の御神名の通り、神界の最高位に燦然と輝いておられると拝察される

⑦金龍神

大明主神の御側を片時も離れることなく侍り、守護なされておられる

⑧天照大御神
統治の権をお持ちであり、ミクラタナの神の所有神でもある。地上天国建設の御経綸や御浄霊の光力等をお出しになる御役である

⑨ミクラタナの神（御倉板挙神、御頸珠ともいう）
天照皇大御神、即ち主神の御意志である地上天国建設の御経綸の御意図や御力、光はここから発せられる

⑩如意宝珠・摩邇の玉
ミクラタナの神がお入りになる器である。解説編『如意宝珠・摩邇の玉』に詳述してあるとおり、今日まではその玉だけでも最高の秘宝として尊ばれてきたものである

⑪千手観音・桃太郎
如意宝珠・摩邇の玉が入る器、つまり外側にあたり、玉から無限の恵みや宝物を引き出して天国建設をなさるのが桃太郎であり、豊富な智慧と千本の御手（実際には手は40本あり、1本の手が25種の御働きをなさる）で多大な御働きをなさるのが千手観音である
千手観音が弥勒の世建設に御活躍できたのは、神界の観音であった兄の花姫神が弥勒となられて下

生なされておられたためである

⑫大弥勒之神

地上天国・弥勒の御世建設の御経綸の主体であり、中心として現界の神界の中心に御存在なされておられる。今後の地上における経綸は大弥勒之神が主宰神である。

⑬九頭龍

大弥勒之神の守護神となられておられる。八大龍王の頭目でもあるので、龍神全てを従えて地上天国・弥勒の御世建設に天翔り国翔り大活躍をなされる

⑭大メシヤ

浄玻璃の鏡を持ち、現界人の審判をなされておられる。巧妙に仕組んだ犯罪も直ちに暴かれるようになる。

メシヤの御役でもあるから、救い主、赦し主にもなる

⑮伊都能売神――キリスト

贖罪主キリストとなられて再臨されておられるので、我々人類は伊都能売神に全てを任してお願い

することになるのである。中国では観音様（本体は伊都能売神）は弁護をしてくれる仏様であると解釈されている

⑯弥勒大御神

主神をはじめとする図中の神々の御意図や光力は、明主様の御現身を通じて御活躍なされておられたのである。明主様御昇天後は代理である御神体、即ち弥勒大御神様から発せられることになる。従って弥勒大御神様を参拝することによってその上へと通じることになるのである

「大光明如来様は私（明主様）の代理なのです」

（『御教え』昭27年11月16日「御教え集」16号 P27 昭27年12月15日）

あとがき

御浄霊の本源を求めて、10年余という歳月にわたって明主様の御著書や御光話録を拝読し研鑽に精励させていただくことができた（それは現在も続いている）。

初めて御浄霊の本源をある声に問われてから4年4ヶ月が経った頃、**「御浄霊の本源は弥勒の御世、地上天国を現世に樹立する神である」**ことが判然としたのであった（平成14年6月2日）。だがその御神名はそれから数ヶ月経ってもわからなかったのである。

膨大な量の明主様の御教えは、鉱山に喩えるならば全山がダイヤモンドや黄金なのである。その中から御浄霊の本源に関わりある（と考えられる）箇所だけを抜粋してまとめたのが〔資料――項目編〕である。

〔項目編〕にご登場いただいておられる神々は全て光り輝いておられるが、変化や化身、合体等なされることもあり、又他の神と連繋しているところもあって、文章だけでは表現しきれないと考えたため、図に表すこととした。それが「弥勒世界創造神御出現図」である。

確実なものとなるまで修正、書き直しを繰り返し、合計で50枚ほどは描いただろうか。今後も内容が変わることがあるかもしれないが、現在のところはここまでである（それは本著も同様で、ひとまずこの形にまとめあげたが、「御浄霊の本源を求める」ことは、御神業と同様に完結するということはないと考えている）。

この図を拝観して最初に頭に浮かんだのは

「御浄霊の出現は、地上天国・弥勒の御世建設の先駆であり、核心的のものである」

という明主様の御言葉であり、その御言葉の意味がその時になってはっきりと理解することが出来たのだった。

明主様が御神業にその御身を投じられ、御浄霊という偉大な力を揮われ始めてから70年が過ぎた。今なお御浄霊による医学の革正と病貧争の絶無には程遠い現代の世界であり、それに続く地上天国・弥勒の御世の樹立への道は前途遼遠の感がある。

しかし既に物質的、体的には弥勒の御世は到来しているのであって、そこに、ヽ《チヨン》が入ることによって霊体が一致した真の地上天国・弥勒の御世（ヽ⃝）が完成されるのである。そのヽ《チヨン》こそ、これまで述べてきたように一厘の力、即ち御経綸の中心にある大弥勒之神の御力ではないだろうか。

そうして御浄霊の本源を知って御浄霊を取り次ぐ時、大弥勒之神を始めとして関わりある神々が連繫して御働き下さり、御浄霊の偉力が倍化されることになると信ずるのである。

末筆ではありますが、この「御浄霊の本源を求めて」を執筆、出版する上で貴重なご意見、ご指導、その他ご助力を頂いた全ての諸先生、諸先輩、諸氏に心より御礼申し上げます。

平成24年盛夏　著者記

参考文献

◎参考ウェブサイト

「伊勢神宮」公式サイト　http://www.isejingu.or.jp/
「古寺散策　らくがき庵」http://www10.ocn.ne.jp/~mk123456/

◎参考文献

『岡田茂吉研究26』（世界救世教いづのめ教団）
『明主様と先達の人々』世界救世教教団史編纂委員会（エムオーエー商事）
『古事記―上巻』（河出書房新社）
『古事記（新潮日本古典集成27）』西宮一民（新潮社）
『新版仏教学辞典』多屋頼俊、横超慧日他（法蔵館）
『大蔵経全解説大事典』鎌田茂雄、河村孝照他（雄山閣出版）
『神話伝説辞典』朝倉治彦、岡野弘彦他（東京堂出版）
『霊界物語　第47巻』『出口王仁三郎（天声社）

『出口王仁三郎著作集―第一巻』（読売新聞社）
『大本神諭（第一～五集）』大本教典刊行会（天声社）
『水鏡』出口王仁三郎（天声社）
『東の光』出口王仁三郎（天声社）
『いり豆の花』出口和明（八幡書店）
『花咲』石坂隆明著（宗教法人みろく神教）
『庶民のほとけ――観音・地蔵・不動』頼富本宏（NHKブックス）
『日蓮　われ日本の柱とならむ』佐藤弘夫（ミネルヴァ書房）
『日蓮（山岡荘八歴史文庫）』山岡荘八（講談社）
『面白いほどよくわかる日本の宗教』田中治郎、山折哲雄（日本文芸社）
『禅談（改訂新版）』澤木興道（大法輪閣）
『二宮金次郎（この人を見よ）』和田傳、朝倉摂（童話屋）
『荒川区史』（荒川区役所）
『昭和災害史事典(1)』（日外アソシエーツ）
明主様（岡田茂吉師）の遺された全ての御論文、御詩歌、御言葉

付録　主な項目・事項　索引集

14　観世音菩薩の働きに
　→　第四章　大聖観世音　145〜148、152〜156ページ

　現界
　仏界
　神界　とある
　→　第四章　大聖観世音　152〜156ページ

15　観世音菩薩が元の神位に復帰なさる
　→　第十四章　大弥勒之神・大メシヤ　446〜447ページ

16　観音様が主神であると言わしむる所以
　→　第四章　大聖観世音　140〜144、146〜148、163ページ

17　兄の花姫神と木之花咲爺姫との関係
　→　第六章　伊都能売神　196ページ
　→　第九章　弥勒下生　290〜293ページ
　→　第十一章　現象弥勒　359〜361ページ

18　木之花咲爺姫の御本体は「伊都能売神」「豊雲野尊」のいずれなのか
　→　第十一章　現象弥勒　355〜361ページ

41　〝〇〇〇〇〇の神〟の御神名　↓第三章　天照皇大御神　127〜133ページ

42　仏典の弥勒菩薩と本項での弥勒との関係　↓第九章　弥勒下生　301〜311ページ

項目編

項目編1
主神の御意図

主神の御名称／主神に関する御歌／主神の御意図／最高神は遥か雲の彼方／主神は善も悪もない／最高神は出現していなかった／今日までの宗教の出現理由／主神が悪を造った理由／主の神の大経綸／理想世界の下拵えができた／十字に結ぶ／神界の主宰神はこれから定まる／絶対力と大自然力／主神の神科学の具体化である浄霊／救いの執行者を遣わされた／弥勒の世／五十六億七千万年の意味／九千年間に渉っての大清算／五六七の謎／神様は人類を公平にお救いになる／御浄霊の本源／主の神の力の発揮／伊邪諾尊が主神の代表神／主神の御目的完成の秋／惟神之道

弥勒の世

義農の世
甘露台の世
松の世
水晶世界
理想世界
光明世界
地上天国
真善美の世界
極楽の世
パラダイス
ユートピア
シャングリラ
和楽の世

創造神御出現

大神の　深き仕組は人の智慧　などもて探るすべさへもなき　（「地上天国」第21号　昭26年2月25日）

大神の　仕組の奥のその奥の　又その奥の奥ぞ尊き　（「地上天国」第21号　昭26年2月25日）

主神の御名称

（『御教え』昭23年9月28日「御光話録」〈発行年月日不明〉）

主神
天之御中主大神　神道
天の父　キリスト教
エホバ
ジュース
メシヤ　ユダヤ教
至聖先天老祖　紅卍字会
天帝
大自在天
アッラー　イスラム教
日月地大御神
国常立尊
（表現神として）　天照皇大御神
（表現仏として）　大聖観世音
・伊邪那岐尊が主神と称されているところもある

主神に関する御歌十首

主の神の　愛が日になり　月になり
（「明光本社第三十九回月並冠沓句」『明光』第四十号　昭4年12月30日）

天照らす　月の光も日の光も　主の大神の御眼なるらむ
（『神の御光』「讃歌集」昭23年7月1日）

大神は　時満つるまで天の扉を　開く御鍵を秘めおかませり
（『天地開明』「讃歌集」昭23年7月1日）

主の神は　生きとし生けるもの悉に　生命を賜ひ幸をめぐまふ
（『正邪』昭21年3月1日）

主の神は　科学と呼べる宗教を　下して物質文化造りぬ
（「地上天国」第51号　昭28年8月25日）

無限絶対の　力の原は主の神の　尊き御魂にありとこそ知れ
（「地上天国」第51号　昭28年8月25日）

安らけく　楽しく生くる人の世を　主の大神は造られしなる

（『楽しき此世』昭11年5月）

主の神の　真の救いは弥果てに　出づる東方の光なりけり

（『御筆の光』「光明世界」第四号　昭10年7月25日）

主の神は　吾に力と智慧給ひ　生きとし生けるものみな救はる

（『新年御詠』〔祭典時御歌〕昭29年1月1日）

幾万年　待たれ給ひし大神の　仕組は今し成らむとすなり

（『世の終り』「讃歌集改訂版」昭26年5月28日）

主神の御意図

（『霊層界』「天国の福音」P358―359　昭22年2月5日）

此地上をして理想世界、言い換えれば地上天国を建設する事である、とはいえそれは恐らく、その規模に於て、其構想に於て、壮麗雄大なる言語に絶するものがあろう事は想像に難からない。何となれば無限に進歩しつつある文化は、極る処がないからである。此意味に於て現在までの世界歴史は、其基礎的工作に過ぎなかったのである。そうして神は一人一人それぞれの使命を与え、特長を持たせ、生き更り死に替り、理想目的に向って前進せしめつつあるのである。従而善も悪も、戦争も平和も、破壊も創造も進化に必要なる一過程に過ぎない事を知るのである。

そうして今は如何なる時かは詳細説いた如く、私の唱える夜昼転換期のそれであり、全世界は今正に新時代に向って一大飛躍せんとしつつあり、今人類は野蛮の衣をカナグリ捨て、高度の文化人たる域に達せんとしつつある事である。茲にはじめて戦争も病気も貧乏も終焉を告げるのである。勿論本医術の出現はその為の先駆であり、核心的のものである。

最高神は遥か雲の彼方

(『本教の誕生』「世界救世教早わかり」昭25年11月20日)

単に神と言っても、実は上中下の階級があり、千差万別の役目がある。神道にては八百万あるというが、全く其通りで、今日迄神といえば、キリスト教的一神教と、神道的多神教のどちらかであった。併し両方共偏った見方で、実は独一真神が分霊して多神となるのであるから、一神にして多神であるというのが本当である。之は私が永年の神霊界研究によって得たる結論であって、此考え方も今日迄あるにはあったがそれ以上は説け得ないようであった。そうして今日迄最高神として崇められて来た神と雖も、実は二流以下の神であって、最高神は遥か雲の彼方に座し、只人類は遠くから礼拝していたに過ぎなかったのである。では最高神とは何ぞやというと、主神に外ならないのである。エホバ、ロゴス、ジュース、天帝、無極、再臨のキリスト、メシヤ等の御名によって、各民族国家の人民が称え来った神である。主神の御目的は真善美完き理想世界を作るにあるので、それには凡ての条件が具備しなければならないので、神は其時を待たれ給うたのである。其時とは即ち現在であってみれば、人類は此事を先ず認識しなければならないと共に、自己自身の精神革命こそ喫緊時である。

主神は善も悪もない

（『妙智之光』「地上天国」創刊号　昭23年12月1日）

元来主神は全宇宙そのものがその御所有物であって善も悪もないが、『神典』にあるごとくその主神から分かれて霊系の祖が高皇産霊神、体系の祖が神皇産霊神となられた。これは陰陽の神であり、陽陰はすでに善悪である。そして悪に属する神を邪神、善に属する神を正神という。この善悪が始終摩擦し争闘しつつ、人類は生成化育し今日のごとく輝かしい文化の発達をみたのである。この点が人間としての考え方の難しいところで「悪人を造っておいて裁くなら初めから造らなければいいではないか、審判などといって人間を悪いこととするように造っておきながら、罪を罰するとは無慈悲不合理だ」と言う人もあるが、私としても造られた側に立っているので神意を知り得べくもないが、なんのために悪を造られたかの想像はつく。それはたしかに悪によって善が活動し文化が進歩を遂げたという事実である。

最高神は出現していなかった

（『御教え』昭28年9月5日「御教え集」26号　昭28年10月15日）

最高の神ということは隠して、二流三流のものを出して、これが神であり、これから生まれたのが宗教だというわけで、悪く言えば人間は神様に騙されていたのです。しかしそれはしかたがないので、そうでなかったらこれまで物質文化は発達しなかったのです。ですから非常にすばらしいトリックというわけです。そしていままでの人間が神をみる、神観というものも間違っていたわけです。キリストでも釈迦でもマホメットでも、偉いには違いないが、やっぱり二流三流の地位だったのですから、本当のものはぼかしてはっきりはしなかったのです。ただそれでよかったのです。そこで私は宗教では救えないということを言うのですが、宗教で救えれば、いままでに天国になっているのです。宗教があれだけたくさん出ても相変わらず地獄ということは、つまりいままでの宗教では救うことができなかったわけです。これは超宗教でなければ救えないわけです。

今日までの宗教の出現理由

（『大光明世界の建設』「観音講座　第一講座」昭10年7月15日）

主神が何の為に宗教を造られたかと言うと、宗教は弥勒出現迄の世界人類をして、或程度以上の堕落をなさざしめんが為の必要的限定的経綸であって、主神は一方悪の活動を許容され、物質文化を開き、一方其の悪に因る弊害を甚しくせざらんが為に諸々の人傑を出し、宗教なるものを弘通せしめ、善悪を巧妙に織られたのである。故に今日迄の経綸は善悪、明暗、美醜、相交じりつつ流転活動し、進歩し発達し来たのである。宗教は東洋が元であることがよく判る。然しこれが為、亜細亜諸国が亡びたのである。

一方今度は素盞嗚尊に命じて悪の世界を作られたのである。則ち体的文化であり、物質文化のことになるのである。この物質文化は西洋を中心として起ったのである。

主神が悪を造った理由

（『御教え』昭27年8月25日「御教え集」13号　昭27年9月25日）

いままでの宗教で悪を肯定する宗教はないのです。全部悪を憎み（中略）闘わせたのです。というのは、いままでの宗教の開祖というのは、善のほうの神様です。善だけの神様と、いまのような悪のほうの……邪魔するサタンと対立していた。ところが両方を造られたのは、真ん中にいる主神なのです。そこで主神の見方からいうと違ってくるのです。そこで私のいまの、悪が必要であった。医学という、要するに薬というものは人間を弱らすもので、人間を弱らせなければ文化というものはできなかった。というように説いてあるのは、主神から出る教えです。要するに善悪の根本を説いているのです。

主の神の大経綸

（『舌に代えて』「栄光」148号　昭27年3月19日）

全人類待望の幸福な世界をお造りになる為に、主の神即ち別の御名エホバ、ゴット、ジュース、天帝、仏陀、天御中主神等で、大経綸をなされるので、其担当者として私という人間が選ばれたのであります。そうして先ずメシヤ教という機関を造り、最後の救いを実行されるのであります。然し此事は昔から已に偉い聖者達が予言されてあります。彼のキリストの天国、釈尊のミロクの世、日蓮上人の義農の世、天理教教祖の甘露台の世、ユダヤ教のメシヤ降臨等々がそれで、これも世界に知れ渡っているのであります。してみれば此大事業も来るべき時が来たのであって、今初めて私が唱え出したものではありません。

そこで前申したような、病気を根絶する為、本教は病気治しに最も力を注いでいるのであります。博士から見離された病人でも、本教信者になれば、誰でも治す力を与えられるのであります。此力こそ主神から私を中継ぎとして、信者に伝達されるものであって、之によって病無き世界は必ず実現するのであります。（中略）世界は個人の集合体である以上、先ず個人個人を幸福にする事が先でありますから、其通り本教信者になれば一日一日幸福となり、天国的家庭が作られるのであります。之こそ真の安心立命であります。

理想世界の下拵えができた

（『御教え』昭26年10月1日「御教え集」3号　昭26年11月25日）

世界を支配している主の神様が、悪を作り、邪神を作り、善を作り、正神にそれを食い止めさせたりして、だんだん理想世界の下拵えができたんですね。だいたい、下拵えはできたんです。今度は、邪神が本当に改心して良くなれば、世界中が五六七の世になるんですからね。いま、その目前に来ている。そうでしょう……二大勢力が戦争すれば、どっちかが勝つから、もう戦争を起す種が見えなくなりますね。ですから、いまは世界の転換期であって、その転換期にメシヤ教が出て大きな審判と、審判後の出発ですね……立て替え、立て直し……破壊と創造ですね。『文明の創造』というのは破壊後の建設のプログラムなんです。建設の日の設計書なんですから、どうしても必要なんです。ですから、既成宗教のように、ただ御利益や……そういうもので、個人個人を救うということも結構ですが、それ以外に、そういう大きな経綸もある。それを知らなければいけない。

十字に結ぶ

（『主の字―自観説話集』「自観叢書」第十二篇　昭25年1月30日）

主の字を解剖してみよう。

上中下の横棒三本は天地人、日月地、五六七、神幽現という意味で、それを経の棒が貫き、一番上に、ヽ（チョン）が乗っている。之が正しい順序で、政治でも、経済でも、教育宗教でも、一家庭でも、一切万事此形でゆかなければならないのである。処が、今日まで凡ゆるものは、大抵経緯が別々で、その最も大きなものは、経の東洋思想と、緯の西洋とで、離れ放れであった。処が愈々時節到来、十字に結ぶ事になったのである。即ち主の字の真中が十の字であり、上下の横棒は天と地である。つまり人間界は天地の中間であるから、人間界が十字に結ばるという訳である。之が地上天国の実相で、即ち十字の形は神の世界である。神という言葉もその意味である。カとは火、ミとは水で、火は経に燃え、水は緯に流れる。之が結んでカミというのである。神御産霊、高御産霊という通り、神の御働きは結びである。又仏はホトケであり、ホドケル言霊であるから、ホドケている世界を、神が結ぶというのが、今や来らんとする大転換である。キリスト教徒が胸に描く十字架もそれの暗示であり、仏教の卍も同様の意味で只だ「仏教の卍は、十の字の一つ一つが枉《まが》っている、之は十の字に結ばると共に廻転が始まる」という訳である。

神界の主宰神はこれから定まる（『御教え』昭23年9月28日「御光話録」発行年月日不明）

神界の主宰神はこれから定まるのです。

絶対力と大自然力（『御教え』昭24年5月23日「御光話録」10号　昭24年7月10日）

絶対力はつまり主神の力、至高絶対なものですね。それから大自然力ってのは絶対力が自然界全体に遍満した有様ですよ。

主神の神科学の具体化である浄霊（『浄霊とは何か』「医学革命の書」昭28年）

そうして大乗科学の三段階とは上段は神科学、中段は霊科学、下段が物科学となっており、此下段に生れたのが医学であるから、其レベルが低く幼稚であるのも当然であって其様な程度の低い科学を以て、最高度の人間生命の解決などは思いもよらない話で、寧ろ僭越でさえあり、長竿を以て大空の星を落とそうとするようなものである。

　茲で以上の如き三段階を一層徹底してみると斯うである。即ち今日迄の世界は物科学と霊科学との二段階のみであったが為、人間生命や病気健康等の根本まで分からなかったのである。勿論独り医学ばかりではない。凡ゆる文化がそうであって、永遠性のない一時的間に合せ物が其殆んどだったのである。という訳で治病方法にしても、前記の如く三段階中の物科学と、そうして霊科学中の信仰療法の此二つだけであった。前者は略すが、後者に於ては治病方法としては祈り、苦行、禁厭《まじない》等であって、医学と同様見るべき効果はなかったのである。又之は別の話だが彼の釈尊にしてもキリストにしても、成程見真実の境地に達したとは云われているが、最高ではなく二段階の上位程度であり、智慧も力もそれ相応であって、絶対でなかった事は歴史の示す通りである。之も時期の関係上止むを得なかったのである。（中略）以上の如く物の科学、霊の科学、神の科学の三段階こそ大乗科学であるとすれば、之こそ今後の時代をリードすべき最高学問であるといってよかろう。故に今日迄の科学が如何に程度の低いものであったかは充分判る筈である。

　従って我救世《メシヤ》教こそ、最高最貴の主神が経綸し給う処の神科学の具体化であり、それから生れた浄霊医術である以上、超偉力を発揮するのも不思議はないのである。（中略）此神力こそ主神以外にあり得ない事は、常識で考えても分る筈である。

救いの執行者を遣わされた　（『観音力療病は何故治る乎』「新日本医術書」昭11年2月17日）

天照皇大神様は、独一真神にして、最尊最貴の御神格に被在らるるを以て、直接、人間への御救いの業は不可能の御事が神律なのである。何となれば、人民とは余りに隔絶し給うが故である。（中略）洽く、世界万民を救わせ給う御心の現れとして、救いの執行者を遣わされ給うたのである。それが観音、阿弥陀、釈迦、基督、マホメット、其他の各聖者達である。

然るに、それ等聖者達が、今日迄主神より委任される場合、其時代と其地方とによって限定された事であって、それは主神の御意図であるから、止むを得なかった事である。（中略）然るに釈迦も、基督も、マホメットも、凡ゆる聖者の出現した時代は、未だ一切が世界的までには、到達していなかった事である。

弥勒の世　（『仏滅と弥勒の世』「文明の創造」昭27年）

釈尊は素晴らしい予言をされた。それは今より数えて五十六億七千万年後、仏滅の世となり、次いで弥勒菩薩下生され、弥勒の世を造り給う。弥勒の世というのは、居ながらにして千里の先まで身を運ばれ、居ながらにして千里の先の声を聴き、居ながらにして千里の先から欲するものが得られるというので、其頃としては想像もつかない夢の世界である。処が現在の世界は最早右の予言通りになって来ているではないか。としたら物質的には已に弥勒の世となっているのである。

五十六億七千万年の意味

（『仏滅と弥勒の世』「文明の創造」昭27年）

処で今迄仏者が迷ったのは、此五十六億七千万年という数字であった。然し之は一寸考えただけでも直ぐ判る筈である。何となれば如何に釈尊と雖も現実的に、五十六億七千万年などという、途方もない先の世の中を、予言される訳はないからである。それ程先の世の中を予言したとて、何の役にも立たないではないか。言う迄もなく、それ迄に地球はどうなるか、テンデ見当もつかないであろう。之は全く五、六、七という数字を知らせんが為である。というのは弥勒の世とは、私のいう五六七の世界であって、此五六七を解釈すれば、五は日であり、六は月であり、七は地の意味になるからで、即ち順序正しい世界という事である。之について一層深い意味をかいてみよう。

今まで夜の世界というのは、日が天に昇っていなかった時の事である。勿論霊界の事象ではあるが、之を小さく地球に譬えてみればよく分る。夜は月が上天にあって照らしていたが、段々地球を一周して、西の涯から下って地球の陰に隠れる。すると太陽が東から昇って、中天に輝くとすれば、之が昼間の世界である。そうなれば天は火であり、中界は水素の世界で水であり、地は依然として地であるから、之が五六七の順序である。右を一言にしていえば、昼の世界とは、今まで見えなかった日が、中天に輝く姿で、それが五六七の世である。

五	天	火
六	中界	水素
七	地	地

釈尊は或日弟子から、仏教の真髄を訊かれた事があった。世尊は「左様一言にしていえば真如である」と仰せられた。真如とは無論真如の月の事で、其時既に仏法は月の教である事を示されたのである。

九千年間に渉っての大清算　（『大光明世界の建設』「観音講座　第一講座」昭10年7月15日）

一切の清算、世界的大清算が、行わる時が来るんであります。此、清算は、本当から言いますと、九千年間に渉っての、あらゆる清算であります。此の九千年に就ては、いずれ別に、詳しくお話する考えであります。そして其結果、森羅万象一切が、時処位を得て、「本然」に立直った時が、五六七《みろく》の世、大光明世界なのであります。

それからが、永遠の平和であり、万民和楽の地上天国に、成るのであります。

五六七の謎 （『ミロクの真相』「病貧争絶無の世界を造る観音運動とは何？」昭10年9月15日）

釈尊は、五六七の世は、五十六億七千万年後だと言ったからとて、呑気に澄ましている仏者がある。考えてもみるがいい。其時から、僅二千五百年経った今日でさえ、是程の娑婆の変り方である。何ぞ、五十六億七千万年後などという想像だも出来ない、遠い世を予言する必要が、何処にあろうか、之こそ全く、五六七の謎を秘められたのである。

神様は人類を公平にお救いになる （『御教え』昭23年10月28日「御光話録」発行年月日不明）

国常立尊とかなんとかは言わぬことにします。連合軍が日本の神道を非常に注目していますから、国常立尊とか天照皇大神とかは言わぬほうがいいですね。そんなことを言っても今日の生活になんら関係がない。（中略）いままでの神国思想は間違いです。日本だけが神国と思ってはいけない。神様は人類を公平にお救いになり、決して日本だけを救われることはないのです。この道でも外国で同じようなのが出ているかもしれません。だから日月地大御神はエホバでありメシヤであり天帝と同じようなものと考えたらいいのです。支那の至聖先天老祖なんかはたいしたものですからね。

御浄霊の本源

（『黴菌の発生』「結核信仰療法」昭27年12月1日）

主の神（エホバ）の神霊が、私の霊体を中継として御守に伝達され、御守から信者の掌を透して放射されるのである。

主の神の力の発揮

（『岡田式指圧療法の原理と其目的』「日本医術講義録」第一篇　昭10年）

此療法の創成は、主神が、人類の最も苦悩とする病気疾患を根絶せんとなし給う御目的に出でたるものにして、その御目的遂行の為表現仏たる観音の霊体を通じ、仁斎の肉体を活用させ、茲に、神人合一的大能力を発揮するに到ったのである。

伊邪諾尊が主神の代表神

伊邪諾尊が主神の代表神です。

（『御教え』昭27年11月17日「御教え集」16号　昭27年12月15日）

主神の御目的完成の秋

（『全人類待望の炬光　大聖観音力の顕現　併而《あわせて》仏説の門扉』「東方の光」3号　昭10年2月23日）

現在の世界を通観する時、絢爛《けんらん》たる物質文化の発達に因って、世界は日に月に一単位に成らんとする形成を睹《み》るのである。これを睹る時、創造主たる主神の御意図即ち、宇宙意識の帰趨《きすう》が洞察され得るのである。何故なれば此大文化を造らんが為、神は数千年の時と無数の人間の力を費やして発達せしめたのであるからである。故に其処に流るる主神の一大御目的が判然と窺《うかが》われ、其の御目的こそ今や実現せんとする大光明世界でなくて何であろう。

（中略）全人類が永遠の平和を待望し、之に嚮《むか》って何千年間努力を続けて来た事であろうが、然し悲しい哉、今日に至る迄何等の効果を齎す事なく依然として、各々の国は平和の仮面の下に、絶えず、軍備と闘争に悃惑《こんわく》し、平和を愛好する我日本に於いてすら尨大《ぼうだい》なる軍備を要する程に、逐年国家財政の苦悩と不安を嘗めつつあり、夫《そ》れに由っても明らかな事である。さらば永遠の平和を招来する事は不可能なりや。果して斯《こ》の空想の如き世界が真実出現するものなりや。否や、之に名答を与うるものは恐らく一人も非《あら》ざるべし。然るに吾人は、茲に確言するのである。斯の永遠の平和は近き将来において、必ず実現さるるべしと云う事である。それが此の観音運動の起因であり、生命であるのである。

（中略）天運循環茲に人類の創造も及ばない観世音菩薩の妙智不可思議力の顕現となり、此の力と、前述の一単位的文化世界と相俟って。神霊と文化との一致結合を成し、茲に全人類は目醒めて闘争の文化は平和の文化と化し、弱肉強食は相互和協と化し、全世界は軈《やが》て大家族形体に統一さるるのである。之等条件の遺憾なき具備と妙智力の活現とは、今や凛乎《りんこ》として、大旋回を捲き起さんとしつつある事を感得さるるのである。

（中略）見よ、釈尊のミロクの世、基督《キリスト》の再臨と天国は近づけりの警告、猶太《ユダヤ》教の教主降臨《メシヤ》、亜細亜民族の弥勒下生《みろくげしょう》、大本教の地上天国、天理教の甘露台、日蓮の義農の世、其の他、黄金時代、東方の光の言葉孰《いず》れも悉《みな》それでなくて何であろう。

されば儻《も》し、是等予言が適中せざらん乎、多くの聖者達の言は何を以て信ずべきや。聖典は修身書であり、宗祖は只の凡人に過ぎない事となるではないか。噫《ああ》、全人類待望の大光明世界、来るべくし来たり現わるべくして顕わる。之に依って万教は帰一され、人は本然に立ち還り、真理は行われ、善は栄え、悪は亡び、風水火の大三災、飢病戦の中三災、病貧争の小三災絶無の時代は来り、世界を打って一大家族的一丸となし、茲に初めて人類永遠の平和は確立され、歓喜幸福を享楽せらるべく、主神の最後の御目的たる大光明世界は完成さるるのである。

惟神之道 （『惟神医術』「明日の医術」第二篇　昭18年10月5日）

天地間の森羅万象凡ゆる物の生成化育、離合集散、栄枯盛衰は自然の理によるのでそれによって無限の進展を遂げつつあるのが此世界であって、その実相を観る時、不自然なるが如くにして自然であり、偶然に似て必然であり、空漠たる如くにして厳然たる法則あり、全く人間の叡智や学理によっても到底窺知《きち》し得べからざるものがある。

そうして、大自然の動きは真理そのものである事は勿論である。そうして真理の具現者であり、宇宙の支配者である者、それを尊称して神というのである。故に、宇宙意志というも同一である。此理によって大自然そのものが神の意志であり、大自然の実相が神意の具現であるといえよう。

此意味に於て、人間なるものは大自然の中に呼吸し、大自然の力によって生育するのである。故に、生死と雖も大自然即ち神意のままであるべきである。故に、大自然に逆らえば滅び、大自然に従えば栄えるのは言うまでもない。此理によって人間の師範とすべき規《のり》は全く大自然であって、大自然のままに行く、即ち大自然に習う事こそ、神意に習う事であり、神意のままに進む事であり、それがカムナガラである。実に惟神とは玄妙至極な言霊《ことたま》というべきである。

項目編２
大宇宙の構成と小宇宙の人体

宇　宙――大宇宙の構成／数の神秘／大宇宙は無限／凡ゆる物質の原素／気体が力の根源／宇宙線／霊線はまだ判らない／空間に〝霊気〟が存在していた／大宇宙にあるものは国に表れている／反対な二つの力／宇宙の真相／三〇〇〇年目で昼間の世界／太陽の火の霊と地球の火の体／万物は三位一体の力によって生成

造物主――地球は造物主が造った／人間は理想的綜合生物／造物主の神技／人間は神が造った最高芸術品／人体は美の極致／人体は些かも汚してはならない／手術について／生れた幼児が順調に育つのが自然／食物には「味わい」を含ませてある／創造の神の芸術境

大国常立尊――天地の生み親（御歌二首）／大国常立尊は造物主／明主様は大国常立尊であられた／日本の地勢

宇宙

大宇宙の構成　（『一の世界』「栄光」111号　昭26年7月4日）

本来宇宙なるものは、太陽、月球、地球の三つの原素から成立っている。そうしてこの三つの原素とは日、水、土の精で、その現われが霊界、空気界、現象界の此《この》三つの世界であって、之がよく融合調和されているのが実相である。

太陽　火　霊界
月球　水　空気界
地球　土　現象界

宇宙の完成が五六七《みろく》

宇宙大にひろがると思へば虫のやうに小さくなる人心

宇宙意志が突変しかけてゐるぜインテリ達よ

数の神秘

（『御教え』昭23年9月28日「御光話録」発行年月日不明）

これは天地ができたときの順序で、だいたい七が完成で、七は「ナリ」「ナル」です。殖えて発展することが八です。

一は独一神であり
二、それが陰陽に別れる
三、そこへ子が生まれ
四、そして四方へ発展し
五、火が燃え
六、水ができ
七、それで完成です。キリスト教は七でできたから日曜を安息としています。
（八、殖えて発展）
九、「つくし」と言って極点であり、今は九の世の中です。
十で結び

十一で始まる。

天の数歌は天地創造の順序を数で表したもので、これを唱えれば霊界で順序……活動力となる。

つまり神の力徳が順序の言霊で力を発揮するのです。気持ちよくゆっくり上げたらよい。

大宇宙は無限　（「御光話録」17号　昭25年2月28日）

大宇宙は無限で、まったく限りがない。ですからね、このことがたいしたことなんだってよく言うんですよ。そして宇宙の構造は大きいほうも小さいほうも限りがない。小さいほうの黴菌だってどこまで細かいか判らないし、原子力の微粒子だって同様です。中間子なんて大きいほうですよ、いまの顕微鏡で見えるんですから。浄霊するときこの掌から出る微粒子だって非常に細かくて原子と同じですよ。私も今度書きましたが、中間子よりもっと細かいのが霊子です。そしてその霊子の中でも一番細かいのが神霊子なんですね。さらにその神霊子の中にもいろいろあり、その神霊の階級にもよるんですが、細かいほど強く、見えないほど無限の力がある。このことはなかなか簡単には説明できないけど、いずれはもっとはっきり判るようになるんですよ。

この大宇宙はちょっと想像できませんね。なにしろ突き当たりってのがないんだから。

凡ゆる物質の原素

（『森羅万象の構成』「医学試稿」）

凡そ、天地一切有りと凡《あら》ゆる物の原素としては、大別して、私は三つに別けます。その三つとは何かというと、火と水と土であります。如何なる物と雖《いえど》も、火と水と土に関りのないものは決して在るはずがない。否、火と水土それ自体が此宇宙であり、万物の実体であるのであります。そうして、火水土そのものの中心即ち根源は何であるか、申す迄もなく、火は太陽であり、水は月球であり、土は地球であります。そうして、此火水土を経と緯とからみますと、経は日月地——即ち太陽が一番上で、中間に月球があり、一番下に地球があります。之は日蝕の時に天を仰げばそういうようになっています。太陽面を中間の月球が隠す——という現象がよく証明しております。

次に、緯は如何《どう》であるかというと、之は経のように段階的ではなく、全体的密合であって、火と水と物質それ自体が一つの存在になっているのであります。例えていえば、此空間そのものは、火と水の調和であります。即ち、火の熱と水の霊と密合調和して、生物の存在生活し得らるるように出来ているのであります。若し、火ばかりであればそれは一瞬にして爆発し、否爆発も起こらないで、無の世界になって了《しま》うのであり、水そのものばかりとすれば、氷結の塊が存在し、それ以外は「無の世界」になるのであります。

此理をもっと解り易くいえば、火の燃ゆるという事は水気があるからで、水気が無ければ、火は燃えず、恰度《ちょうど》真空の中で火を燃そうとするが如きものであります。又、水の流れ、雲の動き、水蒸気等の動的現象は火の熱に因るので、火気が無ければ氷結の塊となる丈であります。

気体が力の根源

（『既成文化の謬点』「文明の創造」昭27年）

経には霊、空、地の順序となっており、彼の日月地の位置がよくそれを示していると共に、緯即ち平面的には三者密合し重り合い、距離は絶対なく、渾然と一丸になって中空に浮んでいるのが地球である。勿論三者夫々《それぞれ》の性能と運動状態は異《ちが》っている。即ち火は経に燃え、水は緯に流れ地は不動体となっているが、之は絶対ではなく、呼吸運動による動体中の不動体である。そうして経と緯とは超微粒子の綾状的気流となって、地球を中心として貫流し、運動しているのである。そうして此気流なるものは空の如く無の如くである為、現在の学問程度では到底把握出来ないのである。然るに意外にも此気流其ものこそ、実は一切万有の力の根源であって、其本質に至っては実に幽幻霊妙想像に絶するものである。仏者のいう覚者とは此一部を知り得た人間を言ったもので、それ以上になった者が大覚者であり、一層徹底した大覚者が見真実の境地に到達したのである。釈迦、キリストは此部類に属するのであるが、只併《ただしか》し此二聖者は時期尚早の為、或程度以上の力を付与されなかった事である。それが為救世的力の不足はどうしようもなかった。其証拠として両聖者は固より、其流れを汲んだ幾多覚者達の努力によっても、今以て人類の苦悩は解決されないに見て明かである。

宇宙線　（『霊的に観たる湯川博士の功績』「光」38号　昭24年12月3日）

宇宙線とは天体に於ける無数の星から霊線によって地球を牽引し、且つ地球に対し不断に栄養を送っているもので、その栄養とは地球を育《はぐ》くむ活力である。

霊線はまだ判らない　（『御講話』昭10年8月1日）

最近の新聞に科学の進歩により宇宙線というものが判った記事が出ております。（切抜きを読む）これは先に知らされたことですが、地球は中空に浮いているようなものです。虚空に浮いている。そして地球をたくさんのもの、すなわち霊線をもって地球を支えている。あらゆる天体のものから、地球を安定さすために霊線が引っ張っている。網の目のように引いている。星一つといえども引いている。これが霊線でまだ学者には判らない。

空間に〝霊気〟が存在していた　（『発熱』「結核問題と其解決策」昭17年12月13日）

宇宙に於ける森羅万象一切は三大原《元》素から成立っている。そうして凡ゆるものの生成化育は、此三大元素の力に由らないものはないのである。然《しか》らば、その三大元素とは何であるかというと、それは日・月・地である。即ち日は火素の根源であり、月は水素のそれであり、地は土素のそれである。そうして此《この》火・水・土の力が、経《たて》と緯《よこ》に流動交錯密合しているのである。（中略）即ち天界は太陽中心の火の世界であり、中界は、月球中心の水の世界であり、地界は、地球中心の土の世界である。（中略）今日迄空気丈と思っていた空間に今一つ他の原《元》素が存在している事を私は知ったのである。夫《それ》に対して私は〝霊気〟というのである。（中略）霊科学の出現によって霊と霊界の研究は相当進歩しつつあり、彼《か》のオリヴァー・ロッジ卿の有名な著書〝死後の生存〟や、ワード博士の霊界探検記等の記録もあって之等は相当信ずべきものであるが、私の研究の目的範囲とは全然異《ちが》っているのである。

そうして本来、物質の元素は土であり、凡ゆる物質は、土から生じ土に還元する事は、何人もよく知る所である。次に、半物質である水の元素は、月球から放散されて空気に充満している。然るに霊気とは、太陽から放射されている物質でもなく、半物質でもない処の非物質であるから今日迄未発見であったのも無理はなかったのである。故に最も判り易くいえば、土が物質、水は半物質、火は非物質といえるのである。

右の如く、物質の元素が土で、空気の元素が水で、霊気の原《元》素が火であって、此三原素がいずれも密合して、そこに力の発生があるのである。これを科学的にいうならば、三原素なるものが、ほとんど想像もつかない程の微粒原子として融合活動しているのが、宇宙の実体である。

大宇宙にあるものは国に表れている

（『丸の内中央亭御講話』昭16年9月11日）

日本は日
米が星（旗の色も月夜の色である）赤い条は太陽の光を受けている。黒いのは八方へ照らしてる。
英は月
ドイツは土
ロシアは雲
フランスは霧

反対な二つの力

（『御教え』昭28年11月27日「御教え集」28号　昭28年12月15日）

それで宇宙というものは、反対な二つの力があって生成化育されているのです。だから破壊の力と創造の力です。ですから地球は引力と言いますが、斥力もあるのです。吸う力と、はね返す力です。

宇宙の真相 （『浄霊は科学療法なり』「栄光」247号　昭29年2月10日）

万物は太陽の精と月の精が抱合一体となって地球を哺育している。つまり父と母が協力して子を育てるようなものである。というように日月地の三位一体によって生まれるこれが自然力であって、これによって一切万有は生成化育されているのであって、これが宇宙の真相である。然もその中心としての王者が人間であるから、人間なる者は神を除いての最高位の存在である。この故に万物は人間の為に存在し、人間を哺育する以外の何物でもないのである。

三〇〇〇年目で昼間の世界 （『御教え』昭28年12月25日「御教え集」29号　昭29年1月15日）

いままでの宗教は全部月の神様なのです。（中略）今度は太陽が現れたのです。（中略）水素の毒粒子を焼き尽くすという火素は、太陽の力だからそういうことができるのです。（中略）いままで太陽のほうの神様が出なかった、出られなかったというところが根本なのです。それで、今度はその太陽が現れたのです。昼間の世界というのは、そういうわけです。

宇宙というものは、そういうことになっているのです。すべて夜昼の区別があるように、だいたい一年、一〇年、一〇〇年、一〇〇〇年、万年というように、定期的に決まっているのです。今度昼間の世界になったのは三〇〇〇年目になるのです。実に宇宙というものは無限の神秘であって、とうてい言葉では言われないくらいなものです。（中略）今度は三〇〇〇年目で昼間になったのですが、三〇〇〇年目で一回転するのです。

太陽の火の霊と地球の火の体

（『宇宙は地球以外に生物なし』「栄光」159号　昭27年6月4日）

序だから太陽も説明してみるが、之も想像もつかない程の巨大な火の塊りであって、謂わば火の霊であり、火の体は地球の中心になっている火の塊りである。つまり此天と地とにある火熱が、氷塊である月球を溶解し、水素を造って地球活動の役目をしているので、海も、川も、雲も、霧も其変化したものである。そうして星は地球を牽引しつつ、星自体の霊気を宇宙線を通じて地球に供給し、地球の活動を助けているのである。

万物は三位一体の力によって生成

（『文明の創造─天国編』「栄光」137号　昭27年1月1日）

宇宙一切の構成は、日月地が根本となっており、此本質が火水土であるから、此三位一体の力によって万物は生成され、化育され、世界は無限の発展を遂げつつあるのである。

造物主

地球は造物主が造った　（『特別講習会御講話』昭15年11月9日）

地球は造物主が造られた完成したもので、ここに初めて生物がすむ事ができたのである。それで地は完成の数であり、七という数は意味がある。

緯は空間に火水土がある。空間は霊気と空気である。物質はすべて土からできていて、土に還るものである。火と水は結合せるため、ちょうどよく生物の住み得る空間になっている。故に空間は火と水と混ざったものとみていい。いままで空気は知っていたが霊気は知らなかった。

人間は理想的綜合生物

（『人間と動物の関係』「明日の医術第三篇」昭18年10月23日）

抑々、造物主が森羅万象を創造され給いし時、最後に造られたものは人間である。それは私の想像によれば、凡ゆる生物を綜合して成った理想的生物として人間が造られたのである。此意味によって人間なるものは、凡ゆる生物の一面を包含している事はいう迄もない。故に、鳥獣虫魚に到るまでの性能を具有しているのである。

此意味を判り易くする為、私は人間以外の他の動物の特質を挙げてみよう。それは、人間なる綜合生物に反して、他の生物は単一生物である。その単一とは如何なる意味であるかというと、譬《たと》えば馬という動物の特質は勇敢と従順で、音声はハヒフヘホであり、犬は忠実でワヰウエヲであり、猿は狡猾でカキクケコであり、猫は怠惰横着でナニヌネノであり、鼠は吝嗇でタチツテトであり、牛は遅鈍でマミムメモであり、豚は愚鈍にしてバビブベボであり、鳥に於ても雀のタチツテト、鶯のハヒフヘホ、カナリヤのパピプペポ、鳥のカキクケコ等悉《みな》それぞれの特質があるのである。従而、彼等の物を見る眼も、その色彩は同様単一であって、赤・青・紫・黄・白等その動物によって、すべて一つの色に見えるのである。

造物主の神技

（『健康の真理―神示の健康法』「自観叢書」第十篇　昭25年4月20日）

人間が此土に生れるや、最初は人乳又は獣乳を飲む、これは歯が未だ生えず、消化機能も出来たての脆弱性であるからで、漸次、歯も生え揃い、体内機能も一人前になるに従って、それに適応すべき食物を摂る事になる。又食物も凡ゆる種類があり、それぞれ特有の味わいを含んでおり、人体の方にも味覚を与えられ、楽しんで食するようになっている。その他空気も火も水も、人間の健康に必要な程度に存在しているというように、実に完全に出来ている。人体と雖も頭脳から理性も記憶も感情も生れ、手によって者は造られ、足によって人体を自由に移動せしめ、毛髪も皮膚も爪も眼、鼻、口、耳等必要なものは実によく備わっている。加うるに顔貌から全身まで皮膚によって包まれ、それぞれの美を発揮している。ざっとみただけでも、以上の如くで、仔細に検討する時、言葉では言い表せない造化の妙技である。一輪の花、一枚の葉、山水の美、鳥獣虫魚の末に到るまで、神技の素晴らしさに感嘆せざるを得ないのであるが、特に人間に至っては全く造物主の傑作である。

人間は神が造った最高芸術品

（『自然療法』「日本医術講義録」第一篇　昭10年）

元来、人間なる者は、神が造り給うた、森羅万象の中に於て、他に比ぶべき物なき最高の芸術品とも謂うべきものである。神に似せて造ったという聖書の言葉は、確かに真理である。故に、その霊妙不可思議なる構造たるや、到底科学などに依って解明せらるべきものではない。唯極表面又は一部分のみが漸く科学に依って知り得た位のものであるから、科学に依って解決するには、今後、幾千年を要するか、又は結局解決出来得ないかは断言できないのである。少し落ち着いて考えてみるがいい、人間の四肢五体の働きは勿論の事であるが、微妙なる意志想念の動き、喜怒哀楽等の心の表現、蚤の歯で喰ってさえ痒くって堪らない程の神経の敏感、舌一枚で、凡ゆる意志を伝え、その舌が又凡ゆる飲食を味わい、又世界の人類十八億をみても一尺に足らない顔が尽く違うという不思議さ、それ等諸々の事を考えた丈でも、造物主の創作力に対し、讃嘆せずにはおられない。特に生殖作用に到っては、一個の人間を創造さるる過程の神秘さは、言語に絶するものがある。

人体は美の極致

（『既存療法』「天国の福音」昭22年2月5日）

元来人体は造物主の最高の傑作品で、美の極致である。特に女性の如きはその皮膚美の魅力は他に比すべきものはあるまい。日本でも昔から玉の膚《はだ》と謂い、泰西では女性の裸体を最高の美としている。

人体は些かも汚してはならない

（『十三、灸、電気、鍼、按摩、手術』「日本医術講義録」第一篇　昭10年）

人間の肉体は、神の最高芸術品であるから、その曲線、皮膚等の美は、飽迄保たす様努めるのが本当であって、愈々その若さを保たすべく、些かも、汚さざる様になすべきが本当であって、之が、造物主に対し奉り、報恩感謝であり、大神心を安んじ奉る、人間の心構えであらねばならぬ。

手術について　（『手術について』「アメリカを救う」昭28年1月1日）

人体に不要なものは一つも造ってない筈である。

生れた幼児が順調に育つのが自然　（『乳幼児の死亡率問題』「明日の医術第一篇」昭18年10月5日）

造物主は此地上に人類を造り給い永遠に繁殖すべくされたのであるから人間が子を産むという事は神の摂理である以上、生れた幼児が順調に生育するだけの母乳は自然に与えられなければならないはずである。

食物には「味わい」を含ませてある（『栄養学』「結核問題と其解決策」昭17年12月13日）

食物とは何ぞや、いう迄もなく人間を初め凡ゆる生物を造られた造物主が、その生命を保たしむる目的を以て、それぞれその生物に適応する食物を与えられているのは自明の理である。故に人間には〝人間が食すべきもの〟として大体定められているのである。そうして如何なる食物が人間に与えられたる物でありやを知るべきであるが、之は洵《まこと》に容易な事である。何となれば、その条件として「味わい」なる要素があるから、それによってよく分かるのである。即ち造物主は人間に対しては、味覚なる本能を与え、食物には「味わい」なるものを含ましてある。

創造の神の芸術境（『熱海の春』『地上天国』59号　昭29年6月15日）

創造の　神の芸術境ならめ　箱根熱海の地上天国

大国常立尊《おほくにとこたちのみこと》

天地の生み親（御歌二首）

うみのおや天地は大国常立尊　（「明光社第十四回冠句」昭2年11月2日）

仏界に観音となり神界に大国常立《おほくにとこたち》の神と現れませり　（『節分』「光明世界」第二号　昭10年3月4日）

大国常立尊は造物主

（『御教え』昭26年5月1日「御垂示録」6号　昭27年1月25日）

国常立尊は造物主なんだからね。その時は大国常立尊と言い、森羅万象を造られた。その次に人間となって、それが単に国常立尊と言う。

明主様は大国常立尊であられた　（『神の経綸』「栄光」109号　昭26年6月20日）

私は瑞雲山に立って、いつも風景を眺め乍ら思うのである。それは最古の時代私が神様であった時、将来の計画を立て、設計したものに違いない。見遥《みはる》かす盆石の如き初島や大島、五つの岬、真鶴の突端、十国峠の山並、湖水と見紛うばかりの鏡の如き海原、特に熱海の山の美しさ、之が最高の神技でなくて何であろう。そうしておいて、二十世紀の今日、自分が人間に生れて、最初の計画通りのプランを実行するようになったのであるから、前述の如く奇蹟が多いのも当然と言えよう。

日本の地勢　（『御教え』昭27年11月6日「御教え集」16号　昭27年12月15日）

日本は龍の形なのです。それで東京湾が女の陰部になり、富士山は臍《へそ》になって、伊豆半島が男の道具になるのです。そういうふうになるので、どうしても東京から生れるのが本当なのです。つまり東京が子宮になるわけです。ですからいま読んだ（御論文『東方の光』）、橋場という所で私が生まれたのはそういうわけです。そうして日本の地勢を研究してみると、なかなかおもしろいのです。ちょうど九州を呑んでいる形なのです。それで瀬戸内海はくちになるわけです。それで鼻が出雲になる。出雲は素盞鳴尊が朝鮮から渡ってきて、あそこで日本を統治したのです。そこで人間でも鼻は素盞嗚尊になるのです。それで目は、左が天照大御神、右が月読尊《つきよみのみこと》、日月《じつげつ》になります。それで鼻というのは、始めるとか、とんがった先のこと、岬などを「ハナ」と言いますが、そういうようなもので、これが舟の舳《へさき》にもなるのです。（中略）そこで大本教の綾部という所は目になるわけです。ですからあれは非常に重大な所で、いまにあそこに経綸が始まりますが、神秘ですからまだ言うわけにはいきません。そういうわけで九州を呑もうとしている形です。それで九州というのは大事な所でして、あれが一つの地球の型のようになっているのです。日本では九州、支那では満州ですが、これは非常に神秘があるのです。（中略）これは大本教のお筆先にありますが「国常立尊が龍神になって働いた時が、日本と同じ龍の形」ということがありますが、これはそれに違いありません。

◎**日本は龍の形**

東京湾——子宮、保田、ホト　**出雲**——鼻　**綾部**——目　**九州**——重要
瀬戸内海——口　**太平洋側**——腹　**日本海側**——背中　**越後**——腰「コシの国」
北海道——尾　**樺太**——尾の先　**越後の新発田**——肛門

項目編3

天照皇大御神と大聖観世音の大経綸

天照皇大御神――天照皇大御神の御神格／天照皇大御神様の権化／第一天国の主宰神／高天原の総統神／天照皇大御神様への御奉告／天照皇大御神　御降下

大聖観世音――御歌（十首）／観音の御神格／聖観音が御本体／最高最貴の御神格／観音力の偉大なる力／昭和十年十月十日／西国三十三ヵ所の観音様がお祝いに来られた／伊都能売の御歳／御本体は伊都能売神

一厘と九分九厘――御歌（二首）／医学革命は一厘の仕組／一厘でひっくり返す／医学の根本は悪を作り健康を弱らす／一厘の仕組／九分九厘と一厘／一厘と左進右退

⦿《ス》――富士山の頂上が⦿／中天の太陽が⦿／太陽の黒点が⦿／⦿が魂／⦿とは軸である／丸にチョン／御歌（一首）

天照皇大御神

天照皇大御神の御神格

（『観世音菩薩の御本体』「病貧争絶無の世界を造る観音運動とは何？」昭10年9月15日）

◎主神の表現神

◎現界経綸の主宰神

天照皇大御神は、主神の表現神で被在られ最尊最貴の御神格を具し給い、一あって二無き大神で被在られ（中略）万世一系たる天皇（天照……筆者註）に、統治の大権を、永遠に委ねさせ給うたのである、それより後代に到って、天地経綸上、国津神たる国常立尊に審判の権を与え給い（中略）又一方、伊都能売之大神に対し、救世の力を与え給いしに由り（後略）。

天照皇大御神
- ①統治の権—天照大神
- ②審判の権—国常立尊
- ③救世の力—伊都能売神

天照す皇大神は大空に輝きまして昼守らすも　（「万照殿仮地鎮祭」『祭典時御歌』昭11年6月13日）

天照皇大御神様の権化　（「御講話」昭10年5月11日）

観音様は日本の神様で、伊都能売之大御神とも、国常立大神とも、天照皇大御神様にもなるんでありります。

第一天国の主宰神　（『霊界の構成』「明日の医術　第三篇」昭18年10月23日）

第一天国は神界のみで、仏界のそれは第二天国である。そうして第一天国の主宰神は日の大神天照皇大御神であり、第二天国の主宰神は月の大神素盞鳴尊であり、仏界のそれは観世音菩薩即ち光明如来である。

高天原の総統神　（出口王仁三郎著作集　第一巻　P387）

高天原の総統神、即ち大主宰神大国常立尊である。又の御名は天之御中主神と称え奉り、其の御霊徳を完全に発揮し玉う御状態を称して、天照皇大御神と称え奉るのである。

そうして此の大神様は厳霊《いづのみたま》と申し奉る。

「厳」という意義は、至厳、至貴、至尊にして過去、現在、未来に一貫し無限絶対無終に在します神の意義である。そうして愛と信との源泉と現れます至聖至高の御神格である。

そうして或時には瑞霊《みずのみたま》と現われ現界、幽界、神界の三方面に出没して一切万有に永遠の生命を与え歓喜悦楽を下し玉う神様である。

「瑞」という意義は「水々し」（みずみずし）と云う事であって至善、至美、至愛、至真に在しまし、円満具足の大光明ということになる。

宇宙に只一柱坐すのみなれども其の御神格の情動に依って万神と化現し玉うものである。

厳霊は「経」の御霊と申し上げ神格の本体とならせ玉い、高天原に太陽と現われ玉い、端霊は実地の活動力におわしまして御神格の目的即ち「用」を為し玉うべく現れ玉い、高天原に月と現れ玉う。

天照皇大御神様への御奉告（昭和29年6月15日）

『天照皇大御神』（巻頭言）（大草管長の発表　『地上天国』第60号　昭29年7月15日）

全信徒の皆様に、私から特に申し上げます。只今迄、私共信徒は『明主様』と呼び讃えて参ったのでありますが、今日この御祭り（昭和29年6月15日）を期しまして『メシヤ様』と申し上げたいと存じます。その点、皆様の御了承を得たいと存ずるのであります。

扨て今日の式典（メシヤ御降誕仮祝典）は、救世教の歴史に重大なる一頁を劃するものと、私は確信しているものであります。

救世教の出現は、実に遍く全世界人類の待望している処であります。これを西洋的に申し上げますれば「メシヤの降誕」であり、東洋的に申し上げますれば「彌勒下生」という事になると思うのであります。

この「救世主」の出現——即ち、救世主という言葉は世界に於ける最高最貴の御方を指して申し上げるものと思われるのでありますが、日本で申し上げれば「天照皇大御神様」にも相応するのであると思われるのであります。

今日『メシヤ様』御降誕を御祝いするという意味におきまして、この盛大なる式典が、メシヤ会館に於て挙行されましたる事は、全信徒の皆様と共に、祝福と歓喜に堪えざる次第であります。

又、今日は丁度天照皇大御神様の御誕生日に当る日であると申されて居る佳き日でありまして、私共にとりまして、誠に歓喜と祝福に感無量なるを禁ずる能わざるものがあります。

今日『メシヤ様』よりは、皆様に、別に御言葉が御座いませんでしたが、それは御降誕間もない事であるとの意味におきましての御事である由であります。（中略）

甚だ簡単でありますが、今日の祝典に当り、私の御挨拶として申し上げたる次第であります。

天照皇大御神　御降下

（『御掌《おんて》にごてんもんが』「一厘の神魂」（岩松栄著）P5―6　昭59年12月23日）

昭和二十九年六月十五日、建設途上の救世《メシヤ》会館に於いて、メシヤ降誕仮祝典祭が斎行されました。

（中略）

明主様に対し奉り、信徒と倶《とも》に天津祝詞を奏上し、天照皇大御神守り給へ幸倍給《さきはえたま》へ、惟神霊幸《かむながらたまち》倍坐《はえま》せ、と奏上し終わって、理事長は人類の三千年来の罪穢れのお許しを、度幾《こいねが》い上げ奉りました。

大聖観世音

御歌（十首）

天照す月の光も日の光《かげ》も主の大神（聖観音）の御眼《おんめ》ならむ

（『神の光』「讃歌集」昭23年7月1日）

大空に輝く月と日の光《かげ》は聖観音の宝珠（御眼）ならむ

（『天地開明』「讃歌集」昭23年7月1日）

三尊の弥陀の御力一つ身に具《そな》へ御救《みすく》ふ聖観音かも

（『三尊の弥陀（六）』「観音会讃歌集」昭11年（未発表））

左には釈尊右に弥陀如来聖観音は真中の御位《みくら》

（『三尊の弥陀（六）』「観音会讃歌集」昭11年（未発表））

天理王の尊《みこと》は転輪菩薩にて聖観音の化身とぞ思ふ

（『円満具足』「讃歌集」昭23年7月1日）

法《のり》の華散りて結びし一つ実は聖観音の生身魂《いくみたま》なるらむ

（『法の華』「讃歌集」昭23年7月1日）

救世《ぐせ》の為自由無碍なる御光《みひかり》を間配せ給ふ聖観音かも

（『金龍神』「讃歌集」昭23年7月1日）

心癒し肉体《からたま》癒し世を癒す聖観音はいづのめの神

（『医しの神業』「日本医術講義録」昭10年5月5日）

いたつきの無き世生《う》ましめ給はんと聖観音は現《あ》れましにける

（『健康の歌』昭11年6月10日（未発表））

大霊魂《おおみたま》は神に在《まし》まし御姿は御仏にませる聖観音かも

（『千姿万容』「光明世界」第四号　昭10年7月25日）

観音の御神格

（『三尊の弥陀』「病貧争絶無の世界を造る観音運動とは何？」昭10年9月15日）

◎崇高い御容姿

観音は、宝玉を鏤《ちりば》めたる王冠と、胸飾り、腕輪等によってみても、その高位に被在《あらせ》らるる事を証している。又、三十三相具有せられたる、崇高い御容姿に見ても其御神格の如何に尊貴で被在られるかは、想像し得らるるのである。（中略）阿弥陀及び釈迦は、装飾無く、裸体に白布を纏われ御像《ごぞう》の取材は、木彫りに金箔又は、金銅や鍍金《めつき》作りにして大なるものは唐銅《からどう》作りであるに見ても其御神格は、想像さるるのである。

円満に三十三相具えますは聖観音の御身魂《おんみたま》なる

（『千姿万容』「光明世界」第四号　昭10年7月25日）

きりもなき大慈大悲に在《おは》し給ふ大聖観世音菩薩の御心

（御祭　昭10年（未発表））

観世音菩薩の貴《たふと》き大慈悲に縋りて生きん今日をさかひに

（御祭　昭10年（未発表））

聖観音が御本体

（『大乗と小乗』「信仰雑話」昭23年9月5日）

◎三十三相に化現

聖観音が御本体で、千手、十一面、如意輪、准胝《じゅんてい》、不空羂索《ふくうけんさく》、馬頭の六観音と化現し、それが分かれて三十三相に化現し給うという事や、観自在菩薩、無尽意菩薩、施無畏菩薩、無碍光如来、光明如来、普光《ふこう》山王如来、最勝妙如来、其他数々の御名があり、特に応身弥勒と化現し給う事などを以てみても、その御性格はほぼ察知し得られるのである。

最高最貴の御神格

（『観世音菩薩の御本体』「病貧争絶無の世界を造る観音運動とは何？」昭10年9月15日）

◎「菩薩」の名から下位と思われていた

◎天照皇大御神の代現神仏

今日迄、観世音菩薩のみは、全く御秘仏とされて、御本体は誰も識らなかったという事は、寔《まこと》に不思議な訳である。随而《したがって》、多くの仏者は、菩薩の名に迷って、阿弥陀如来や、釈迦如来よりも、下位と思い、中には又、阿弥陀が本体であって、観音は阿弥陀の化身などと、途方もない解釈をなし、又、釈迦の脇立であるとさえ説くに到っては、沙汰の限りである。然らば、観世音菩薩の御本体は、如何なる御方かと申すに、実は、畏れ多くも、天照皇大御神の慈悲に依る救世の代現神仏で被在らるるのである。

観音力の偉大なる力

（『最後の審判』「光明世界」三号　昭10年5月21日）

◎お任せ

◎悪いものは自然に解消

又、宗教にしても、インチキや間違った事をしておれば、どしどし滅んで行くし、夫《それ》を自覚して、悪を革《あらた》め、善に立還れば、再び伸び栄えて行くんであります。

敢《あえ》て人間が傍《そば》から、之を審判《さば》こうとしないでも、自ら審判かれて行くんであります。之が「観音力」の偉大なる「力の顕われ」であります。ですから、観音様に、お任せして置けば、今言った様に、自然に悪いものは、解消して了《しま》うのであります。

昭和十年十月十日

（「御講話」〔宝山荘にて〕昭10年10月6日）

かねてお話をしておりました玉川のほうへ、滞りなく一日に移転いたしまして、今も会長さんが言われた通り、十日に初めてのお祭りをすることになりました。これが昭和十年十月十日で、十十十で、これは大変な意味があるんで、十十十と三つ重なると千になる。これが十で百、また十で千であります。つまり十百千になる。すべてそういうふうになるんであります。これをまた、越した日の一日から言うと、一の十倍が十、十年で百、これが一十で百、十日間で十倍になり、十百千となります。このように数の神秘というものは、なかなかたいしたもので、以前昭和五年五月五日、その時にも大変神秘な事があって、それが不思議なんで、昭和五年五月五日、これは旧で、今度は新で、これも神秘があり、五年五月五日午の年の午の月午の日で、その午の刻に写真を撮った。午というものは一番陽のものとしてあります。午の刻というと、ちょうど十二時で、太陽がちょうど中天に昇った時で、午の年午の月午の日というものは何千年に一遍あるかないかという日で、五五五でやはり午午午となります。

この時に最初の偉い神様が御降臨になった。今後の十年十月十日にも、このとき発表できればしますが、やはり大きな神様が御降臨になる。これをも一つ不思議なことには、十月一日に越したときが、ちょうど総本部が一つできた。いままでは仮本部だったんですが、そのときに支部が十、医療士が百人できた。（中略）

今度越したところは玉川郷《ぎょくせんきょう》という名をつけた。玉川郷の名でお話するが、これは値段は九万八千円で、ちょうど十万円で、十万円に対して一万円やって引っ越した。かくのごとく十万円のものを十分の一万円で越せるなどということはあり得べきことではない。最初十万円出せというのですが、ちょっとした行き違いがあって、どうしてもそうはいかず、しかたなく一万円としたら決まった。玉川郷がすっかり思い通りに完成するには、百万円かかると神様から知らされている。で、最初一万円やって十万円の所を買い、完成するには百万円いる。これで一十百とどうしてもそうなった。すべてそういうことは人間がやるんでなくて、観音様がおやりになるから、ほとんど箱さしたようにキチリキチリと行く。

（中略）十月十日の祭日は玉川の産土様のお祭りだそうで、別に私は知っていなかったんですが、偶然にこれが一致したんです。で、これは神様の方で玉川郷のお祭りが判っていて、これを決めたもので、も一つ面白いのは、西国三十三ヵ所の観音様のお開帳がある。これはいままでに昔もなかったことでしょう。初めてです。（中略）

観音様は奈良の東福寺（原文ママ）、京都の清水寺、近江の三井寺など、いろんな西京の有名な観音様が来られてお開帳され、やはり十月十日から始まる。ちょうど絵図でみると、今度の玉川郷を起点として拡がっているようです。

これも玉川郷ができるについて仕組まれたもので、これが一日で全部巡れる。大変割引され一日で一円二十銭で行ける。そういうわけでこれができたんで、十月十日から十一月十一日までで三十三日間、これはたいへん意味があり、ぜひ観音会でもできるだけ多く団体参拝として行きたいと思うので、十一月五日に行くことになった。（中略）

上野毛ということは髪の毛のことで、これが最高の神で、髪の毛の上にのる王冠と同じ意味であります。

仏教で指《し》方《ほう》立《りつ》相《そう》ということがある。これにはいろんな解釈もありますが、真宗では浄土を造るとか浄土であるとか言いますが、指方立相とはいま観音様がやっておられることで、指方とは指さす方ということ、立相は相が立つ、すなわち、指さす方へ相が立つ、物ができるということです。指させばできる。また指図すればみんながする。その通り動く。玉川郷が欲しいと言えば、みんながそうしてそこへできる。それを指方立相と言う。いままで本当のことを知らなかった。

そういう予言は仏教にはたくさんあった。また、仏教に三《さん》諦《たい》円《えん》融《にゅう》ということがありますが、これは、三位一体ということで、これもいろんな説がある。諦ということは真諦などといって、真理とか本当のものとかいうことで、つまり、三つの本当のものが円くなるんで、形でいえば三つ巴のようになる。つまり、三つのものが一つになる。円くなる。融はこなれて円満に融和することですから、三位一体の働きで、五六七の働きでやはり観音様のことをいってある。

西国三十三ヵ所の観音様がお祝いに来られた（「御講話」昭10年11月1日）

今度玉川郷ができまして、それと同時に、あちらから初めて来た三十三体のお観音がこちらへお出でになった。それで、ご承知の通り十月十日に最初御開帳されたんですが、その日がちょうど観音詣《まい》りの初日で、今度は十一月十一日に秋の大祭をするということのお知らせがありますが、十一日が観音詣りの最終の日です。これで三十三日間になります。そして、初日と終日が玉川郷で大祭することになった。これは深い意味があり、今度三十三ヵ所の観音様が来られた。これはこちらへお祝いに来られたということになり、いよいよ本当の観音様の活動が始まるについて、はるばるお祝いに来られたのです。関西十ヵ国になっておるそうです。そういうわけで、今度私達がまわるのは、はるばると御苦労様でしたというご挨拶に行くわけです。（中略）

今度の観音様の御開帳は、観音会とはたいへんな関係がありますから、どうしても万障を繰り合わしても行かなければならないわけで、将来西の経綸の初めになる。

伊都能売の御歳（「玉川郷秋季大祭御講話」昭10年11月11日）

今年の十二月二十三日には、私は満五十三歳になります。伊都能売の大神は五三でありますが、今日までの会員数が五百十三人になったというのもおもしろい。

御本体は伊都能売神

（『私の告白―奇蹟物語』「自観叢書」第四篇　昭24年10月5日）

◎或期間、救いの為に化身
◎元の神位に復帰さるる

私の傍に観音様の霊が始終付いておられる事を知って驚く共に、此時を契機として観音様に関しての奇蹟が起り始めた。之等も追々《おいおい》発表するが、そのような訳で、終《つい》には観音様の御本体は伊都能売という神様である事を知り、何《いず》れ時期が来れば、観世音菩薩は或期間救いのために化身されたのであるから、最後には元の神位に復帰さるるという事なども判ったのである。そうして昭和元年から観音様は始終私の肉体に懸《かか》られ、私に種々な事を教えられ、命じられ、自由自在に私の肉体を使われるのである。全く私を機関として一切衆生を救わせ給うのである。

一厘と九分九厘

御歌（二首）

一厘の仕組は裏の又うらのその又裏の裏のうらなり

（「明光東京支社第六十七回」昭8年4月26日〔未発表〕）

一厘の玉の光は日に月に常暗《とこやみ》の世に拡ぎゆくなり

（『神人の業』「讃歌集改訂版」昭26年5月28日）

医学革命は一厘の仕組

（『立春祭御教え』昭28年2月5日「御教え集」19号　昭28年3月15日）

◎医学は人体を弱らすためにあった

◎九分九厘という言葉の根本

世界制覇を目的とする赤龍黒龍という連中は、世界に勢力を張っている民族をできるだけ弱らせて、最後に武力をもってやっつけてしまい、世界を自分のものにするということを、二千数百年前から計画を立てているのです。そしてそのとおりになってきつつあります。英、仏が駄目になり、米国もおそらく一世紀たたないうちに弱るでしょう。（中略）「薬は非常に効き、病気をなおすものだ」というように巧妙に瞞《だま》したのです。注射とか、手術というのは、みんな邪神の巧妙な計画なのです。日本もそのお相伴をして、いまさかんに弱らせられている現状です。これが九分九厘です。九分九厘まで文化民族を瞞してしまったのです。それで私が医学の革命ということを始めたのは一厘の仕組です。この九分九厘と一厘という言葉は、それが根本なのです。そうして目覚めさせるというわけです。いま私が書いているのは『医学革命の書』というのです。これは微に入り細にわたって徹底して書きます。病気、健康、医学ということについて、どうしても分からなければならないというように書いてあります。

一厘でひっくり返す

（『御教え』昭26年10月5日「御垂示録」3号　昭26年11月25日）

◎九分九厘は医学のこと

お筆先に「九分九厘」と書いてありますね。邪神のほうで九分九厘成功したんですからね。一厘でひっくり返すんですね。医学が九分九厘ですね。医学を信じないものは世界中にないでしょう。

それを私が、一厘で引っくり返したんですからね。まったく、九分九厘と一厘ですね。

医学の根本は悪を作り健康を弱らす

（『悪の発生と病』「文明の創造」昭27年）

◎『旧約聖書』の禁断の木の実とは薬のこと

◎禁断の木の実である薬によって病気と悪が作られた

『旧約聖書』創世記中にある禁断の木の実の寓話である。勿論之は比喩であって、エデンの園にいたアダムとイブの物語は、実に深遠なる神の謎が秘められている。（中略）木の実とは薬の事であって、薬によって病気が作られ、病気によって悪が発生する。処が人類は紀元以前から、病気を治す目的として使い始めたのが彼の薬剤であって、禁断の木の実とは、何ぞ知らん此薬剤を曰《い》ったものである。（中略）

薬というものは其毒によって単に痛苦を軽減するだけのもので、治す力は聊かもない処か、其毒が病気の原因となるのであるから、其無智なる、言うべき言葉はないのである。（中略）

禁断の木の実を食った事によって病が作られ悪が作られたのである。処が今日迄全然それに気が付かない為、今日の如く根強い薬剤迷信に陥ったのであるから、最も大きな過誤を続けて来たのである。（中略）

医学の根本は、人間の悪を作り健康を弱らす目的にあるので、予期の如く現在の如き世界が出来たのである。

一厘の仕組　（『御教え』昭26年10月5日「御垂示録」5号　昭26年12月25日）

◎一厘とは私（明主様）のこと

大本教のお筆先に「大本は一厘の仕組であるから、一厘の御魂が出たら世界はひっくり返るぞよ」というのがある。一厘で、手の平を返す。で、一厘というのは、つまり私なんですよ。

九分九厘と一厘　（『九分九厘と一厘』「栄光」138号　昭27年1月9日）

◎神の力は十全

◎一厘の力で掌を返す

神の力は十全であり、邪神の力は九分九厘であるから、神の方が一厘勝っており、此一厘の力を以て掌を反すので、此力こそ如意宝珠であるから、私が常にいう如く、現代文化は九分九厘までで切替えとなり、其時がキリストの言われた世の終りであるという訳である。従って、此時こそ霊界に於ては仰天動地の一大異変が起るのは必然で、此事を信じ得る人にして永遠なる幸福者となるのである。

一厘と左進右退　（『大光明世界の建設』『光明世界』創刊号　昭10年2月4日）

◎右進左退文明の進歩と破壊

◎一厘の力で左進右退になり纏る

西方文明が九分九厘になって行詰った時、一厘の力が出て生かすという事は、丁度螺旋《らせん》に譬《たと》えると能《よ》く判ります。今迄は右巻きに西洋文明が進んで来たのでありますが九分九厘の瀬戸際で俄然、左巻きに変るのであります。右進左退即ち右巻きは必ず破壊するもので、例えば炭団《たどん》を練っても団子を捏ねても左進右退なれば纏《まと》って、巧くゆくが右進左退でやると崩れてしまいます。又鍵も左様《そう》であって、閉める時は右進左退、開ける時は左進右退であって此理屈で当て嵌めれば能く判ると思います。ツマリ、西洋文明は右進左退の破壊文明であります。時計のゼンマイも同じであります。

⦿《ス》

富士山の頂上が⦿《ス》

（『日本と外国の使命』「観音講座」第六講座　昭10年9月5日）

日とは⦿を直した字で、中の点は太陽の黒点である。
日本は求心的で、⦿である。富士山で言うと真中が日本である。それは頂上から見ればである。

中天の太陽が⦿

（『世界統一』「病貧争絶無の世界を造る観音運動とは何?」昭10年9月15日）

日の本とは、⦿の本である。日の文字は⦿の象形文字から出来たのである。スの本であるスは一人を繋げて出来た文字である。（中略）
太陽が昇って、天体の中心に到った時が、一番光が強い時である。それが正午の刻である。それを仰ぎ見た時、天体は⦿の形である。

太陽の黒点が⊙

（『日本と外国の使命』「観音講座」第六講座　昭10年9月5日）

日とはを直した字で、中の点は太陽の黒点である。太陽の黒点ある事は非常に深い意味がある。

⊙が魂

（『⊙の文化』「栄光」173号　昭27年9月10日）

◎〇は外廓（郭）

肝心なことを書いてみるが、勿論この世界も〇であるが、〇だけでは輪であるから、中身は空虚である。人間でいえば魂がない訳であるから、此真中へチョン即ち魂を入れれば、生きた人間になり、活動が出来るのであるから、⊙とは空ッポに魂が入った形である。昔から美術家などがよくいう入魂という言葉が之である。此理によって今迄の世界は、チョン即ち魂がなかったのであるから、以前私は外廓《郭》的文化と書いたのは此意味である。

（中略）斯《こ》うみてくると今迄の文化は〇だけで、チョンがなかった事がよく分かるであろう。

そうして私は九分九厘と一厘という事を常にいうが、〇にチョンが入るとなると之が九分九厘を一厘で換えて了《しま》う。言い換えれば九分九厘の悪を一厘の善の力で往生させるという意味である。恰度《ちょうど》〇全体が黒く塗りつぶされようとする時、チョン一の力で、反対に黒を消して白全体にしてアうので、之を世界的にいえば空虚な文明に実を入れる。即ち魂を入れるのである。

⦿とは軸である

（『日本は文化の組立工場』「栄光」195号　昭28年2月10日）

現在の日本は各国の色を採入れてはあるが、それを回転するまでに至っていないのである。ではなぜ回転できないかというと、これは車と同様であって、軸がまだ出来ていないからである。軸とは無論⦿である。

◎完全な心棒になった時廻転し始める

では⦿は何時何処《いつどこ》に現われるかというと、これこそいつもいう通り我救世教《メシヤ》であって、私がいつも曰う⦿の文化というのは、この事も一つの重要な主目である。尤《もっと》も⦿の文化が生れたばかりの今日、段々時が熟して完全な心棒になった時廻転し始めるので、初めてそこで白色の太陽世界となり、日本から輝き始まるのである。

丸にチョン　（『御教え』昭27年3月17日「御教え集」8号　昭27年4月20日）

◎神様が知らせていなかった

私はいま「⊙《ス》の文化」というのを書いている。丸にチョンですね。いままでチョンがなかった。チョンを知らなかった。それで丸ばかりを一生懸命に良くしようとしているんですね。だからあらゆるものがそうですね。いままでの宗教でも、だいたいそうなっている。肝心なそれが分からない。分からないということは、肝心なことを神様が知らしてないんです。それは経綸上知らしてはいけないから、知らしてないんですね。従って力というものもなかったわけですね。力というものは、いつも言う通り霊体が、つまり経緯《たてよこ》ですね。経緯が結ぶんですね。するとこの真ん中から力というものが出るんです。真ん中の力が主ですからね。この真ん中の主の力というものは、これもいつも言う伊都能売《いづのめ》ですね。伊都能売になるとその力が出る、それが観音力というものですがね。結局、ですから力なんです。私はその力を神様からもらっているわけですね。こう（御浄霊）して病気が治るということも、その力の現われです。

御歌（一首）

力なり嗚呼力なり眼に見えぬ⦿の力こそ絶対なればなり　（「未発表」昭25年）

項目編４
今迄の伊邪那美の文明を桃の実で立直す

伊邪那岐尊――伊邪那岐、伊邪那美は約三〇〇〇年前／人間の祖／兄妹で結婚した／伊邪那岐尊は人類の祖？／ノアの洪水／真善美の国生み／左の三神をお産みになった／桃の実を奉献される／霊光の玉／御歌（四首）

伊邪那美尊――伊邪那美尊／伊邪那美尊の右廻り／御歌（五首）

千手観音・桃太郎――御歌（八首）／桃太郎は私／三千年目に一つ成る桃の実／桃太郎は千手観音／伊邪那美尊が作った物質を授かる／千手観音であることの証明

伊邪那岐尊

伊邪那岐、伊邪那美は約三〇〇〇年前

（『御教え』昭26年10月1日「御教え集」3号 昭26年11月25日）

◎人間らしくなったのは古代エジプト時代

人類発生というのは、まず……そうですね……一〇〇万年くらい前ですね。一〇〇万年以上ですね。私は神様から、以前に神懸りで、五〇万年前から知らされた。そのときにはそうとう人間だったんですからね。少なくとも人間の形をしていたんですね。伊邪諾、伊邪冊というのは、ごくわずか前ですよ。それを歴史に書いてありますからね。だいたい、天照大神だって、ごくわずか……二、三千年前ですからね。（中略）ようやく人間らしくなったのが、だいたいエジプトですね。あの時代ですね……人類の文化の最初というのはね。だから、だいたい五、六千年前からですね。その前は、文字はなく、半獣生活ですね。

人間の祖（『血統、霊統と血族、結婚』「教えの光」昭26年5月20日）

日本の神代史によれば、始め伊邪諾《いざなぎ》、伊邪冉尊《いざなみのみこと》の陰陽二神があり、それから殖えたのであるから、最初は右二神から生れた兄弟同士が結婚したに違いない。夫婦の事を妹背《いもせ》の道といい、妻を吾妹子《わぎもこ》とよぶのは兄と妹と結婚したからであろう。

兄妹で結婚した（『御教え』昭26年11月8日「御垂示録」四号　昭26年12月1日）

人類の初めは兄妹で結婚したんです。そうでしょう。伊邪諾、伊邪冉にしても、それからできた子供は、みんな兄妹でしょう。それがみんな結婚した。

伊邪那岐尊は人類の祖？（『御教え』昭26年10月1日「御垂示録」三号　昭26年11月25日）

そんなことはありません。人類の祖というのは、ずっと先です。伊邪諾尊はずっと進化してからです。しかし神道によっては、そう言いますがね。ああいうことも、私は必要だけ書いてある。人類学者とか考古学者のように、そう古いことを言ったところでしょうがないですからね。だいたい必要なだけで、それだけしか書かない。それより、現実の問題ですね。どういう苦しみをしているかで、これが肝腎です。あんまり古代史なんか説かないようにする。結局、一種の道楽になってしまう。

ノアの洪水

（『御教え』昭24年7月13日「御光話録」13号　昭24年10月21日）

◎ノアの洪水は日本にもあった

◎〝シホヒス〟、〝シホミツ〟は洪水のこと

「ノアの洪水」は日本にもあったんで、ちょうど伊邪那岐《いざなぎ》、伊邪那美《いざなみ》の時代だったんです。この両神は高い山に上ったので助かったのです。だから『古事記』に「シホヒス、シホミツ」って言う言葉がありますがね、ヒスは乾かす、ミツは満ちるですね。そして「二柱の神、天浮橋《あまのうきはし》に立たして、其の沼矛《ぬほこ》を指し下して書きたまへば、塩こをろこをろに書き鳴《な》して」そして島や国が生れたって言うんですが、これは、大水が引いて島や国ができたっていうことだろうと思うんですがね。実際においていくら力があってもそんな魔術みたいなことはできるわけがないですからね。

真善美の国生み　（『大光明世界の実相』「光明世界」五号　昭11年1月25日）

◎那岐、那美二尊は尉《おきな》と姥《おうな》

◎国生み、島生みの伝説

那岐那美の二尊が即ち、尉と姥とになるんで、尉と姥が箒木《ほうき》を持ったり、熊手を持ったりしておりますが、之は姥が一方で掃除をし、尉が、熊手を持って、種々なものを、掻き集める、要するに世界を掃除をし、整理をするという意味であります。昔から諸冉《ぎみ》二尊が国生み、島生みの御神業をなさったという伝説がありますが、ヤハリ今度の新しい世界を生む事にもなるので混沌たる泥海の如き世界に対し、天の浮橋に立たれて塩コオロコオロと掻き廻され、真善美の国生み、島生みの御神業をなさるのであります。

三神をお産みになった　（『主神の御目的と天地経綸の真相』「観音講座」第一講座　昭10年7月15日）

父　伊邪諾《いざなぎ》大神
母　伊邪冉《いざなみ》大神

日本　天照大神《あまてらすおおかみ》
朝鮮　素盞鳴尊《すさのをのみこと》
支那　若姫岐美尊《わかひめぎみのみこと》
（夫）盤古神王《ばんこしんのう》（塩屋彦尊）

伊邪諾、伊邪冉、御両神様が肉体を持って御現れになり、生殖作用をなされ、右の御三神をお産みになったのである。天照皇大神様は日本に生れられ、素盞鳴尊は朝鮮の祖（後ユダヤ方面迄も御出になられた）盤古神王は支那の祖となられたのである。支那では盤古氏が一番位が高くなっているのも此の為である。是が天地経綸をなす根本なのである。是れにより日本、朝鮮、支那は兄弟であるということが判る。

桃の実を奉献される

（『教えの光』「地上天国」22号　昭26年3月25日）

◎君とは伊邪諾尊である

桃の実は、これもなかなか神秘があるもので、昔からの言い伝えに、西王母の園に三千年目に一つ成るという桃の実で非常に尊いものとなされている。その桃の実の力によって、結構な世の中ができるというのである。謡曲の西王母には桃の実を君に献上するとあるが、この君とは伊邪諾伊邪冊の神様のことである。

霊光の玉

（『結核―アメリカを救う』「栄光」180号　昭27年10月29日）

◎**神エホバ（伊邪那岐尊）より与えられた**

神エホバが火素の本源ともいうべき霊光の玉を私に与えられたのであって（之は腹部の中央に直径六糎《センチ》位で肉眼で見る人もある）此玉から無限に光波が放射され、（後略）。

御歌（四首）

天の父エホバは伊邪那岐之尊なり吾に御力給ふ畏《かしこ》さ

（『神と吾』「地上天国」28号　昭26年9月25日）

立春の今日の目出度《めでた》さ伊邪那岐の神ゆ百の実給はりしなり
（『立春御詠』〈祭典時御歌〉昭26年2月5日）

那岐那美の二尊は尉《じょう》と姥《うば》とならせ大天地〈高砂島〉を浄めますかも
（『東方の光』「東方の光」六号　昭10年6月）

万能の力を有《も》つはエホバなる只一柱なる神よりぞなき
（「栄光」172号　昭27年9月3日）

伊邪那美尊

伊邪那美尊　（『聖王母—大光明世界の実相〈五〉』「光明世界」五号　昭11年1月25日）

◎霊界で西王母

◎三千年間桃の実をお育てになられた

◎桃の実は桃太郎・千手観音である

◎桃を伊邪那岐尊へ奉献

昔から三千年の桃の実という事がありますが、その謂われについてお話致しましょう。アノ謡曲にある「西王母」あれは詰りその事になるのであります。

「西王母の園としいふは仏説の胎蔵界《たいぞうかい》の謎にぞありける」

「黄錦《くわうきん》の御衣の御袖をひるがへし桃奉る西王母かも」

聖王母の園と言いますと、それは、今日迄の三千年の歴史なのであります。仏教で胎蔵界と称しておるのがそれであります。何故かというと、三千年間の文化の歴史というものは、今度の大光明世界、ミロクの世を生まんが為の準備であったのであります。でありますから、三千年間の歴史中に、ミロクの世即ち、光明世界を胎蔵していた、それが聖王母の園であります。聖王母の御本体は伊邪冉尊《いざなみのみこと》になります。今までの世界は伊邪冉尊の御経綸であった、西王母となられて、三千年間、大光明世界を生むべく、経綸されなさったのであります。でありますから、謡曲にある黄錦の御衣を召し、その桃の実を大君に奉るという件《くだ》りがそれであります。

聖王母は、聖観音の聖の字を書く場合もあり、西の王と書く場合もありますが、同じであります。伊邪冉尊は、西の経綸をされた、今までの東洋文明、及び西洋文明はそれであったのであります。で、最後に、それに生命を入れるべく生れたのが、桃太郎になるのであって、先刻の歌の中に、

「思ひきや昔語りの桃太郎は千手観音の化現にませり」

というのがそれであります。そして此桃太郎が、鬼ヶ島を征伐して宝を引いて来るという事になっておりますが、あれは、千手観音様が、種々なものを千の御手に持たれている。あれがその意味に

なるので、今迄、世界の凡ゆる物は、詰り鬼が持っていた、ツマリ、悪に左右されていた、伊邪冉尊が折角作られた、素晴らしい文化が、悪の活動になっていたというのは、そういう訳なのであります。それを今度は、観音様が自由になさる。ツマリ、あらゆる文化を、善の活動になさるという訳であります。

伊邪那美尊の右廻り

（『御教え』昭27年11月25日「御教え集」16号　昭27年12月15日）

◎天の御柱を廻り合う神話の秘事

いま私がやっている仕事は伊邪諾尊《いざなぎのみこと》の仕事なのです。それで『古事記』にある「天の御柱を両方の神様が廻り合った」ということがありますが、最初伊邪冊尊《いざなみのみこと》すなわち妻神様のほうが右まわりをした。そうしたところが世の中がうまく行かなかったので、要するに失敗したのです。そこで伊邪諾尊が「そうらみろ、オレが最初右まわりはいかんと言ったのに、お前が右まわりをしたからそうなったのだ。こんどはオレが左まわりをしてやろう」というので、天下が治まったということがあります。というのは、右まわりというのは右進左退で体主霊従です。それを伊邪諾尊様が左まわりにすると天下が治まったというのです。本当のやり方をしたのです。ちょうどいまの医学は右進左退ですから体主霊従です。右まわり医学です。今度は浄霊という「霊」を主にするというのは左まわりです。それで私がやっている仕事は伊邪諾尊の仕事です。

御歌（五首）

西王母の園としいふは仏説の胎蔵界の謎にぞありける
（『桃の実』「光明世界」三号　昭10年5月21日）

西王母育《はぐ》くみませし桃の実は聖観音の生身魂《いくみたま》なるも
（『桃の実』「光明世界」三号　昭10年5月21日）

三千歳《みちとせ》の王母の園の桃実り神の器と世に現《あ》れましぬ
（『桃の実』「光明世界」三号　昭10年5月21日）

黄錦《こうきん》の御衣《ぎよい》の御袖《みそで》を翻《ひるが》へし君に捧ぐる桃の一つ実
（『桃の実（九）』「観音会御讃歌集」昭11年（未発表））

黄錦《こうきん》の御衣《ぎょい》の御袖《みそで》をひるがへし桃奉《たてまつ》る西王母かも

（『桃の実』「光明世界」三号　昭10年5月21日）

千手観音・桃太郎

御歌（八首）

西王母育《はぐ》くみませし桃の実は聖観音の生身魂《いくみたま》なるも

（『桃の実』「光明世界」三号　昭10年5月21日）

三千歳《みちとせ》の王母の園の桃実り神の器と世に現《あ》れましぬ

（『桃の実』「光明世界」三号　昭10年5月21日）

千早振神の御国《みくに》を建直す力の主は桃太郎かも

（『東方の光』「東方の光」六号　昭10年6月）

日の丸の金扇《きんせん》かざして桃太郎鬼ヶ城（島）根にせまる今かな
（『雑詠』「明光本社第三十回月並和歌」昭4年6月21日）

鬼ヶ城やがて陥ちなむ桃太郎は最勝妙如来の化身に在《ま》せば
（『桃の実』「光明世界」三号　昭10年5月21日）

思ひきや昔語りの桃太郎は千手観音の化現《けげん》にませり
（『東方の光』「東方の光」六号　昭10年6月）

桃の実は玉と光りて黄泉島比良坂《よみのしまひらさか》高く闇照らす今
（『雑詠』「明光本社第四十八回月並和歌」昭5年12月24日）

三千年《みちとせ》の桃実るてふ此年に国も高天《たかま》も御祝典《ことほぎ》のあり
（『明光社第十九回和歌』昭3年6月18日「明光」二十三号　昭3年7月30日）

桃太郎は私

（『三位一体』「観音講座　第六講座」昭10年9月5日）

◎大本教開祖は爺

◎王仁三郎は婆

王仁三郎先生は西王母になります。三千年の桃の実を天皇に献じたのであります。私は桃の実であります。桃太郎は私で、王仁三郎先生は婆で、教祖は爺であります。昨年（昭九・九・九）私が生れたから母体たる大本教から離れた（昭九・九・一五）のであります。

三千年目に一つ成る桃の実

（『教えの光』「地上天国」22号　昭26年3月25日）

◎非常に尊いとされている

◎君とは伊邪那岐尊

◎宝物とは竜宮の乙姫様がお持ちであった

桃の実は、これもなかなか神秘があるもので、昔からの言い伝えに、西王母の園に三千年目に一つ成るという桃の実で非常に尊いものとなされている。その桃の実の力によって、結構な世の中ができるというのである。謡曲の西王母には、桃の実を君に献上するとあるが、この君とは伊邪諾伊《いざなぎい》邪冊《ざなみ》の神様のことである。また桃太郎もこのことで鬼ヶ島征伐とは、邪神を退治することで、宝物とは竜宮の乙姫様の持っていた宝である。

桃太郎は千手観音　（『御講話』昭10年2月11日）

◎千手観音の手に持たれておられるのは宝物

西王母より生まれて、いよいよ桃太郎となる。千手観音とは桃太郎のことである。たくさんの宝を取るのは、千手観音の手にたくさんの宝を持っている。あれはいままでの世界の物はすべて鬼ヶ島の鬼が支配しておったのを取り返したこととなるのであって、いままでのあらゆる権力を鬼が持っていたのである。今後鬼が改心することになるのである。桃太郎に出られては迚《とて》もかなわないと言って降参するのである。

いままでの支配権は（支配権といっても霊的である）鬼が持っていたのを、いよいよ奪還するのである。

尉《じょう》と姥《うば》とで世界の大掃除をいたすことである。黄泉津比良坂の戦いは鬼と桃太郎の戦いである。

桃太郎は桃の実である。千手観音である。応神堂の千手観音のお顔は若いが、あれは桃太郎の顔である。

伊邪那美尊が作った物質を授かる

（『聖王母―大光明世界の実相（五）』「光明世界」五号　昭11年1月25日）

◎悪の活動になっていたのを善の活動へ

そして此桃太郎が、鬼ヶ島を征伐して宝を引いて来るという事になっておりますが、あれは、千手観音様が、種々なものを千の御手に持たれている。あれがその意味になるので、今迄、世界の凡ゆる物は、詰り鬼が持っていた、ツマリ、悪に左右されていた、伊邪冉尊が折角作られた、素晴らしい文化が、悪の活動になっていたというのは、そういう訳なのであります。それを今度は、観音様が自由になさる。ツマリ、あらゆる文化を、善の活動になさるという訳であります。

千手観音であることの証明

（『私の観た私―自観説話集』「自観叢書」第十二篇　昭25年1月30日）

◎救世業者

私は宗教家である事は言うまでもないが、実は宗教家とは思われない。では何かというと少々変な言い方ではあるが、救世業者とでも言う方がピッタリするように思う。そうして私の多くの弟子は、日々無数の人を救い、奇蹟を表わすので、彼等は生神様のように尊敬されるという事をよく聞

くので、「それでは私は生神製造業者という訳になる」と大笑いすることがある。（中略）

之を要するに、私というものを職業別にすれば宗教家、政治、経済、教育の研究家、文筆家、文明批評家、特殊医学者、歌人、画家、書家、建築設計家、造園業者、農業者、美術音楽批評家等々実に多彩である。

千手観音は手が四十本あって、一本の御手が二十五種の働きをされ、合計千本の御手によって凡《あら》ゆる救いをなされるというから、私は千手観音の働きを神様からさせられているのではないかと常に思っている。

項目編5

国常立尊とメシヤ、伊都能売神と如意宝珠の関係

国常立尊――御歌（五首）／大本教開祖「出口なお」にお憑り／国常立尊が支配していた／閻魔大王と観音／国常立尊は現界で観音／梅の花は重要／厳格な神様であることの証明

メシヤ――御歌（八首）／メシヤは国常立尊／金剛力は国常立尊／メシヤご降誕／国常立尊御出現の型／メシヤの揮わせられる大神力

伊都能売神――御歌（十一首）／大光明世界の建設／伊都能売の神様が憑られた／日本の真の主権者／救世の力／若き釈尊が説教を聴聞／神々は仏と化現された／伊都能売金龍／伊都能売神／伊都能売大神は二つの力／「自在」と「世音」の意味の違い

如意宝珠・摩邇の玉――御歌（六首）／昼の世界に転換／玉が腹中に鎮座／三位一体の力を発揮することが如意宝珠／摩邇の玉とは／深奥なる神の経綸／夜の間は水素に包まれていた／腹中の光の玉の「その本源」

国常立尊

御歌（五首）

胎蔵界いでますミロクをひたすらに待たせ給ひし常立《とこたち》の神
（『節分』「光明世界」第二号　昭10年3月4日）

金剛界に弥勒下生を待たされし神は鬼門の金神《こんじん》なりける
（『節分』「光明世界」第二号　昭10年3月4日）

常立の神の贖《あがなひ》なかりせば此天地《あめつち》は滅びしなるらめ
（『節分』「光明世界」第二号　昭10年3月4日）

世の乱れ断たす力は艮《うしとら》の神より外になきぞ賢こし
（『節分』「光明世界」第二号　昭10年3月4日）

節分の夜に退《やら》はれし 艮《うしとら》 の金神《こんじん》復《ふた》び現《あ》れますめでたさ

（『節分』「光明世界」第二号　昭10年3月4日）

大本教開祖「出口なお」にお憑り（『御教え』昭23年5月8日「御光話録」〔発行年月日不明〕）

伝説によれば国常立尊は非常に厳格な神様で、そのためその支配にやり切れず八百万の神々が一致して御引退を願った。（中略）この点は大本教祖の「出口なお」に国常立尊がお憑りになっていろいろ物語られた、それを基にして私はお話するんです。（中略）そのとき国常立尊は綾部にもおられたんです。

国常立尊が支配していた（『御教え』昭29年2月7日「御教え集」31号　昭29年3月15日）

◎その時分の人間は霊格が高かった

◎至正至直で厳格

◎艮（芦別山）へ押し込められた

◎炒り豆の由来

◎三千年経ってこの世に現われる　大本教はその機関

古い時代に国常立尊という神様が、世界を支配していたということになっているのですが、その時分のことだから、世界といったところで全部だかどうだか分かりませんが、まず日本を中心にして、そうとう広範囲に支配していたに違いないのです。それで神様といったところで、ヤハリ人間なのです。しかしその時分の人間は非常に霊が高かったのです。その時分は昼間の世界の終わりぐらいだったのですが、ところが長い時代にだんだん人間が、夜の世界のために穢れに穢れて、霊的にレベルが低くなったわけです。それでよく「天神七代《てんじんしちだい》、地神五代《ちじんごだい》」ということがありますが、天神時代というのは天の神様……神道のほうで言うと「天津系」「国津系」あるいは「天津神」「国津神」と言いますが、天系です。だいたい日本民族は天系なのです。

その天系だったころは天照天皇という最後の天皇が支配していたのです。それで、これはいつかも言いましたが、天照天皇が日本を逃げて、皇后様だけが残って、それが天照大御神と、こうなっているのですが、それよりか前に国常立尊という神様が支配されていたのです。その神様は非常に厳格で、つまり至正至直で、ごく正しいことでないと許さない、というようなことのために……これも神道のほうにもありますが……大勢の神様が一致して押し込めてしまったのが節分の晩としてあるのです。その押し込めたほうの総大将が天若彦《あまわかひこ》という神様で、そうして、もう国常立尊は世の中に出られないようにというので、艮(東北)の方角に押し込めたとなっているのです。そうして、艮に押し込めたからして艮の金神という名前にもなり、艮の金神国常立尊となったのです。そうして節分の晩に豆をまきますが、「炒豆に花が咲いたら出てもよい、さもなければ永久におしこめてしまう」というわけで、それから炒豆をまいたのです。それは三千年としてありますが、いよいよ三千年たって、その国常立尊様がふたたびこの世に現われる、その機関としてできたのが大本教です。

閻魔大王と観音

(『御教え』昭23年2月28日「御光話録」(発行年月日不明))

国常立尊は霊界で閻魔大王になり、裁きの役をやるが、それが苛《きび》しくてかわいそうだということから半分は閻魔大王に半分は観音になる。

国常立尊は現界で観音

(『六韜三略の巻』「栄光」119号　昭26年8月29日)

国常立尊という神様が神代の時御隠退せられ、霊界に於ては閻魔大王となり、現界に於ては観世音菩薩と化現され、慈悲を垂れ給い、一切衆生を救われたのである。

梅の花は重要（『御教え』昭29年2月6日「御教え集」31号　昭29年3月15日）

お筆先の一番冒頭に「三千世界一度に開く梅の花、艮の金神の世になりたぞよ。梅で開いて松で治める神国になりたぞよ。日本は神国。この世は神がかまわなゆけぬ世であるぞよ」というような事が書いてあるのです。「三千世界一度に開く梅の花」と言って、梅というのは非常に重要なことになっているのです。

厳格な神様であることの証明（『御教え』昭28年3月7日「御教え集」20号　昭28年4月15日）

◎大本教開祖の修行時代の話

大阪に算盤占いというのがありましたが、そこに行って占うと、「出口直さん、あなたに懸っている神様は本当の神様ではなく、悪魔だから気をつけなければならない」と言うので、教祖さんはびっくりしたのです。たいへんな神様だと思っていたが、悪魔だということなので、帰ってから神様に伺ったのです。そうすると、その神様は国常立尊様ですが、「直や、一週間たったらもう一度占ってもらえ」と言うので、一週間たってから行ってみるといないので、聞いてみると「死んだ」というのです。それは、たいへんに立派な神様を悪魔と言うのですから、これは許せないのです。

メシヤ

御歌（八首）

万民の悩み苦しみ涯《は》てもなき世ぞ救はむと救主《メシヤ》天降りぬ

（『メシヤ』「讃歌集改訂版」昭26年5月28日）

累卵《るいらん》の危ふき御代を立て直す力はメシヤの外なかりけり

（「日光殿増築落成祝賀式典御詠」〈祭典時御詠〉昭26年6月15日）

キリストや釈迦マホメットの待ち侘びしメシヤの神は天降りましける

（『メシヤ』「讃歌集改訂版」昭26年5月28日）

神といひ仏といふも絶対の力を有つはメシヤなりけり

（「地上天国」43号　昭27年12月25日）

万民の罪の贖《あがな》ひ主にあらでメシヤは罪の赦し主なる

（『諸の聖者』「讃歌集改訂版」昭26年5月28日）

最後には金剛力を打ち揮うメシヤの御業尊きろかも

（「地上天国」40号　昭27年9月25日）

吾は今メシヤとなりて果て知らぬ地獄の悩み打ち切らむとすも

（『命の糧』「地上天国」54号　昭28年11月25日）

大救主《だいメシヤ》の御名は最後の世を救ふ尊き御名なり心せよかし

（『メシヤ』「讃歌集改訂版」昭26年5月28日）

メシヤは国常立尊　（『御講話』昭25年8月1日）

◎**審判の神様で永久的ではないが長い**

メシヤという神は国常立尊という審判の神様で、これは永久的のものでない。ある時を限られたお働きで、長い。

金剛力は国常立尊　（『御教え』昭24年5月23日「御光話録」10号　昭24年7月1日）

金剛力ってのは国常立尊という神様の力です。

メシヤご降誕　（「明主様御言葉」昭29年6月5日）

◎**明主様御言葉（昭和二九年六月五日）**

◎**奇蹟以上の奇蹟（それは不明）**

ずいぶん若くなってるよ私のほうは……メシヤ降誕と言ってね、メシヤが生まれたわけです。言葉だけでなく事実がそうなんですよ。私も驚いたんです。生まれ変わるというんじゃないですね。新しく生まれるわけですね。ところが、年寄りになって生まれるのは変ですが、いちばんおもしろいのは、皮膚が赤ん坊のように柔らかくなる。それからこのとおり、髪の毛が生まれたと同じような……床屋がこれを見て、子供の頭髪だと言うんです。だんだん白いのがなくなって、黒いのばかりです。いまに黒髪になりますよ。だから、神様はおおいに若返れと、そして、仕事をしなきゃならんというわけなんです。

それで、今度のことについては、もう奇蹟っていうどころじゃない、奇蹟以上の奇蹟がたくさんあったんですけども、さしつかえない点だけはだんだん発表します。

それで、このメシヤというのは、世界中で最高の位なんです。西洋では王の王ということになっていますが、キングオブキングスと言ってその位をもっているんです。だから、私が出てはじめて人類は救われるのです。

国常立尊御出現の型　（「一厘の神魂」岩松栄著　P151）

◎昭和十八年二月五日（日を召して和し結んで開く節分）

◎七時五十三分、七五三《シメ》を破って

去る昭和十八年節分の日の朝、ラジオのニュースの後に、

「国民の皆さんに告ぐ！きょうの節分の豆撒きは、豆を炒らずに撒いて、それを拾って畑に蒔いて増産を計って下さい」

と、聞いて、はっと気が付きました。そのことは国常立之神を艮の方へ押し込め奉る時、七五三《シメ》縄を張り回らし、煎り豆に花の咲く世まで出るな、と、岩戸に向って投げつけたという古事を、聞き及んでいましたが、いよいよ煎り豆に花の咲く世が到来したことと感じました。

その翌々日、すなわち、昭和十八年二月五日、東京を中心として日本の各地から観測出来る皆既日食がありました。

朝、日の出前より虧《か》け初め、日の光を仰ぎ初めた時間が、なんと七時五十三分でした。七五三《シメ》を破って赫々と日の光が輝き初めたのでした。

いよいよ審判の神様が現界にお出ましになることを、型をもってお示らせいただいたと承りました。

メシヤの揮わせられる大神力

（『世界救世教の誕生に就て　開教の辞』「救世」48号　昭25年2月4日）

今一つは観世音菩薩は、善悪無差別的の救済であったが、愈よ地上天国が目前に迫り来たった、

今日茲に善悪を立別け、善を育て悪を滅しなければならない事になった。所謂悪のトドメである。従而救いの力も決定的でなくてはならない、その力こそメシヤの揮わせられる大神力である。

伊都能売神

御歌（十一首）

心癒し肉体《からたま》癒し世を癒す聖観音はいづのめの神

（『医しの神業』「日本医術講義録」昭10年5月5日）

伊都能売の聖観音の御面は慈悲そのもののすがたなりけり

（『東の光』　出口王仁三郎　P534）

救い主いま伊都能売の観音はときはの松のかげにおはせり

（『東の光』　出口王仁三郎　P589）

仏界に光明如来と生《あ》れ給い救はせ給ひし伊都能売神

（『伊都能売神』「讃歌集改訂版」昭26年5月28日）

東方の光いよいよ伊都能売の神業《みわざ》照り初《そ》む時となりける
（『雑詠』「明光本社第五十三回月並和歌」昭6年5月22日）

日月の光具《そな》へて自由無碍世を救ひます伊都能売の神
（「日光殿増築落成祝賀式典御詠」昭26年6月15日）

伊都能売の御神《みかみ》此土に天降《あも》りなば五六七の御力揮ひますらむ
（「日光殿増築落成祝賀式典御詠」昭26年6月15日）

限りなき観音力を身に具《そな》へ三千年《みちとせ》振りに伊都能売之神
（『観音力』昭11年（未発表））

再臨のキリストとなり輝《かがよ》ひて世に伊都能売の珍《うづ》の大神
（「立春祭御詠」昭29年2月4日）

せまり来て往《ゆ》きも戻りもならぬ世を導きたまふ伊都能売の神
（『雑詠』「明光」第十四号　昭2年10月30日）

如意宝珠《にょいほっしゅ》御手に高く三界の珍《うづ》の御座《みくら》に伊都能売の神

（『雑詠』「明光本社第五十一回月並和歌」昭6年4月1日）

大光明世界の建設

（『大光明世界の建設』「光明世界」創刊号　昭10年2月4日）

◎「観音様が私の体を使って光明世界を造る」

大光明世界とは読んで字の如く観音の光に依って闇のない世界が出来るのであります。闇の無い世界という事は苦《くるし》み悩みのない世界、罪悪のない世界であります。斯《こ》ういう世の中が来てくれればいゝ、斯ういう世の中を造り度いという事は何千年前からもろもろの聖賢、或は大宗教家等が大いに教を説き、骨を折ったんであります。所がそういう世界は今日まで出来なかった、それに似たような世界さえ未だ出来ません、それはただ人類の理想だけにとどまるものとされて、そういう世界が果たして出来るかどうか疑わしいというのが今日迄の状態でありました。所がそういう世界は確かに出来るんであります。今や大急転回を以って出来んとしつつあるんであります。それで、私は恰度今から七年前に、観音、即ち伊都能売之大神様から知らされたんであります。（中略）処が其の頃から今日迄数限りない奇蹟を見せられました。到底人智や経験では量れない、説明出来ない驚くべきものなのであります。その奇蹟たるや、悉《ことごと》く大光明世界の出来るという事を裏書し絶対に間違いないと言う事を示されたので益々信念が強くなり、もう自分に依ってそういう世界が出来る、実は観音様が私の体を機関としてそういう世界を造られることが一点の間違いないという事が判って来たのであります。

伊都能売の神様が憑られた　（『観世音菩薩と私―奇蹟物語』「自観叢書」第四篇　昭24年10月5日）

其後暫くして私は三月ばかり神懸りになった事がある。其時は種々の神や仏が懸ったが、其中で、観音様の御本体である伊都能売の神様が憑られ、私の使命を知らして呉れた。それは観音様が私の肉体を使って人類救済の大業をさせるという事や、二千六百年以前、釈迦出世の時代、観自在菩薩として印度補陀落迦《ふだらく》山上に安住され、救道を垂れた事など、種々の因縁を明されたが、それ等は非常に興味津々たるものではあるが、何れ時が来たら説くつもりである。

日本の真の主権者　（『日本人種の霊的考察〔上〕』「地上天国」22号　昭26年3月25日）

◎大和民族の宗家

◎闘争を嫌う平和愛好者

◎某国に逃げ延びた

初め神素盞嗚尊が日本へ渡来した時、最初に上陸した地点が出雲国であった。処が当時日本の統治権を握っていたのが伊都能売神皇で、此神皇は余程古代からの、日本の真の主権者であったらしい。先ず、大和民族の宗家といってもよかろう。処が大和民族の性格としては、闘争を極端に嫌い平和愛好者なるが為、素盞嗚尊が武力抗争の態度に出たので、無抵抗主義の為生命の危険を慮《おもんぱか》り、海を渡って某国に逃げのびたという事である。

救世の力を与えられた

（『観世音菩薩の御本体』「病貧争絶無の世界を造る観音運動とは何？」昭10年9月15日）

天照皇大御神は（中略）伊都能売之大神に対し、救世の力を与え給いしに由り、爰《ここ》に、同神は観世音菩薩と化現され、絶対の慈悲を以て、一切衆生を救わせ給う本願を立てられ、今日に至ったものである（後略）。

二千五百年以前、前述の如く、天祖大神より、救世の権限を付与せられ給いし、伊都能売之大神は、月氏国即ち、今日の印度に渡らせられ、同国の南方、布呾洛迦《ふだらか》山に居を構えさせ、当時の諸天善人に、普く法を説かれたのである。

若き釈尊が説教を聴聞　（『伊都能売神』「地上天国」29号　昭26年10月25日）

◎印度南方、補陀洛

◎「悲華経」

其化身仏の総領が伊都能売神であって、当時日本に於ける最高の地位であられたのである。処が其頃素盞嗚尊を中心とする朝鮮の神々が渡来され、伊都能売神の地位を狙って要望したが、容易に応諾されない為威圧や迫害等から進んで、遂に生命に迄も及んで来たので、急遽御位を棄てられ、変身によって眼を外らし、窃かに日本を脱出し、支那を通って印度に落ち延び給うたのである。そうして観自在菩薩の御名によって、当時印度の南方海岸にある補陀洛《ふだらく》という名の、余り高からざる山の上に安住せられるべく、新たなる清き館を建てられたのである。此事は悲華経の中にある。曰く「観自在菩薩は補陀洛山上柔かき草地の上に、二十八部衆を随《したが》え、金剛宝座に結跏趺坐して説教をされた云々」とある。当時まだ善財童子という御名であった若き釈尊は、此説教を聴聞して、其卓抜せる教に感激と共に心機一転し、それ迄の悉達《しった》太子という皇太子の御位を放棄し、一大決意の下に、当時紊《みだ》れていた俗界を離脱し直ちに檀特の山深く別け入り、菩提樹（一名橄欖樹《かんらんじゅ》）の下石上に安座し一意専心悟道に入るべく、修行三昧に耽ったのである。

神々は仏と化現された　（『本教は神道か仏教か』「光」11号　昭24年5月31日）

◎伊都能売神は観世音菩薩

　茲で神と仏に就て説明するが、何千年前世が替った時があって、すべての神々は仏として化現された、例えば月読尊《つくよみのみこと》は阿弥陀如来となり、天照大神は大日如来と、稚姫君尊《わかひめぎみのみこと》は釈迦如来と、伊都能売神は観世音菩薩となったようにである、此期間が夜の世界で所謂真如の世であった（後略）。

伊都能売金龍　（「御講話」　昭26年9月21日）

◎霊で日本に帰られた

┌伊都能売神の霊の体
└伊都能売神の霊の霊

◎三千年の時を待たれた

◎霊分身がご自由

そのとき天の八人のお子さんで五男三女と言う、これが八大龍王になる。なぜと言ってそのとき五男三女というのは、自分はインドに行くのは嫌だと言ってどうしても日本にいると言う。仏はいずれ仏滅の世になると言うので龍神になってそれを待たれた。日本の近海ですね、越後と佐渡の間だとか、東北のほうにもあるし、房州と関東の間の海、九州の有明、そういう所に飛び込んで時を待った。それが八大龍王です。そうして総大将が伊都能売神様ですね。それが日本に帰ろうと思ったところ、いま読んだ（御論文『仏教の起源』『伊都能売神』『観世音菩薩』）ように帰れないので霊で日本に来て自分も仏滅まで隠れていると言うので、先にも言った通り近江の琵琶湖に入り琵琶湖の底に龍神となられて、これが金龍ですね。（中略）そうして時を待たれた。そうして約三〇〇〇年、本当言うと二六〇〇年ですが、これが最初三〇〇〇年のつもりだったが神様のほうで力を強くしたんですね。

※註　この御講話では「霊の体は木花咲爺姫《このはなさくやひめ》」とありますが、御光話録（昭26年10月28日）では「霊の霊は富士山の木花咲耶姫尊で、体は琵琶湖におり～」とあります。（廣野註）

伊都能売神

（『観世音の本体』「観音講座　第三講座」昭10年8月5日）

そこで伊都能売神様は、一方印度にて観音様になられ、一方は兄の花姫尊《こはなひめのみこと》（梅の花）となられて富士山に御鎮りになられ、又、一方は金龍となって近江の国の琵琶湖へお隠れになられたのである（※）。其故〔は〕富士山と琵琶湖を邪神に占領されたならば、日本は危険であるからである。人間の体としても臍は一番大切な処とすればその意であるからである。この為兄の花姫となられ、金龍となられてこの二ヶ所を守られたのである。

※註「神様は霊分身が御自由であるため、幾柱にも分かれることが出来るのである。」

（「観音講座第三講座」 昭10年8月5日）

伊都能売大神は二つの力

（『御教え』昭23年5月18日「御光話録」（発行年月日不明））

◎仏界で観音

伊都能売神の事は昔は言えなかった。（中略）伊都能売大神は火と水で、仏界では観音様になる。これに土のお働きが加わって弥勒になるのです。天照皇大神は一つの力であり、伊都能売大神は二つ、弥勒大神は三つの御力となり、これで三位一体で完全になる。

「自在」と「世音」の意味の違い

（『伊都能売神』『観世音菩薩』「文明の創造」昭27年）

◎印度━観自在／支那朝鮮━観世音

・日本古来の神々は印度へ渡航し、化身仏となられたので、其化身仏の総領が伊都能売神であって、当時日本に於ける最高の地位であられたのである。処が其頃素盞鳴尊を中心とする朝鮮の神々が渡来され、伊都能売神の地位を狙って犯そうとしたが、容易に応諾されない為威圧や迫害等から進んで、遂に生命に迄も及んで来たので、急遽御位《みくらい》を棄てられ、変身によって眼を外らし、窃《ひそ》かに日本を脱出し、支那を通って印度に落ち延び給うたのである。そうして観自在菩薩の御名によって、当時印度の南方海岸にある補陀洛《ふだらく》という名の、余り高からざる山の上に安住せられるべく、新たなる清き館を建てられた。此事は華厳経の中にある。

・恰度其頃印度の経綸を終えた観自在菩薩は、帰国しようとして南支方面に迄来た処、まだ日本は危険の空気を孕んでいる事が分かったので、暫く其地に滞在する事となったので、其時からが観世音の御名となったのである。という訳はつまり印度滞在中は、自在天の世を客観していたので観自在といい、今度は音姫の世を静観する事となったので、観世音と名付けられたのである。即ち観世音を逆に読めば、音姫の世を観るという意味になる。

如意宝珠・摩邇《まに》の玉

御歌（六首）

三千歳《みちとせ》を深く隠せし如意の珠世に現はるる時となりぬる
（『最後の日』昭24年6月17日「明麿近詠集」昭24年10月）

時なれや嗚呼時なれや今はしも摩邇《まに》の力の世にいづるなり
（『立春其他』「明麿近詠集」〈於東京大東亜館発表 昭19年2月5日〉）

美須摩琉《みすまる》の玉の光は日に月に輝き増すなり眼開けよ
（『無題歌』「讃歌集改訂版」昭26年5月28日）

九分九厘の世を覆《つくが》へす一厘の力は如意の玉にぞありける
（『最後の日』昭24年6月17日「明麿近詠集」昭24年10月）

如意の珠打揮《たまうちふる》ひなば如何ならむ人としいへど眼《まなこ》くらまん

（「立春御詠」〔祭典時御歌〕昭26年2月5日）

摩邇《まに》の玉如意の宝珠《ほうしゅ》は世を救ふ聖観音の器なりける

（『三尊の弥陀〔六〕』「観音会御讃歌集」昭11年〔未発表〕）

昼の世界に転換

（『巻頭言』「地上天国」12号　昭25年1月20日）

◎一九五〇年—昭和二五年

愈《いよい》よ一九五〇年、昭和二五年の年になった。というだけならいつもの年と変りはないが、実は今年こそ吾等からいえば大変な年である。という事は吾らの唱導する処の夜の世界が昼の世界に転換する、その節に当るからである。これはどういう意味かというと、今年を契機として世界は一大転換の運命に逢着するのである。

それを具体的に悉《くわ》しく言いたいが、遺憾ながら発表は許されないのである。

玉が腹中に鎮座

（『宗教文明時代〔上〕』「栄光」116号　昭26年8月8日）

◎約三十年程前だった（昭和26年8月8日）
◎自由は取り上げられた
◎神智の境地に到る
◎健康についてはは徹底してわかった

一体私という人間は、何の理由によって此世の中に生れたかであるが、私の前半生は平凡なものであった。然し一度宗教人となるや、凡てが一変して了ったのである。と言うのは何物か分からないが、私を狙って何だか目には見えないが、玉のようなものを投げかけた、と思うや、その玉が私の腹の真中へ鎮座してしまったのである。それが今から約三十年くらい前であった。処が不思議なる哉、その玉に紐が付いているらしく、それを誰かが自由自在に引っ張ったり、緩めたりしているのだ、と同時に私の自由は取り上げられて了ったのである。自分が思うように何かをしようとすると、紐の奴引張っていてそうはさせない。そうかと思うと思いもよらないほうへ紐が引張ると見えて、其方向へ運ばせられる。実に不思議だ、恰度傀儡師に操られている私は人形でしかない。

それればかりではない。其頃から私は今迄知らなかった色々な事が判るのだ、初めはそうでもなかったが、時の進むに従って、それが益々著しくなるのだ。以前私は学んで知るを人智と言い、学ばずして知るを神智という事を聞いた事があるが、そうだ之だなと思った。確かに神智である。何かに打《ぶ》つかるや其理由も結果もすぐ判る。考える暇もない程だ。といっても必要な事のみに限るのだから妙だ。信者から色々な質問を受けるが、突（咄）嗟に口をついて出てくる。そういう時は自分の言葉で自分が教えられるのだから面白い、特に一番肝腎である人間の健康に就ての事柄は、全般に渉って徹底的に判って了った。

三位一体の力を発揮することが如意宝珠

（『観音力とは何ぞや』「光」２号　昭24年３月20日）

前述の如く、光は火と水であるが、之に土が加わることによって火水土の御働きとなる。元来火と水だけでは霊の御働きだけで体がないが、之に土が加わって初めて火水土の三位一体の力を発揮されるので、之が如意宝珠であり、摩邇の玉である。

摩邇の玉とは

（『妙智の光』「地上天国」12号　昭25年１月20日）

摩邇の玉は仏教では如意宝珠と言う。観音様のお働きの一つに如意輪観音というのがそれである。また神道で五百津美須摩琉《いほつみすまる》の玉とも言うが、要するに観音様の身魂ということである。

深奥なる神の経綸　（『弥勒三会』「文明の創造」昭27年）

◎六・六・六と五・六・七

此十八の数に就て、大本教の御筆先に斯うかいてある。「今迄は天が六、中界が六、地が六でありたものが、天から一厘の御魂が地に降《くだ》られたので、天は五となり、地は七となりたのであるぞよ」と。然し此意味は最も深奥なる神の経綸であって、此一厘の御魂こそポチであり、摩邇の玉であり、如意宝珠であり、之によって五六七の御代が生れるのである。

夜の間は水素に包まれていた　（『御教え』昭24年6月3日「御光話録」12号　昭24年9月21日）

◎時期が来ていなかったので使えなかった

この玉ってのは如意の玉で、つまり神様のほうから霊線によってある光を送られてくるんで、これは神様の御神体ともなんともちょっと言えない……光そのものなんですよ。しかし、これは本当は人間が使うべきもので、これによって神力が出るんです。観音力って言うのはそういうものなんですよ。ところがこの玉をいままでは使う人がなかったんですよ。時期が来てなかったから使えなかったんです。夜の世界の間は水素が多かったので、その玉が水素に包まれていたんです。それが昼の世界になり水素が少なくなってきたので、それにつれて玉の光が強くなってきたのです。そこのところがなかなか難しいんですよ。

腹中の光の玉の「その本源」

（『浄霊の原理〔第三〕―神示の医学』「光」号外　昭24年5月30日）

◎観世音菩薩の如意の玉から供給される無限光

然らばこの光の玉の其本源はどこにあるかというと、之が霊界に於ける観世音菩薩の如意の玉から、私に向かって無限光を供給されるのである、之が即ち観音力であり、不可思議な妙智力とも言われるものである。

項目編６

天照天皇〜弥勒下生、玉屋観音

天照天皇――天照天皇は隠されていた／天照天皇は葬られた／天系の最後の天皇

兄の花姫、九頭龍権現――御歌（五首）／富士山は臍／富士山は重大な意味がある／富士山は蓮華台／兄の花姫／九頭龍権現／兄の花姫は神様のお働き／神界の観音と仏界の観音／木の花咲爺姫の御神魂／兄の花姫と九頭龍権現

弥勒下生――御歌（十首）／聖者の予言／弥勒とは観音様のこと／光明如来の次は弥勒のお働き／下層社会に生まれる／私は下賤から出た／観音の霊感を受ける／みろく塔建立／富士山登山　木之花咲爺姫命の御礼／木花咲爺姫の御神魂／最初の偉い神様が御降臨になられた／観世音菩薩がこの世に誕生した証し

玉屋観音――鯉は観音様／御歌（一首）／玉屋観音

天照天皇

天照天皇は隠されていた（『御教え』昭26年5月1日　「御垂示録」6号　昭27年1月25日）

天照天皇と言うのはぜんぜん隠されているんですね。

天照天皇は葬られた（「御講話」昭25年8月1日）

天照大神は女で、父君が伊都能売尊で、天照天皇の皇后で、天照皇后が天照大神である。天照天皇はある事情で葬られた。そのとき伊都能売大神は日本を脱出せられ、インドへ渡られ、観自在となられた。

天系の最後の天皇

（『御教え』昭29年2月7日「御教え集」31号　昭29年3月15日）

それでよく「天神七代、地神五代」ということがありますが、天神時代というのは、天の神様……神道のほうで言うと「天津系」「国津系」あるいは「天津神」「国津神」と言いますが、天系です。だいたい日本民族は天系なのです。その天系だったころは天照天皇という最後の天皇が支配していたのです。それでこれはいつかも言いましたが、天照天皇が日本を逃げて、皇后様が残って、それが天照大御神と、こうなっているのです。

兄《こ》の花姫、九頭龍権現《くずりゅうごんげん》

御歌（五首）

東海の芙蓉《ふよう》の嶺《みね》に時待ちし兄《こ》の花姫は観音なりけり

（『東方光』「東方の光」第三号　昭10年2月23日）

東海の芙蓉《ふよう》の嶺《みね》に時待ちし木《こ》の花姫は観音に在《おは》せり

（『金剛胎蔵』「讃歌集」昭23年7月1日）

兄《こ》の花の主の種春となりぬれば花咲き四方に匂ふなるらむ
（『箱根地上天国完成記念祭御詠』「地上天国」49号　昭28年6月25日）

梓弓春立ち初めて兄《こ》の花の香りは四方《よも》の国にあまねし
（『東方の光』「光明世界」第二号　昭10年3月4日）

畏くも教《をしへ》御祖《みおや》の植ゑませし兄《こ》の花ひらく三代《みよ》となりぬる
（『梅　雑詠—明光社第十五回和歌』昭3年3月9日「明光」第十九号　昭3年3月30日）

富士山は臍《へそ》
（『御教え』昭24年2月8日「御光話録」4号　昭24年）

◎臍は中心、勇気の出るところ

日本が龍型だというのは大本教で言ったことで、昔、国常立尊が龍神だったとき日本と同型同大だったというのです。この説はまんざら根拠のないことでもないのです。山陰、山陽、四国で口をなして九州を呑もうとしているのですが、その鼻面が出雲でここは昔素盞嗚尊が統治したんですが、これは鼻の働きで鼻から豆が生まれることは『古事記』にも出ています。それから丹波、丹後が目、伊勢が喉、富士山が臍、東京が陰部、そのうち東京湾が女性の陰部、伊豆半島が男のそれに当たり、東北は腰、新潟の新発田は肛門、北海道から千島は尾になる……。

富士山は重大な意味がある

（『御教え』昭24年8月23日「御光話録」14号　昭24年11月20日）

日本は龍神の形をしてますが、富士山が日本の臍になるんです。だから富士山はただいい格好をした高い山というだけじゃなくて、非常に重大な意味があるんです。

富士山は蓮華台

（『御教え』昭28年1月3日「御教え集」18号　昭28年2月15日）

◎**「八スの花」ハスは蓮の花**
◎**一番貴い山**
◎**兄の花姫が祀られている**

富士山は八の字の形です。ですから富士山は一名「八スの山」と言うのです。「八ス」ということは「ハス」ということです。つまり仏教的に言うと、「ハス」は「蓮の花」になります。それで、蓮の花は蓮華台ということです。蓮華台というのは、一番貴い山です。よく仏像などが立ったり、あぐらをかいたりしているのに、下に蓮の花があります。観音様の絵などにも、蓮の上に立たれているのがよくありますが、そういうようで蓮ということは、非常に貴い神仏が乗られるという意味なのです。ですから富士山には兄《こ》の花咲爺《はなさくや》姫《ひめ》がお祀りしてあるということは、兄の花咲爺姫は観音様ですから、富士山は観音様の蓮華台ということになります。

兄の花姫

（『御教え』昭29年2月6日「御教え集」31号　昭29年3月15日）

◎龍で木花咲爺姫の守護

観世音菩薩は兄《こ》の花姫になるのですが、兄の花姫は神界のお働きで、伊都能売の神になるのです。これは兄の花姫と木《こ》の花咲爺《はなさくや》姫《ひめ》とありますが、兄の花姫というのは兄《あに》の花といって梅になるわけです。梅が先に咲くから兄の花になるわけです。それから木の花咲爺姫というのは桜の花になるのです。この場合は仏界のお働きで、木の花咲爺姫は観音様になるのです。富士山に行くと木の花咲爺姫を祭ってあります。それであそこで絵姿を買うことになってますが、あれは桜の枝を持ってます。その富士山の木の花咲爺姫は頂上の真ん中に祭ってあります。頂上の上り口の右側にあるのが、久須志神社としてありますが、これは九頭龍権現《くずりゅうごんげん》といって、木の花咲爺姫の守護神になるわけで、龍で守護しているわけです。これが最初私に憑った龍神です。

九頭龍権現（『龍神界』「観音講座　第四講座」昭10年8月15日）

◎人類救済者であることを告げた御使者

九頭龍――この龍神が私によく懸って来たことがあったが、この龍神が追々人間化して話をする様になり、富士山に居る久須志《くすし》宮であると言った。富士山に立派にある。この九頭龍は八大龍王の頭である。

九大竜王というのが本当であるが、伊都能売金龍を匿《かく》したのである。乙姫の乙の字にノの字を加えれば九となるので、乙姫より上の龍神である事も判る。又龍の一番上の龍神であるのだ。

兄の花姫は神様のお働き（『御教え』昭29年2月6日「御教え集」31号　昭29年3月15日）

それで、木の花咲爺姫は桜であって、これは仏の働きになるのです。ですから兄の花姫は神様のお働きになるのです。それで木の花咲爺姫は仏の働きだからして、最初インドに出られたわけです。ですから仏のほうでは桜の花になってますが、これはそういう因縁になるわけです。

神界の観音と仏界の観音

（『御教え』昭23年10月28日「御光話録」〔発行年月日不明〕）

花でいえば木花《きのはな》は桜で兄花《あにのはな》は梅です。どちらも観音様ですが木花は仏界の観音様で、兄花は神界の観音様です。梅は春一番先に花が咲くでしょう。だから兄です。ふつう花といえば桜を意味しますね。

木の花咲爺姫の御神魂

（『観世音の本体』「観音講座　第三講座」昭10年8月5日）

豊雲野尊《とよくものみこと》は国常立尊の妻神様であるが、夫神様の犠牲となられ坤《ひつじさる》の方へ御隠退になられた。坤の方とは鬼界ヶ島《きかいがしま》のことである。日本の西南に当る処である。此の神様が思兼尊《おもいかねのみこと》様である。

又一方別れて木《こ》の花咲耶《はなさくや》姫命《ひめのみこと》になられて印度に行かれて釈迦となられたのである。木の花咲耶姫命の木の花は桜の花の事である。

兄の花姫と九頭龍権現

（「善言讃詞の御神格をそのままに『見真実を窮む』」「一厘の神魂」岩松栄著　P39―40）

◎伊都能売神の「霊の霊」と「霊の体」

◎昭和五年（旧）五月五日下生された弥勒

観音様が長い夜の世界を、その尊いご神格を秘して菩薩のお姿に化仏遊ばされ、仏界にあって蔭ながら衆生を守護なされ、時来るまでの、闇《くらやみ》の世を観るという隠忍の時も理想世界建設の天の時至り、明治《あかし》らすの時満ちて十五の年、光の君の御神魂《かむみたま》が此現世《うつしよ》にご降誕、昭和聖紀を迎える日を待ちかねたように、富士山頂久須志の宮に鎮まり居坐《いま》す、兄《コ》ノ花姫神《ハナヒメノカミ》（観音様）の御使神《おつかいがみ》九頭龍権現が、明主様の御現身《おんうつそみ》に神憑られ給いまして、

「貴神様《あなたさま》こそは、正に滅びんとする人類の魂を甦らせ、霊人《ひと》としての完全なる世界に御導き遊ばされる、主の神よりの大受命者に御座いますので、何卒御覚悟《おさとり》下さいますよう、兄ノ花姫神よりの命によりお伝えさせていただきます」

と、右のような意義をお伝えになられ、ご自覚を促された御神事《おんかんごと》と、畏れ多くも拝察させていただく次第です。

明主様は、再三、再四ご辞退遊ばされたそうです。そうする度に、奇跡に次ぐ奇跡を与えられ、ある時は有頂天に昇らせられるかと思うと、千仞の谷底にまっ逆様に突き落とされ、もう駄目かと思う瞬間一気に天国に引き上げられるなど、これでもかこれでもかと御自覚《おんじかく》のご催促に遂に明主様は兜を脱いで、神様の思召《おぼしめ》しのままにいたしますと、恐懼《きょうく》大神命をお受け遊ばしたと漏れ承りました。

弥勒下生

御歌（十首）

胎蔵界《たいぞうかい》出《い》でます弥勒を只管《ひたすら》に待ちあぐがるる諸天善人

（『金剛胎蔵』「讃歌集」昭23年7月1日）

胎蔵界に出でますミロクを只管に待たせ給ひし天津大神

（『金剛胎蔵〔七〕』「観音会御讃歌集」昭11年〔未発表〕）

金剛界に弥勒下生を待ち望む諸善諸仏や八百万神《やほよろずかみ》

（『金剛胎蔵』「讃歌集」昭23年7月1日）

憧がれて髪長《かみなが》たちの待ち望む弥勒は已《すで》に下生しませり
（『千姿万容』「光明世界」四号　昭10年7月25日）

いと高き御位《みくら》を後に御救《みすくい》の為に弥勒は下生しませり
（『五六七大神』「讃歌集改訂版」昭26年5月28日）

胎蔵の弥勒生《あ》れまし仏説の諸々《もろもろ》の謎解くる嬉しさ
（『金剛胎蔵』「讃歌集」昭23年7月1日）

万人《ばんにん》の再臨《さいりん》待ちしキリストもメシヤもみろくも同じとぞ思ふ
（『弥勒下生』「讃歌集」昭23年7月1日）

キリストの再臨救世主《メシヤ》の降臨も弥勒下生も同じ意味なる
（『五六七際御歌』昭25年3月5—7日　「救世」53号　昭25年3月11日）

千万《ちよろづ》の聖《ひじり》の業をひとの身にあつめて弥勒と天降《あも》りし岐美《きみ》はも
（『霜　雑詠—明光本社第二十五回和歌』昭4年2月2日「明光」第三一号　昭4年3月30日）

東海の芙蓉《ふよう》の嶺《みね》に時待ちし木《こ》の花姫は観音に在《おは》せり

（『金剛胎蔵』「讃歌集」昭23年7月1日）

聖者の予言

（『救世主』「世界救世教早わかり」昭25年11月20日）

◎実現性のない予言をなさる筈はない

そうして彼のキリストの再臨もメシヤの降臨も弥勒下生も、転輪《てんりん》菩薩の出現も、上行《じょうぎょう》菩薩の出生も、時の問題であろう。何となれば実現性のない荒唐無稽の予言を、数百数千年以前からされ給う筈はないからである。

弥勒とは観音様のこと

（『真のミロク――大光明世界の建設』「光明世界」二号　昭10年3月4日）

◎

五	観音	日本の弥勒	人の弥勒	応身
六	阿弥陀	西洋の弥勒	天の弥勒	法身
七	釈迦	東洋の弥勒	地の弥勒	報身

観音は観音として未だ曽て肉体を以て現われた事は無かったのであります。それで五の弥勒即ち観音様はお一人で六と七とのお働きをされるのでありまして、六の弥勒七の弥勒は、それ丈の限られた働きでありますが、観音すなわち五の弥勒は六七共兼ねられてのお働きでありますから自由無碍如何なる活動力をも発揮されるんであります。基督《キリスト》教の三位一体という事は三人の働きを一人でなさる即ち観音様のお働きの事を言うたんであります。ですから本当の意味での弥勒というのは観音様の事なんであります。

光明如来の次は弥勒のお働き

（『観音力とは何ぞや』「光」二号　昭24年3月20日）

序《つい》でに、今一つの重要事をかいてみよう。光明如来とならせ給うたその御働きの次は、弥勒の御活動をなされるのである。前述の如く、光は火と水であるが、之に土が加わる事によって火水土の御働きとなる。元来火と水だけでは霊の御働きだけで体がないが、之に土が加わって初めて火水土の三位一体の力を発揮されるので、之が如意宝珠であり、摩邇の玉（摩尼の珠）である。又火は五であり、水は六であり、土は七であるから、五六七の数字をミロクと読むのである。

下層社会に生まれる

（『天降説』「地上天国」創刊号　昭23年12月1日）

◎弥勒の御魂は下生された
◎仏界は消滅期
◎弥勒出現成就経

キリストの再臨と云い、メシヤの降臨と云うが、これは肉体そのままを以て天から降るのではない。それは特殊の神霊が天から降下し、選ばれた人間の肉体に宿るのである。弥勒下生と云うも弥勒の御魂が下生、つまり下層社会に生れるというわけである。又胎蔵弥勒と云う言葉があるが、之は仏教の内に胎中の期間を言うので、実は已に誕生されたのである。従而《したがって》、弥勒が生れた以上仏界は最早消滅期に入ったのである。弥勒出現成就経に仏滅後弥勒が生れると云う事が書いてある。

私は下賤から出た

（『美術館出来るまで』「栄光」160号　昭27年6月11日）

◎聖徳太子の業を世界的に押し拡げた

茲で私の事を記《か》かねばならないが、私が早くから美術を愛好し、今度の美術館を造るまでに到った事も、宗教発展には何より適切なものと思ったからでもある。それと共に私は医事、農業は固より、政治、経済、教育、芸術等、全般に亘って真理を説き、迷蒙を打破し、新文化創造の指導原理を示しつつあるにみて、私の凡ては（聖徳）太子の業を、世界的に押拡げたものとみればよく分るであろう。只異《ちが》う処は太子は高貴の階級から出たに反し、私は下賤から出た点で、これも弥勒下生の意味と思えば肯ける筈である。

観音の霊感を受ける　（「稟告」〔応神堂開業ビラ〕昭9年5月1日）

◎昭和元年　観音の霊感を受ける

余が創始の岡田式神霊指圧療法は今より八年前突如聖観世音菩薩の霊感を享《う》け如何なる病気も治癒すべき大能力を与うるに依り世の為匡救《きょうきゅう》の業に従うべしと爾来数年千余人に及ぶあらゆる患者に施術したる処其偉効は神の如く難病重症等全治せざるなく真に驚嘆すべき成果を挙げつつ今日に到れり然るに従来は大森の僻陬《へきすう》に他業と兼行《けんこう》し遺憾ながら時を待ちいたりしが今回再度の神啓《しんけい》を蒙り修業全くなりたる（を）以て弘く一般病者を救済すべしと茲に於て帝都の中心麹町区に施術所を設け大に救世済民の志を遂げんとす大方の病に悩める諸彦《げん》即《すみやか》に神恵《めぐみ》に浴せられんことを

左記は従来の実験成績にして其以下に卓越せるかを知られ度し

みろく塔建立　（「東方の光」〔上〕P302—304）

◎昭和五年（旧）五月五日（干支・午の年午の月の午の日）
◎十三重の塔建立、密やかなお祝い
◎衣冠束帯で神殿の奥へ入られた
◎富士登山、木之花咲爺姫命の御礼

こうした歌の中で、とくに注目されるのは、二月八日のつぎの一首である。

今年《このとし》の六月吾に大使命下《くだ》る予感の頻《しき》りに来たるも

腹中に秘められた光の玉が、日に日に充実し、みずからを通じて働く観世音菩薩の救済力がいよいよその霊徳を加えていく、そういう自覚に立ったのがこの歌である。

教祖は、来たるべき六月に思いをひそめた時、そこに不思議な数の重なりを見出した。それは六月一日が旧暦の五年（一九三〇年）五月五日にあたり、しかもその干支が、午の年の、午の月の、午の日になるという事実である。このように数字と干支がそろうということはきわめてまれである。教祖は、この奇しき日こそ、二月の予感に示された日であり、この日を期して神力の新たな躍動が始まると感じとった。そしていよいよ六月一日になると、かねてから用意していた十三重の石塔（「みろく塔」と名付けた）を庭の一隅に建立し、ひそやかな祝いをしたのである。教祖は、その日、一日中、絶え間なく喜びが胸に込み上げ、心がはずみ、神から下されたみずからの使命に向かっての新たな勇気がわいてくるのを禁じえなかった。

そしてそのころ、光の玉の霊力の高まりを教祖自身で自覚するうえで重要な奇蹟が生まれている。（中略）しかし青年はなおも瞑目合掌《めいもくがっしょう》して動かない。数分たった後、青年はようやく目を開き、けげんそうな顔をして今しがた不思議な光景を見たと言ってつぎのような話をしだした。

琴のような音楽を演奏している人物がおり、その音色に耳を奪われながら、なお注意してよく見てみると、自分は広い神殿のような建物の中にいる。すると、教祖が衣冠束帯《いかんそくたい》（正式の装束に冠をかぶり、腰帯を付けた神官の服装）の姿で、静かに歩を運びながら階段を昇って御簾《みす》（神前にかけられたすだれ）の中にはいったというのである。

教祖が、

「後ろから見たのでは誰だかわからないではないか。」

と問うと、青年は確信に満ちた様子で

「いえ、先生に間違いない。」

と言った。青年が坐っている左側には神床《かんどこ》があることから、教祖は青年が一時的ではあったが、確かに霊眼が開けたものと受け止めたのであった。

（弥勒下生である）　（岩松言）

十三―王　玉

十三重の塔の向かって右前にお立ちになられての記念写真。それは玉の御文字になる。天から降りられた型である。

富士山登山　木之花咲爺姫命の御礼

（「東方の光」〔上〕P304）↓（『龍神界』「明日の医術」第三篇　昭18年10月23日）

昭和五年（一九三〇年）六月一日の神事から一ヶ月余を経た、七月二一日のこと、教祖は妻のよ志ら一一名を伴って富士登山に向かった。

重大な神業《みわざ》なりける富士登山なさんと午前九時に家出《い》づ

当日は薄く雲がかかっていたが、ときおり、陽の差すまずまずの天気であった。一行は、午後一時ごろ、中央線大月駅に到着し、そこからバスで山中湖を経て河口湖の船津ホテルに投宿した。

河口の湖畔の岩に腰かけて黄昏《たそが》るる迄涼みけるかな

翌日は西湖、精進湖、本栖湖を経て浅間神社に参拝、午後一時に富士吉田口から登り始めた。よ志は教祖と同様に馬で五合目まで登ったが山酔いが激しく、やむをえず須走口へ下りた。かくて随行者は一〇名となり、さらに七合目まで登って石室に一泊した。

翌朝三時半に出発、八合目でご来光を拝し、七時半には無事頂上に到着したのであった。

ところで、以前、教祖に龍神が憑って、

「自分は富士山に鎮まりいます木之花咲爺姫命《このはなさくやひめのみこと》の守護神であって久須志の宮に鎮まりいる九頭龍権現である」

と告げたことがあった。この宮をたずね、参拝することもこの時の目的の一つであった。

教祖は当初、龍神から聞いた社は富士の山麓にあると思い、聞いてみたがわからなかったので、ひとまず富士山頂を目指したのである。ところが山頂の入口近くに相当立派な神社がある。見ると久須志神社（久須志は「くすし」。あやしく不思議なことの意を表わす）と書いてある。それは浅間神社の奥宮（奥社《おくやしろ》ともいう。同一の祭神を祀った本社・本宮より奥の方に位置する社のこと）で、別名を久須志神社ということがわかった。一行は神社に参拝を済ませると、登山の目的を達したので、お鉢めぐり（頂上を一周すること）の後、須走口より下山した。

さて大森の松風荘へ帰ってからのことである。随行者の一人が、不思議にも松風荘の洋間のソファーへ腰かけた一八歳ほどの美しい女性を霊眼で拝したのである。頭髪に飾りを付け、麗しい十二単衣《じゅうにひとえ》を着た、えも言われぬ気品の高い優美な姿であった。信者たちはその話を聞いて、麗しいその女神こそ、ほかならぬ浅間神社の祭神、木之花咲爺姫命であり、教祖一行の登山を喜んでお礼に訪れたのではないかと噂しあったのであった。

木花咲爺姫の御神魂

（「御講話」昭26年9月21日）

バラモンというのがインドですから、そこに仏教を弘めなければならないと言うので、最初稚姫君尊と素盞嗚尊が行って仏教の基礎を作った、そこに伊都能売神皇が行った。それを化仏化神《けぶつけしん》と言う。（中略）伊都能売神様ですね。それが日本に帰ろうと思ったところ、いま読んだように帰れないので霊で日本に来て自分も仏滅まで隠れていると言うので、先にも言った通り近江の琵琶湖に入り琵琶湖の底に龍神となられて、これが金龍ですね。それで霊でも霊と体がある。霊の体のほうは木花咲爺姫《このはなさくやひめ》で、そうして富士山に祀られている。

最初の偉い神様が御降臨になられた　（「御講話」昭10年10月6日）

◎昭和五年旧五月五日　午の年、午の月の午の日午の刻
◎何千年に一遍あるかないかの日
◎大きな神様が御降臨になる（→『大聖観世音』の項参照）

昭和五年五月五日、これは旧で、今度は新で、これも神秘があり、五年五月五日午の年の午の月午の日で、その午の刻に写真を撮った。午というものは一番陽のものとしてあります。午の刻というと、ちょうど十二時で、太陽がちょうど中天に昇った時で、午の年午の月午の日というものは何千年に一遍あるかないかという日で、五五五でやはり午午午となります。

この時に最初の偉い神様が御降臨になった。今後の十年十月十日にも、このとき発表できればしますが、やはり大きな神様が御降臨になる。

観世音菩薩がこの世に誕生した証し

（「東方の光」〔上〕P307―308 ↓「地上天国」25号 昭26年6月25日）

◎桜木弥生、出産時の神秘

◎商売を整理する決意を固められる

その数ヵ月後、商売から全面的に身を引き、神業一途に没頭する決心を促す出来事が起きた。それは松風荘のある新井宿の隣り町、馬込に住む桜木という一家にまつわる神秘であった。

桜木は印刷会社に勤める男で、一家をあげて熱心な信仰をしていた。

昭和五年（一九三〇年）一二月六日、午前三時ごろのことである。七歳になる桜木の娘弥生が腹痛に苦しんでいるので来てもらいたいと電話があり、教祖はさっそく同家へおもむいた。ところが不思議なことに、子供の病状は出産時の陣痛そのままで、しばらく痛みが断続したあと、やがて何かが生れ落ちる気配があって、苦痛は治まった。

病室へはいった時、教祖は、部屋の隅の箪笥の上に安置された一寸八分(約五・五センチメートル)くらいの観音像が目に付いた。戦国時代に武士が戦場に行く時、守り仏として腕へ巻きつけたもので、同家に古くから伝えられたものということであった。

朝方帰宅してから、娘が全快したという電話があったが、そのあとしきりに牛乳が飲みたくなったので、教祖は一杯の牛乳を飲んだ。
こうして早朝来の事柄を思い返すうち、この一連の出来事は、観世音菩薩がこの世に誕生した証しである事を感じ取ったのである。そして、午後になって訪れた桜木に、「弥生ちゃんは観音様を生んだんですよ。」と説明し、『日記』には、

暁の六時に家へ帰り来ぬ重大神業遂げし今日かな

と記したのである。この神秘な仕組によって、教祖は、みずからの腹中にある光の玉がしだいに輝きを増し、偉大なる霊格へと高められていることを自覚し、いよいよ事業を整理する決意を固めていくのである。

〔註……「玉屋観音」とは筆者の造語である〕

玉屋観音

鯉は観音様　（「御講話」昭10年5月1日）

◎真鯉は鱗が三十三枚

◎巧く行くことを「登龍門をくぐる」という

◎五月五日の鯉幟は出世の意味

◎観音様は最も位の低いところに落ちておられた

鯉というものは出世魚といって一番出世するものの意であります。鯉は魚の観音様で、真鯉は鱗が三十三枚あるんで、三十三枚ないのは真鯉ではない。先に勘定してみたことがありますが、たしかに三十三枚あります。

よく巧く行くことを登龍門をくぐるとか、または登龍門を登るとか言います。これは、支那のある川を鯉が昇り、だんだん昇って行くと上流のほうに登龍門というのがあってそこまで鯉が昇ると言うことであります。

鯉は出世魚ということから、五月五日に鯉幟を祝うのであります。

江戸っ子は五月の鯉の吹流し口先斗《ばか》りで腸《はらわた》はなしということがありますが、これも神秘のあることで、私は江戸っ子ですから、口先ばかりで腸はないというほうであります。五月の鯉幟の口……

観音様がやっておられるとすると、いい方から言えばそれになるから結構であります。

観音様は一番位の高い所から一番低い位へ落ちて、それから一番高い位へのぼられるのであります。

御歌（一首）

尊《たふ》とけれ嗚呼貴《たふ》とけれ観世音菩薩は虫螻《むしけら》までも救はす
（『真の救〔二十四〕』「観音会御讃歌集」昭11年〔未発表〕）

玉屋観音

（「御光話録」11号　昭24年8月21日）

◎丸の内中央亭の「満月会」
◎いろは順の「す」
◎花火屋「玉屋」爆発　四十七軒炎上
◎私が月満ちて生まれた意味
◎緋鯉が天へ昇る

それから間もなく私の友人が、丸の内の中央亭で満月会っていうのがあってなかなかためになるから行ってみろって言うので行ってみたんですが、満月会っていうのは毎月十五日に集まって、その会を「いろは」順にやってゆくんですね。で、私の行ったときはもう四七回やっていて、「いろは」の順だからちょうど「す」になるんです。あの会長は木村鷹太郎といって、よく人類学なんかやって日本の民族史の本なども出してる人ですがね。その日に集まったのが二六人でしたよ。これは各階級の人が集まるんで、教育家、新聞記者、学者、芸術家などほとんどあらゆる階級の人が寄るんです。それでね、「す」で満月会ですから、なにか神秘があると思ったんですが、散会して夜の九時ごろ帰ったんです。ところが、明くる日の新聞を見ると、ちょうどその私の帰った九時ごろに、東京の三河島で火事が起こったというんです。焼けたのは花火屋で、あのころは玉屋といいましたが、その玉屋がたくさんある所でそのうち四七軒爆発してしまったんです。で、「す」の満月と玉屋……丸いですからね。そこに関連があるんですよ。三河島は私の祖先のお寺のある所で、そのお寺は観音寺っていうんですがね。ここは震災で焼けてしまい、そのとき坊さんがいろいろなものを持って逃げたんですが結局全部焼いてしまって、私のところに持って来てたものだけ残ったんですよ。

とにかく、そのときにいろいろな神秘を知らされましたよ。つまり、わたしが月満ちて生まれたってことなんですよ。……そのとき案内した人があとで夢を見て、池の中に鯉がいて、一匹の緋鯉が水から離れてずんずん天へ昇って行き、やがてそれが五色の鯉になって、それが天界を気持ちよさそうに泳いでいるというんです。私はそれを聞いて、ああなるほど、と思いましたね。鯉ってのは観音様ですからね。

項目編7

釈迦の御働きと出口直刀自の御役目

金龍神——御歌（九首）／九大龍王／怒濤沖天／金龍神出現／明主様の守護神

若（稚）姫岐美尊——若姫岐美尊は磐古神王の奥方／稚姫岐美尊は第三天国の主宰神／春日明神の御神霊／すべての神は仏として化現／霊でインドへ渡られた

釈　迦——皇太子として御出生／経文を読む事によって覚者たり得る／釈迦の見真実／仏法の真髄／諦めを説く仏教／この世は仮の娑婆／薬草喩品／釈迦如来の御座すところ／彼岸もお盆も釈迦が作られた／釈迦、サカ、逆さの意味／仏滅と弥勒の世を予言／優曇華の花が咲く

出口直刀自——出口直／お筆先／神様としての愛をお示しになられた／優しい温味のある方／東洋の善の型／屑屋のお婆さん／大本教開祖様は父

金龍神

御歌（九首）

八州河原《やすがわら》天《あめ》の真奈井《まなゐ》にかくろひし龍神《たつがみ》いよよ現れます時来ぬ

（『金龍神』「光明世界」三号　昭10年5月21日）

久方の天《あめ》の真奈井《まなゐ》の八州《やす》河原誓約《うけひ》に生《あ》れし八人男女神《やたりをめがみ》

（『金龍神』「讃歌集」昭23年7月1日）

八人男《やたりを》と女《め》唯一柱《ただひとはしら》の神御霊《かむみたま》とならせ此土に伊都能売之神

（『金龍神』「讃歌集」昭23年7月1日）

仏滅の御世を限りに現れましぬ八大龍王《はちだいりゆうおう》の八人男《やたりを》と女《め》は

（『金龍神』「光明世界」三号　昭10年5月21日）

志賀の湖水底《うみなそこ》深くかくれませし金龍神《きんりゆうじん》の現れましにける

（『金龍神』「讃歌集」昭23年7月1日）

金龍の金剛力を知りてよりあはれサタンも服《まつ》ろひにけり

（『金龍神』「光明世界」三号　昭10年5月21日）

天翔《あまかけ》り国馳《くにかけ》りつつ大いなる御力揮はむ金龍大神《おほかみ》

（『金龍神』「光明世界」三号　昭10年5月21日）

天翔《あまかけ》り国馳《くにかけ》りつつ金剛の御力揮ふ伊都能売金龍

（『伊都能売神』「讃歌集改訂版」昭26年5月28日）

救世《ぐせ》の為自由無碍《むげ》なる観音は龍神《たつかみ》阿修羅とならす事もあれり

（『金龍神』「光明世界」三号　昭10年5月21日）

九大龍王

（『御教え』昭23年10月28日「御光話録」〔発行年月日不明〕）

◎仏滅まで日本の近海で龍になって潜んでいた

八大龍王は日本の神ですから、日本の近海に鎮まっていて時を待った。このとき仏になろうとしてインドへ行ったが仏の働きは具合が悪いので、仏滅まで待てというわけで日本に帰ってきて鎮まった。これは本当ですよ。ほかのことでも立証できます。現在は人間として働いています。ほとんどみんな観音教団に入っていますよ。「八人男と女」は本当は九柱で九大龍王です。その中の一柱が伊都能売大神です。この神は私と深い因縁があり常に私を守護してくれてます。（中略）九頭龍といっても九つの頭ではなく九体の龍です。やはり霊にも、霊と体があり、霊は富士山の木花咲爺姫尊で体は琵琶湖におり昭和四年四月二一日にここを出て天に昇ったが、そのときは大暴風雨で漁夫が四七人死んだそうで、これは当時の新聞に出たことです。

怒濤沖天

（『観世音菩薩と私―奇蹟物語』「自観叢書」第四篇　昭24年10月5日）

◎小幡神社祭典（出口王仁三郎聖師出身地）

◎志賀和多利氏夫人（琵琶湖は一名志賀の湖）

◎「怒涛沖天」（出口王仁三郎聖師揮毫書）

◎琵琶湖湖上大暴風雨、漁船四十七隻沈没

忘れもしない昭和四年四月、私は大本教に熱心な信仰を続けている頃であった。大本教の年中行事である春季大祭が丹波の亀岡で執行された時の事で、慥《たし》か四月の十九日だったと思う。同教の教主出口王仁三郎師の出身地である曾我部郡穴太在にある、聖武天皇の王子が祭神である小幡神社に祭典があった。その祭典に参列しようと思い亀岡から二里位あるので、自動車を傭、信友「神守」というお札みたいな名前の人と出掛けようとする刹那、其頃政友会の代議士であった志賀和多利氏夫人が、遥々《はるばる》埼玉県から今着いたばかりで、自分も連れて行ってくれというから、恰度《ちょうど》いいと同車させ、車は走り出した。其時私は、志賀という姓に何か神秘があるように思われたのであった。「ハハー、近江の琵琶湖は一名志賀の湖（滋賀県という名も之による）という名だ。」と思った。すると、琵琶湖と今日の祭典と何か関係があるのではないかと想ったのである。

出口師は祭典が済むや否や、直ちに琵琶湖に向って車を駆った。其当時、名は忘れたが湖畔に有名な料理店があった。そこの料亭へ師は赴いたのである。勿論主人は大本教徒であったからで、翌二十日出口師は帰路に就くべく同家を出発の際、「怒涛沖天」という字を書いたという事を後から聞いたのである。処が不思議なるかな翌二十一日、琵琶湖の湖上に大暴風雨が起り、漁船四十七隻が沈没したという椿事で、其当時の各新聞に掲載されていたのである。

金龍神出現　（『金龍物語』「光明世界」三号　昭10年5月21日）

◎八大龍王の主龍神

◎三千年間琵琶湖に潜んでおられた

◎昭和四年四月二一日昇天

◎赤龍との大戦闘

此霊写真にある龍体は、余の守護神であって、特に神秘な謂《いわ》れがあるから、詳説しようと思う。

時は、昭和四年四月二一日、春波穏かに、夢の如く、靄立罩《もやたちこ》めたる、近江の国琵琶湖の湖上、須臾《しゅゆ》にして、時ならぬ一陣の突風、吹くよと見る間に、一大暴風雨と化し、哀れ、遁《に》ぐるに間とてなき、四十数隻の漁船は、転覆したのである（其事実は、当時の各新聞紙に掲載された）。

茲に、今より三千余年以前、天《あめ》の安河原《やすがわら》の誓約《うけい》に依て生れ給いし、五男三女の天津神《あまつかみ》が、或事情の為、隠れ身の止む無きに立至り、弥勒神政迄を限りとし、各々、龍体となって、日本を中心に、各方面の海洋湖水等に身を潜め、時を待ち給い居たのである。彼の釈尊が八大龍王を封じ込めたりと言う伝説は、斯事に外ならないのである。

然るに、八大龍王の上に、一の主龍神が被在《あら》れた。御本体は、伊都能売神龍と申上げ、実は、高貴なる御神霊が、黄金の龍体と化せられ、琵琶湖の湖底深く潜み給い、八大龍王と倶《とも》に、時を待たれ給《う》いたのである。

茲に、愈々《いよいよ》、天の時来りしを以て、湖水を後に、天空に向って一大飛躍をせんとしたのである。

然るに、一方、邪神の頭目として永く露西亜《ロシア》の死海を本拠として、常に、世界人類へ対《むか》って、悪の活動を続けていたる、一大赤龍があった。其大赤龍が、突如として、昇天せんとする、大金龍あるを識るや否や、大いに驚き、急遽、翔馳《ちょうち》し来り、是を妨圧せんとし、茲に、神龍、悪龍の一大戦闘は開始されたのである。然し乍ら、予期しなかった金龍の金剛力に、到底敵すべくもないのを知って、遂に惨敗した赤龍は、遠く本拠へ向って遁走し、爰《ここ》に此時の戦闘は終りを告げたのである。

此戦いが、大暴風雨の原因であったのである。

明主様の守護神　（『金龍守護神となる』「一厘の神魂」（岩松栄著）P58—59）

◎蛟龍「観音様に遅れてはならない」
◎大森八景園お屋敷上空に雷鳴轟く
◎御神業の守護龍神

その明主様の御神業を妨害しようとするいかなる邪神をも撃退し、御神業進展の恙なきことの御為《おんため》に、数千年の期《とき》を琵琶湖の湖底深く隠れておられた蛟龍《こうりゅう》は、天の時を得て観音様に遅れてはならないと、雲を呼び怒涛を巻き起こして天に冲し、元の金龍と変じて遂に昇天されました。（中略）（昭和四年）五月二十三日、前の晩から降り出した雨足が時の経過とともにますます激しくなり、正午近くには咫尺《しせき》を弁ぜずというほどの豪雨襲来の最中、突如大森八景園のお屋敷の上空に耳を劈《つんざ》かんばかりの雷鳴轟き、煌《きら》めく閃光とともに金龍神が降下、明主様の御現身《おんうつそみ》に倚《よ》り憑《かか》られ、以後御神業の守護神として出入自在にご警護の任に付かれました。

若（稚）姫岐美尊

若姫岐美尊は磐古神王の奥方

（『主神の御目的と天地経綸の真相』「観音講座　第一講座」昭10年7月15日）

父　伊邪諾《いざなぎ》大神
母　伊邪冉《いざなみ》大神

日本　天照大神《あまてらすおおかみ》
朝鮮　素盞鳴尊《すさのをのみこと》
支那　若姫岐美尊《わかひめぎみのみこと》
（夫）　盤古神王《ばんこしんのう》（塩屋彦尊）

伊邪那岐、伊邪那美、御両神様が肉体を持って御現れになり、生殖作用をなされ、右の御三神をお産みになったのである。天照皇大神様は日本に生れられ、素盞鳴尊は朝鮮の祖（後ユダヤ方面迄も御出になられた）盤古神王は支那《シナ》の祖となられたのである。支那では盤古氏が一番位が高いとなっているのも此の為である。是が天地経綸をなす根本なのである。是れにより日本、朝鮮、支那は兄弟であるということが判る。

稚姫岐美尊は第三天国の主宰神　（『霊界の構成』「天国の福音」昭22年2月5日）

天国に於ける一段階に一主宰神あり、
第一天国は太陽神である天照大御神であり、
第二天国は月神である月読尊《つきよみのみこと》及び神素戔鳴尊《かむすさのをのみこと》であり、
第三天国は稚姫君尊《わかひめぎみのみこと》である。

春日明神の御神霊　（『観世音の正体』「観音講座　第三講座」昭10年8月5日）

天若彦之命《あまわかひこのみこと》が世界統治をされて一時は楽になったと喜んでいた所、天若彦之命は女狂い等始めた為又非常に乱れて終《しま》った。

天若彦之命の奥方の若姫岐美命《わかひめぎみのみこと》は非常に貞節な方であったが、何時の間にか素盞鳴尊と恋愛関係を結ばれた。素盞鳴尊は其時朝鮮に居られたので、烏となって行って逢われたのである。於加良州《おからす》明神《みょうじん》と言うのは此の神様を祭られたのである。其後に春日明神となられたのである。

すべての神は仏として化現

（『本教は神道か仏教か』「光」11号　昭24年5月31日）

茲で神と仏に就て説明するが、何千年前世が替った時があって、すべての神々は仏として化現された、例えば月読尊は阿弥陀如来となり、天照大神は大日如来と、稚姫君尊は釈迦如来と、伊都能売神は観世音菩薩となったようにである。此期間が夜の世界で所謂《いわゆる》真如の世であった。

霊でインドへ渡られた

（『教えの光』「地上天国」31号　昭16年12月25日）

稚（若）姫君命（尊）は伊都能売神様の妹に当たる神様であって、割合年若きころ他界され、霊でインドへ渡られ、善財童子（後の釈迦……筆者註）として再生され給うたのである。

釈　迦

皇太子として御出生　（『仏教の起源』「地上天国」29号　昭26年10月25日）

此経緯《いきさつ》は後にかくが、兎も角、皇太子であられた悉達《しった》太子が、修行終って大覚者となり、出山したのである。太子は幽現界の真相を会得し、燃ゆるが如き大慈悲心を以て、一切衆生を済度せんとする本願を立てた。

経文を読む事によって覚者たり得る　（『難行苦行』「信仰雑話」昭23年9月5日）

彼の釈尊出現の当時盛んに行われていたバラモン式苦行の、余りに悲惨なるに憐愍《れんびん》の情禁じ兼ねた釈尊は、苦行をせずとも、経文を読む事によって覚者たり得るという事を教えたので当時の印度民衆はその功徳に感激し、釈尊を讃仰の的《まと》とするようになったという事である。此意味に於て仏者が難行苦行をするという事、それは釈尊の恩恵に叛くという訳になろう。

釈迦の見真実

（『本地垂迹説―大光明世界の建設〈四〉』「光明世界」四号　昭10年7月25日）

◎観音様から秘かに開示された

仏教の真髄というものは、伊都能売之大御神様が、御釈迦様に教えられたのが根本で、お釈迦様は檀特山《だんとくさん》で修行して或程度まで悟ったがそれから先が、どうしても分からなかった処恰《あたか》もよし、此時印度の南方補陀落山《ほだらかざん》に坐《ま》す、南海大士（別名、観自在菩薩）を知ったのである。そこで早速、補陀落山へ登って、南海大士即ち後の観世音菩薩から、深奥なる天地の経綸を聞かされたのであります。此事を、華厳経に斯う出ております。

南方に、ホダラカ山と呼ぶ山あり。観自在菩薩在り。時を得て、善財童子（釈迦如来）が遊行して其山の頂に上り、菩薩を尋ねて会う事が出来た。其地は樹木生い茂り、処々に流泉と湿地があり、其中心のいとも軟かき草地の上の金剛宝座に観自在菩薩は結跏趺坐なされ、多くの聖者達に恭敬されながら、大慈大悲を説諭されて居たとあり、其時の侍者として、二十八部衆居り、大弁財天、大梵天王、帝釈天王、金色孔雀王、毘沙門天、阿修羅王等の他、ナーラーヤナ金剛、ワジラバーニ金剛の兄弟二人（仁王尊）等の諸天である。

又支那天台の始祖、南岳大師《なんがくだいし》の記に、

（昔は霊山会場《えじょう》にあって、妙法蓮華経を説き給い、今は西方浄土に在《ま》して阿弥陀仏と名付け奉る。而《しか》も人界普門に示願しては救世観世音菩薩となり給う。故に過現未にわたる三世の利益は、之観音一体に帰す。）

斯ういう訳で、南岳大師の言う如く、法華経も、実は、観音が最初骨子を説かれたのであって、未来に渉る世界経綸の鍵は、釈尊が七十三歳の時に観音様から秘かに開示せられたのであります。故に、吾七十三歳にして見真実を得たりとの釈尊の言葉は、此事を指したのであります。それが判ったから、正像末、即ち、末法の後が仏滅という事を言われたんで、仏が滅するという事は、観音様から知らされたんであります。

仏法の真髄　（『霊界に於ける昼夜の転換』「文明の創造」昭27年）

◎観音普門品

そうして先ず仏典によれば釈尊は「吾七十二歳にして見真実となれり」と言われた後、間もない或日、世尊はいつもに似合わず憂鬱の色蔽い難い御様子なので、弟子の阿難尊者が憂慮し御訊ねした「世尊よ、今日は常にない御沈みのように見受けられますが、何か御心配事でも御有りですか」と申した処、釈尊は直に御答えになった事は「儂は今迄終生の業として仏法を創成し、一切衆生を救わんとして大いに努力を続けて来たが、今日大仏陀から意外なる御諭しがあった。それによると或時期に至ると、我仏法は滅すると言う事で、大いに失望したのである」との御言葉であって、それから世尊は斯うも曰われた「儂は見真実によって分った事だが、今迄説いて来た多くの経文は、少なからず誤りがあるので、今日以後真実を説くから、よく之によって正覚を得られよ」と仰せられたので、此時からの経文こそ仏法の真髄である事は確実で、それが法華経二十八品と、法滅尽経と、弥勒出現成就経である。（中略）

之に就て、法華経二十八品の意味を解釈してみるが、此経文の二十五番目に当たる観音普門品《かんのんふもんぼん》こそ、大神秘が蔵《かく》されているのである。というのは法華経とは法の華であって、最後に法の華を咲かせなければならない。其場所と人とが日本であり、日蓮上人であるから、上人が法華経を翳《かざ》して、如何なる受難にも屈せず、一途に日本国中に法華経を宣布されたのも、此強い信念があったからである。（中略）

次に日本に於て、何故仏法の花を咲かせなければならないかというと、そこにも深い密意が秘《ひそ》んでいる。即ち花が咲かなければ実が生らないからで、其実というのが実相世界であって、此実の種が如意輪観音の御働きでもある。私がいつもいう如く、観世音は日の弥勒であり、阿弥陀が月の弥勒であり、釈迦が地の弥勒であり、此三人の仏陀が三尊の弥陀である。とすれば阿弥陀と釈迦は、夜の世界の期間の御役であったに対し、観音は昼の世界にならんとする、其境目に観音力を揮わせ給うのである。

諦めを説く仏教

（『真のミロク―大光明世界の建設』「光明世界」創刊号　昭10年2月4日）

今日の如き澆季《ぎょうき》末法の世が来る事は、お釈迦様は能く御存知であった。何故なれば、此の世は火宅だとか厭離穢土《おんりえど》だとか仰ったのであります。此の世では幸福というものは得られない。何処迄も苦しまなければならない。苦の娑婆《しゃば》であるとお説きになったんであります。だが然し、仏の世は必ず滅する。そして仏滅後に弥勒が現われる。それからが始《初》まる五風十雨の正しい世、苦悩のない五六七の世が出現すると予言されて居るんであります。であるからお釈迦様も、ミロク出現迄は苦の娑婆であるから夫迄は多くを望むな、諦めておれとお説きになられたのが仏法の根本であります。

ゆえに仏教は徹頭徹尾諦めの教でありまして、此の諦めを悟りと謂われたのであります。此の点は他の既成宗教にも往々有るんであります。

この世は仮の娑婆（「御光話録」17号　昭25年2月28日）

既成宗教は、まあ、ニセじゃないけど、ごく力が弱かったんで、金メッキくらいのとこですね。年月が経てばやはりメッキは剥げますからね。いま、いろんな宗教に力がないのはメッキが剥げてきてるんですよ。しかもその通りのことを釈迦も説いてるんですからね。釈迦は、この世は仮の娑婆だと言ってるし、いずれ仏滅の世が来るって、仏教の御本尊がちゃんと予言してるんです。だから釈迦を信じてるとしたら、私の言ってることは決して違っちゃいないんですがね。

薬草喩品（『御教え』昭23年5月8日「御光話録」〔発行年月日不明〕）

いままでの世界は夜で病気を固めるほうが早く、溶かす力が弱かった。そこで釈迦は薬を服めと言われ薬草喩品《やくそうゆぼん》という経もある。また薬師如来とは観音様の変化でもあった。観音様さえ固めの方法を摂られたんです。昼の世界になると固めることができず、溶かす方法がよくなる。それを私が早く知ったんです。

釈迦如来の御座すところ　（『霊界の構成』「天国の福音」昭22年2月5日）

――弘法大師は時々釈迦如来の許へ行かれるそうで、そこはこの極楽よりも一段上で、非常に明るく、眩しくて仰ぎ見られない位である。又戸外へ出ると非常に大きな湖があって、そこへ蓮の葉が無数に泛んでおり、大きさは恰度二人が乗れる位で、大抵は夫婦者が乗っており、別段漕がなくとも欲する方《かた》へ行けるのである。そうして夜がなく二六時中昼間で、明るさは現世の晴れた日の昼間より少し暗く、光線は金色の柔く快い感じである。

彼岸もお盆も釈迦が作られた　（『御教え』昭24年3月8日「御光話録」5号　昭24年）

彼岸の岸というのは「理想郷」の意味でしょうね。で、そのときお墓参りをするということで、別にはっきりした意味はないのですが、まあちょうどいいときに先祖を祀るというわけでこれは理屈なしにいいことですね。お盆のほうは、地獄にいる霊が始終苦しんでいてかわいそうだから一年に一度帰らせるのです。彼岸もお盆も釈迦が作ったのでしょう。（中略）

地獄以外の霊はいつでも帰れるから、お盆は主として地獄の霊を慰めてやるんです。このときだけは思いきってたくさんごちそうを食べられるのであって、迎火をたくのも霊が来る目印のためです。

釈迦、サカ、逆さの意味

(『ミロクの真相』「病貧争絶無の世界を造る観音運動とは何?」昭10年9月15日)

日の弥勒たる観音が、二千五百年前、秘仏として、隠身的救いを垂れ、阿弥陀釈迦の下位に甘んぜられ給うていたのは、何故であったのか、それは、夜の世界の期間であったからである。物的太陽が地球の陰に在って、月に光を与えつつ、黎明期を待たるるのと同一の理である。故に、今日迄月の阿弥陀が輝いていたのは、夜の世界であったからである。夜の暗さは、悪の活動に便であることを考えたら、今日迄の世界の悪者横行の歴史は解る筈である。

今や黎明が来たのだ。太陽が、日の弥勒が出たのである。万界の暗を照破して、世界は、白昼の如くならんとするのである。その光の伝達機関として生れたのが、我観音運動である。

五は**火**であり、日である。六は**水**であり、月である。七は土である。

今日迄、七の弥勒たる、釈迦が説いた仏法を主とし、六の弥勒たる阿弥陀を次とし、五の弥勒たる、観音を、最下位としたのは、七六五の逆の順序であった。

釈迦が予言した、五六七《みろく》の世は、仏滅後となっている。然らば、其仏滅後までが、七六五であって仏滅後が五六七である訳である。故に、七六五は、五六七の逆である。即ち、逆さである。

言霊学《げんれいがく》上、釈迦はサカである。釈迦の名も、此意味から出たのである。

七　六　――五文字――
南《ナ》無《ム》阿《ア》弥《ミ》陀《ダ》仏《ブツ》

七　六　――五文字――
南《ナ》無《ム》妙《ミヨウ》法《ホウ》蓮《レン》華《ゲ》経《キヨウ》

仏滅と弥勒の世を予言

（『救い主と贖罪主』「文明の創造」昭27年）

彼の釈尊が最初は仏教によって、極楽世界を造るべく数多くの経文を説き、専心教えを垂れたのであるが、どうも予期の如く進展しなかった処へ仏典にもある通り「吾七十二歳にして見真実を得た」〈観音講座では七十三歳……筆者註〉と曰われた通り、

此時自己の因縁と使命を本当に知ったのである。そこでこれ迄の誤りを覚り、極楽世界出現は遥かに先の未来である事が分ったので、之迄説いた処の経説には誤謬の点少なからずあり、之から説くものこそ真実でありと告白し、説いたのが彼の法滅尽経であり、弥勒出現成就経であり、法華経

二十八品であったのである。一言にしていえば釈尊は仏滅即ち仏法は必ず滅するという事を知り、其後に至って現世的極楽世界である弥勒の世が来ると曰われたのは有名な話である。只茲で時期に就て注意したい事は、釈尊は五十六億七千万年後ミロクの世が来ると曰われた。併しよく考えてみると、いくら釈尊でも其様な途轍《とてつ》もない先の事を予言する筈はない。第一そんな先のことを予言したとて、何の意味もないではないか。

優曇華の花が咲く

（『全人類待望の炬火　大聖観音力の顕現　従而《あわせて》仏説の開扉』「東方の光」三号　昭10年2月23日）

◎転輪菩薩の出現

◎正法千年、像法千年、末法千年

古来仏誕の国、印度に於いて面白い伝説がある。

それは、三千年経つと優曇華の花が咲き、其の時東方に転輪菩薩が現われ、此の土をして極楽安養浄土に救わるると謂う事である。然るに、其の転輪菩薩とは如何なる御方であるかと申すと実は観世音菩薩の事であって、転輪菩薩という御名前からしてもそうであって、輙《すなわ》ち菩薩が衆生救済の本願は、法輪を転じつつ為さるのであるから、其の転法輪を詰めて転輪菩薩と申上げるのである。

而《しか》して彼の釈尊は仏法の将来に対し、正、像、末の三期に分たれ説かれてある。

即ち、正法《しょうぼう》千年、像法《ぞうぼう》千年、末法《まっぽう》千年であって、今日は正像の二千年が過ぎ、已に末法に入って六百年を経過している訳である。尤《もっと》も此仏誕二千六百年説に就いては、仏学者間にも種々議論は有るが、大体違いない事は確かである。また、末法万年説もあるが、如何に釈尊と雖も、三万年後という如き、長年月先の予言を為し置く必要はある筈がないのであるから、常識に依っても判断され得るであろう。

出口直刀自

出口直　（『いり豆の花』（出口和明著）より）

○御出生　天保七（一八三六）年

○御結婚　安政二（一八五五）年　旧二月三日（新暦三月二十日）二十歳

　夫　豊助（二九歳）

○帰神　明治二五（一八九二）年　旧正月五日（新暦二月三日：節分）五十五歳

「三千世界一度に開く

梅の花　元の神に
立替え　立直すぞよ
須弥仙山に腰を掛け
艮の金神　守るぞよ
　めいじ二十五ねん　しょうがついつか
　　　　　　　　　　で九ちなお」
○御昇天　大正七（一九一八）年　十一月六日（旧暦十月二日）午後十時三十分
　享年八十三歳

「三千世界一度に開く梅の花、艮の金神の世になりたぞよ……明治二五年旧正月、京都府綾部町、貧しくはあったが廉直な57歳〔原文ママ〕の寡婦、出口なおは突如として激しい神憑りとなった。誰にも理解されぬまま、座敷牢に幽閉されたなおは、神の命に従い、古釘で柱に文字を書きはじめる。出牢後、満足に自分の名さえ書けぬ無学のなおは、神の言葉『お筆先』を綴り始めた」

（『いり豆の花』〝大本教開祖出口なおの生涯〟の帯にある見出しである）

お筆先　（『最後の審判』「地上天国」12号　昭25年1月20日）

◎悪の世は九分九厘で厘止り

「神の申した事は、毛筋の横幅も違わんぞよ」
「悪は根絶やしに致して善の世に致すぞよ」
「悪の世は済みたぞよ」
「悪の世は九分九厘で厘止りに致し、一厘の仕組で善の世に振替えるぞよ」
「いよいよ世の切替時が来るぞよ」
「此世の大峠が来るから身魂を磨いて置いて下されよ」
（「即ち大危機が迫っており、それを乗越すには心が浄くならなければならない、悪人は転落して、永遠に滅びる」という意味である）
「神は助けようと思って、筆先でなんぼ知らしてやれども、いつも鳴く烏の声と油断を致していると、いまに栃麺棒をふるって、逆さになってお詫びをせんならん時が来るが、その時になっては、神はそんな者にかもうてはおれんから、身から出た錆とあきらめて往生致そうより仕様がないぞよ」
「此世は九分九厘という処まで悪の自由になりておりて、今一息という処で一厘の御霊が現われて、建替建直しを致すぞよ」
「悪の世を善の世に振り替えて松の世、ミロクの世と致すぞよ」

神様としての愛をお示しになられた

（『御教え』昭28年4月25日「御教え集」21号 昭28年5月15日）

大本教の教祖様の出口なお刀自は経の信仰、つまり小乗信仰です。ですから実に厳しいのです。そこで教祖様は「イヅの御霊」とも言われたのです。「イヅ」というのは厳しいのです。（中略）ですから教祖様は始終きちんと坐って、体を少しも乱さないのです。しかし厳しいと言っても、やはり神様ですから愛はあります。だからその厳しさを人には強要しないで、御自分で守っていたのです。おもしろいことがあったのですが、教祖様はどんな人にも同じような待遇をされるのです。それである信者が「教祖様はどんな人にも同じ待遇をされているが、やはり好きな方と嫌いな方があるでしょうが、それを伺いたい」と言ったところが「ワシも好きな人と嫌いな人が大いにあるが、そういう別けへだてをすると、嫌いな人は非常にいやな思いをする、それがつらいから同じようにしている」と言われたのです。御自分には厳しくても、人には厳しくないという、そこにやはり神様としての愛があります。

優しい温味のある方
（『各宗教祖との誓い』「栄光」118号　昭26年8月22日）

――静岡県庵原警察署の留置場に十五日間拘留中――

各宗教の教祖や、昔から今日迄の偉い人などの霊を、次々に呼び出しては問答をしてみたので、割合退屈しなかった訳である。（中略）一番度々来られたのは大本教教祖出口直子刀自《とじ》であった。私が大本教へ入信した時は、最早故人となられ、御目には掛からなかったが、信者は教祖様と崇めて、尊ばれていたのは勿論である。其霊が来られ、色々お話をされたが、仲々優しい温味《あたたかみ》のある方で、慈母に逢ったように懐しい気がした。丹波言葉であったが、その中で斯ういうことを曰われた。「あんたもずいぶん御苦労なされたが、今にドエライ事になるよって、今少しの辛抱やで、頼んますよ、それで今の大本は、ホンの口過《くちすぎ》同様な事をやっているのやで、何れ時節が来たら助けてやって呉れなはれ」とのお言葉なので、私は「承知しましたから御心配なさらぬように、出来るだけ御面倒みて上げますから」と申したのである。

東洋の善の型
（『大本教とは何か』「観音講座　第六講座」昭10年9月5日）

それは世界の型であります。教祖は絶対善で人間として又婦人として是以上の人格者はありません。間違った事は絶対にしない人でありました。是は東洋の善の型なのであります。大本は私の生みの親であり、バラモンの善の型であるのが、教祖出口直子刀自であります。

屑屋のお婆さん

（『御教え』昭29年3月26日「御教え集」32号　昭29年4月15日）

◎国常立尊様が憑られた

ここで知っておかなければならないことは、偉い神様は決して現界で偉い人には憑らないのです。ひとからごく注目されないような、なんでもないような人に、かえって偉い神様は憑るのです。これはあべこべです。現界的に偉い人と思っているとあんがい違います。またどんなつまらない人でも決して馬鹿にできません。どんな偉い神様が憑っているか分らないです。かえって逆です。大本教祖なども紙屑屋のお婆さんです。赤貧洗うがごとしで、見る影もない、ごく貧乏なお婆さんだったのです。それがとにかくあんな立派なことをされたのです。国常立尊というすばらしい神様が憑られたのです。

大本教開祖様は父

（『御教え』昭27年10月1日「御垂示録」14号　昭27年10月15日）

大本教と言うのは、やっぱり私を出すために現われた宗教なのです。つまり教祖様と言う人は、仏教的に言えば釈迦です。聖師様という人は阿弥陀です。それで釈迦と阿弥陀が観音を生むのですから、私は子になるわけです。ですから私は大本教から生まれたわけです。それで、父と母になるわけです。これは神秘なものです。だから教祖様は「イヅ」で、聖師様は「ミズ」で、私が伊都能売ということになるのです。

項目編８
素盞嗚尊の御働きと王仁三郎聖師の御役目

神素盞嗚尊――曽尸茂梨山へ天降られた／外国文化輸入の功績／ある姫神と恋愛／日本を追放される／黄泉の国とは月星の国／物質文化発展の役／イエスは素盞嗚尊の御魂／ユダヤに感謝／意志の違ったものを合わせる／霊体でインドへ渡られた／御歌（一首）／王仁三郎歌（四首）

阿弥陀――極楽浄土／浄土は阿弥陀如来が主宰／観音様の母親になる／地蔵尊／自分を悪く言わないようにして欲しい

出口王仁三郎――王仁三郎聖師は阿弥陀／胎蔵の弥勒／神様の御名前を教えられた／金龍神御出現／宮様の落し胤／後世の宗教家に一針／法難の原因／日が出たので月の光が消える／王仁三郎聖師の神眼／目立つようにやるとワシが皆に責められる

神素盞鳴《かむすさのをのみこと》尊

曽戸茂梨《そしもり》山へ天降られた

（『日本人種の霊的考察〔上〕』「地上天国」22号 昭26年3月25日）

◎「素盞鳴尊」と言っても三つの神名がある

『古事記』によれば素盞鳴尊は、朝鮮の曽戸茂梨山へ天降《あも》られた事になっているから、朝鮮に生誕された神様である。（中略）又、素盞鳴尊と言っても、三つの神名がある。神《かむ》素盞鳴尊、速《はや》素盞鳴尊、竹速《たけはや》素盞鳴尊であるが、私の考察によれば右の順序如く、三代続いて次に生れたのが大国主命《おおくにぬしのみこと》であろう。

初代　神素盞鳴尊《かむすさのをのみこと》　妻が乙姫　天照大御神から日本領有権を奪う
二代　速素盞鳴尊《はやすさのをのみこと》　大蛇を退治、櫛稲田姫《くしなだひめ》を妻に娶る（※）
三代　竹速素盞鳴尊《たけはやすさのをのみこと》
四代　大国主命《おおくにぬしのみこと》
五代　事代主命《ことしろぬしのみこと》　弟　建御名方命《たけみなかたのみこと》

※昭和23年7月18日の御講話では「初代が大蛇を殺し、櫛稲田姫を妻にした」と仰られている。

外国文化輸入の功績　（『教えの光』「地上天国」22号　昭26年3月25日）

出雲は、素盞嗚尊が家来を引き連れて、移住した根拠地であるから、朝鮮民族が主で、これを出雲族ともいう。しかしとにかく、日本における外国文化の輸入の最初であったとしてみれば、その功績も大いにあったわけである。また言霊《ことたま》上、出雲とは、いづくもというもじであるから、ここにいて、いづくも靡《なび》くという意味であるという説もある。

ある姫神と恋愛　（『朝鮮問題の真意義　ユダヤ文化の清算』「御講話」昭25年）

◎浦島太郎

素盞嗚尊は女好きで、浦島太郎の伝説が絡んでいる。尊は日本へ来て統治し、朝鮮へ帰らなかった。それで竜宮の乙姫は淋しいので……。浦島太郎は漁師で、暴風に遭い朝鮮へ漂着した。越後辺りのものらしい。木曽の寝覚《ねざめ》の床に浦島の使った釣竿を祀ってある。美男子だったので、乙姫に愛され、土産物を種々もらった。玉手箱というのは、宝石のごときものであろう。素盞嗚尊は日本へ来てある神（稚姫岐美尊）と恋愛し。よけいに帰れぬこととなり、伊邪冊（伊邪諾）尊に追放されてヨーロッパへ行った。

日本を追放される　（『観世音菩薩』「文明の創造」昭27年）

◎日本の統治権を得て無謀な政治を行った
◎人心を紊（みだ）し伊邪諾尊の御勘気に触れた

又私は以前かいた事があるが、素（盞嗚）尊は日本の統治権を得んとして余りに焦り、目的の為に手段を択ばず式で、力の政治を行った結果、人心は紊《みだ》れ、収集すべからざるに至ったので、茲に父君である伊邪那岐尊の御勘気に触れ、譴責《けんせき》の止むなき事になった。というのは素尊は、本来朝鮮系統の神でもあったからである。而も其後悔悟の情なく、依然たる有様なので、最後の手段として日本を追放される事になったのである。

黄泉の国とは月星の国　（『宗教の根源と救世主の出現』「観音講座　第二講座」昭10年7月25日）

◎月は英国、星は米国

日本—日（日の丸）

英国―月（ユニオンジャック）（月の影）英国に霧多きは月の関係なり。
米国―星（星条旗）
いままでは夜であるから月と星（英米）とが主になって来たのであったが、いよいよ日が出て夜が明けたのである。
素盞嗚尊は黄泉の国へ行ったとあるが、それは黄泉の国（常世）夜の世界、夜見の国、月星（英米）が威張っていたのも夜の世界であった為である。日がいよいよ中天に昇った時は月も星も影をひそめて終《しま》うのである。この時こそ大光明世界なのであります。

物質文化発展の役

（『宗教の根源と救世主の出現』「観音講座　第二講座」昭10年7月25日）

主神が素盞嗚尊に命ぜられユダヤ民族を造られ、物質を始められる様になられたのであるが、皆是は今迄来るべき道程で主神の御経綸であった。

イエスは素盞嗚尊の御魂

（『御教え』昭23年10月8日「御光話録」〔発行年月日不明〕）

イエスは素盞嗚尊です。月の照ったときは阿弥陀の働き、素盞嗚尊は闇の世界です。素盞嗚尊は立派な神様ですが、邪神に負けて悪をしてしまったのです。尊は日本で乱暴をしたために、伊邪諾尊に追放せられ外国へ行った。それがユダヤであり、そこに住んで十二人の子供を生んだが、その中からキリストが出て、日本で犯した先祖の罪の贖いをしたのです。

ユダヤに感謝

(『御教え』昭27年11月1日「御垂示録」15号 昭27年11月15日)

◎物質文明を造った

◎戦争前軍部がユダヤを悪く云った

キリスト教も素盞嗚尊の系統なのです。いま世界の文化というのは、結局ユダヤの文化なのです。だからユダヤと言うのは非常に大きな手柄をしたのです。それでユダヤというのを非常に悪いように宣伝したのは戦争前の軍部ですが、むしろ本当からいうとユダヤに感謝して良いくらいのものです。いまのこういった機械文明とかを考え出したのは、みんなユダヤ人です。

意志の違ったものを合わせる

（『善悪の真諦』「観音講座　第五講座」昭10年8月25日）

◎善と悪を対立させて物質文明を進歩
◎砂糖と塩で真の味
◎米と水でご飯が出来る

神様が善と悪とを造り、両方対立させて物質世界の進歩を見たのである。その救いは何かというと、完全なるものを造ることに於て、意志の違った二つのものを出して競争させたのである。かりに今までの世を砂糖と塩に譬えてみると、塩ばかりでは辛いばかりで真の味はない。又一方砂糖ばかりでは甘いばかりで、これ又真の味がないのである。（中略）

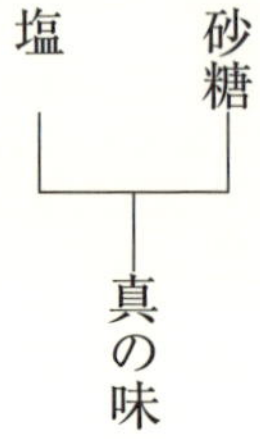

米と水とても炊いて混ぜ合わせて初めて美味しくなり、水は何処へ行ったか解らんが美味しいご飯が残っている。炊けば水は消えている。

霊体でインドへ渡られた　（『弥勒三会』「文明の創造」昭27年）

話は戻るが、曩《さき》に述べた処の、釈迦、阿弥陀は印度人種と言ったが、之は只観音との対照の為であって、根本からいえば、ヤハリ日本の神で、只霊体だけ渡られたのである。其霊とは即ち釈迦は稚姫君命であり、阿弥陀は神素盞嗚尊である。

御歌（一首）

瑞《みず》御魂素盞嗚神《すさのをのかみ》にはじまりし和歌は御国の光なるらむ

（『光』昭6年6月3日「山と水」昭25年3月25日）

王仁三郎歌（四首）　（『東の光』出口王仁三郎著）

素盞嗚の神は神代のエロの神シークガールは櫛稲田姫

素盞嗚の神はみやびのエロの神三十一文字の世とならしまぬ
素盞嗚という言葉は現代語の尖端をゆく百破戦闘《ヒャクパーセント》よ
そしもりの郷に天りし素盞嗚の神は韓国造りましける

阿弥陀

極楽浄土　（『伊都能売神』「地上天国」29号　昭26年10月25日）

◎素盞嗚尊は法蔵菩薩《ほうぞうぼさつ》として出生
◎祇園精舎《ぎおんしょうじゃ》を作る
◎法蔵菩薩他界されて阿弥陀如来となる

そうして又釈尊の弟子に、法蔵菩薩という傑出した一人がいた。彼は一時釈尊から離れて他の方面で修業し、業成ってから一日釈尊を訪れていうには「私は今度印度の西方に一の聖地を選びて祇園精舎を作り、之を極楽浄土と名付けた。其目的は今後世尊の御教によって、覚者即ち仏の資格を得た者を寄こして貰いたい。さすれば右の極楽浄土、別名寂光の浄土へ安住させ、一生歓喜法悦の境地にあらしめるであろう」といって約束されたのである。寂光とは寂しい光であるから、月の光である。処が法蔵菩薩が他界するや、阿弥陀如来の法名となって、霊界に於て一切衆生を救われたのである。つまり現界は釈迦、霊界は阿弥陀が救うという意味である。

浄土は阿弥陀如来が主宰

(『天国と地獄』「天国の福音書」昭29年8月25日)

◎紫微宮ある所は光明眩《まばゆ》い
◎極楽の下に浄土がある
◎仏界の消滅と神界の形成

各宗の開祖、例えば法然、親鸞、蓮如、伝教《でんぎょう》、空海、道元、達磨、日蓮等である。そうして右高僧等は時々紫微宮に上り、釈尊に面会され深遠なる教法を受け、種々の指示を与えらるるのである。紫微宮のある所は光明眩く、極楽浄土に救われた霊と雖も仰ぎ見るに堪えないそうである。

極楽の下に浄土があって、そこは阿弥陀如来が主宰されているが、常に釈迦如来と親しく交流し、仏界の経綸に就いて語り合うのである。又観世音菩薩は紫微宮に大光明如来となって首座を占められ、地上天国建設の為釈迦、阿弥陀の両如来補佐の下に、現在非常な活動をされ給いつつあるのである。併し乍ら救世の必要上最近まで菩薩に降り、阿弥陀如来に首座を譲り給うたのである。

そうして近き将来、仏界の消滅と共に新しく形成さるる神界準備の為、各如来、菩薩、諸天、尊者、大師、上人、龍神、白狐、天狗等々、漸次神格に上らせ給いつつ活動を続け、頗る多忙を極められつつあるのが現状である。

観音様の母親になる

（『御教え』昭24年1月28日「御光話録」昭24年4月9日）

◎月は日を生む

阿弥陀様は観音様の母親になるのです。……観音様は日の弥勒、阿弥陀様は月の弥勒といいますが、これは月が日を生むという意味です。どんな男でも母親から生まれるのと同様です。だからこの点からいえば阿弥陀が上ですが、そうだと決めてしまうわけにもゆきません。親だからいつまでも上だとはいえない。例えば皇太子の時は天皇、皇后より下だが、一度皇位に登れば親である天皇、皇后よりも上の位になるのですから。

地蔵尊

（『妙智の鍵』光明分会「会報」7月号　昭24年7月1日）

地蔵尊は阿弥陀如来の形を変えられたものでありまして、阿弥陀如来は霊界のお働きをされるのでありますが、地蔵尊は阿弥陀様が街頭に進出して、救いのお働きをされる時のお姿であります。

自分を悪く言わないようにして欲しい

（『運命の転換―光への道』「自観叢書」第九篇　昭24年12月30日）

◎善光寺御本尊の阿弥陀如来

その年（昭和十六年）の十一月、善光寺へお詣りに行ったのである。此時も渋井氏以下数人を従えた。（中略）善光寺へ参拝の時、阿弥陀如来が出て来られた。曰く、「儂は、もう少し経つと印度へ帰るからそれまでは自分をわるく言わないようにして欲しい。」という言葉なので、私は、ハッと冷汗三斗の思いがした。というのは、それまで時折り、如来の行跡を非難した事もあったからである。私は陳謝したので、如来も快く挨拶され、奥の座へ入られたのである。それまで私は如来は最早印度へ帰還されたと思っていた処、未だ在日されていた事を知ったのである。

出口王仁三郎

王仁三郎聖師は阿弥陀　（「御講話」昭26年9月21日）

◎**瑞月、瑞の御魂**

出口王仁三郎聖師様この方が阿弥陀になる。それで自分は月の神様で、瑞月という名前をつけたんですね。だから寂光の浄土と言いますね。月の天国と言うんですね。そんなようなわけで、大本教の教祖さんが釈迦になる。そうして聖師さんが阿弥陀になる。

胎蔵の弥勒　（『鬼ヶ島征伐』「観音講座　第六講座」昭10年9月5日）

◎**弥勒下生、法身弥勒**

出口王仁三郎先生の写真の中で二十年位前の写真に、お腹に日が宿っている写真がありますが、あれは胎蔵の五六七であります。

（出口王仁三郎・弥勒下生……昭三・三・三　御歳五十六歳七ヶ月……出口信一氏言）

神様の御名前を教えられた

（『善悪の真諦と光明世界の建設』「観音講座　第六講座」昭10年8月25日）

「此の方は古い神である。名を言うことは出来んが彼の病人に魔が付いているから、其方に魔を払う事を教えに来たのである。艮の方へ塩を撒き、祝詞をあげる様に毎朝やれば癒る」との事でお引取りになられたのである。（中略）此の神様のお姿を其後大本教の出口王仁三郎先生に聞いたら、国常立尊の戦を遊ばされた時のお姿であると申されました。

金龍神御出現

（『観世音菩薩と私―奇蹟物語』「自観叢書」第四篇　昭24年10月5日）

◎**怒涛沖天の書揮毫**（詳細は「金龍神――怒涛沖天」の項参照）

其当時、名は忘れたが（琵琶湖）湖畔に有名な料理店があった。そこの料亭へ師は赴いたのである。勿論主人は大本教徒であったからで、翌二十日出口師は帰路に就くべく同家を出発の際、「怒涛沖天」という字を書いたという事を後から聞いたのである。処が不思議なるかな翌二十一日、琵琶湖の湖上に大暴風雨が起り、漁船四十七隻が沈没したという椿事で、其当時の各新聞に掲載されていたのである。それは何の為かというと、神示によれば、観世音菩薩の守護神である金龍神が、同湖底に数千年間潜んでいたのが、時来たって昇天する際、遥かに之を眺めていた赤龍（聖書にあるサタンは赤い辰なりという。）が最も恐れていた金龍神出現を知って急遽飛来り、金龍神を斃（たお）さんとして、湖の上空にて大争闘を演じ、遂に敗北して逃げ去ったのであるが、その乱闘が暴風雨となったのである。

（『大本教脱退の理由―光への道』「自観叢書」第九篇　昭24年12月30日）
（『御教え』昭27年6月7日「御教え集」11号　昭27年7月15日）

宮様の落《おと》し胤《だね》

◎天皇のように振舞う

確か昭和二、三年頃だったと思うが、出口先生の実母が病気危篤の際、先生を枕元へ呼び言われた事は、「私は若い頃、有《あり》栖《す》川《がわ》熾仁《たるひと》親王の国学の先生が私の父であった。その縁で、宮様が京都へ御滞在の折、私は侍女として仕えていた。処がその時、宮様の御手がついて生れたのがお前だ。であるからお前は宮様の落し胤になる。私は最早生命がないかもしれないから、その事を知らせなくてはならないから招《よ》んだのだ」との話で、之は私は先生から直接聞いたのであるから確かである。

此事あって以来、先生は俄然として変られた。それは生活一切が、皇族の如くで菊の紋章着きの羽織などを着るという訳で、而も、信者に対して、現在の天皇は北朝であるが、日本は南朝が正統であるといって、暗に自分が天皇であると思わせるように言うので、私は之は危ないと思ったのである。（中略）旅行の場合なども駅に着くや青年隊が制服を着、数十人列をなし挙手の礼をするのは勿論、駅を出るやオートバイが先頭に、自動車数台で疾駆するので、恰度鹵簿《ろぼ》そのままであった。

後世の宗教家に一針

（『入信後の神懸り—奇蹟物語』「自観叢書」第四篇　昭24年10月5日）

茲で一寸出口師の事もかく必要があるが、師は超人間的傑出した点はあるが、惜しい哉宗教家としての資格に欠けていた。というのはあまりに奔放無軌道的な為、発展するに委《まか》せて道義を無視するようになり、内部の紊乱を防ぎ得なかった。それのみではない、当時の国情として最も危険である不敬の言動が相当濃厚であった為、彼様な法難を受けることになったのであろう。私は一時氏を師と仰いだ事もあるので非難の筆は執りたくないが、後世の宗教家に対し頂門《ちょうもん》の一針《いっしん》としてかくので、之が聊《いささ》かでも裨益《ひえき》する事となれば、霊界に居る師も亦満足すると思うからである。

法難の原因　（『大本信者時代の私―自観随談』「自観叢書」第五編　昭24年8月30日）

出口王仁三郎師は大乗的緯の教であったからである。然し、王仁三郎師は緯になり過ぎ経を閑却された為、彼の様な法難を受ける事になったのであろう。

日が出たので月の光が消える　（『御教え』昭27年11月5日「御教え集」16号　昭27年12月25日）

◎天照大御神様の御像

◎観音と思われておられた

（御論文「東方の光」朗読後）

「ホト」というのは、女の陰部を昔は「ホト」と言ったのです。これは『古事記』にあります。天から何か落ちてきて、その女の「ホト」を突いて、それからどうだということがあります。そういうような意味で、房州というのは閨房《けいぼう》というわけです。その「ホト」から生まれたわけです。昼間の世界が生まれたわけです。ということは、神様でいうと天照大御神様が生まれたわけです。これはおもしろい神秘があるのです。そうして私が六月一五日にその神事を行って一五日の夜帰ってきて、明くる日に下駄屋の職人で海に飛び込んで死んだという話は先にしましたから分かっているでしょうが、それから三日目の、これも話したことがありますが、その当時そうとう有名だった森鳳声《もりほうせい》という彫刻師が来て「自分は近ごろしきりに天照大御神の御尊像を彫刻したいと思っている。それで自分のような彫刻師がそういう尊い像を作っても差し支えないものか」ということを、私の意見を聞きに来たのです。それで私は「それは結構だ、大いにやりなさい」というので、それから彫り出したのです。そうして中途で見てくれというので見てやったのですが「背中の模様をどうしたら良いか分からないから見てくれ」と言うので、私が「台を雲にして背中に丸くやれ」と言ったら「それで合う」と言ってました。それから「丈はどのくらいか」と言うから、私は「五尺六寸七分の丈が良い」というので、五尺六寸七分にした。それで半年くらいかかりましたができあがりました。その森鳳声というのは大本教信者なのです。それで私が先輩だからそういうことも私の意見を聞いたのです。それでできあがって、大本教に献納したいというので、それは結構だと献納したのです。そのとき、東京の和田堀に大本教の東京の別院で紫雲郷別院という、そこに出口先生が来られたときに献納したのです。私は行って見ましたが、白布で巻いてあって、もったいないないようにして床の間に飾ってありました。それから間もなく大本教の本部の亀岡に持って行きました。私は見なかったが、無論そこの一番良い所に飾ったものに違いありません。そのときに、紫雲郷別院に等身大の瀬戸物の観音様があったのですが、それがどうしたものか一晩で首が欠けて取れたのです。だれかが何かを落としたか、ぶっつけたか実に不思議なのです。人によってはずいぶん気にしていたようです。私もこれはなにかよほどのことがあるに違いない、ただごとではないと思ったのです。というのはこういうわけです。そのころ出口先生は、自分は観音の化身だと言って、始終観音様の絵を画いていたりした。そうすると、その首が取れたということは、出口先生になにか禍があるに違いないというような意味になります。これは変だなと思っていたのです。それがちょうど、日本寺に行ったのが六年六月ですから、六年の十二月あたりに献納したのです。それから十年の十二月に大本教事件が起ったのです。その首が取れたということは、その一つのお知らせになったわけです。それからもう一つの神秘は、私以外には知らないのですが、出口先生は月の神様です。素盞鳴尊です。それで月の神様になります。天照大御神を献納したということは、日が出たことだから、月が光を失うということになる。そうして、大本教のお筆先に「大本は世界の型であるから、此の中を見て居りたら世界は何うなるという事は分るぞよ」というのがある。そうしてみると天照大御神の「日」が現われて、月が光を失うということに成るのです。そういうことは私以外には分からないのですが、（中略）各宗教で病気が治らなくなったということは、昭和六年六月一五日にいまの御神事があってから治らなくなったのです。

王仁三郎聖師の神眼

◎明主様の御神格を見透してしておられた

◎御言霊の絶対の権威

――(『御言霊』〈井上茂登吉先生　瓢箪の筆名〉「地上天国」57号　昭29年2月25日)

或時、亀岡へ出口王仁三郎先生を明主様がお訪ねになった。そして高天閣で先生と明主様、御二人きりになられた時、(出口)先生はコップの水を示されながら

「岡田さん、あんたがこのコップに向い『薬になれ』と命じれば薬にもなる。あの山に向って動けと言えばあの山は動くよ。又、あの山枯れよと云えば忽ちにして枯れるよ」と仰せられ、流石に明主様も一驚せられたが、勿論それは御確信に当たることではあった。(中略)明主様の御言霊は絶対の権威をお持ちになっており、凡ゆる物はお言葉通りになる。

◎病気治しをやれば何程でも治る

――(『大事中の大事』「一厘の神魂」岩松栄著　P49)

「岡田さん、あなたは病気治しをやれば何ほどでも治る」

と言霊を結び終わりました。

〝不思議なことがあるものよ、神様が私に知らされたことを聖師が知っているなんて、それにしても。病気治しをやれば何程でも治るとは、何を根拠に〟と、東京へ帰る車中、とつおいつしているうちに、ふと心を過《よぎ》ったものは、現代文化の誤謬と、数千年以前の人類が手を翳《かざ》して苦しみを癒したという、神よりの啓示でした。

目立つようにやるとワシが皆に責められる

（『御教え』昭27年10月1日「御垂示録」14号　昭27年10月15日）

◎おひねりや御守りはオレ（王仁三郎）は作れない
◎三代（直日）様だけが許されている
◎私（明主様）が作って問題に
◎「目立たないようにやってくれ」

先に私の大本教時代に、短刀を持ってきた奴がありますが、私はその時分に「おひねり」と「御守り」を出していた。それを止めろと言うのです。それが大本教全体の問題になったのです。それはそうでしょう。聖師様でさえ、オレにはできない。三代様……子供です。今度三代教祖《主》になりましたが、その人だけは「御守り」と「おひねり」ができるのです。それはお筆先にあるのです。遺言にあるのです。だから聖師様でも、オレでもできないと言っていたのです。ところが私はそれを作っていたのですから、問題になったのです。一信者の岡田さんに許すことはないと問題になって、短刀を持って「止《よ》すか、もし止さなければやっつける。返事をしろ」と言うので、私は「止すことはできない」と言ったのです。そうすると奴《やっこ》さんが、にらみつけていたのです。私は危ない。すると急にアアイタタタとのた打つのです。どうしたと言うと、腹が痛くてしようがないと言う。危機一髪です。それで治してやるからと横に寝せて、治してやったのです。そうすると、まるっきり人間が変ってしまったのです。今度は私に、自分と聖師様の所に行って「御守り」と「おひねり」を作って良いかということを、聖師様の前で伺ってみようと言うので、明くる朝二人で亀岡に行き、聖師様の所に行って、岡田さんはこうこうだ、それはお許しになって良いのでしょうかと言ったのです。ところが聖師様という人のそのときの返事がおもしろいのです。私はなんと言うかと思っていたのですが、「それは信者としてはできない。ワシでさえできないで、三代にやらしたのだが、けれどもあんまり目立たないようにやってくれれば良いだろう。目立つようにするとワシがみんなにせめられて困るが、これからみんなが欲しがるならやっても良いが、目立たないようにやってくれ」と言ったのです。だから奴さんもハッとしてしまったのです。聖師様という人は、私が只者でないということは分かっているのです。だから私が行くと必ず送ってくるのです。信者を送るということはないのですから、送るというと面倒臭いから……近侍の者が四、五人はいますから……「いま散歩に行こうと思っていたところだから」とか「私はちょっとどこかしこに用事があって、いま行こうと思っていたから」とか、そう言って送ってくれたものです。

項目編９
自観大先生の時代

自観大先生――大本教から生まれた／一厘の働きであることを知らされる／御浄霊の始まり／玉が腹中に鎮座／観音様顕わる／人類救済の大使命を帯びてご出現／見真実／浄霊は観音力／神憑りで知らされたと同じことを王仁三郎先生より知らされる

弥勒三会――弥勒三会／弥勒の中心は伊都能売／弥勒が三人会うこと／弥勒の御歌（二首）／弥勒三会の仏教的解釈

三位一体――大本教祖と聖師と自観大先生で三位一体／三尊の弥陀、三弥勒、三位一体／三尊者合一が三位一体／三位一体の実現が大光明世界／弥勒大神は三つの御力で三位一体／三位一体の力の浄霊／三位一体の御歌（二首）／仏的三位一体の型／キリスト教の三位一体

自観大先生

大本教から生まれた

（『御教え』昭27年10月1日「御垂示録」14号　昭27年10月15日）

◎教祖様は　釈迦　／イヅ／父／経
◎聖師様は　阿弥陀／ミズ／母／緯
◎経と緯が結ばれて力が出る
◎私（自観大先生）は伊都能売で子になる
◎立派な坊さんでも信者の足下にも追いつかない

つまり教祖様という人は、仏教的に言えば釈迦です。聖師様という人は阿弥陀です。それで釈迦と阿弥陀が観音を生むのですから、私は子になるわけです。ですから私は大本教から生まれたわけです。それで、父と母になるわけです。これは神秘なものです。だから教祖様は「イヅ」で、聖師様は「ミズ」で、私が伊都能売《いづのめ》ということになるのです。「イヅ」と「ミズ」の両方の性格を、総合密合させたものです。それが私になる。教祖様や聖師様にしても、他のことは偉かったが、力がなかったのです。病気を治すということでも、力がなかった。なぜかと言うと、力というのは霊と体が密着して力が出るのです。経《たて》と緯《よこ》が組んで力が出るのです。それが私です。「チ」は霊で、「カラ」は体《たい》だから、霊体が一致して「力《ちから》」が生ずるのです。つまり伊都能売というのは力です。だから力を持っているというのは、いままで世界に出なかったのです。その力が世界的に広がっていけば良いのです。(中略)ところが力においては、日本中の立派な坊さんでも、信者の足下にも追いつきません。弘法大師でも法然上人でも、その点においては、こう(御浄霊)やって病気を治すことはできなかったのです。

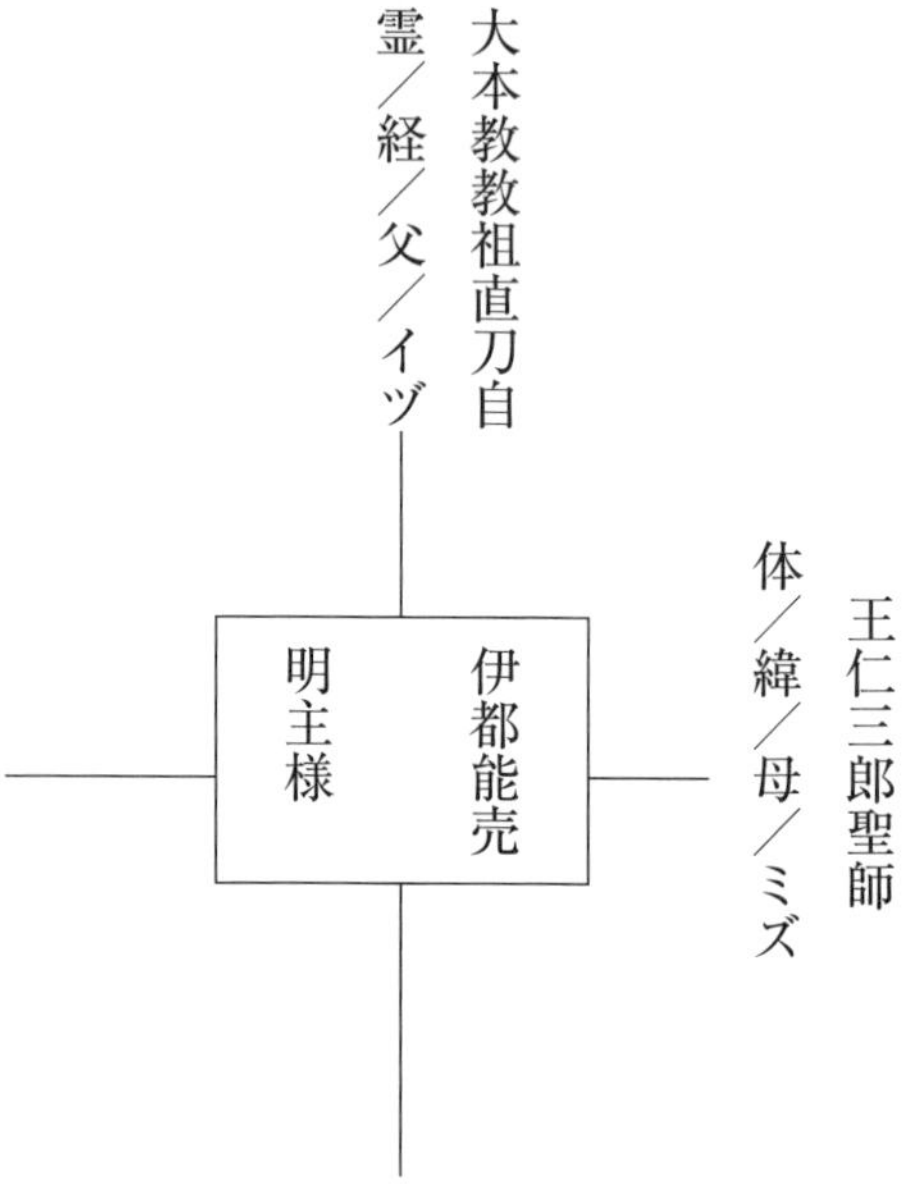

一厘の働きであることを知らされる

（『私とサタンとの闘争史』昭27年）

◎大本教開祖の御筆先

◎一厘の御魂であることの御自覚

それに就いては大本教教祖《ママ》出口直子刀自の有名な御筆先の中に斯ういう一節がある。「此世は九分九厘という処まで悪の自由になりておりて、今一息という処で一厘の御魂が現われて、建替え、建直しを致すぞよ」というのと、今一つは、「悪の世を善の世に振り替えて松の世、ミロクの世と致すぞよ」というのもあって、此一厘の御魂に就ては、信者間でも常に疑問の的とされていた。勿論私もハッキリ分からなかったが、斯ういう事があった。それは或日、大本教信者でも私の信者みたいになっていた人が、古銭を持って来て差し上げたいという。よく見ると天宝（天保《てんぽう》）銭一個と、明治四年の銀貨と、年号は忘れたが一厘銭一個であった。私は判じ物みたいだと思ったが、不図《ふと》見て驚いたのは、教祖は天宝（保）生れであり、又当時の教主出口王仁三郎師は明治四年生れであったので、一厘銭こそ私の御魂である事に気がついたと共に、全く神様が御知らせになったに違いないと分かったのである。

御浄霊の始まり　（『大事中の大事』「一厘の神魂」岩松栄著　P46―）

◎出口王仁三郎聖師の御眼力

◎天《あま》の数歌《かぞえうた》

◎我が子をもって試される

◎神霊放射

奇蹟中の最大の奇蹟と仰せられました、〝神知食《しろしめ》されて和す〟という意義をもつ、昭和の御代の明けの元旦より三か月に渉る、大神命告知より皇典古事記に示された宇宙から地球、そして万有生成のヒフミの真理を説き明かされ、糅《か》てて加えて現代文化の誤謬《あやまり》の全てをお覚りになられ、決然と起ち上がられ、全人類救済と理想世界顕現のために、全生命を拋《なげう》って奉仕することを、主の大神の大御前《おおみまえ》でお誓い遊ばされました。

それより時おり降されるご啓示のままに、神界霊界を究め尽くされて、見真実の頂上にお立ち遊ばされました。

紀念すべき日より半年ほど経ったある日、心中深く決意を秘めて、久しぶりに綾部の大本教本部に参りましたところ、すでに明主様のいらっしゃることを予知していたように

「よく来ました、待っていましたよ」

と、自らの室《へや》に案内してくれた方こそ、（中略）近世における最大の霊覚者出口聖師その方でした。

（中略）明主様と相対して徐《おもむ》ろに語り出す聖師の口を衝いて出る言霊は、宇宙生成の神秘と、今では天の数歌として招魂などに用いられている、

一《ヒ》、一霊《ヒト》＝一霊四魂。

二《フ》、八力《フタ》＝動力《どう》（大戸地神《おおとのぢのかみ》）、静力《せい》（大戸辺神《おおとのべのかみ》）、解力《かい》（宇比地根神《ういぢにのかみ》）、凝力《ぎょう》（須比地根神《すいぢにのかみ》）、引力《いん》（活杙神《いくぐいのかみ》）、弛力《ち》（角杙神《つぬぐいのかみ》）、合力《ごう》（面足神《おもだるのかみ》）、分力（惶根神《かしこねのかみ》）。

三《ミ》、三元《ミ》（体）＝剛《ごう》（常立神《とこたちのかみ》）、柔《じゅう》（豊雲野神《とよくもぬのかみ》）、流《りゅう》（彦遅神《ひこじのかみ》）。

四《ヨ》、世《ヨ》＝因《よ》、依《よ》。

五《イ》、出《イツ》＝霊、力、体の3大要素備はりて始めて世出《よい》づ。

六《ム》、燃《ムユ》＝植物、動物萌え燃《む》ゆ―万有生成。

七《ナ》、地成《ナナ》＝地盤成就。

八《ヤ》、弥《ヤ》＝いよいよ成熟す。

九《コ》、凝《ココノ》＝凝り固まる。

十《ト》、足《タリ》＝人世の事足り―円満具足す。

百千万《モモチロ》、諸血夜出《モモチヨロヅ》＝数多きを意味する。


と、生成の順序の神秘、また人の世の創世記など、つい数か月前、神より知らされ、はっきりと、魂に銘記し脳裡に焼きついている言霊が際限もなく続き、最后に、

「岡田さん、あなたは病気治しをやれば何ほどでも治る」

と言霊を結び終わりました。

〝不思議なことがあるものよ、神様が私に知らされたことを聖師が知っているなんて、それにしても。病気治しをやれば何程でも治るとは、何を根拠に〟と、東京へ帰る車中、とつおいつしているうちに、ふと心を過《よぎ》ったものは、現代文化の誤謬と、数千年以前の人類が手を翳《かざ》して苦しみを癒したという、神よりの啓示でした。

自らに与えられた使命の手始めがこれか、と、はずむ心を押さえて帰宅され、早速病を癒してみようと思っている矢先、なんと可愛いいお子様が突然の発熱。神は、まず、〝己が子をもって試して見よ〟と、お与え下されたと固く信じて神霊放射を行ったところ、さしもの高熱が瞬時の間に降下し、紅潮していた顔面が、平常の肌色にもどりました。

玉が腹中に鎮座

（『宗教文明時代〔上〕』「栄光」116号　昭26年8月8日）

◎**約三十年**（昭和二六・八・八より）**位前であった**

◎**自由は取り上げられた**

◎**神智の境地になる**

◎**健康について徹底して判った**

一体私という人間は、何の理由によってこの世の中に生れたかであるが、私の前半生は平凡なものであった。然し一度宗教人となるや、凡てが一変して了ったのである。というのは何物か分からないが、私を狙って何だか目には見えないが、玉のようなものを投げかけた、と思うや、其玉が私の腹の真中へ鎮座して了ったのである。それが今から約三十年位前であった。処が不思議なる哉、其玉に紐が付いているらしく、それを誰かが自由自在に引張ったり、緩めたりしているのだ、と同時に私の自由は取り上げられて了ったのである。自分が思うように何かをしようとすると、紐の奴引張っていてそうはさせない。そうかと思うと思いもよらない方へ紐が引張ると見えて、其方向へ運ばせられる。実に不思議だ、恰度《ちようど》傀儡師《かいらいし》に操られている私は人形でしかない。

　そればかりではない。その頃から私は今迄知らなかった色々な事が判るのだ、初めはそうでもなかったが、時の進むに従って、それが益々著しくなるのだ。以前私は学んで知るを人智といい、学ばずして知るを神智という事を聞いた事があるが、そうだ之だなと思った。確かに神智である。何かに打《ぶ》つかるや其理由も結果もすぐ判る、考える暇もない程だ。といっても必要な事のみに限るのだから妙だ。信者から色々な質問を受けるが、突（咄）嗟に口をついて出てくる。そういう時は自分の言葉で自分が教えられるのだから面白い特に一番肝腎である人間の健康に就ての事柄は、全般に渉って徹底的に判って了った。

観音様顕わる

（『観世音菩薩と私―奇蹟物語』「自観叢書」第四篇　昭24年10月5日）

◎観音様が付き添われる

◎観音様信仰に入る以前のこと

◎大正十三（一九二四）年

（大正）十三年再信仰になってから半年位経った頃、或人が訪ねて来て、其頃流行宗教であった大本教に関しての話を聞きたいというのである。種々の話をしている最中、その人は、（地図の製作業者）私の顔を凝乎《じっ》と見ながら、「大本教は観音様と関係があるのですか？」と訊くので、私は、「否、大本教は神道であるし、観音様は仏であるから関係はない。」と言うと、その人は、「然し先生の座って居られる右の方に等身大の観音様が見える。」という。つまり其人は、其時霊眼が開けたのである。（中略）此人も霊視能力があったと見えて、観音様が見えたのである。尚その人は言葉をついで、「先生が今便所へお立ちになると、観音様が後からついて行かれ、先生がお座りになると同時に観音様もお坐りになった。」又よく訊くと、「観音様は眼を閉じて居られ、お顔やお身体は、画や彫刻にある通りです。」――と言うのである。其後その人が私の家へ行こうと思うと、「眼の前にぱっと観音様が見える。」――という事など聞き、私も不思議に思った。それまで私は、観音様の信仰は全然しようとも思わなかった。処が右の事があって、「自分は観音様に何か因縁があるに違いない。」と思った。それ以来、種々不思議な事が次々起こる。（後略）

人類救済の大使命を帯びてご出現

（『既成文化の謬点』「文明の創造」昭27年）

◎万有の力の根源である気体（霊気）を発見
◎釈迦、キリストは或程度以上の力は付与されなかった
◎新文明世界設計について指導

そうして地球上における森羅万象一切は、相反する二様のものから形成されている。それは陰陽、明暗、表裏、霊体というようになっている。処が今日迄の学問は体の面のみを認めて、霊の面を全然無視していた事である。というのは霊は目に見えず、機械でも測定出来なかったからでもあるが、其為学問では今日迄地球の外部は、只空気と電気だけの存在しか分っていなかったのである。処が私はそれ以外に確実に存在している霊気なるものを発見したのである。之に就いては先ず地球上の空間の実態からかいてみるが、それは斯うである。即ち前記の如く霊気（火）空気（水）の二原（元）素が密合し、一元化した気体のようなものが、固体である地塊（土壌）を包んでおり、此三原素が合体して、宇宙の中心に位置しているので、之が我々の住んでいる世界及び周囲の状態である。処が科学は右の空気と土壌のみを認めて、霊を認めなかったが為、空気と土壌の二原素のみを対象として研究し進歩して来たのであるから、言わば三分の二だけの科学で全体ではなかったのである。此根本的欠陥の為如何に進歩発達したといっても、三位一体的真理に外れている以上、現在の如き学理と実際とが常に矛盾していたのであるから、此欠陥を発見し是正しない限り、真の文明世界は生れる筈はないのである。そうして右三者の関係を一層詳しく書いてみると、経には霊、空、地の順序となっており、彼の日月地の位置がよくそれを示していると共に、緯即ち平面的には三者密合し重り合い、距離は絶対なく、渾然と一丸になって中空に浮かんでいるのが地球である。勿論三者夫々の性能と運動状態は異っている。即ち火は経に燃え、水は緯に流れ地は不動体となっているが、之は絶対ではなく、呼吸運動による動体中の不動体である。そうして経と緯とは超微粒子の綾状的気流となって、地球を中心として貫流し、運動しているのである。そうして此気流なるものは空の如く無の如くであるが為、現在の学問程度では到底把握出来ないのである。然るに意外にも此気体其ものこそ、実は一切万有の力の根源であって、其本質に至っては実に幽玄霊妙想像に絶するものである。仏者のいう覚者とは此一部を知り得た人間を言ったもので、それ以上になった者が大覚者であり、一層徹底した大覚者が見真実の境地に到達したのである。釈迦、キリストは此部類に属するのであるが、只併し此二聖者は時期尚早の為、或程度以上の力を付与されなかった事である。それが為救世的力の不足はどうしようもなかった。其証拠として両聖者は固より、其流れを汲んだ幾多覚者達の努力によっても、今以て人類の苦悩は解決されないに見て明らかである。処が愈々天の時来って絶対的力を与えられ、其行使による人類救済の大使命を帯びて出顕したのが私である以上、私によって真理の深奥を説き、人類最後の救いを実行すると共に、新文明世界設計に就ての指導的役割をも併せ行うのであるから、実に全人類に対する空前絶後の一大福音である。

見真実

（『神秘の扉は開かれたり』「自観叢書」第十二篇　昭25年1月30日）

◎釈尊は七十三歳にして見真実
◎日蓮は五十余歳にして
◎私（自観大先生）は四十五歳
◎見真実の境地

そうして今日迄の宗教を初め、哲学、教育、思想等凡ゆるものは一切に対し或程度以上の解釈は不可能とされ、深奥なる核心に触れる事は出来ないとされた。彼の釈尊は七十二歳にして吾見真実となったと云い、日蓮は五十余歳にして見真実となったと云う事であるが、見真実とは、前述の核心に触れた事を云うのである。それによって明らかとなったのが、釈尊に於ては法滅尽と弥勒下生であり、日蓮に於ては六百五十年後浄行菩薩が出現し、義農の世となるという事であった。キリストは見真実の言は発せられなかったが、「天国は近づけり」という事と、「キリスト再臨」の予言は、見真実によらなければ判る筈がないのである。その他昔から見真実でない迄も、それに近い聖者の幾人かは現われた事は想像され得るのである。そうして見真実を判り易く言えば、ピラミッドの頂点の位置に上ったと思えばいい。ピラミッドの高き尖端に立って俯瞰する時、高い程視野が広くなり、多くを見得るのと同様である。

茲で私の事を云わない訳にはゆかないが、私は四十五歳にして見真実になったのである。見真実の境地に入ってみれば、過現未に渉って一切が明かに知り得る。勿論過去の一切の誤りは浮かび上がって来ると共に、未来の世界も其時の人間の在り方も、判然として見通し得るのである。といってても知り得た総てを今は語る訳にはゆかない。何となれば、サタンも提婆もパリサイ人も未だ妨害を続けつつあるからである。

浄霊は観音力

（『内臓の三位一体と浄霊』「光」21号　昭24年8月6日）

◎光の本質は火と水の密合
◎火と水の力だけでは不十分
◎土の精が加わって完全な三位一体的力の発揮

本教浄霊は観音力に依るとされている。観音力とは勿論菩薩から伝達される処の光である。然し之は霊的光であって、人間の眼には見えないが、眼に見える処の太陽・電灯・灯火等の光は光の体であるのである、そうして光の本質とはいう迄もなく火と水の密合であって、即ち火素と水素から成立っており、火素の多量であればある程力が加わるのである、然るに火と水だけの光の力だけでは不充分で、ここに土精を要する、土精が加わる事によって完全な三位一体的力の発揮となるから素晴らしい治病力となり、その光波が人体を透過し、霊の汚濁は消滅され、それが体に移写して治病効果を奏するのである。

右の具体的方法としては、私の常に説く如く「光」の大文字を書いた紙を畳んで懐へ入れさせる、光の文字には私の腕を通し、筆を通して、文字へ光波の精が滲透凝集する、（之は説明に困難だから仮に凝集の文字を用う）そうしてその光の文字と、私の体内にある光の本元とが、霊線によって連係しており、絶えず光波を供給している、勿論私と観世音菩薩との霊線活動も同様であって、勿論人類救済の為の光波を無限に供給され給うのである。

神憑りで知らされたと同じことを王仁三郎先生より知らされる

（「私の信仰の経路」昭10年1月11日）

◎**昭和二年大使命**

◎**病気治しをすればなにほどでも治る**

昭和二年神憑りとなり、いろいろのお知らせを受けたのであります。何十万年前からの歴史および過去未来のいろいろの事を知らされたのであります。これから述べることは、このときにお知らせがあったのであります。

大使命を知らされ、光明世界建設のことも、このときに知らされたが、最初私はこれを疑っておりましたが、その後たくさん奇蹟が続出したのであります。この状態が三月ばかり続きましたが、その後半ヵ年くらい後に、大本教へ行ったとき出口先生が神憑りで知らされた通りの事を言って、あなたは病気治しをすれば、なにほどでも治ると知らされたので、家に帰って病気治しをやってみるとよく癒えるので、いよいよ神様からの大使命のあったことを悟って、三年かかって商業をやめ、神様専門になったわけであります。

末法の世を打切りとなし新しき世を作るこそ我使命なる　（「地上天国」48号　昭28年5月25日）

弥勒三会《みろくさんね》

弥勒三会　（『弥勒三会』「文明の創造」昭27年）

◎弥勒三会の意味は判らなかった

◎三身の弥勒が一度に会われること

◎六六六と五六七

仏教に於ては、昔から弥勒三会の言葉があるが、此事は今日迄神秘の幕に閉《とざ》され、全然判らなかったのであるから、今度私は之を明かにしてみようと思う。抑々弥勒三会とは、読んで字の如く三身の弥勒が、一度に会われる意味であって、三身の弥勒とは言う迄もなく釈迦、阿弥陀、観音である。そうして釈迦は報身の弥勒であり、阿弥陀は法身の弥勒であり、観音は応身の弥勒となっている。又釈迦は地の弥勒であり、阿弥陀は月の弥勒であり、観音は日の弥勒である。

度々言う通り、右の三聖者は本当の順序からいえば日月地、火水土のそれであり、五六七でもあるので、此数を合わせると十八になる。此十八の数に就いて、大本教の御筆先に斯うかいてある。「今迄は天が六、中界が六、地が六でありたものが、天から一厘の御魂が地に降られたので、天は五となり、地は七となりたのであるぞよ」と。然し此意味は最も深奥なる神の経綸であって、此一厘の御魂こそポチであり、摩邇の玉であり、如意宝珠であり、之によって五六七の御代が生れるのである。

釈迦	地	土	報身の弥勒
阿弥陀	月	水	法身の弥勒
観音	日	火	応身の弥勒

天：六　中：六　地：六
①
①
天：五　中：六　地：七

弥勒の中心は伊都能売

（『御教え』昭29年2月5日「御教え集」31号　昭29年3月15日）

◎**弥勒三会の暁**
◎**弥勒三会の鐘が鳴る**
◎**霊（直刀自様）体（聖師様）が結んで力が発生**

神様はなんでも型で見せますから、型ということをよく注意して見なければいけないです。それで、つまり型が育つのです。そういうようなわけで、大本教というものは、やはりたいへんな意味があるのです。しかし、大本教の意味というものは、つまり私の仕事の準備です。「弥勒三会《みろくさんえ》」と言って、仏教のほうの言葉があります。「弥勒三会の暁」とか、あるいは「弥勒三会の鐘が鳴る」という言葉がありますが、弥勒というのは、三人あるのです。それは日の弥勒、月の弥勒、土の弥勒というわけで、日、月、地になっているわけです。それで、弥勒の中心というのが伊都能売の身魂です。大本教の教祖という方は、「イヅの身魂」と言って、つまり経です。これは父になるわけです。

次の出口王仁三郎、聖師様という方は母の身魂になるわけです。だから変性男子《へんじょうなんし》と変性女子《へんじょうにょし》と言って、女でいて男、男でいて女というわけで、霊と体とは違うわけです。それで教祖の父と聖師の母との間に生まれたのが私になるわけです。ですから私が伊都能売というわけで、経と緯を結んだ真ん中が私になるのです。教祖のほうは経ですから霊になり、聖師のほうは緯だから体になり、それで霊と体を結んで力が生れるのです。力というものは、霊体一致、霊体が結んで力を発生するのです。

（『御教え』昭26年10月1日　「御教え集」3号　昭26年11月25日）

弥勒が三人会うこと

◎出口直刀自、出口王仁三郎聖師、自観大先生
◎現界での弥勒三会、このことは誰も知らない

（御論文「弥勒三会」朗読後の御教え）

ここはわざと書かなかったが、弥勒三会というのは、弥勒が三人会うということで、弥勒というのは、釈迦、阿弥陀、観音ですからね。それで、大本教の教祖の出口なおという方は釈迦になる。つまり稚姫君尊という神様ですね。阿弥陀は法身《ほっしん》の弥勒で、出口王仁三郎先生ですね。聖師様ですね。それで、私が応身《おうしん》の弥勒で、ちょうど三人があったわけですね。二十世紀の今日にですね。これが弥勒三会ですね。弥勒三会がすむと、いよいよ五六七の世が始まることになる。これは大本教

でも……だれも知らない。教祖様も聖師様も知らなかったかもしれないですね。

釈迦　稚姫君尊　報身弥勒　**出口なお刀自**
阿弥陀　素盞嗚尊　法身弥勒　**出口王仁三郎聖師**
観音　伊都能売神　応身弥勒　**自観大先生**

報身弥勒　直刀自開祖　明治二五年元旦　五五歳
法身弥勒　王仁三郎聖師　昭和三年三月三日　五六歳七ヶ月
応身弥勒　自観大先生　昭和十年十月十日　五三歳
（十の年十の月十の日）

◆現界で弥勒になる神魂が会われること
◆弥勒三会とは神懸りではなく、神魂が会うこと

弥勒の御歌（二首）

東雲《しののめ》の空明けそめて五六七なる三会《さんゑ》の鐘を月の教主《きみ》はも
（『雑詠』「和歌の満都」第四巻第六号　昭3年6月1日）

光和《なご》め塵に同《まじ》こり応身の弥勒の神業はやすみにける
（「五六七祭御歌」昭25年3月5―7日　『救世』第五三号　昭25年3月11日）

弥勒三会の仏教的解釈

（『新版仏教学辞典』法蔵館刊　P172）

一　◎**衆生を救うために法を説く三度の会合の場所**
◎**功徳を積んだ者がこの会に参加して覚りを得る**
◎**南京の三会**
◎**三会に準ずる二会**

①衆生を救うために法を説く三度の会合の場所
過去の諸仏も未来仏である弥勒もみな三回の大説法会を行って法を説くという。

なお弥勒の三会は竜華三会《りゅうげさんね》ともいわれ、釈迦の教化に洩れた衆生で仏滅後の正像末の三時において善い行いをして功徳を積んだものはこの会に参加することができて、さとりを開くことができると信じられ、古来僧侶の間にこれを待つ信仰が行われた。

②奈良興福寺の維摩会《ゆいまえ》—慶雲三（７０６）年開始—、宮中の御斎会《みさいえ》—神護景雲二（７６８）年開始—、奈良薬師寺の最勝会《さいしょうえ》—天長六（８２９）年開始—を南京の三会といい、承和元（８３４）年（一説に同六年）の宣旨により、この三会を経たものが僧綱に任じられることに定まった（三会定一の利）。

天台宗においても、はじめはこれに従ったが、のち京都法勝寺の大乗会—承暦二（１０７８）年開始—と同円宗寺の法華会—延久四（１０７２）年開始—の二会の講師を経たものが僧綱に任じられるようになり、これを二会と円宗寺の最勝会—延久四年開始、永保元（１０８２）年開始—、仙洞の最勝講—永久元（１１１３）年開始—、法勝寺の御八講—天承元（１１３１）年開始—を三講と称し、三会に準じた。なお、三会の公私を経ずに僧綱に任じられるのを閑道の昇進といい、天台宗ではその例が多かった。

③禅宗で鐘または鼓を三六打つのを一会とし、それを三度繰返して一〇八打つのを三会という。

二　弥勒菩薩が成道して三度法を説く　（『新版仏教学辞典』Ｐ459）

弥勒菩薩はいま兜率天にあるが、五十七億六千万年（五十六億七千万年ともいう）の後にこの閻浮台《えんぶだい》に下生して竜華樹の下で成道し、そこで三度大衆のために法を説くといい、その説法の会座《えざ》を竜華会、竜華三会、竜華三処、弥勒三会、慈尊三会などという。また弥勒仏を供養する法会、および灌仏会を竜華会ともいう。

三位一体

大本教祖と聖師と自観大先生で三位一体

（『大本教とは何か』『三位一体』「観音講座　第六講座」昭10年9月5日）

◎大本教祖—東洋の型—爺
◎王仁三郎聖師—西洋の型—婆で西王母
◎大本教から生れた桃の実

・大本教祖は絶対善で人間として又婦人として是以上の人格者はありません。間違ったことは絶対にしない人でありました。是は東洋の善の型なのであります。大本は私の生みの親であり、バラモンの善の型であるのが、教祖出口直子刀自であります。出口王仁三郎先生は西洋の悪の型でありまして、悪事はしないが色々な事をやるのであります。これは西洋の物質文化を建設する型であります。善悪不徹底で世界を救う為には、悪でも何んでも良いという人であります。

・此の大本教の二人が私と共に三位一体になるのであります。

三尊の弥陀、三弥勒、三位一体

（『三尊の弥陀』「病貧争絶無の世界を造る観音運動とは何？」昭10年9月25日）

◎**三尊は観音、阿弥陀、釈迦**

古来、三尊《さんそん》の弥陀と謂い、三弥勒と言い三位一体と言う言葉がある。之は、仏的に謂えば観音、阿弥陀、釈迦の三尊者であって判り易く説明する上に、諸種の事物に当て嵌めて、左の如く、分類してみる。

○三尊の弥陀と五六七

五　日本、日、火、璽、十、自由、無碍、真、合一、観世音

六　西洋、月、水、剣、緯、女、悪、美、体、阿弥陀

七　東洋、地、土、鏡、経、男、善、善、霊、釈迦

三尊者合一が三位一体

（『宗教の根源と救世主の出現』「観音講座　第二講座」昭10年7月25日）

○弥勒三会（三位一体）
日─太陽─観世音─伊都能売尊─応身弥勒
月─月球─阿弥陀─素盞嗚尊─法身弥勒
地─地球─釈　迦─若姫岐美尊─報身弥勒
三位一体という言葉が残されているのは、三尊者合一するという意味である。

三位一体の実現が大光明世界

（『三位一体』「病貧争絶無の世界を造る観音運動とは何？」昭10年9月25日）

◎**世界的三位一体**
◎**思想の三位一体**
◎**仏教の三位一体**

◎宗教の三位一体（世界的）

◎宗教の三位一体（日本国内）

◎三位一体の実現が永遠の平和の型

此意味は、今日迄、真実が明かされていなかった。之は、時期未だ尚早だからで、実は観音運動の目標たる、大光明世界の実現を言ったのである。先ず、判り易く説いてみよう。

東洋と西洋と、日本との、融和結合が、世界的三位一体であり、猶太《ユダヤ》文化が生んだ西洋精神とバラモンから生れた東洋精神と、天孫人種から生れた大和魂との結合が、思想的三位一体であり釈迦と阿弥陀と、観音との三会《さんえ》が、仏的三位一体であり、基督教と回々《フイフイ》教と仏教との融和が、宗教的三位一体であり、日本国内に於ける、神仏耶の合一が、日本の宗教的三位一体である。然し乍ら、其三位一体の中心となるべき、権威と力を有する国、それが、取不直《とりもなおさず》、我日本である。言い換えれば、東洋の父と西洋の母から生れた子が、即ち日本である。全世界が一大家族となって⦿の本即ち、日の本によって統一さるる。それが三位一体である。その三位一体が、実現してからの世界が、永遠の平和楽土であり、大光明世界なので、斯事は天地創成の紀より、神定せられて居たのである。

日本
東洋
西洋
融和結合　世界的三位一体

猶太文化が生んだ西洋精神
バラモンから生れた東洋精神
天孫人種から生れた大和魂
の結合が思想の三位一体

釈　迦
阿弥陀
観世音
三会が仏的三位一体

基督教
回々教
仏　教
融和が世界の宗教的三位一体

神
仏
耶
合一が日本国内の宗教的三位一体

弥勒大神は三つの御力で三位一体

（『御光話』昭23年5月8日「御光話録」〔発行年月日不詳〕）

◎**伊都能売大神のことは昔は言えなかった**
◎**天照皇大神は位は上だがお働きは限られる**
◎**伊都能売大神は二つの力**

伊都能売大神のことは昔は言えなかった。いい加減にボカしてあったんです。天照皇大神は太陽神で、位は上だがお働きは限られる。伊都能売大神は火と水で、仏界では観音様になる。これに土のお働きが加わって弥勒になるのです。
天照皇大神は一つの力であり、
伊都能売大神は二つ、
弥勒大神は三つの御力となり、これが三位一体で完全になる。

三位一体の力の浄霊

（『弥勒三会』「文明の創造」昭27年）

◎**五の火と三の水がカミ、神、伊都能売神**
◎**光の文字は火と水の密合**

◎肉体の土を光が通って三位一体の力

伊都能売とは数でいえば五と三である。即ち五はイヅ、火で、三はミで水であるから、カミ、神であり、又火と水、イヅとミヅであり、イヅノメ、伊都能売である。そうして火と水の密合が光であるから、文字もそうなっている。即ち光の文字は、火の字の真中へ横棒を一本入れてある。横棒は水であるから、実によく出来ている。之によってみても、文字は神が造られた事が分るであろう。処が光だけでは火と水であるから、二つの力で、今一つの力である地が加わらなければならない。という訳で光が肉体を透るとすると、肉体は土であるから三位一体の力が出る。浄霊も此意味を考えればよく分る筈である。

三位一体の御歌（二首）

観音の力といふは火水土三位一体の力にぞある

（『観音力』「讃歌集」昭23年7月1日）

火水土三位一体の御力《みちから》を具《そな》へて出でます五六七大神

（『五六七大神』「讃歌集改訂版」昭26年5月28日）

仏的三位一体の型

（『御教え』昭27年9月25日「御教え集」14号　昭27年10月25日）

◎京都嵯峨の平安京
◎釈迦堂と法然院の間に観音
◎地理的にも日本の中にミロクの姿ができた

今度京都の嵯峨という所……広沢の池のある……あそこに思った通りの土地が手に入ることになったのです。（中略）一万八〇〇〇坪です。（中略）これは、あっちを見た人は知ってますが、たいへんな良い地所です。嵯峨野の秋とか、なんとかいう……野原になってます。広沢の池……大きな池ですが、昨年の春、初めて京都地方に行きまして、嵯峨のお釈迦さんに……釈迦堂といって有名なものですが（中略）釈迦堂に行った帰りに法然院に行ってみんなに話をしましたが、法然院というのは、法然上人があそこにいて修行されたのです。ですからすばらしく大きな阿弥陀さんがあって、作もずいぶん良いのです。あんな立派な作は他にないかもしれません。で、法然上人は浄土真宗の開祖ですから、つまり南無阿弥陀仏を最初に弘めた人です。（中略）そういうわけで法然上人は仏教のほうではたいした仕事をされたわけです。今度の地所というのは、ちょうど釈迦堂と法然院との間くらいになっています。そうすると釈迦、阿弥陀、その真ん中が私のほうは観音ですから、それで三位一体の形になったわけです。真ん中が観音様で、そうして観音様の左側が阿弥陀さん、右が釈迦と、それが本当の順序なのですが、やっぱりそういう具合になるのです。三尊の弥陀……

そういう形になるのです。ですからお釈迦さんは七の弥勒です。仏教のほうでいうと、釈迦が七の弥勒、阿弥陀が六の弥勒、観音さんは五の弥勒。日の弥勒、水の弥勒、土の弥勒となっていて、それで五、六、七になるのです。そういうわけで、箱根はいつも言う通り「五」になって、熱海が「六」になって、今度の京都は「七」になるわけです。ですからそういった、地理的に日本の中にミロクの姿ができたのです。とにかく位置だけは現界的にミロクになったのです。

（『宗教の根源と救世主の出現』「観音講座　第二講座」昭10年7月25日）

キリスト教の三位一体

キリスト教では天の父と天の子と聖霊とにて三位一体という。

項目編10

天照大神の岩戸開き

天照皇大御神の御霊統／高天原の領有権ご委任／御統治時代／天ノ八州河原の誓約／御退位／各地へ鎮座／天津金木／最奥天国の霊界へ御出現／乾坤山日本寺の御神事／天の岩戸開き／昼の世界に転換／仏滅の型／日枝神社の御鎮座／御座石／御迎えと御移し／岩戸開き（〇〇〇〇〇の神御降下）／天照大神は大日如来と化現／天照大御神様は人を救う力はない／天照大神の光と力が観音様を通じて（人を）救う

天照皇大御神の御霊統

（「御講話」昭10年7月1日）

◎中心主、統治の権

天照大神、これは主神で全大宇宙は天御中主神の御神体で、これは漠然としてつかみどころがない。それと、高御産霊神、神御産霊神、これを造化の三神ということにしてあります。（中略）高御産霊神は霊系の祖、あらゆる森羅万象の霊を司られる。物質界すなわち体の方は全部神御産霊神で、この三柱の個性を持っておられないから拝むことはできない、すべての中心として主神は天照皇大御神様を表現神とする。要するに統一する中心の神様として御顕現遊ばされたのであります。でありますから、天照大神は人体をもって一度現われ給うた方、これが主の神様で、一切の中心主でいらせられる。

天照皇大神様は世界統治の権を（天照）天皇にお委ねされたわけで、皇祖の御遺訓として「豊葦原瑞穂国は吾が子孫《うみのと》の王《きみ》とます可《べ》き地《くに》なり、皇孫《すめみま》就《ゆ》きて治らせ」ということは、統治の権を授け給うたことなのであります。

天照皇大御神
- 統治の権：天照大神（天皇）
- 救いの力：伊都能売神
- 審判の権：国常立尊

◎**太陽神**（『御教え』昭27年9月27日「御教え集」14号　昭27年10月15日）

天照大御神は日本では最高の神様とされていますが、そうではないのです。つまり太陽神です。

（『御教え』昭23年5月18日「御光話録」（発行年月日不明））

天照大御神は太陽神で位は上だが御働きは限られている。

高天原の領有権ご委任

（『古事記』河出書房）

◎**御頸珠（御倉板挙ノ神）**

伊邪那岐神は天上の王権の象徴としての御頸珠を天照大御神に授けられた。

伊邪那岐神は左の御目を洗ひたまふ時に成りませる神の名は天照御大神（中略）。すぐにその御頸珠も緒もゆらに取りゆらかして、天照大御神に賜ひて詔らししく「なが命は高天の原を知らせ（領有支配しなさい）」と事依さして賜ひき。かれ、その御頸珠の名を御倉板挙ノ神といふ。

すなわち、御頸珠を授けて高天原を領有支配しなさいとご委任された。

御統治時代

◎伊都能売神皇の御世継　（『日本人種の霊的考察〔上〕』「地上天国」22号　昭26年3月25日）

神示によれば斯うである。初め神素戔嗚尊が日本へ渡来した時、最初に上陸した地点が出雲国であった。処が当時日本の統治権を握っていたのが伊都能売神皇で、この神皇は余程古代からの、日本の真の主権者であったらしい。先ず、大和民族の宗家といってもよかろう。処が大和民族の性格としては、闘争を極端に嫌い平和愛好者なるが為、素戔嗚尊が武力抗争の態度に出たので、無抵抗主義の為生命の危険を慮り、海を渡って某国に逃げのびたという事である。

それで後に残ったのが御世継である天照天皇と其の皇后であったが、天皇は或事情によって崩御されたので、皇后は其大権を継承される事になった。

◎天照大身神が女神である理由　（『観世音菩薩』「文明の創造」昭27年）

伊都能売神去り給いし後の日本は、どうなったかというと、其弟神であったのが、彼の天照天皇であって、この天皇は惜しくも、何の理由もなく俄かに崩御され給うたので、止むなく其皇后を立てて、御位《みくらい》に即《つ》かせられたのが彼の女性である天照天皇であった。今も尚天照大御神が日の神であり乍ら女神として祀られているのは、そういう訳なのである。

◎豊受明神を五穀生産の担当者に　（『稲荷の意味』「光」19号　昭24年7月23日）

◎稲荷の意味

太初の時代、人口が漸次増加するに従い、主食の増産が必要となったので、天照大御神は五穀生産の担任者として豊受明神に命じ給い、全国的に稲種を頒布されたのである。其際、今日と違い交通不便の為、豊受明神は狐に命じ給うたのである。

◎大黒天に財政担当委任　（『妙智の光』「地上天国」3号　昭24年4月20日）

伝説によると神代において、天照大神が日本を統治なされた時、インドから渡って来た豪傑があって、大神になにかに使ってもらいたいと言うたところ、まことに無愛想な顔なので、大神は「そんな顔では使えない。もっと優しい顔にならなくてはいけない」と申されたので、それからはニコニコ笑顔になったので使われることになり、金銀財宝を扱う役をおおせつかったということで、すなわち現代で言えば大蔵大臣である。これはおもしろい伝説だと思う。

天ノ八州河原の誓約　（『日本人種の霊的考察〔上〕』「地上天国」22号　昭26年3月25日）

◎素戔嗚尊が領有権要求

近江琵琶湖を基点として、西は素戔嗚尊が領有し、東は天照皇后が領するという事になった。之が『古事記』にある「天ノ八州河原の誓約」である。今日琵琶湖の東岸に野州という村があるが、其処であろうと思う。何故其様な講和条件を作ったかというと、素戔嗚尊が一旦平定しておいて、次の段階に進もうとする予備的前提条件であった。結局日本全土の覇権を握るのが狙いであった。というのは、当時と雖も一挙にそうするとすれば国民の声がうるさい、今でいう輿論が承知しなかったからであろう。

そんな訳で、時期を待っていた素戔嗚尊は機を得て遂に萌芽を表すに到った。

御退位

（『日本人種の霊的考察（上）』「地上天国」22号　昭26年3月25日）

◎水上山（皆神山）・戸隠山

天照皇后に対して、（素戔嗚尊が）日本の東方の主権をも渡すべく要求すると共に、若し応諾せざれば皇后の生命をも脅かすので、茲に皇后は決意され、潔く全権を放棄し、僅かの従臣と共に身を以て脱れ、逃避の旅に上ったのである。

之を知った尊は尚も後顧の憂いを断つべく、追及が激しいので、逃れ逃れて遂に信濃国の、現在の皆神山に居を定められたのであるが。此処でも未だ安心が出来ず、山深く分け入り、第二の居を定められたのが彼の戸隠山である。昔から岩戸開きの時、扉が飛んで此山に落ちたという説があるが、それを暗示したものだろう。

◎**終焉地**　〔『御教え』昭23年5月8日「御光話録」（発行年月日不明）〕

信州水上山（皆神山）のことであって、そこで一生を終えられたらしいですね。そこから戸隠にも行かれたらしく、ここから「岩戸」という言葉が出たんでしょう。後、天照皇大神を慕ってほうぼうへお祀りした。

各地へ鎮座　〔『分霊と化身について』「教えの光」昭26年5月20日〕

◎**爪や頭髪を分けてお祀りした**

天照大御神などは人体をもって一度この世に現われ給うた神であるから、爪や頭髪を分けて祭られたのである。

〔『御教え』昭23年5月8日「御光話録」（発行年月日不明）〕

いま判っているのは丹波の元伊勢、綾部、丹後の麻奈為神社、その他宇治山田などです。

（『御教え』昭26年9月2日「御教え集」2号　昭26年10月25日）

伊勢の大神宮さんは伊勢の山田にありますが、その前は丹波の亀岡で、その前は綾部です。天照大神様が祀られた中心です。その前が丹後穴《あなお》太神社ですね。

（『御教え』昭23年5月8日「御光話録」〈発行年月日不明〉）

御髪の毛を切って御神体としてほうぼうへお祀りしたんです。日枝神社なんかはそれです。

天津金木　（「御講話」昭10年4月5日）

◎天照大神の身代わり

天津金木は天照大神様が押し込められしたため、お身代わりとしてお作りになり伝えられたるものにして、これが判れば、森羅万象全てのことはみな判るのである。されど、いま書物などによってこれを知ることは絶対にできないのである。昔は口伝により伝えられ、稗田阿礼まで伝えられた宇宙の魂のごときものである。私は浦和にて古文書を見たるとき、霊感により五〇〇〇年前までの歴史を知っているのである。それは神憑りになったとき知らされたのである。

昔の古い文書は神武天皇がお焼きになってしまったのであるが、そのとき、一人の家来が一部の物を持って逃げ、これを隠して土の中にいけ込んで置いた。それが今になって伝えられた。これは武内宿禰の家に伝えられ、例の天津教の武内家にあるものにして、武内家には、その中に三種の神器の本物を持っているのであるが、宮内省に献上しようとした時宮内省は受け付けなかったのである。

最奥天国の霊界へ御出現

（『東方の光』「栄光」182号　昭27年11月12日）

◎黎明の第一歩　日蓮上人の偉業

今迄の日本における凡ゆる文化を検討してみると、其悉くは西に生まれ東に東に向かって移行発展したものである。

宗教上では仏教、キリスト教を始め、日本に発生した神道、仏教の各派も悉く西に生まれ東漸したものである。只日蓮宗だけが東から生まれた唯一の宗教である。というのは之には深い理由がある。それはどういう訳かというと、そもそも仏教本来の意義はいつも言う如く夜の世界であった期間中の救いであって、つまり月の神の守護であったのである。処が時節到来、昼の世界に転換することになるに就いては、一切は霊界が先であるから、霊界に於いては已に七百年前に黎明の第一歩に入ったのである。

其為に生まれたのが彼の日蓮上人であって、彼が一通り修行が終わるや、一念発起愈々法華経弘通に当たらんとして不退転の決意を固めるや、先ず故郷安房に赴き、海に近い清澄山に登って、今や太陽の昇らんとする刹那、東天に向かって南無妙法蓮華経の称号を声高らかに唱えたのである。（中略）上人の此偉業こそ実は東方の光の最初の一石であったので、之を霊的にみるとそれ迄闇の世界であった霊界の東端、今や太陽の昇らんとする直前、微かな一閃光であったともいえる。勿論人間の眼には映らないが、大経綸の一歩として重要なる神事であった事は勿論である。

乾坤山日本寺の御神事

（『御教え』昭27年11月5日「御教え集」16号　昭27年12月15日）

（御論文「東方の光」朗読）

房州の乾坤山日本寺というのは、とにかく乾坤山というのは天地乾坤といって宇宙を言うのです。それから日本寺というのは日の本寺ですが、こういうのも神様がそういう名前をつけたというのは面白いと思います。お寺の名前で日本寺というのはありません。であそこから日の神様、天照大神様が出られたのです。それで日蓮上人は七百数十年前ですが、今年は日蓮上人七百年祭（昭和

27年）といっているが、あれは法華経を唱えてから七百年です。それで清澄山というのは日本寺から一、二里東の方ですが、その時が、最奥天国の霊界に日が出たのです。それから段々現界に写るまでにそれだけの年限がかかったのです。それで日本寺のある所は保田という所です。「ホタ」というのは「ホト」という言葉が転化したのです。「ホト」というのは女の陰部です。『古事記』にありますが、なんとかいう女の神様（天ノ服織女……『古事記』新潮社）に天から槍が落ちてきて「ホト」に怪我をさせたということがあります。それで東京湾というものが女の陰部になるわけです、それで東京が子宮にあたるのです。ですから体的にはそういうわけなのです。それで私は東京から生まれたというわけなのです。

天の岩戸開き　（『天の岩戸開き』「観音講座　第六講座」昭10年9月5日）

◎霊界へお出坐し

今度愈々光明世界になるのは、天照皇大神が出現になられる岩戸開きがあるのであります。昭和六年六月十五日、私が房州日本寺に天照大御神を御迎えに大勢の信者さんを御供にして参詣に行ったのであります。此時大神様が霊界へ御出現なられたのであります。

昼の世界に転換

（『昼の世界に転換の科学的証明』「栄光」179号　昭27年10月22日）

夜の世界が、昼の世界に転換するという重大な意義である。それが日本に於いては明治に入った頃からであって、漸次進んで昭和六年六月十五日に到って、此日から愈々地球の霊界が黎明期に入ったのである。其の日私は三十余人の弟子を連れて房州鋸山にある乾坤山日本寺という有名な山寺に前日登って一泊し、翌十五日暁の午前五時頃頂きに登って或神事を行ったのである。

仏滅の型

（『昼夜転換の事象』昭38年6月15日（明主様御遺稿））

私が常に言う処の夜の世界が昼の世界に転換したのは、何時であったかを知らせる必要があろう。それは昭和六年六月十五日である。その時私は神命によって或行事に当たった。この時の模様をこれから書くのである。

右の昭和六年六月十五日、私にその前日神の啓示があった。それは房州鋸山に在る有名な日本寺へ参詣に行けというのである。

日時は一晩泊まり、随行者三十人以上というのである。早速その準備に取り掛かった。（中略）何しろ割合高い山の中腹にある禅寺であるから、古色蒼然とした広々とした大きな寺で、常に喧騒裡にある都会人としては塵外の仙境に遊ぶ想いがしたことは勿論である。

翌朝未明、総勢引連れ提灯に道を照らし乍ら約一時間位で頂上へ着いた。幸い天気も良く朝靄の中から房総の海を遥かに眺めた光景は得も言われない程であった。まなかいに有名な彼の日蓮上人が法華経弘通の大願を立て南無妙法蓮華経の第一声をあげた清澄山がある。

今や黎明を破って昇らんとする旭光に向かって一同祝詞を奏上したが、その言霊は済みきった朝気をふるわし、爽快極まりないものがあった。間もなく下山の途につき、日本寺の本尊に恭しく祈願をこめ、昼食、写真、撮影等をすませ、帰路についたが、これから神秘の数々を語るがそれはこうである。

本堂の前に大きな沙羅双樹、一名菩提樹があった。この位大きいのは日本では先ず珍しいとされている。彼の釈尊が苦行したのは、菩提樹下石上ということである。又この山は乾坤山といい、山の中腹から頂上にかけて、身の丈三尺位の石仏が数百位あったであろう。しかも釈迦、阿弥陀、観音をはじめ、達磨、不動、愛染、孔雀等の四王、釈迦の十大弟子、羅漢等々、実にあらゆる仏体を網羅している。

全く日本に於ける仏界の型である。ところが不思議なことには昭和十八年十一月寺から火を発し灰燼に帰したのである。当時の新聞記事によれば再建は絶対に不可能であるという。この時私はハッと思ったことは言う迄もなく、仏滅の型でなくて何であろうかということである。

神秘の数々
本所緑町明石某家の祭典　秘中の秘
大井町下駄職小池某、鈴ヶ森の海へ投身
彫刻師森鳳声　天照大神木像
大本教東京別院　陶器製（等身大）の観世音菩薩像の首が折れた
玉砕瓦全　等々

日枝神社の御鎮座

（『日枝神社の御鎮座』「観音講座　第六講座」昭10年9月5日）

◎現界へお出坐し、日枝神社御神事

昭和九年六月十五日に私は御神命により、麹町の山王様即ち日枝神社へ三十何人の御供を連れて御参拝しまして、天照大神様を御鎮祭、一同で祝詞を奏上しました。是は日枝神社へ天照皇大神様が御鎮りになられたのでありますが、霊的の事でありますから神官すら知らん事であります。

日枝神社は今迄三柱の神様が御祭りしてあったが、此の三柱の神様は今迄の御留守番であったのでありますから、六月十五日の朝御昇天になられたのであります。是が昼間の世界の第一歩でありました。其の時に麹町の町名が大変に変わりましたが是も御経綸の一端でありまして、此の日のお祭

りが今迄のお終いの又始まりのお祭りに当たるために盛大なお祭りでありまして、日枝神社の出し物は殆ど猿でありました。

御座石

（『日本人種の霊的考察〔上〕』「地上天国」22号　昭26年3月25日）

◎**御神霊は鎮座なされておられなかった**

日本の神代史から検討してみる時、衆知の如く、殆ど神話的御伽噺的で常識では到底考えられない事が多いのである。人も知る如く、天照大御神が最高最貴の神とされており、而も日本天皇の御祖先ともされており、日本における神宮中の、最高の神位として伊勢神宮に鎮祭されているにみても、如何に崇敬されていたかが肯かれるのである。

之に就いて色々の説があるが、其の中の比較的真を措けると思う説は、大神は最古の時代から丹波の国元伊勢という処に鎮座在ましておられた処、今から千百年以前、現在の山田に遷宮されたというのであるが、其の時大神の神霊を御輿に遷し参らせ、数人の者が担いで元伊勢の外れに流れている、五十鈴川という川を渡らんとした時、急に御輿が重くなり、どうしても渡る事が出来ず、引き返して元通り鎮祭される事になったというのである。処が、不思議にも其の時から同神社の後を流れている谷川の、数丈上にあった三間四方位の角形の大石が突如落下し、谷川の岸の辺に行儀よく座って了った。之を御座石と名付けて今尚そのままになっているのを、私は先年伊勢参拝の折見たのである。又その直ぐ脇に相当大きな洞穴があるが、之は岩戸という名だそうで、之も面白いと思った。

御迎えと御移し

（『運命の転換―光への道』「自観叢書　第九篇」昭24年12月30日）

◎丹波元伊勢へ参拝

昭和十六年五月（二十三日）渋井氏以下数人の信徒を共に連れ、丹波の元伊勢神宮へ参拝に行ったのである。この事について興味ある一挿話を書いてみるが、今日の伊勢山田の皇大神宮は、今から千百年以前、この丹羽の元伊勢から遷宮されたと言うことになっている。それに就いて斯ういう説がある。遷宮の際御神霊を御輿に乗せ奉り、一里離れた所に和知川の下流で五十鈴川があり、その川を渡御せんとした際、急に御輿が重くなりどうしても渡り得なかったので引き返したというのであるから、伊勢の山田には御神霊は移らなかった訳である。それを実証した一つの出来事があった。

それは此参拝から一ヶ月余経た七月一日、私は中島氏以下数人を従え、伊勢山田の皇大神宮へ参拝に行った。社前に額《ぬかず》いて祝詞を奏上するや、社《やしろ》の中から神の声が聞こえた。それは「デハ私はこれから故郷へ帰らしていただきますから、後は宜しくお願い申します」と言う言葉である。すると私の傍に又別の声がした。「永い間御苦労であった」との御言葉で、私はハッと思った。というのは愈《いよい》よ、天照大御神と御留守居の神との交替である、いうまでもなく私は先日元伊勢へ参拝に行ったのは大神をお迎えしたので、今日の行事の為であった。お留守居の神とは勿論、神素戔嗚尊《かむすさのをのみこと》で朝鮮へお帰りになったのである。その時私が思われた事は、愈々日本の霊界が明るくなり、正邪善悪の是正が行われる時が来たのである。然し其頃であるから露骨にはいえないので、周囲の者へ斯ういった。「いずれ日本の上層部に大変化がある」事である。それが四年経った二十年に現れた彼の特権階級の転落であった事は、神様の方では既に決まっていたのである。

岩戸開き（○○○○○の神御降下）　（『御教え』昭28年6月16日「御教え集」23号　昭28年7月15日）

◎天照大御神様の霊が宿る

それで本当に日が出たのは、私の『自観叢書』にありますが、昭和六年六月十五日に房州の日本寺が始まりですが、あのときは霊界の奥の奥のほう、最奥霊界が黎明になったのです。今度は現界の霊界に日が出たのが一昨々年（昭和25年6月15日）、私が庵原警察の留置所の中で、日が出たと言えばおかしいですが、非常に神秘があったのです。日が出るということは、やはり天照大御神様です。これは『古事記』にもありますが、天照大御神がお生まれになるときには、最初天宇豆売命《あめのうずめのみこと》という女の神様が非常に舞うのです。これは岩戸開きですが、それで天照大御神様はその岩の戸を細目に開けてご覧になると、いきなり手力男命《たぢからをのみこと》が行って手を取って引っ張るわけです。そうすると五伴男《いつとものを》の神様といって、五人の男の神様が守護して世に出られるということがありますが、これは勿論寓意ですが、それと同じ型が出たのです。あのときに、知っている人もありますが、差し入れ屋の婆さんで五〇近い未亡人ですが、舞いが非常に好きで、舞いを習っているのです。そうして前の晩に大勢呼んでずいぶん舞ったということを聞いたので、これはいよいよ岩戸開きだなと思ったのです。それで当時引っ張られた教団の幹部の人が五人ですが、最初は四人だったのでおかしいなと思っていたら、最後に渋井さんが引っ張られて五人になったのです。そこで五伴男命ということは、梅の五弁になるわけです。大本教のお筆先に

「三千世界一度に開く梅の花、艮の金神、
梅で開いて松で治める神界の世になりたぞよ」

というのがありますが、梅というのは非常に重大な意味になっています。(中略) そこで梅の花が開いて、散りて実を結ぶというのは、梅の花の実は主《す》の種と言ってチョンです。(中略) そうしてあのときの手力男命は望月という弁護士です。あれが私を引っ張り出したのです。

そのとき初めて天照大御神様の霊が私の腹に宿るということになります。それがいま、だんだん大きくなりつつあります。もうよほど大きくなっています。それで光がだんだん強くもなるし大きくもなります。その代わり浄化も強くなります。しかし別に私がそうするわけではないので、神様がそうするのです。

天照大神は大日如来と化現

（『本教は神道か仏教か』「光」11号　昭24年5月31日）

何千年前世が替わった時があって、全ての神々は仏として化現された。（中略）天照大神は大日如来と（中略）此期間が夜の世界で所謂真如の世であった。

（『霊界の構成』「天国の福音」昭22年2月5日）

第一天国は太陽神である天照大御神である

天照大御神様は人を救う力はない

（『御講話』昭27年11月15日「御教え集」16号　昭27年12月15日）

天照大御神というと世の中ではたいへんな最高の神様のように思っていますが、しかし天照大御神は伊邪那岐、伊邪那美尊の子供になるのです。これは神代史にもあります。天照大御神は伊邪那岐尊の娘さんになる。ですから分かりやすく言えば私の子になるわけです。そこで天照大御神様は本当に人を救う力はないのです。（中略）月の神様と日の神様の両方でなければ救えないのです。そこで、日と月が両方ピッタリして出るのが光なのです。光というものは日も月も両方とも光はありますが、本当の光の力というものは両方ピッタリ合わなければ出ないのです。ですから私から出る浄霊の光も、そういった日と月の両方の光なのです。そこで光明如来という名前も、「明」は日月ですから、日月の光というこれが本当の力になるわけです。

天照大神の光と力が観音様を通じて（人を）救う

（「御講話」昭10年7月11日）

観音様には天照大神の光と力が観音様を通して救われるのでありますから（中略）。実は天照皇大神様のお仕事を天皇陛下がおやりになることになります。ところが、天皇陛下が病気を治したり、世の審判ができ得べきものではない。医学の革命とか、宗教の改革とか、そういうことはできない。陛下はどこまでも尊厳犯すべからざる地位であって、これは天照大神の御力によって観音様がいたされるよりしようがない。

項目編11

太陽の黒点の働きと明主様の御現身

太陽・黒点――太陽の黒点に関する御歌（七首）／太陽の呼吸運動／太陽の黒点が宇宙の支配力の中心／太陽は主神の御神体／霊的太陽の光は日に輝きを増す／霊気療法／火素とは太陽の精／太陽の光が出たら月の光は消える／メシヤ教は病院を造らない

月　球――御歌（五首）／月の呼吸運動／月は水が固形化した氷の塊／絶対無極の大氷塊／月の神の守護／月光では或種の病気と或時期だけの効果

地　球――日月星辰は地球のために存在／地球は一年に一回呼吸する／地上の空間／地球が完成するための地震／阿波の鳴戸は汚物焼却場／地球は尊いもの／霊線をもって地球を支えている／地球の土とは何ぞや／土の素材／造物主によって作られた地球の土壌／土壌は人間の嗜好に適するものを生産している

太陽・黒点

太陽の黒点に関する御歌（七首）

太陽の黒点こそは尊くも主《す》の中心のポチにぞありける

（「地上天国」51号　昭28年8月25日）

太陽の黒点こそは主《す》の神の尊き御魂と知れよ世の人

（「地上天国」55号　昭28年12月25日）

太陽の黒点の謎知らずして分り得られむ宇宙の神秘は

（「地上天国」51号　昭28年8月25日）

大宇宙の魂こそは太陽の黒点なるを世人に教ゆる

（「地上天国」51号　昭28年8月25日）

天《あま》照す月の光も日の光《かげ》も主《す》の大神の御眼《おんめ》なるらむ

（『神の御光』「讃歌集」昭23年7月1日）

観音の力といふは日と月と土の力のエキスなりける

（『観音力〔二十〕』「観音会御讃歌集」昭11年〔未発表〕）

我揮《ふる》ふ力は太陽の精にして常世《とこよ》の暗《やみ》を打ち晴らすなり

（「地上天国」55号　昭28年12月25日）

太陽の呼吸運動

（『御教え』昭28年7月25日　「御教え集」24号　昭28年8月15日）

◎息を呼（は）くときには黒点が増大する

◎十一年目、百年目、千年目にも大きな呼吸がある

霊界における太陽の精気、黒点の精気が非常に強くなりますから。あれは学問の方では十一年目に黒点が強く現われるということになっていますが、黒点が強く現われるということは、これが十一年目にこういうように開くので、強くなるのです。あらゆるものは一定していないのです。すなわち呼吸運動が行われているのです。太陽もやはり呼吸運動が行われているのです。十一年目に一回行うのです。拡がったり、つぼまったりする呼吸です。それはなんでもそうです。太陽でも月でも地球でも呼吸運動をして、それによっていろんな変化が起こるのです。春夏秋冬の四季も呼吸運動の小さなものです。一年に一度の呼吸ですが、これが十一年目に一度、百年目に一度、千年に一度という大きなものもあります。

太陽の黒点が宇宙の支配力の中心

（『御教え』昭28年7月25日　「御教え集」24号　昭28年8月15日）

◎⦿の ゝ《チョン》 が太陽の黒点
◎火力は太陽より黒点の方が強い
◎黒点の代表神が主神

太陽の黒点が宇宙の支配力の中心なのです。あそこから力が出るのです。それで⦿《ス》の〝ゝ《チョン》〟が太陽の黒点なのです。これがたいへんなものなのです。ですから浄霊の力の元は太陽の黒点から来るのです。だからおもしろいとも言えます。それで学者もやっぱり昔から太陽の黒点を研究してますが、遠過ぎてそれはとうてい分かりません。私はいつか科学博物館で望遠鏡で見たことがありますが、中にいくつも黒点が大きい小さいのが混じってます。それを総合してみるとチョンになるわけですが、それがなんだということは、学者がいくら想像してみても、それはとうてい分かるはずはありません。それで昼間の世界ということは黒点が変化するのです。それで太陽の熱というものは、太陽の黒点から放射されている一つのエネルギーですが、火力というものは太陽よりか黒点の方がもっと強いので、それは神秘なものです。その黒点の代表者が主神《すしん》です。そこから私の体に光が来ているのです。

太陽は主神の御神体

（『御教え』昭24年3月13日「御光話録」5号　昭24年）

◎火素は太陽の精気

◎火素は霊のまた霊

――主神から発する火素と太陽から発する火素との差異につきお伺いいたします。

これは同じものですよ。火素は太陽の精気ですから。熱の本は太陽で、太陽は主神の御神体ですから、主神の熱のお働きが太陽です。まあ夫婦で言えば太陽が男性で月が女性ですね。日と月の両方の精気が放射されて人間は生きているわけです。昼の世界になると火素はまた強くなります。しかし、火は霊ですが、火素は霊のまた霊ですからね、現界に体的にはそんなにはっきりと表れてきません。まあ多少は判りますがね（以下略）。

霊的太陽の光は日に輝きを増す

（『ミロクの真相』「病貧争絶無の世界を造る観音運動とは何?」昭10年9月15日）

◎観音は二千五百年間隠身的救いをされた

◎阿弥陀が輝いたのは夜の世界であったからである

◎物質的太陽が昇るように霊的太陽も輝きを増す

日の弥勒たる観音が、二千五百年前、秘仏として、隠身《いんしん》的救いを垂れ、阿弥陀釈迦の下位に甘んぜられ給うていたのは、何故であったのか、それは、夜の世界の期間であったからである。物的太陽が地球の陰に在って、月に光を与えつつ、黎明期を待たるるのと同一の理である。故に、今日迄月の阿弥陀が輝いていたのは、夜の世界であったからである。(中略)

今や黎明が来たのだ。太陽が、日の弥勒が出たのである。万界の暗を照破して、世界は、白昼の如くならんとするのである。(中略)

何の断りも無く、時が来れば、太陽は、東天静かに昇って行く、それは、物質的太陽であるから、誰人も見得るのである。が、霊的太陽は、悲しい哉、眼には視る事が出来ない、然し乍ら、時の力は、世界万民に判らせずにはおかない、誰が否定しようが、遮ろうが、物質の太陽は大空高く、昇ってゆく如く、霊的太陽の光は日に輝きを増すのである。何と素晴しい事ではあろう。何千年間の夜が明けると言うのだ。

霊気療法　（「御講話」　昭10年9月21日）

◎太陽を主とした月も交わった霊気
◎太陽の霊気は放射する霊気
◎月の霊気は汚いものを洗う

要するに、観音力の療法は霊気療法で、世間にも霊気療法はあるが、本当のことは知らない。霊気も人間の霊界じゃない。太陽を主とした月も交わった霊気です。

で、観音力でするにも無論霊気は出ている。それで血が浄化している。空気のいい所へ行こうとするのは旧時代の療法で、今度はいい霊気のあるところへ行き養生するのです。いい霊気のある所はどこかといえば、観音様よりほかにはない。ほかにも多少あるがごく弱い。

月の霊気もある。むしろ月の霊気は違う。太陽の霊気は放射する霊気、月の霊気は汚いものを洗う贖罪的のもので、これは限りがある。すなわち水のほうには限りがある。日のほうは無限でいくらでも燃える。浄化される。その霊気はどこから発生するかというと、観音様から発する。

火素とは太陽の精　〔『浄霊とは何か』「医学革命の書」昭28年〔未発表〕〕

◎火素は熱の霊であって体ではない
◎火素の熱力によって毒粒子だけが焼尽される
◎機能を損じないで、病気だけを除去

火素とは光に含まれている太陽熱の精で、言わば陽粒子ともいうべきものである。だが科学では水素はいうが、火素を言わないのは不思議である。然し火素は熱の霊であって体ではない。体は吾々が使用する熱い燃える火であるが、霊の熱は超稀薄のものであって、体の熱に比べれば比較にならない程の強力なものである事は、実験によっても明かである。即ち濃厚な膿に向って浄霊するや、回を重ねる毎に漸次薄くなり、遂には清冽な水になって了う。之こそ火素の熱力によって毒粒子だけが焼尽されるからである。此理によって体内何れの深部にある膿や濁血と雖も全然身体に触れずして、浄霊によって溶解し、大部分は漿液となり、濃厚な分だけ排泄物となって出て了うのであるから、最初手術の項にかいた如く、機能を何等損じないで、病気だけを除去する事が出来るのであるから、之こそ最も進歩せる文化的医術でなくて何であろう。

太陽の光が出たら月の光は消える

（『御教え』昭27年10月16日　「御教え集」15号　昭27年11月15日）

◎火素が出て病気が治る
◎日の神の守護

私は大和民族の頭領なのです。ですからこれからいよいよ大和民族が出てくるのですが、大和民族というのは日の系統です。いままでの世界というのは月の世界、夜の世界だったからして、月が出ている間は太陽は地球の裏側になって暗闇になっていたというのが、今度いよいよ太陽が出て、月の夜が隠れてしまう。そこで昼の民族というのが大和民族です。大和民族の中心というのが私です。それで日の神様が守護しているのです。それで火素が出て病気が治るということになるのです。いままでは、こう（御浄霊）して病気を治すことは出来なかったというのは、月の光だからです。月の光というのは太陽の六十分の一ですから、いままでの宗教では治っても六十分の一です。闇の夜であったのが、いよいよ太陽の光が出たら月の光は消えてしまうのです。太陽の光ですから六十倍病気が治るというわけです。それですから馬鹿に良くなおるということはあたりまえで不思議はないのです。

メシヤ教は病院を造らない

（『御教え』昭27年11月5日　「御教え集」16号　昭27年12月15日）

◎昭和六年六月十五日以降病気が治らなくなった
◎日が現われて月が光を失う
◎各宗教で病院を造るようになった
◎太陽の光が強くなり治り方が良くなる

そうしてみると天照大御神の「日」が現われて、月が光を失うということになるのです。そういうことは私以外には分からないのですが、いまの論文（『東方の光』）を書くときに想い出したのです。各宗教で病気が治らなくなったということは、昭和六年六月十五日にいまの御神事があってから治らなくなったのです。私は先に天理教の人にその話をしたところが、ちょうど六年あたりから天理教でも病気が治らなくなったということを言ってました。それでしかたがないというので各宗教で病院を作るようになった。だいたい、天理教でも病気治しであれだけになったのですから、天理王が病気が治らないということは、最初とはまるで違ってきたのです。それからひとのみちでも金光教でも、みんな病気治しであれだけになったのです。しかしそういう宗教がみんな病院を作ったのです。天理教も立派な病院を作るし、ひとのみちでも作るし、この間は立正佼成会も立派な病院を作りました。そういうようで、そうとう目立つ宗教としてメシヤ教だけが病院を作らないのです。それは昼になったために、他は全部月の宗教ですから、そこで治らなかったというわけです。はっきりしているのです。それに引き換えてこっちはだんだん治り方が良くなるということは、日がだんだん昇って行くから、太陽の光が強くなるからなのです。

月　球

御歌（五首）

天地《あめつち》をひとめぐりして月は今新たな光をはなち初《そ》めけり
（『出口師の御更正を祝し』「瑞光」第一巻第四号　昭6年9月1日）

久方の夜毎の空の光和《かげなご》め御代守《も》り給ふ月読神《つきよみのかみ》
（『三恵四恩』「万照殿仮地鎮祭」昭11年6月23日）

円《まど》らなる月の面《おもて》や其光仰げば悶々《なやみ》の解けてゆきけり
（『月』「瑞光第六回歌会詠草」昭6年10月6日）

鎌となり又玉となる月の面《おも》
（五六七会主催　熊野神社奉額冠句　其三　昭2年4月4日）
（「真如能光」第六十二号　昭2年7月15日）

仇雲《あだぐも》をなぎて利鎌《とがま》の月の面　（五六七会主催　熊野神社奉額冠句　其三　昭2年4月4日）
（「真如能光」　第六十二号　昭2年7月15日）

月の呼吸運動　（『御教え』昭23年7月8日「御光話録」〔発行年月日不明〕）

◎潮の干満は月の呼吸による引力
◎地球より一日早く一回呼吸している
◎肉体に関係ある字は月偏

潮の干満は月の引力でそれは月の呼吸によるのです。森羅万象すべて呼吸しているのです。（中略）月のは地球より早く一日一回ずつやっている。人間の肉体は月の精であり、人間の霊は太陽の精です。肉体に関係ある字……例えば腕とか腹とか脳とかが月偏なのはこのためです。ところが心臓の心は月偏がない。これは「火」が「心」に移ったからです。これはみんな神様が作らせたわけなのです。こんなふうに月の霊線が肉体に連なっている。だから月の満欠が肉体に関係するのです。死も同じです。

月は水が固形化した氷の塊

（『妙智之光』「地上天国」12号　昭25年1月20日）

◎月夜の晩は特に水素が多い

月は水の塊り、即ち水が固形化した氷の塊りである。月からは始終太陽熱のため水気が出ている。月夜の晩、特に水素が多いのはそのためである。（中略）

月には中心がないが、これは日に従属したものだからで（後略）。

絶対無極の大氷塊

（『宇宙は地球以外に生物なし』「栄光」159号　昭27年6月4日）

◎零下何度という生易しいものではない

◎海も、川も、雲も、霧もその変化したもの

そうして月の世界はいつもいう通り氷の塊りであって、其冷さは到底零下何度などと人間が想像出来るような生易しいものではない。全く絶対無極の大氷塊である。だから若し人間が行けたとしても、一瞬にして石の如く氷結して了うと共に空気など一粍もない処の無と同様な世界であるから、先ず諦めた方がよかろう。（中略）序《ついで》だから太陽も説明してみるが、之も想像もつかない程の巨大な火の塊りであって、いわば火の霊であり、火の体は地球の中心になっている火の塊りである。

つまり此天と地とにある火熱が、氷塊である月球を溶解し、水素を造って地球活動の役目をしているので、海も、川も、雲も、霧も其変化したものである。

月の神の守護（『地球は暖くなった』「栄光」190号　昭28年1月7日）

◎**月は冷であるから医学と同様毒素を固める**

それについては昔からある色々な信仰療法にしても、今迄の宗教は悉く月の神様の守護で、月は冷であるから医学と同様毒素を固める方法でしかなかったのである。

月光では或種の病気と或時期だけの効果（『霊的医術』「明日の医術」第三篇　昭18年10月23日）

◎**一部の宗教家、行者等が治病法を行った**

◎**水素的冷静であるから固め療法であった**

茲で、知っておかねばならない事は、右のような霊波によって曇を解消するという治病法は、何故今日迄誰もが発見なし得なかったかというに、それは曩に述べた通り夜の世界であったが為である。即ち、夜の世界は暗であって、光としては月光の程度であるから、治病力即ち曇を解消すべき程の神秘線を得る事は不可能であったからである。勿論、全然無い訳ではなかった。其例として一部の宗教家、行者等が治病法を行い、或程度の効果はあったので、其宗教や教祖をして相当の名を成さしめた事は、世人のよく知る所である。然し乍ら、月光では水素が主であるから、治病力は或種の病気に限られ、又或期間だけの効果に過ぎなかったのである。それは月光は水素的冷性であるから固め療法となるからである。

地　球

日月星辰は地球のために存在

（『神の経綸』「明日の医術」第二篇　昭18年10月5日）

◎**地球は日月星辰によって存在**

抑々《そもそも》宇宙とは何ぞや、それは無限大の空間の中に、太陽、月球、地球及び星辰が存在している事は誰も知る処である。そうして吾々の住む此地球こそ宇宙の中心であり、主である。また日、月、星、辰は地球の為に存在し、地球は日月星辰によって存在するのである。

地球は一年に一回呼吸する

（『地球は呼吸する』「信仰雑話」昭23年9月5日）

◎息を呼《は》き始める時が春

◎地球の吐く息も温かい

凡ゆる生物は呼吸しているという事は誰も知っているが、実は植物も鉱物も其の他万有は悉く呼吸している。そうして地球も呼吸していると言ったら、一寸意外に思うかもしれないが、左に説く処によって成程と肯くであろう。

抑々、地球は一年に一回呼吸する。息を呼《は》き始める時が春で、漸次吐きつゝ極点に達した時が夏である。地球の吐く息も人間と同じように温かい。それは地熱の放散によるからで、春になればそれが濃く、万有は生育しはじめ、先ず草木が萌え始める。凡ゆる物は上方に向かって伸び、人間も浮き浮きする。夏になるに従い草木は弥々《いよいよ》繁茂し、極点に達した時、今度は地球が息を引き始めるから、草木は凋落し、万物は凡て下降状態となり、人間も冷静になる。それが又極点に達した時が冬であって、これが大自然の姿であるが、地球の吐く息は地の霊気で、科学でいう窒素であるから、草木が成長するのである。此窒素なるものは不断に上昇しつゝ空気の存在する高さまで上昇集積され、雨によって再び地中へ還元する。これが天然の窒素肥料である。

地上の空間　（『経と緯』「文明の創造」昭27年）

◎人間、横臥すれば寒く、起きれば温かい

◎水素は緯に流動し、火素は経に上下を貫いている

凡そ天地の真理を知る上に於て、経と緯の意味を知る事が最も肝要である。此事は今迄にも幾度となく説いて来たが、尚一層詳しく徹底的にかいてみよう。それに就ては先ず根本的認識である。それは私が常にいう日は火で、火は経に燃ゆるものであり、月は其反対に水で緯に流動するものである．従って日の本質は高さであり、月の本質は広さである。此理によって今地球を説明してみると、地上の空界は水素が緯に流動しており、火素は経に上下を貫いている。つまり経緯の精が綾のようになっており、布地の如きものである。而もそれが想像を絶する程の密度であって、此事実として卑近な例ではあるが、人間が横臥すれば寒いのは、緯に流れている水の精によるからであり、起きて経になれば暖かいのは、経に昇降している火の精によるからである。又火は霊的、精神的、陽であり、水は体的、物質的、陰である。

地球が完成するための地震　（「御講話」昭10年8月1日）

◎光明世界になるまで地震はある

一番最初地球は泥海のようなもので、それがだんだん固まったもので、固まって生物が住めるまでになった。それがまだ本当に固まっていない。これがだんだん固まる。一固まり固まる。それが地震で、大光明世界までに固まり、それで光明世界になると地震はなくなるわけです。それで、すばらしい建築ができる。大風もなくなる。それが大光明世界で、それまでは地震がある。人間が光明に住するごとく、地球自身も完成するんであります。

阿波の鳴戸は汚物焼却場

（『気候と天候』「信仰雑話」昭23年9月5日）

茲で、阿波の鳴戸に就て解説してみよう。前述の如く風水火の浄化によって集溜されたる汚物は、如何に処理せらるゝかというに、各河川を通じて海に流れ、阿波の鳴戸の海底深く沈下さるるのである。勿論全世界の汚穢《おえ》であるから、その量は蓋《けだ》し驚くべきものがあろう。然るに地球の中心部は学者もいう如く、巨大なる熱塊、所謂《いわゆる》地熱であるから、鳴戸の海底深く沈下せる汚物は、絶えず此地熱によって焼尽される訳で、日本は世界の汚物焼却場といっても可《よ》い訳である。

地球は尊いもの　（『御教え』「御光話録」17号　昭25年2月28日）

◎この地球を良くしていく人間も尊い

この大宇宙の中心は地球なんです。要するに、こうして万物を存在させ、生きてるものの生命を持続させるために日月星辰があるんですからね。宇宙の日月星辰などはすべては地球のためにあるんですよ。ですから、この点が判ると地球は実に値打ちがあり、本当に尊いものであり、そしてさらに、この地球をよくしてゆく人間も実に尊いものであることが判ってくるんですよ。けど、そいつが判らないから人間を軽蔑するんです。まあ、あんまり汚いから軽蔑するようにもなるんで、こういうことが判ると人間ももっと立派になるんですがねぇ。

霊線をもって地球を支えている　（「御講話」　昭10年8月1日）

地球は中空に浮いているようなものです。虚空に浮いている。そして地球をたくさんのもの、すなわち霊線をもって地球を支えている。あらゆる天体のものから、地球を安定さすために霊線が引っ張っている。網の目のように引いている。星一つといえでも引いている。これが霊線でまだ学者には判らない。

地球の土とは何ぞや　（『無肥料栽培』「地上天国」創刊号　昭23年12月1日）

◎土壌は五穀野菜を生育している

抑々土とは何ぞやと言う事である。言う迄もなく人間生命を保持すべき最重要なる五穀野菜を生育すべく造物主が造られたものに違いない。従而土そのものの本質は神秘幽玄なるものであって、現在までの唯物科学によるもとうてい窺知し得ない事は論をまたない処である。

土の素材　（『霊界と現界との関係』「観音講座　第四講座」昭10年8月15日）

◎十一種のものより成り、即ち土である

◎霊素がよりて物質となる

土は木、石、金、火、水、灰、炭、酸、密、結、粘の十一種より成る。故に十一即ち土である。

空気の世界　酸　窒　水　の三種で力及水火となる。
　　　　　　↑　↑　↑
　　　　　　力　水　火

霊界　エレクトン　　ミクルトン
　陽電子　　陰電子
　陽　　　　陰
陽子　　　　陰子
陽密子　　　陰密子（＝今後発見さるべき物）

陽電子と陰電子とよりて霊素となり、霊素がよりて物質となるのである。

現在発見された物に右記陽子という非常に細かいものがあるが、之に対する陰子も発見されんとしている。尚又其後に発見さるべきものに仮に陽密子、陰密子と名付けたが、此れも今後に於て発見さるべきものである。

造物主によって作られた地球の土壌

（『無肥料栽培の勝利　悩みの食糧問題一気に解決せん』「光」39号　昭24年12月10日）

◎土壌の性能は作物を生育する

この地球の土壌なるものは造物主、即ち神によって作られたものであるとともに農作物もそれによって生育するもので、土壌の性能も作物のそれも、人間生命保持のために造られたものである事は自明の理である。勿論それは火水土の三位一体の力素に因るので、人間に必要なだけは生産されるのは当然である。

土壌は人間の嗜好に適するものを生産している

（『惟神医術』「明日の医術」第二篇　昭18年10月5日）

大自然は人間の食物として五穀、野菜、魚鳥なるものを、人間の嗜好に適するよう千差万別の形状、美観、柔軟、五味、香気等を含ませ造られてある。故に人間は、その土地に於て生じたるものの四季それぞれの季節に稔ったる物を楽しんで食せばいいのである。

項目編12

○○○○○の神の御降下・弥勒神御出現

明主様――御歌（十首）／御浄霊は主神の御力／御浄霊は科学療法なり／神エホバが与えた霊光の玉／主神の行使する神器／神人合一／神秘の御経綸／○から○った或高位の神様／散花結実／要は実際問題

大弥勒の神――経綸の主体は大弥勒の神／大弥勒神の御活動／大弥勒の愛

大メシヤ――御歌（五首）／メシヤの揮われる大神力

五六七大神――御歌（五首）／五六七様御本体は観音様／五六七／三度目が本当

弥勒大御神――御歌（三首）／弥勒又はメシヤの御活動／弥勒大神は三つの御力／日月地の御世出現／弥勒の意味

御神体――御神体御奉斎／観音様の御意志の儘の御活動／文字や御像から光を放射／彌勒神／御歌（一首）

明主様

御歌（十首）

主《す》の神に代りて吾は三界の万霊救ふ大いなる業

（「地上天国」55号　昭28年12月25日）

主の神の御力借りて曲神《まがかみ》の深き仕組を吾砕かなむ

（「立春祭御詠」〔祭典時御歌〕　昭28年2月4日）

主の神の経綸のまま吾は唯《ただ》神の器《うつは》となりつ進まん

（「栄光」216号　昭28年7月8日）

主の神の御心のままに吾は今無碍光《むげくわう》如来の業遂ぐるなり

（昭28年〔未発表〕）

力なり嗚呼力なり我揮《ふる》ふ力ぞ主一《しゆいつ》のものにぞありける

（「御生誕祭御詠」〔祭典時御歌〕　昭27年12月23日）

贖罪《しょくざい》主《しゅ》出《い》でし例《ため》しはありぬれど真《まこと》の救ひの主ぞ吾なる

（「御生誕祭御詠」〈祭典時御歌〉　昭27年12月23日）

吾こそは罪ある者を救はんと権威を有《も》ちて世に降《くだ》りける

（「春季大祭御詠」〈祭典時御歌〉　昭28年3月23―27日）

万民の罪赦《ゆる》さんと栄光の雲より降《くだ》りぬ救いの主《ぬし》は

（「御生誕祭御詠」〈祭典時御歌〉　昭27年12月23日）

神仏の罪を赦《ゆる》すは吾の他なきなり況《ま》して人の罪をや

（「春季大祭御詠」〈祭典時御歌〉　昭28年3月23―27日）

只一人吾只一人主の神の任《よさ》しを帯びて世ぞ救ふなる

（「御生誕祭御詠」〈祭典時御歌〉　昭27年12月23日）

御浄霊は主神の御力

（『御教え』昭23年4月8日『御講話録』（発行年月日不明））

◎大神様は水を出す源

◎観音様（伊都能売神）……水力電気（発電所）

◎私（明主様）……電灯会社

◎御守りは中継ぎ

◎御浄霊は電球

私のは主神の力が伊都能売大神を経て、さらに私の体を通してみんなに行くんです。私は電灯会社であり、観音様は水力電気、大神様は水を出す源です。御守りは一つの霊線の中継ぎ、まア電球ですね。この電球は本社は同じですが、人によって百燭光にもなりまた十燭光にもなる。その人の働きしだいです。ふつうの人の霊力とはぜんぜん違う。御守りのない人がやるのはちょうど電灯のない所で手探りしてるようなものですよ。まア修業しても懐中電灯ぐらいですよ。

御浄霊は科学療法なり　（『浄霊は科学療法なり』「栄光」243号　昭29年1月13日）

◎高度の科学であり、未来の科学
◎奇蹟ではない、治るべき理由がある
◎太陽の精が私を通じて治す

浄霊医術は合理的高度の科学であり、未来の科学である。その証拠として低科学の頭脳を以て浄霊の驚異的効果を見る時、奇蹟として驚嘆するが、実は奇蹟でも何でもない。治るべき理由があって治るのであるから当然である。これに就いて何人も知りたいであろう事は、一体太陽の精などという素晴しい力が、何故私という人間を通じて万人の病を治すのかという事で、全く世紀の謎である。併しこれを説くに当っては深奥なる神秘を露呈しなければならないから、次に譲る事とする。

神エホバが与えた霊光の玉　（『結核―アメリカを救う』「栄光」180号　昭27年10月29日）

◎火素の本源は霊光の玉
◎私から出る光波
◎お守り所持者から出るのが浄霊

神エホバが火素の本源ともいうべき霊光の玉を私に与えられたのであって（之は腹部の中央に直径六糎《センチ》位で肉眼で見る人もある）此玉から無限に光波が放射され、其伝達方法として三分の一メートル位の紙片に、墨と筆で光の文字を書いたものを畳んで懐へ入れさせる。すると私から出る光波は、霊線を通じて施術者に伝わり、其人の掌から放射される。之が浄霊法である。

主神の行使する神器

（『私という者（一）』「地上天国」47号　昭28年4月25日）

◎如意宝珠・摩邇の玉

◎人類肇って以来初めて使用を許された

◎お守りの数がどれほど増えても変らない

即ち私の腹の中には光の玉がある。この玉こそ到底説明は出来ない幽玄微妙なるもので、謂わば主神が自由自在に行使する神器であって、昔から曰《い》われている如意宝珠、摩邇の玉がこれである。勿論この玉の威力こそ人類肇《はじま》って以来始（初）めて私という人間に与えその使用を許されたもので、この玉の光が霊線を通じて御守に伝達し、無限に光を供給するのであるから、御守の数がどれ程増えても何等《なんら》変りはないのである。

神人合一（『神人合一』「栄光」155号　昭27年5月7日）

◎三大聖者にしても神の取次者であった
◎最高の神様が私を自由自在に動かしている
◎信者が日々顕す奇蹟がそれを証拠立てている

よく昔から神人合一という言葉があるが、実際からいってそういう人は、今迄に一人もなかったと私は思っている。成程釈迦、キリスト、マホメットの三大聖者にしても、神人合一の如く見ゆるが、実は神意の伝達者であって、判り易く言えば神の取次者であったのである。という訳で世人は神人合一と、神の取次者との区別を知らなかったのである。（中略）

いつも言う通り私の腹には光の玉がある。之は或最高の神様の魂であるから、私の言動凡ては神様自身が、私を自由自在に動かしているのである。つまり神と人との区別がない訳で、之が真の神人合一なのである。

従って私に在《あ》られます神霊は、最高の神位であるから、之以上の神様は世の中にないのであるから、他の神様に頭を下げる意味はないので、何よりも信者が日々顕している奇蹟がそれを証拠立てている。

神秘の御経綸

（「御講話」　昭25年8月1日）

◎救世教になって三月と三日で家宅捜査
◎武装警官が五月八日に八〇人で花を散らす
◎一厘の御魂が宿る

五月八日（昭和二五）に武装警官八〇人で七ヵ所家宅捜査した。重大な事件だと言うので、考えてみると、救世教になってから三月と三日になる。私は散花結実と言った。

救世教の花が咲いたのが散る……台風のようなものである。花は梅の花で、兄の花で、この花は二色あり、兄花姫《このはなひめ》と木花咲爺姫《このはなさくやひめ》である。木の花は桜で、兄花は梅であり、木花咲爺姫は富士山上に祭られており、咲爺姫は桜で、観音……仏界のお働きであり、神界のお働きは兄花咲爺姫である。兄は、梅の花というのは一番先に咲く。

その梅の花が散ることで、梅には種々の神秘がある。（中略）

五月八日……散花結実した。（中略）

実がなるには、花を咲かせなくてはならぬ。そして実ができるには、散らなくてはならぬ。梅は神、「三千世界一度に開く梅の花」一厘と九分九厘というが、これは花の一輪にもなる。一厘の花が咲いて……

検察庁や国警八〇人は台風で、花を散らした。（中略）

神様は型でやられるんで、型を見ると分かる。外の人が見ても分からぬ。庵原《いはら》警察の留置所へ入っているうち、種々神様のほうから、普通のところではできない……外界の障りのない所でなくてはできぬことがあり種々な神様が出た。

私のお腹の中には光の玉があり、いままで中に芯がなかった。その種が六月一五日留置所中で入った。その種が髄になるわけである。これは悉《くわ》しくは言えぬ。大本教のお筆先の一輪の身魂で、種が育つに従い、光の玉は大きくなる。

○から○った或高位の神様

（『一つの神秘』「栄光」83号　昭25年12月20日）

◎右の神様の魂が宿られた

◎花が散って実を結ぶ。その実の種の中心のポチ

◎牛乳をお飲みになられたのは赤ん坊が生まれた型

◎人類始まって以来の大慶事

◎神の経綸は深淵微妙

私のお腹の中に光の玉があるという事で、之を読んだ人は知っているだろうが、この光の玉には今迄魂がなかった。処が愈々今日○から○った或高位の神様の魂が宿られた、即ち右の御魂が現世に生誕された事になるのである。之から此神御魂《かむみたま》が段々御育ちになり、成人されるに従って、玉の光は漸次輝きを増し、将来大偉徳を発揮さるるに到るのである。

そうして面白い事には、翌十六日には朝から食欲が全然ない。やっと昼頃になって牛乳だけが欲しくなったので、差入屋に頼んで取寄せ、コップに一杯飲んだが、其美味さは格別だった。其時成程と思った事は生れたばかりの赤ン坊だから、乳が呑みたいのは当り前で、確かに之が型なんだ。という訳で愈々大経綸の第一歩を踏み出す時となったのである。即ち花が散って実を結ぶという、其実の種の中心のポチが、腹の中へ宿ったので、実に人類始まって以来の大慶事である。処が此様な万人祝福すべき空前の重要神業が、一人の部下もいない陰惨なる牢獄内で行われたという事は、何たる皮肉ではなかろうかと、私は熟々《つくづく》惟われたのである。此一事によってみても、神様の経綸なるものは、如何に深遠微妙にして、人智をゆるさないものたる事を知るであろう。この前後の経路は『法難手記』にあるから茲では略す事とする。

散花結実

（『神様と私との関係』「地上天国」57号　昭29年2月25日）

◎最高最貴の○○○○○の神様が入られた

◎神即人

静岡事件の際留置所の中で、頗る神秘な神業が行われた事はいつか話した事があるが、そのとき私の体内に入られたのが最高最貴の○○○○○の神様であって、出所早々散花結実の書を千枚かいて主なる信者に頒《わか》ち与えたのも、その時の経綸によったのである。処がその時から後の私は、以前のように神様に伺う事は必要がないことになったのである。というのは神霊は私の体内に在《おわ》す以上、以前のように神と人との隔《へだ》てが撤去され、神人合一の境地になったからである。つまり神即人である以上、私の行う事は神直接であるから、私の思うままを行《や》ればいい事になったのである。

このような訳を知ってから分った事は、神様に伺うというのは、最初にかいた通りこれまでの行り方であって、間接的である。処が今度のようになった私としては、未だ嘗て世界に例のない事は勿論で、釈迦、キリスト、マホメットの三大聖者は判らないが、恐らく私程神との直接的ではなかったと思うのである。何故なれば今日残されている幾多の功績を見ても分るのである。

要は実際問題（『浄霊とは何か』「医学革命の書」）

◎救世主だ、再臨のキリストだとは曰わない

◎今後の仕事の上で

・救世主的救いの力を発揮するか

・キリスト再臨的威力を発揮するか
・弥勒や観音の力徳を顕現するか
・天照大御神としての光明を放つか
公正なる批判の眼を以て観てほしい

私は今更自分が救世主だとも、再臨のキリストとも曰わない。何故なれば昔から今日迄随分そういう名乗を上げた者もあったが、みな煙の如く消えて了ったからで、今日それを唱え出した処で、偽キリスト、偽救世主か大山師位にしか見られないのは分り切った話であるからである。要は実際問題であって、今後私の仕事の上に於て、救世主的救いの力を発揮するか、キリスト再臨的威力を表わすか、弥勒や観音の力徳を顕現するか、天照大御神としての光明を放つか等によって、信ずる信じないを決めればいいであろう。つまり全世界の人々が公正なる批判の眼を以て観てくれれば私は満足であり、それ以外の望みはないのである。

大弥勒の神

経綸の主体は大弥勒の神　（「御講話」昭25年8月1日）

◎経綸は最高の神たる国常立尊様でも判らぬ
◎大弥勒の神が経綸の中心
◎最高の神の経綸は善悪両方を造って操っておられる

メシヤという神は国常立尊という審判の神様で、これは永久的のものでない。ある時を限られたお働きで、長い。

一厘の種はメシヤとは違う。神様のやられること、計画は非常に深く絶対判らぬ。経綸は最高の神たる国常立尊様でも判らぬとおおせられる。経綸の主体は大弥勒の神で、この神が経綸の中心である。キリストや釈迦もぜんぜん判らぬ。必要だけのことしか判らぬ。神秘である。最高の神でも判らぬ。お筆先に「神界の事は判らないと思う人はわかったのである」と。

世界の種々な事は、根本の神から出ているので、人間が気をもんだり、とやかく言うのも馬鹿馬鹿しい。最高の神の経綸は、善悪両方を造って操っておられるのが神である。今度はずいぶん苦しんだが、怒ってもしかたない。神様が使って立派な仕事ができてゆく。ただ悪魔は一時的で勝たぬ。いままでは神が勝つのが遅かった。今度は早くなって五六七の世になる。

大弥勒神の御活動

（『全人類待望の炬光　大聖観音力の顕現　併而《あわせて》仏説の門扉』「東方の光」3号　昭10年2月23日）

◎弥勒出現してミロクの世成就
◎弥勒の本体は観世音菩薩
◎最後的救済をなさる大弥勒神

次に釈尊は説いて曰く、末法仏滅の世となれば、其の時弥勒出現して茲にミロクの世が成就するという。之は法滅尽経及び弥勒出現成就経等に詳しく出ておるから瞭《あきら》かであるが、畢《つい》に其の時期が到来したのであって、其の弥勒の本体こそ之又観世音菩薩であられるのである。それで弥勒と称えても三弥勒在られ、昔から報身《ほうしん》、法身《ほっしん》、応身《おうしん》弥勒と申上げているのである。報身は釈迦であり、法身は阿弥陀であり、応身は観音である。また日月地《じつげつち》に配すれば日が観音であり月が阿弥陀であり、地が釈迦である。又地理的に配すれば日本が観音であり、東洋が釈迦であり西洋が阿弥陀なのである。又之を三尊の弥陀とも称え基督教で三位一体と称えるのも此の事である。（三尊の弥陀に就いては孰《いず》れ詳しく解説する積りである）而して此の三位一体の力を独り具有され、大千世界の最後的救済を為さるのが、観世音菩薩即大弥勒神の御活動で被在《あら》せらるるのである。

大弥勒の愛

（歌―若松会第六回　昭2年8月1日）―（『わかまつ』第三巻第九号　昭2年9月1日）

大弥勒愛の鼓動は休マナイ

大メシヤ

御歌（五首）

日月の精を身に受け栄光の雲より降る大救世主《メシヤ》はも

（昭25年〔未発表〕）

栄光の雲より降る大救主《だいメシヤ》を歓呼《かんこ》の声に迎ふ嬉しさ

（『メシヤ』「讃歌集改定版」昭26年5月28日）

大救主《だいメシヤ》出でずばやがて滅びなん世ぞ救ふなり神の力に

（『命の糧』「地上天国」54号　昭28年11月25日）

大救主《だいメシヤ》の御名は最後の世を救ふ尊き御名なり心せよかし

（『メシヤ』「讃歌集改定版」昭26年5月28日）

大メシヤ神権を執《と》るエルサレム　（「京都洛陽社第十回冠句」昭3年6月13日）

メシヤの揮われる大神力

（『世界救世教の誕生に就て〈開教の辞〉』「救世」48号　昭25年2月4日）

◎観世音菩薩は仮面を脱いで御本体である神のお働きとなる
◎観世音菩薩、光明如来、メシヤ（救世主）弥勒神は同一神霊
◎時期に応じて御神霊の活動範囲が拡充する

仏教の救いは夜の期間中であるから夜の消滅と共に観世音菩薩の御救いの転移進展となるので、一言にして言えば仏滅を意味するのである。従而《したがって》、観世音菩薩のお働きも救世主《メシヤ》のそれとなるのは勿論である。即ち化身仏であらせられた観世音菩薩は茲《ここ》に仮面を脱いで、御本体である神の御働

きとなり給うのである。（中略）

祝詞にもある如く観世音菩薩、光明如来、メシヤ（救世主）、弥勒神等も、御名は異なれど同一の御神霊である以上根本は変わるのではない、いわば時期に応じて御神霊の活動範囲が拡充するのであるから、御神体も御守りも或時期まではそのままで差支えない（中略）。

最後に言わなければならない事は、これ迄は観世音菩薩の御働きであったから、言わば東洋的であった、然るに時期切迫の為どうしても一大飛躍によって全人類を救わなければならない、とすれば世界的に拡充する必要がある、世界救世教の名に因《よ》る所以である。

今一つは観世音菩薩は、善悪無差別的の救済であったが、愈よ地上天国が目前に迫り来った、今日茲に善悪を立別け、善を育て悪を滅しなければならない事になった、所謂悪のトドメである、従而救いの力も決定的でなくてはならない。その力こそメシヤの揮わせられる大神力である。

五六七《ミロク》大神

御歌（五首）

地の上は黎明の色漲《みなぎ》りて五六七《みろく》の暁鐘《げうしよう》鳴り響くかな

（『時鳥　雑詠―明光社第十七回和歌』昭3年4月15日「明光」第二一号　昭3年5月30日）

過去の世は夢物語となりぬらむ五六七《みろく》の御代の民となりなば

（「地上天国」26号　昭26年7月25日）

吾は今高き芸術に心寄せ五六七《みろく》の御代の備へするかも

（「地上天国」26号　昭26年7月25日）

小《ささ》やかな型にしあれど神仙の郷《さと》ぞ五六七《みろく》の御代の御姿

（「秋季大祭御詠」（祭典時御歌）昭26年9月23―27日）

天国の小《ち》さき型もて大いなる五六七《みろく》の御代の礎《いしずゑ》立つるも

（「秋季大祭御詠」（祭典時御歌）昭26年9月23―27日）

五六七様御本体は観音様

（「大光明世界の建設」『光明世界』創刊号　昭10年2月4日）

◎五六七を合計すれば十八

◎十八は「神と人」又「結んで開く」

茲《ここ》で序《ついで》に申しますが観音様は一寸八分とか、十八間四面とか凡て十八の数でありますが、之は五六七様が御本体が観音様でありますからです。ミロクは五六七と書きます。五六七を合計すれば十八の数になります。又三六《さぶろく》十八でもあります。又十は神であり、八は寄せると人と云う字になります。ですから十八は神人という事にもなり又十八は十は結びの形、八は開く形ですから経緯《たてよこ》結んで開くという意味にもなります。一厘の力は小さくても非常な力であります。如何なる悪魔の力も敵《かな》わないので此の力で始（初）めて全世界の一切が救われるのであります。

五六七《ミロク》

（『真のミロク――大光明世界の建設』「光明世界」二号　昭10年3月4日）

◎ミロク様は三人ある

◎六の弥勒、七の弥勒は肉体を以て顕れた事がある

◎五の弥勒が顕れて六七を兼ねられたお働きをなさる

然らば五六七の世、又はミロクとは何かと申しますと、ミロク様は三人あるのであります。即ち阿弥陀に釈迦に観音であります。それで三人の弥勒は種々に分けられてあります。地理的に分けますと、釈迦は東洋の弥勒であり、阿弥陀は西洋の弥勒であり、観音は日本の弥勒になるのであります。

それから之を天、地、人、に分けますと、阿弥陀が天の弥勒、釈迦が地の弥勒、観音が人の弥勒で又法身《ほっしん》、報身《ほうしん》、応身《おうしん》に分けますと、法身弥勒が阿弥陀、報身弥勒が釈迦、応身弥勒が観音様になるんであります。ミロクとは五六七と書きますが、五が観音、六が阿弥陀、七が釈迦になるんであります。それで七の弥勒六の弥勒は今迄に一度肉体を以て出た。御承知の通り、七は釈迦でありますし、阿弥陀は釈迦の時代に法蔵菩薩となって現われたのであります。観音は観音として未だ曾《か》つて肉体を以て現われた事は無かったのであります。それで五の弥勒即ち観音様はお一人で六と七のお働きをされるのでありまして、六の弥勒七の弥勒は、それ丈の限られた働きでありますが、観音即ち五の弥勒は六七共兼ねられてのお働きでありますから自由無碍《むげ》如何なる活動力をも発揮されるんであります。（中略）ですから本当の意味での弥勒というのは観音様の事なんであります。弥勒出現して五六七の世が成就するという事は観音様が現われて、観音力を以て世を救う事なんであります。観音会の働きというのは弥勒完成の運動をする機関なんであります。

三度目が本当（『御教え』昭26年4月1日「御垂示録」6号　昭27年1月25日）

◎神界の黎明、幽界の黎明、現界の黎明

明治一四年（一八八一）経
昭和　六年（一九三一）六月一五日　神界の黎明
　一六年（一九四一）六月一五日　幽界の黎明
　二六年（一九五一）六月一五日　現界の黎明

明治一四年が一八八一年になるんです。一番目は経です。二番は緯で、三度目は本当なんです。火水土。三つというのは完成の数字なんです。日月地。天地人。王と言うのは三つを貫いて、完全の姿です。それで。神幽現。昭和六年六月一五日が神界の黎明。昭和一六年六月一五日が幽界の黎明。二六年六月一五日が現界の黎明になる。それで五六七です。

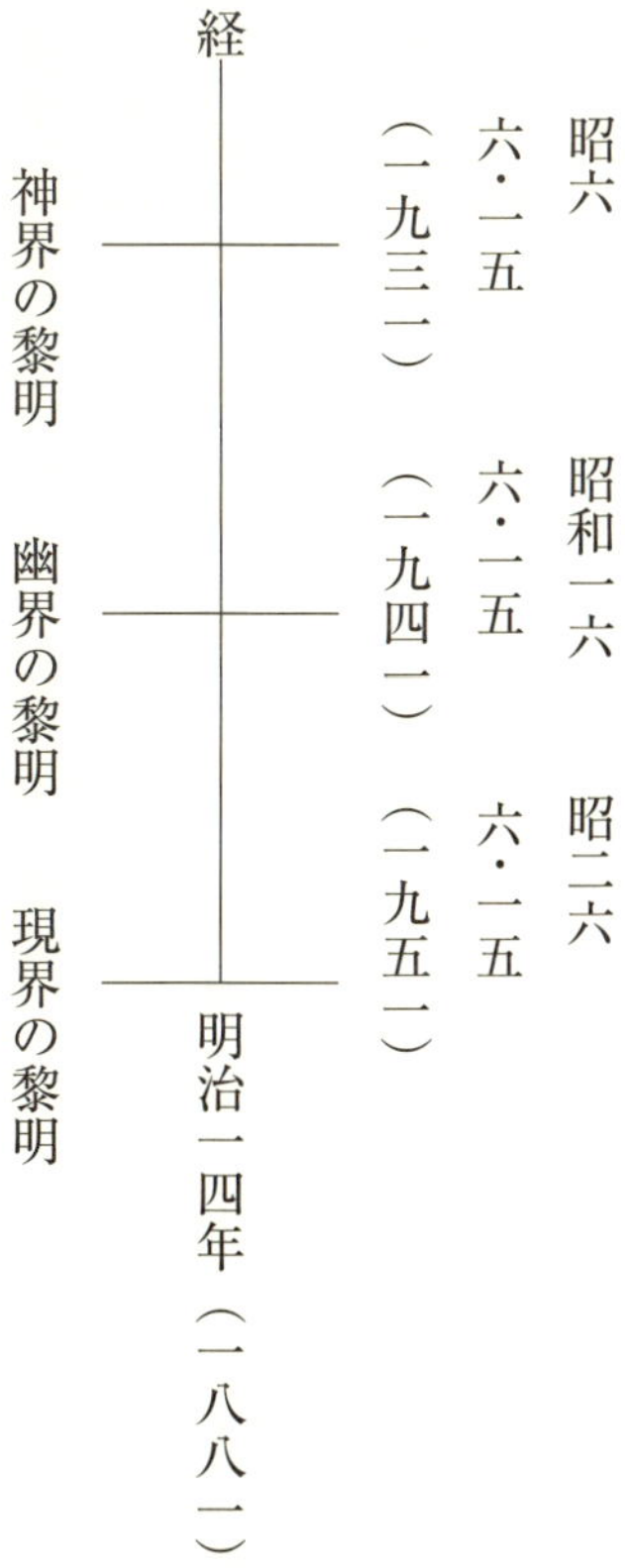

弥勒大御神

御歌（三首）

千万《ちよろづ》の聖《ひじり》の業《わざ》をひとの身にあつめて弥勒と天降《あも》りし岐美《きみ》はも

（『霜　雑詠―明光本社第二十五回和歌』昭4年2月2日「明光」第三十一号　昭4年3月30日）

日月地三位一体《さんみいったい》の御力を具備して出でます弥勒大神
（『新年御歌』「御光話録補」昭23年）

長き世を待たれしメシヤもキリストもミロクも今し天降《あまくだ》るなり
（「地上天国」48号　昭28年5月25日）

弥勒又はメシヤの御活動

（『観音力とは何ぞや―自観説話集』「自観叢書」第十二篇　昭25年1月30日）

◎観世音菩薩は光明如来と現じ弥勒又はメシヤの活動
◎火水に土が加わって三位一体の力を発揮
◎三位一体が即ち如意宝珠、摩邇の玉

観世音菩薩は光明如来と現じ給い、次は、弥勒又はメシヤの御活動をなされるのである。前述の如く、光は火と水であるが、之に土が加わる事によって、火水土の御働きとなる。元来火と水だけでは霊の御働きで体はないが、之に土が加わって、初めて火水土の三位一体の力を発揮されるので、これが如意宝珠《にょいほうじゅ》であり、麻邇の玉（摩尼の珠）である。又火は五であり、水は六であり、土は七であるから、五六七の数字をミロクと読むのである。彼の釈尊の予言にある五十六億七千万年後、五六七の世が始まるという事は、この五六七、すなわち火水土の順序正しき世界が出現するという事でなくて何であろう。

そうして如何に釈尊が大予言者と雖《いえど》も、実際の五十六億七千万年後というが如き天文学的数字の未来を予言し給う必要があろうか。それは何等の意味をもなさないからである。先《ま》ず予言の価値としては、精々数千年位が実際に即している。キリストの二千年後の予言などは、洵《まこと》に適切な年数であろう。

観世音菩薩のミロクとは、応身弥勒の事で、それは仏説の通りであるが、今後此応身弥勒の千変万化の御働きこそ、刮目して見るべきである。

弥勒大神は三つの御力

（『御教え』昭23年5月18日「御光話録」〈発行年月日不明〉）

◎伊都能売大神のことは昔は言えなかった
◎天照皇大神は位は上だがお働きは限られる
◎伊都能売大神は仏界で観音

伊都能売大神のことは昔は言えなかった。いい加減にボカしてあったんです。天照皇大神は太陽神で、位は上だがお働きは限られる。伊都能売大神は火と水で、仏界では観音様になる。これに土のお働きが加わって弥勒になるのです。

天照皇大神は一つの力であり、伊都能売大神は二つ、弥勒大神は三つの御力となり、これが三位一体で完全になる。

日月地《みろく》の御世出現　（『御教え』昭23年6月18日「御光話録」（発行年月日不明））

◎国常立尊も観音様も日月地の御世出現を助けておられる

――日月地大神のお働きは国常立尊と観世音菩薩の御一体のお働きでしょうか。

国常立尊も観音様も日月地の御世出現を助けておられるのです。が、これをはっきりと説くことは時期が早い。

――天照皇大神と伊都能売大神とは関係ありましょうか。

重大関係がありますがこれもまだ言えない。

弥勒《ミロク》の意味　（『出口王仁三郎著作集』第一巻　P387）

◎ **弥々革《いよいよあらた》むる力**

弥勒「ミロク」と云う意味は、至仁至愛の意である。そうして其仁愛と信真に依って、宇宙の改造に直接当らせ玉う故に、「弥勒」と漢字に書いて、「弥々革《いよいよあらた》むる力」とあるのに見ても、此神の御神業の如何になるかを知る事を得らるるのである。

御神体

御神体御奉斎

（『内蔵の三位一体と心臓の重要性』「新日本医術書」昭11年）

◎ **観世音菩薩が救世之光となって出現**

◎ **家の霊界の曇りが消滅されて明るくなる**

◎ **血液が浄化され愛が湧起し争いが無くなる**

此暗黒界に愈々大いなる光と熱の、無限の供給者たる光明如来、即ち観世音菩薩が救世之光となって出現されたのであるから、此御神体を奉斎する時、無量に其火素、即ち、光と熱を放射され給うので、其家の霊界は、漸次曇が消滅して明るくなるのである。其結果、其所《そこ》に住する人間の心臓は、火素の潤沢《じゅんたく》に由て活動力が旺盛になるから、愛が湧起するのである。其結果は争いが無くなり、血液も浄化するから、健康となるのである。右の如く、愛と健康を以て、業務に従事する以上、繁盛と栄達は当然の帰結であって貧は無くなる。病貧争絶無の根源は、之に依ても瞭《あき》らかであろう。

観音様の御意志の儘の御活動

（『光の活動―大光明世界の建設』「光明世界」三号　昭10年5月21日）

◎一生懸命念願すると御神体を通じて観音様へ届く
◎何億もある家来に命じて救われる
◎唯物的知識で固まっている者には非常に解り難い

私が書いた、御神体は、観音様が直接に、お拵《こしら》えになられると、言ってもいいのでありますから、此御神体の強い光に遇《あ》えば、一家の暗黒即ち曇は、どんどん解けて、明るくなるんで、実に簡単なんであります。

それで、一生懸命念じますと、其念願が、御神体を通じて、観音様の処へ届くんであります。すると、観音様の家来は何億でもありますから、直ぐに家来に命じて、救われるのでありますが、事柄に由っては、一瞬間に救われるのであります。又、御神体の文字《もんじ》なり、お姿なりが、観音様の御意志の儘に、活動をするのであります。どういう訳かという事は、とても幽玄微妙なんで、口では、説明し難いのであり、又、仮令《たとえ》説明をしても、人間は、今迄の学問や、唯物知識で固まっている為に、非常に解り難いのであります。（中略）

霊界にも、縦横に、平面と立体が、層を成して、無限大から無限微に及んで「無限の速度」を以て「無限極」に活動をしているのであって、一次元、二次元、三次元、四次元所ではないのであって、之を本当に、説明するには、相対性原理より難しいと思うのであります。

之を識《し》るには、観音の光に浴して、真に智慧証覚を磨き、不言不語の裡に覚る、詰り仏教で言う「大覚者」にならなければ、真相は判り難いのであります。

文字や御像から光を放射

（『御霊光―大光明世界の建設』「光明世界」二号　昭10年3月4日）

◎光に依って罪障が除かれる

◎正しい信仰をし善徳を積めば光となる

その訳は「神体」を書く場合、「観音光」が私の手と筆を通して文字の中へ入って行くんであります。それが為に文字やお像から絶えず光を放射するんであります。その光によって一家の罪障が除《と》れるんであります。罪障とは、罪の障《さわ》りと書くんで、此障りが解消して行くんであります。（中略）

罪の多い程、其家の霊界は暗いんであって、暗黒の濃い程悪魔が災害を与えようとして、跳躍し易いのであります。悪魔は人間に隙さえあれば、災害を与え苦しませようと、絶えず、狙っているものので、人間に病貧争の悩み苦しみを与えるのは彼らの天賦的本能とも言うべきなんであります。故に暗い家程悪魔の力が強いという事は当然な事であります。

暗黒の度の強い家と言う事は、一家に罪障が多いと言う事であって、罪障はすべて曇りになり、その曇りが暗黒を造るんでありますからそれと反対に正しい信仰をし、善を施し、徳を積めば、それが光となって曇りを減らして行くのであります。

彌勒神

（『世界救世教の誕生に就て（開教の辞）』「救世」48号　昭25年2月4日）

祝詞にもある如く観世音菩薩、光明如来、メシヤ（救世主）、弥勒神等も、御名は異なれど同一の御神霊である以上根本は変わるのではない、いわば時期に応じて御神霊の活動範囲が拡充するのであるから、御神体も御守りも或時期までそのままで差支えない（後略）。

御歌（一首）

大霊魂《おほみたま》は神に在《まし》まし御姿は御仏《みほとけ》にませる聖観音かも

（『千姿万容』「光明世界」四号　昭10年7月25日）

著者　廣野　壽喜（ひろの　としのぶ）

1934（昭和 9）年山形県新庄市生まれ。
農家の長男として育つ。
18 歳の時に「世界救世教」教祖岡田茂吉師の提唱する無肥料栽培法の原理に感銘を受け、実践に着手したが間もなく大病を患う。当時の医学の粋を尽くしたが治らず、岡田師創始の浄霊法で癒されたことを契機に 27 歳で世界救世教に入信、布教師として活動した。
39 歳で教団を辞して独立し、以来、浄らかで生命力ある作物を生産する農業と、病を癒す浄霊の研究と実践に努めてきた。
特定非営利活動法人十草農業研究会代表。

御浄霊の本源を求めて

2012 年 10 月 10 日　初版発行

著　者　廣野　壽喜

発行者　彌勒神業

発売者　今日の話題社
〒 108-0071　東京都港区白金台 3-18-1
八百吉ビル 4F
TEL 03-3442-9205　FAX 03-3444-9439
印刷・製本　ケーコム

ISBN978-4-87565-613-5　C0014